ऐवाने ग़ज़ल

जीलानी बानो

अनुवाद

सुरजीत

राजकमल पेपरबैक्स

पहला पुस्तकालय संस्करण
शब्दकार द्वारा
1981 में प्रकाशित

राजकमल पेपरबैक्स में
पहला संस्करण : 1999
दूसरा संस्करण : 2025

राजकमल पेपरबैक्स : उत्कृष्ट साहित्य के जनसुलभ संस्करण

राजकमल प्रकाशन प्रा. लि.
1-बी, नेताजी सुभाष मार्ग, दरियागंज
नई दिल्ली-110 002
द्वारा प्रकाशित

शाखाएँ : अशोक राजपथ, साइंस कॉलेज के सामने, पटना-800 006
पहली मंज़िल, दरबारी बिल्डिंग, महात्मा गांधी मार्ग, प्रयागराज-211 001
1, अनमोल सोराबजी सन्तुक लेन, धोबी तलाव, मरीन लाइंस, मुम्बई-400 002
वेबसाइट : www.rajkamalprakashan.com
ई-मेल : info@rajkamalprakashan.com

विकास कंप्यूटर एंड प्रिंटर्स
ट्रॉनिका सिटी-201 102
द्वारा मुद्रित

मूल्य : ₹399

AIWANE GHAZAL
Novel by Jeelani Bano
Translated by Surjeet

ISBN : 978-81-7178-724-1

जीलानी बानो

जीलानी बानो का जन्म 14 जुलाई, 1936 को बदायूँ, उत्तर प्रदेश में हुआ। उन्होंने उर्दू में एम.ए. किया। उनकी प्रमुख कृतियाँ हैं—'ऐवाने ग़ज़ल', 'बारिश-ए-संग', 'निर्वाण', 'जुगनू और सितारे', 'नगमे का सफ़र' (उपन्यास); 'रोशनी के मीनार', 'पराया घर', 'रात के मुसाफिर', 'नयी औरत', 'सूखी रेत', 'दस प्रतिनिधि कहानियाँ' (कहानी-संग्रह); 'अफ़साने' (आत्मकथा); 'दूर की आवाज़ें' (पत्र)। हैदराबाद की तहज़ीबी ज़िन्दगी पर उनका पहला उर्दू उपन्यास 'ऐवाने ग़ज़ल' काफ़ी चर्चित हुआ। 'बारिश-ए-संग' उपन्यास का हिन्दी अनुवाद 'पत्थरों की बारिश' नाम से प्रकाशित है। उनकी कई कहानियों का भी अनुवाद विभिन्न भाषाओं में हो चुका है। रेडियो और टी.वी. के लिए कई नाटक लिखे हैं। उनकी कहानी 'नरसया की बावड़ी' पर प्रख्यात फ़िल्मकार श्याम बेनेगल ने 2009 में 'वेल डन अब्बा' फ़िल्म बनाई। उन्हें 'आन्ध्र प्रदेश साहित्य अकादेमी पुरस्कार', 'ग़ालिब अवार्ड', 'सोवियत लैंड नेहरू एवार्ड', 'महाराष्ट्र उर्दू एकेडमी अवार्ड', हरियाणा उर्दू एकेडमी का 'कौमी हाली अवार्ड', पाकिस्तान के 'नुकुश अवार्ड' और 'पद्मश्री' समेत कई अन्य पुरस्कारों से सम्मानित किया गया है।

सुरजीत

सुरजीत का जन्म 9 अक्टूबर, 1937 को रावलपिंडी, पाकिस्तान में हुआ था। उन्होंने एम.ए. (हिन्दी) की डिग्री प्राप्त की। लगभग 55 वर्षों तक लगातार उर्दू, पंजाबी, डोगरी, सिंधी और अंग्रेज़ी से हिन्दी में अनुवाद किया। 175 से ज़्यादा किताबों के अनुवाद किए। कई हज़ार कहानियों के अनुवाद के अलावा मौलिक लेखन भी किया। उनके प्रमुख अनुवाद हैं—ए. हमीद की 'शहर और गलियाँ', ख़दीजा मस्तूर की 'आँगन', शौकत थानवी की 'चटकारे', इब्ने इंशा की 'उर्दू की आख़िरी किताब', कश्मीरी लाल ज़ाकिर की 'अग्निपरीक्षा', बानो कुदसिया की 'अमरबेल', ख़्वाजा अहमद अब्बास की 'माँ का दिल'। कमलेश्वर के उपन्यास 'कितने पाकिस्तान' का पंजाबी में अनुवाद किया। उन्हें पंजाब अकादेमी, दिल्ली के 'अनुवाद सम्मान' और हिन्दी अकादेमी, दिल्ली द्वारा बाल-पुस्तक 'भेड़ियों का हमला' के लिए सम्मानित किया गया।

फ़रहान के नाम
जो मेरा मुस्तक़बिल है

ऐवाने ग़ज़ल

यह ग़ज़ल की अंजुमन है, ज़रा एहतिमाम कर लो।
किसी ग़म को मय बना लो, किसी दिल को जाम कर लो।

—अनवर मुअज़्ज़म

हॉल खचाखच भरा हुआ था।

सोफ़ों के पीछे कुरसियों की क़तारें दूर तक चली गई थीं, फिर भी लोग खड़े हुए थे। दरवाज़ों पर, खिड़कियों में, डाइस के आसपास और बाहर कॉरीडोर। में। इतने हुजूम में अज़ीम नज़र नहीं आ रहा था मगर उसके बारे में तारीफ़-ओ-तहसीन लाउडस्पीकर के ज़रिये लोगों के कानों तक पहुँच रही थी।

सामने की क़तार में हिन्दुस्तान के वे सब माने हुए अदीब और दानिशवर बैठे हुए थे जो हर कुल-हिन्द कॉन्फ्रेंस का लाज़िमी जुज़्व (अंग) हैं। वे सब जनाबे-सदर की इस उर्दू-नवाज़ी पर ख़ुश हो रहे थे कि वे अपनी वज़ारत का क़ीमती वक़्त निकालकर उर्दू के एक बड़े अदीब को ख़िराजे-तहसीन (अभिनन्दन) अदा करने के लिए आ गए थे।

जनाबे-सदर कारचोबी मसनद के गावतकिये पर बैठे धोती का पल्ला सँभाले अपनी इस क़द्र-अफ़ज़ाई पर ख़ुश हो रहे थे। ख़ुशी के मारे उनका मुँह खुला हुआ था, जैसे वह इस उर्दू जलसे की कार्रवाई सुनने के बजाय निगल रहे हों। कई बार उन्होंने झुककर अपने पी.ए. से कहा कि सुर्ख़ गुलाब के फूलों का वह हार, जो उन्हें पहनाया गया है, हिफ़ाज़त के साथ घर ले जाया जाए। फिर उन्हें अपनी चप्पलें याद आईं जो लोगों ने ज़बरदस्ती मख़मल के फ़र्श पर उतरवा दी थीं।

मिनिस्टर बनने के बाद उन्होंने आनन-फानन उर्दू के बारे में बहुत-सी जानकारी हासिल कर ली थी। यहाँ तक कि आज उन्होंने एक उर्दू जलसे की सदारत भी क़ुबूल कर ली थी जो उर्दू ग़ज़ल के बारे में हो रहा था। आज जो तक़रीर उन्होंने की, उनके पी.ए. ने पहले उर्दू में लिखी। फिर उसका तेलुगू में तर्जुमा हुआ और फिर उन्होंने तेलुगू में उसका मतलब समझकर उर्दू में रट लिया था।

वे नहीं जानते थे कि ग़ज़ल किसी चिड़िया को कहते हैं या वह किसी औरत का नाम है, मगर वे उर्दू के उस शायर को जानते थे जो आज उन्हें ज़बरदस्ती इस जलसे की सदारत करने खींच लाया था। नई-नई जम्हूरियत क़ायम हुई थी; इसलिए पंडित नेहरू के ख़ास अहक़ाम (आदेश) थे कि तमाम रियासतों के वज़ीर अवाम में घुले-मिले रहें, और ख़ासतौर पर कल्चरल प्रोग्रामों में शरीक होकर अवाम के क़रीब आने की कोशिश करें। इसीलिए उन्होंने अपने दोस्त की बात मान ली थी। जब वे मिनिस्टर नहीं थे बल्कि सिर्फ़ यल्ला रेड्डी थे तो एक बार यही आदमी गाँव में आया था। उसने लोगों को निज़ाम की जागीरदारी जबरियत (अत्याचार) के ख़िलाफ़ बरगलाया था। किसानों की ज़मीन छीन लेने के ख़्वाब दिखाए थे और जागीरदारों और सेठों के ख़िलाफ़ लड़ने को तैयार किया था। उसने सारे गाँव को अपनी उस मीठी मुसकराहट से मोह लिया था जो अभी तब उसके होंठों पर ज़िन्दा थी। जब गाँव के नौजवान उसकी बातें सुनने जाते थे तो बड़े-बूढ़ों ने बहुत डराया था कि तुम लोग नवाब अहमद हुसैन को मत भूलो जो एक ही दिन में सबको जेल में सड़वा देगा।

मगर नौजवान तो तूफ़ानी हवा होते हैं। उन्होंने अज़ीम से मिलने के बहुत-से रास्ते ढूँढ़ निकाले थे।

उन दिनों यल्ला रेड्डी अपने गाँव के स्कूल में बच्चों को पढ़ाते थे। फिर एक दिन अज़ीम उनके स्कूल भी आ निकला और बच्चों को पढ़ाने के नये तरीक़े और नये सबक़ सिखाने बैठ गया और वहाँ से उठते वक़्त वह बच्चों से लेकर वहाँ के मास्टरों तक को अपना दोस्त बना चुका था। एक पुरानी कहानी के बाँसुरीवाले की तरह वह सारे गाँव का दिल अपने गीत में समेटकर ले गया था। वह मामूली-सी सूरत-शक्ल का दुबला-पतला आदमी था।

उन दिनों क़ैसर और संजीवा के बड़े चर्चे थे। सुना है, वे लोग दलम[1] की रहनुमाई करते थे। क़ैसर किसी जागीरदाना ख़ानदान से ताल्लुक़ रखती थी लेकिन वह मशीनगन लेकर निज़ाम की फ़ौज से लड़ रही थी।

उस वक़्त तक यल्ला रेड्डी की नज़र में दकनी मुसलमानों के सिर्फ़ दो ही रूप थे : या तो नवाब अहमद हुसैन जिनके ग़ुस्से से सारा गाँव काँपता था या फिर सलारु मोची जो हर रोज़ फटे-पुराने जूतों के दरम्यान ख़ुद भी एक सड़े हुए जूते की तरह आ बैठता था। सलारु कहता था कि अल्लाह मियाँ तो हर मुसलमान को नवाब अहमद हुसैन बनाकर भेजते हैं। अब यह उनके

---

1. तेलंगाना आन्दोलन के छापामार दस्ते।

अपने आमाल (कर्म) हैं कि वे सलारु की अन्धी बीबी बनकर घर-घर भीख माँगते फिरें।

कुछ दिन और गुज़र जाते तो मुमकिन था कि यल्ला रेड्डी भी उन सिरफिरे नौजवानों के बहकावे में आकर अपना बेड़ा गर्क कर डालते। मगर करना ख़ुदा का यों हुआ कि स्वामी आनन्द रावजी नवाब अहमद हुसैन के मेहमान बनकर दिल्ली से आए। कांग्रेस के इतने बड़े नेता होने के बावजूद इस बार उन्होंने न अवाम से चन्दा वसूल किया और न नज़रें क़ुबूल कीं, बल्कि सिर्फ़ यह ख़ुशख़बरी दी कि अब अंग्रेज़ अपना बोरिया-बिस्तर समेट रहे हैं। लिहाज़ा वक़्त आ रहा था कि कांग्रेस भी अपनी ताक़त को इकट्ठा करके निज़ाम के पंजे से अवाम को छुटकारा दिलाए, वरना कहीं ऐसा न हो कि कम्यूनिस्ट पूरे तेलंगाने पर ही क़ब्ज़ा जमा लें।

उन दिनों गाँव में हर रात क़यामत को साथ लाती थी। पहले अल्लाहो अकबर के नारे लगाते हुए इत्तिहाद-उल-मुसलिमीन के रज़ाकार (स्वयंसेवक) निकलते, जिन्हें नवाब अहमद हुसैन ख़ाँ ने अपनी हिफ़ाज़त के लिए शहर से बुलवाया था फिर उनसे लड़ने के लिए सुर्ख़ झंडेवालों की फ़ौज पहाड़ों से कूद पड़ती। सुबह पशेमान-सा, परेशान-सा सूरज गाँव में झाँकता तो खेतों की टूटी मुँडेरों पर लाशें पड़ी मिलतीं और चावल के दानों से भरी फ़सल ख़ून के छींटों से नहाई हुई नज़र आती।

इसलिए देखते-ही-देखते नवाब अहमद हुसैन ख़ाँ और स्वामीजी ने मिलकर गाँव के समझदार नौजवानों की एक और जमात बनाई। बहुत-से ख़तरनाक दिमाग़ों की धारा मोड़ दी। यल्ला रेड्डी कांग्रेस पंचायत कमेटी के सदर चुने गए। उस दिन की भी क्या बरकत थी कि यल्ला रेड्डी सीढ़ियाँ चढ़ते ही चले गए। उन्होंने नवाब अहमद हुसैन की बताई हुई राह पकड़ी और आज मिनिस्टरी की मसनद पर आ बैठे।

उनके सामने वही दुबला-पतला साँवला आदमी बैठा था। अपने चेहरे पर सदा की मुसकराहट लिए। अपने साथ वही फ़ौलादी इरादा लिये जिसने उसे कभी लचकने पर मजबूर नहीं किया। उसने अपने सीने पर गोलियाँ सहीं और फाँसी का फंदा उसके पीछे-पीछे भागा मगर वह अपनी जगह से न सरका। यल्ला रेड्डी ने उसे बड़े सब्ज़-बाग़ दिखाए। दिल्ली में कोई बड़ा ओहदा दिलाने का भी लालच दिया मगर उसे जाने किस चीज़ का लालच था कि उसने किसी ओहदे की परवाह न की। वक़्त ने उसमें कोई तब्दीली नहीं की थी।

वह आज भी फटी चप्पलों को घसीटता उसी तरह जलसों और मीटिंगों में घूमता नज़र आता था। उसे मिनट भर की फ़ुरसत नहीं थी। वह एक-एक लम्हा सोच-सोचकर ख़र्च करता था, और इस वक़्त जब वह डाइस के सामनेवाले सोफे पर बैठा यल्ला रेड्डी को देख रहा था, तो उसके पीछे उसके चाहनेवालों का हुजूम था—अदीब...शायर...दानिशवर...अवाम...अल्लाह की पनाह... आज...ऐवाने ग़ज़ल में कितने लोग सिमट आए थे!

दस बरस पहले जब वह अज़ीम से डरकर भागे थे तो उन्हें क्या ख़बर थी कि एक दिन उसी अज़ीम की दावत पर उन्हें उर्दू के एक जलसे की सदारत करना पड़ेगी, जहाँ ग़ज़ल के बारे में ख़याल भी ज़ाहिर करना होगा।

वह भी ऐसा जलसा, जहाँ जूतों की हिफ़ाज़त का कोई इन्तज़ाम नहीं था और बैठने के लिए इतनी तकलीफ़देह कारचोबी मसनद का इन्तज़ाम किया गया था कि उनकी नई धोती उसमें उलझ-उलझकर फट रही थी। ये सब जागीरदारों के नख़रे थे। उन्होंने ऐवाने ग़ज़ल के इस अज़ीमुश्शान हॉल को देखा। इतना बड़ा महल, इतना बड़ा ख़ूबसूरत हॉल, झाड़-फानूस लगे, क़ीमती मख़मल के क़ालीन बिछे, सुनहरी फ्रेमों में जड़े हुए उन तमाम जागीरदार शायरों के फ़ोटो लगे थे जो इस महल के मालिक थे और उनकी औलाद ने यह महल और उसकी लाइब्रेरी उर्दू के लिए अवाम को दे दी थी।

लेकिन अज़ीम के दोस्त सुरूर को आज बारह साल बाद ऐवाने ग़ज़ल में आकर सख़्त उकताहट-सी हो रही थी। सुरूर जिधर बैठा था, लड़कियों की निगाहें उसी तरफ़ थीं। वह हैदराबाद का बेहद मक़बूल शायर था।

उसने बड़ी-बड़ी मग़रूर हसीनाओं को झुकाया था। जाने कितनी निगाहें उसकी राह में बिछी थीं। फिर भी वह क्वाँरा था—चालीस बरस का क्वाँरा! आज ऐवाने ग़ज़ल में आकर वह उदास हुआ जा रहा था। अपने बेमतलब हाथों को देखकर सोचता कि अब उनका क्या करे, कहाँ रखे।

दिमाग़ में बड़ी खलबली-सी मची हुई थी जैसे कोई अच्छा शे'र पूरा होने को हो, जैसे आज तक उसने एक शे'र भी नहीं कहा हो। उसके दोनों मज़मूए (संकलन) अभी तक भारी पत्थर बने उसके दिमाग़ पर रखे हैं और बोझ के मारे उसका सिर फटा जा रहा है।

डॉक्टर याक़ूब हुसैन अपनी लहीम-शहीम शख़्सीयत को सँभाले, गरजदार आवाज़ में दहाड़ रहे थे। उन्होंने एक हाथ में माइक यों थाम लिया था जैसे उनकी पकड़ ढीली पड़ते ही वह छूट भागेगा...।

"जनाबे-सद्र!

मेरा जाती ख़याल यह है कि ग़ज़ल हमारे अदब की सबसे ताबनाक शमा है, बल्कि आप इजाज़त दें तो मैं कहूँगा कि अदब से ग़ज़ल को निकाल दें तो शायरी का शबिस्तान अँधेरा हो जाएगा, बल्कि मेरा अपना तो यह ख़याल है कि मैं...मेरी ज़ाती राय...मेरे नुक्त-ए-नज़र में...मैं...मेरा...।"

सुरूर ने ज़ोर-ज़ोर से पैर हिलाते हुए सोचा कि पुराने मक्तबे-फ़िक्र (विचार-पद्धति) से ताल्लुक़ रखने के बावजूद याक़ूब हुसैन इतने बुरे आदमी नहीं हैं। उनकी बेतुकी तोंद, होंठों के कोनों से बहती हुई पीक और उनके अपने जाती ख़याल भी बर्दाश्त किये जा सकते हैं क्योंकि उन्होंने ग़ज़ल के बारे में बड़ी ख़ूबसूरत और सही बात कही है। ग़ज़ल के बग़ैर तो दुनिया अँधेर हो जाती है, एक शबिस्तान की क्या हक़ीक़त है! सामने फैले हुए हसीनों के हुजूम नज़र नहीं आते। सारी शायरी बेकैफ़ (नीरस) हो जाती है—बेरूह!

तालियों के शोर से सुरूर चौंक पड़ा और सिगरेट-केस उठाकर खड़ा हो गया कि ग़ज़ल के सेमिनार का पहला सेशन ख़त्म हो गया है।

मगर डॉक्टर याक़ूब हुसैन के हटते ही सिराज हाशमी माइक्रोफ़ोन को अपने क़ब्ज़े में ले चुके थे।

सिराज हाशमी को गड़े मुरदे उखेड़ने का बड़ा शौक़ था। क़ुली क़ुतुबशाह से लेकर अज़ीम तक का शजरा-ए-नसब (वंश-वृक्ष), उनके ख़ानदानी हालात, उनकी ख़राबियाँ और ग़लतियाँ और उनके मरने की तारीखें—सब उन्हें ज़बानी याद थीं। चुनाँचे आते ही उन्होंने ग़ज़ल के भी बख़िये उधेड़ना शुरू कर दिये :

"ग़ज़ल के बारे में एक पुरानी रिवायत यह है कि ग़ज़ल का ताल्लुक़ दरअसल ग़ज़ाल (हिरण) से है। शिकारी जब ग़ज़ाल का शिकार करते हैं तो वह ज़ख़्मी होने के बावजूद भागता है। शिकारी भी उसका पीछा किये जाते हैं। यहाँ तक वह ज़ख़्मों से चूर होकर गिर पड़ता है। उस वक़्त उसकी आँखों में जो कर्ब और मायूसी होती है, उसे 'ग़ज़ल' कहते हैं।"

सुरूर के सिगरेट सुलगाते हुए हाथ रुक गए। उसके होंठ हैरानी के मारे खुले हुए थे, और बेख़्वाब-सुर्ख़ आँखें एक जगह ठहर-सी गई थीं। वह पत्थर का बुत बना सिराज हाशमी को घूरे जा रहा था। उसके अन्दर बड़ा शोर मचा हुआ था। घमसान का रण पड़ रहा था। हज़ारों शिकारी एक ज़ख़्मी हिरनी को घेरे में लिए तीर बरसा रहे थे।

उफ़!...उस काइयाँ बुड्ढे ने शायद मरते वक़्त ग़ज़ल का चेहरा देख लिया

था। शायद वह ग़ज़ल और ऐवाने ग़ज़ल से पूरी तरह वाक़िफ़ है! जलसा ख़त्म हो गया...सब चले गए...।

अकेले, सुनसान ऐवाने ग़ज़ल में बैठा सुरूर ग़ज़ल के ख़याल में खोया हुआ था।

सुबह

हर सुबह कितनी ख़ूबसूरत है—कितनी नई और हौसला बढ़ानेवाली। हर रोज़ सुबह उठकर कैसी नई ख़ुशी होती है, जैसे दरवाज़े पर पोस्टमैन दस्तक दे रहा हो। कौन जाने इस डाक में कितनी ख़ुशख़बरियाँ भरी होंगी—कितने अचम्भे छुपे होंगे!

सुबह एक पोस्टमैन की तरह दिल के दरवाज़े खटखटाती है। ज़िन्दगी के एक नये दिन की आमद एक नावेल का पहला वरक़...एक नई ग़ज़ल का पहला मतला (पंक्ति)!

और यह सोचकर कैसी ख़ुशी होती है कि उस सुबह को वे लोग न छू सकेंगे जो हमसे पहले थे, और वे लोग उसके बारे में सोचा करेंगे जो अभी पैदा नहीं हुए। ये लम्हे, जिनके हक़दार सिर्फ़ हम हैं, कैसे जानदार हैं! वक़्त की इस मिल्कियत पर दिल में एक हूक-सी उठती है और चारों तरफ़ फ़व्वारे की तरह बिखर जाती है!

सपोटे के पेड़ तले बाग़ में कुरसी पर बैठे वाहिद हुसैन सोचे जा रहे थे। सुबह के मज़मून को एक शे'र में ढालने के लिए वह सुबह की नमाज़ से पहले ही यहाँ चुपचाप बैठे थे।

सामने खुली हुई बयाज़ (कविता की कॉपी) में कटी-फटी ग़ज़ल का कटा-फटा डेढ़ मिसरा लिखा हुआ था। उसके ऊपर ऐनक रखी थी और ऐनक के ऊपर वह सम्मन जो अदालत से कल ही उनके नाम जारी हुआ था।

"भला किसी शायर ने इस तरह शायरी की होगी?"

उन्होंने अपने आसपास की फ़िज़ा को मुख़ातिब करके कहा और फिर उन्होंने सोचा कि मुझसे पहले जानेवाले शायरों को क्या पूरा सुकून मिलता था? सुकून जो मौत भी है और ज़िन्दगी भी। उसी सुकून की तलाश में इनसान ने ज़मीन चीर फेंकी, समन्दर खँगाल डाले और आसमानों को

छान डाला मगर वह कहीं नहीं मिला। वाहिद हुसैन ने सुकून के लम्हों का अकसर तजज़िया (विश्लेषण) करना चाहा—सुकून की क़िस्मों को याद किया...कैसा सुकून?

उन्होंने मुलाज़मत के तीस बरस इसी सुकून की तलाश में गुज़ार दिये थे मगर अब भी उन्हें किसी चीज़ का इन्तज़ार-सा था—मौत का! या आनेवाले उस वक़्त का जो कोई तब्दीली लाएगा...कोई ख़ुशख़बरी...ख़ुशख़बरी भी अजीबोग़रीब चीज़ है। राशिद ठीक कहता है, आजकल ख़ुशख़बरी के मानी हैं अपना फ़ायदा। वाहिद हुसैन इस बात को कभी न मानते। उन्हें अपने मफ़ादपरस्त (स्वार्थी) बेटे की इस बात पर ताज्जुब भी होता है और अफ़सोस भी। न जाने कैसे ऐवाने ग़ज़ल में रहने के बावजूद—शायरों की नस्ल से ताल्लुक़ रखने के बावजूद राशिद इतना ख़ुश्क-मिज़ाज था। हर वक़्त नफ़े और नुक़सान का तराज़ू लिए बैठा रहता लेकिन इनसान का मुक़द्दर है, जिसका हक़दार सिर्फ़ उसकी अपनी ज़ात है क्योंकि नुक़सान इनसान सिर्फ़ तनहा बर्दाश्त करता है, उसका कोई शरीक नहीं होता।

उकताकर उन्होंने सोचा कि बयाज़ उठाकर अन्दर चले जाएँ। अब तक गौहर बेगम ने बादाम का हरीरा तैयार कर लिया होगा लेकिन अब शायरी उनके लिए ख़मीरा मरवारीद बन गई थी कि हर नई ग़ज़ल से उनमें नई तवानाई (शक्ति) आ जाती थी। वह चारों तरफ़ से घेरनेवाली फ़िक्रों को भगाने में कामयाब न होते तो किसी नये मज़मून को शे'र में ढालने बैठ जाते। साथ ही वक़्त का अन्दाज़ा करने के लिए सपोर्ट का साया भी देखते जाते थे।

साइंस ने कितनी ही तरक़्क़ी कर ली हो, वक़्त देखने के लिए कैसी ही नई-नई घड़ियाँ ईजाद हो चुकी हों मगर वाहिद हुसैन तो अब भी धूप और सायों से ही वक़्त का अन्दाज़ा लगाते थे। पेंशन होने के बाद उन्होंने इन्तक़ामन (प्रतिशोध में) घड़ी देखना छोड़ दिया था। इसी घड़ी ने उन्हें पैंतीस बरस तक दिनों और घंटों की गरदान कराई थी।

अब वह आराम से सोच-सोचकर वक़्त जाया करते थे। मौसम की हलकी-सी थरथराहट भी उन्हें महसूस हो जाती थी।

आज आसमान कितना गहरा नीला है। रात को सर्दी ख़ूब होगी। आज बड़ी उमस है। अरदी-बिहिश्त (वसन्त) का महीना आ रहा है अंजीर में कोंपलें फूट रही हैं। बस अब बहार आनेवाली है। ये शायर जाने बहार के पीछे क्यों हाथ धोकर पड़ जाते हैं!

राशिद सोचता—अच्छा साहब, मान लिया बहार आ गई। बाग़ में दो-चार फूल ज़्यादा खिल गए। एकाध रंगीन चिड़िया कहीं फुदकती नज़र आ गई। लीजिए साहब, अल्लाह...अल्लाह, ख़ैर सल्ला!...

राशिद को यों दिन-रात रुपए-पैसे के उलट-फेर में उलझते देखकर वाहिद हुसैन के दिल पर कोई कंकर मार देता था। ये आजकल के लड़के कितने माद्दापरस्त (भौतिकवादी) होते जा रहे हैं! लतीफ़ (कोमल) जज़्बात तो इन्हें छूकर नहीं गए। राशिद को यह भी न मालूम होता कि उनका बाप गरमियों की क्या-क्या तैयारियाँ कर रहा है! मलमल के कुरते तैयार हैं। होली जलने से पहले मिट्टी की सुराहियाँ ख़रीद ली गई हैं। बाग़ में फूलों की नई पनीरी लगाई जा रही है। अंगूर की बेलों की कटिंग हो चुकी है और अब लगान का हिसाब-किताब करने गाँव जाना है।

वाहिद हुसैन हर मौसम का यों स्वागत करते थे जैसे कोई त्योहार आ रहा हो, वरना बाक़ी घरवालों को देखिए! उठते-बैठते सर्दी का दुखड़ा। गरमियाँ आईं तो गरमियों पर लानत भेजना शुरू कर दिया। यह नहीं देखते कि गरमियाँ आती हैं तो अपने साथ आम भी तो लाती हैं।

वाहिद हुसैन की ऐसी शायराना बातचीत को सुनकर एक बार सरोजिनी नायडू ने कहा था, "वाहिद नवाब! अगर तुम अपने इन नाज़ुक ख़यालात को शायरी में ज़ाहिर करते तो कितना अच्छा होता!"

इस बात पर हाज़रीन (उपस्थित लोग) हँस पड़े थे क्योंकि वाहिद हुसैन अपने-आपको सिवाए शायर के और कुछ न समझते थे।

वैसे यह हक़ीक़त थी कि वाहिद हुसैन जितनी ख़ूबसूरत बातें सोचते थे, वे उनकी शायरी में कभी न ढल सकीं क्योंकि वह 'दाग़' के अन्दाज़ की पैरवी करते थे। सरापा-निगारी (नख-शिख चित्रण) और सस्ते क़िस्म के जज़्बात की चमक-दमक के सिवा उनकी शायरी में और कुछ न था। इस मामले में वह सारा फ़लसफ़ा और अपने ज़ेहन की उलझनों को अलग हटा देते थे क्योंकि उनकी सात पुश्तों से शायरी की यही रिवायत चली आ रही थी।

ऐवाने ग़ज़ल के दरो-दीवार गवाह थे कि उन्होंने माशूक़ की तारीफ़ के सिवा और कुछ न सुना था।

उस वक़्त वाहिद हुसैन के चारों तरफ़ सुबह का सुकून भरा सन्नाटा छाया हुआ था। आज़ुर[1] का महीना ख़त्म हो रहा था इसलिए सुबह के धुँधलके में एक हलकी-सी खुनकी थी जो ज़रा-ज़रा बात पर जिस्म में ठंड की लहर दौड़ा

1. ईरानियों का नवाँ मास

देती थी। अभी दिन न निकला था मगर दरख़्तों के ऊपर चिड़ियाँ जाग चुकी थीं और दुनिया-भर के मसलों पर उनमें ज़ोरदार बहस हो रही थी।

सड़कों पर गुज़रनेवाली इक्का-दुक्का परछाइयों में रंग भरना शुरू हो चुके थे। माली ने पाइप लगाकर अभी-अभी लॉन की घास पर पानी छिड़का था। इसलिए दूब की कच्ची-कच्ची ख़ुशबू में ताज़ा खिले हुए रंग-बिरंगे फूलों की कड़वी ख़ुशबू खिली हुई थी। नल बन्द था लेकिन उसमें से गिरनेवाले पानी के क़तरों की जँची-तुली आवाज़ आ रही थी जैसे कोई एक ही रफ़्तार से चल रहा हो।

वाहिद हुसैन के सिर पर सपोटे के पेड़ पर चिड़ियाँ जी-भर के शोर मचाने में मसरूफ़ थीं और उन्हें इस बात की बिलकुल परवाह नहीं थी कि वाहिद हुसैन आज बहुत परेशान हैं।

इन चिड़ियों के भी मसले हैं, अपने नज़रिये और उसूल जिन्हें मनवाने के लिए उन्हें इतनी ज़ोर-ज़ोर से चिल्लाना पड़ता है। वे एक-दूसरे को मरने-मारने पर तुल जाती हैं। अपने हमख़यालों के साथ गिरोह बनाकर रहती हैं। इनसान ने तो ज़्यादा पढ़कर, ज़्यादा सोचकर मसले पैदा कर लिए हैं। इनसान इल्म हासिल करने चीन तक जा सकता है मगर वहाँ से लौटते वक़्त साथ क्या लाता है? क्या किसी मसले का हल मुमकिन है? उन्होंने ऐनक को अपनी ग़ज़ल के डेढ़ मिसरे पर रखकर सोचा और अख़बार का इन्तज़ार करने लगे। किसी नई अहम ख़बर का सुबह कितना इन्तज़ार होता है, और मायूस अख़बार तह करके वह रख देते, ऐनक उतारकर ख़ुद ही बड़बड़ाते, "आज के अख़बार में कुछ नहीं है" लेकिन किसी दिन अख़बार में बहुत कुछ होता। नाज़ियों की साज़िश, यूरोप में भड़कती हुई आग, गांधीजी की सिविल-नाफ़रमानी की तहरीक (असहयोग आन्दोलन) पर टिप्पणी...उस दिन वाहिद हुसैन का ब्लडप्रेशर और बढ़ जाता। जैसे उनकी नब्ज़ का ताल्लुक़ अख़बार ही से हो। हालाँकि वह अपने दोस्तों से और अपने बेटे राशिद से यही कहा करते थे कि "अजी, अपने को क्या करना है दूसरों की बातों से! अपने मुल्क में चैन-अमन रहा तो बस ठीक है...।"

लेकिन ख़ुद वाहिद हुसैन की ड्योढ़ी ऐवाने ग़ज़ल के सिवा जैसे सारी दुनिया में कहीं चैन-अमन नहीं रहा था।

"शी...शी...शू...शू...वू...वू..."

रंगीन परोंवाली नन्ही-सी चिड़िया अपनी नन्ही-सी तेज़ सीटी जैसी आवाज़ में वाहिद हुसैन से बातें करने आ गई। यह चिड़िया दिन में कई बार वाहिद हुसैन

के पास आकर यों बातें करती जैसे कोई मेम अंग्रेज़ी बोल रही हो। नाश्ते के बाद वह चिड़िया के लिए रोटी का ज़रा-सा चूरा आँगन खेर देते। इसके बदले में वह चिड़िया उनकी हर नई ग़ज़ल सुनने को तैयार रहती थी। उनके तमाम मसले और फ़िक्रों पर तबादला-ए-ख़याल करती। वाहिद हुसैन के दुश्मनों पर उसने हमेशा उनके साथ मिलकर लानत भेजी।

चिड़िया के साथ ही तितलियों के रंगीन झुंड भी तफ़रीह करने निकल खड़े हुए थे और छोटे-छोटे पौधों पर रंगीन पँखड़ियों की तरह बिखर-बिखर जाते थे।

सुर्ख़ मोरम की क्यारी उनकी कुरसी से बचती हुई दूर फाटक तक चली गई थी, जहाँ ऐवाने ग़ज़ल का दिल के अन्दाज़ का फाटक बहुत देर हुई खुल चुका था। फाटक के दोनों तरफ़ जेना के फूलों की बाड़ थी और उसके पीछे क्रोटन के कूँड़ों की क़तारें शुरू हो जाती थीं। गेट की दाहिनी तरफ़ सुर्ख़ और सफ़ेद बोगन-वीलिया की बेल ने ऐवाने ग़ज़ल की जंग-भरी धुँधली तख़्ती को बिलकुल ढाँप लिया था मगर इसकी ज़रूरत भी क्या थी? हैदराबाद का हर शख़्स उस ड्योढ़ी को और उसके वासियों को अच्छी तरह जानता था। फाटक से अन्दर तक क्यारियों के दोनों तरफ़ हरी घास को काट-काटकर फूलों की बड़ी-बड़ी क्यारियाँ बनी थीं जिनमें ऊदे और सफ़ेद फूल जैसे किसी ने टोकरों से उलट दिये थे। फूलों के ढेरों का यह सिलसिला ऊपर सीढ़ियों तक चला गया था, जहाँ से ऐवाने ग़ज़ल का सबसे बड़ा हॉल बैत-उल-ग़ज़ल नज़र आता था। सामने बड़े-बड़े ऊँचे सुतूनों के सहारे लम्बा-चौड़ा वरांडा था। उसके दोनों तरफ़ अन्दर जाने के रास्ते और बीच में बैत-उल-ग़ज़ल का दरवाज़ा—यह हॉल उस ड्योढ़ी का सबसे बड़ा कमरा था और ड्योढ़ी के हर पोर्शन का सिलसिला आख़िरकार उसी हॉल में आकर मिलता था। हॉल के अन्दर सुर्ख़ क़ालीनों का फ़र्श बिछा हुआ था। बेहद क़ीमती पुराने अखरोट की लकड़ी के भारी-भरकम मख़मल के सोफ़े पड़े थे। उनके पीछे सुनहरे कामवाली नक़्क़ाशीदार कुरसियों का सिलसिला था और बीचोबीच ऊँचा-सा तख़्त जिस पर ज़रीदार क़ालीन बिछा था और कारचोबी तकिये रखे थे। यहाँ बैठकर हैदराबाद आनेवाले हर अहम शायर ने अपना क़लाम सुनाया था। इस हॉल में वाहिद हुसैन के जिन बुज़ुर्गों ने शायरी की और मुशायरे कराए थे, वे सब बड़े-बड़े सुनहरी फ्रेमों में जड़े उस हॉल में मौजूद थे। एक-से-एक रोबदाबवाली सूरतें थीं। कहीं गुलमुच्छे लहरा रहे हैं और कहीं लम्बी-लम्बी दाढ़ियाँ हिलती नज़र आतीं। दस्तार पहने, कमर से तलवारें बाँधे, हालाँकि वक़्त पड़ने पर इनमें से किसी को तलवार चलाना नहीं आया। वे सब-के-सब तो

क़लम के धनी थे। इसीलिए जब भी शह पड़ी, उनको मात हुई। ऐवाने ग़ज़ल की लाइब्रेरी में एक से एक क़ीमती और नायाब (दुर्लभ) किताब भरी हुई थी। इन्हीं किताबों की बख़्शिश थी कि ऐवाने ग़ज़ल के ठाठ-बाट में गिरावट आती गई, जागीरें कम होती गईं, बेईमानियों और साज़िशों के जाल फैले और झख मारके वाहिद हुसैन ड्योढ़ी से बाहर निकले—तहसीलदारी जैसी हक़ीर नौकरी करने और उनका बेटा राशिद इंजीनियरी पढ़ने को विलायत गया। ऐसे बुरे दिन देखना लिखा था इस ड्योढ़ी के नसीबों में...!

ज़्यादा पढ़ने का यही नतीजा होता है। कभी-कभी वाहिद हुसैन सोचते थे, और ज़्यादा उलझावे...ज़्यादा मसले...शक-ओ-शुबहे...क्या इल्म के ज़रिये आदमी किसी एक क़तई फ़ैसले पर पहुँच जाता है?

अब सड़क पर चहल-पहल शुरू हो चुकी थी...।

कभी-कभार कोई ताँगा टख-टख करता गुज़र जाता या कोई ग्वाला भैंसों को हाँकता सिर पर चारे का टोकरा लिए गुज़र जाता था। फिर दूल्हे नवाब की ड्योढ़ी पर कोई मामा चिल्लाने लगी...सीताराम के मकान के सामने उनकी बड़ी लड़की ने गोबर का छिड़काव करके सफ़ेद चूने से रंगोली बनाना शुरू कर दिया।

सीताराम ब्राह्मण थे, मगर ईद-बक़रीद को बड़ी पाबन्दी से आकर वाहिद हुसैन के हाँ शीर-ख़ुरमा खाते। उनके यहाँ की हर पूजा और त्योहार में वाहिद हुसैन और उनके बीबी-बच्चे शरीक होते थे। वह वकील थे और वाहिद हुसैन के सारे झूठे-सच्चे मुक़दमों की पैरवी करते। उनके लिए झूठे गवाह ढूँढ़कर लाते और उनकी हाँ में हाँ मिलाए जाते थे। राशिद के साथ ही उनके लड़के मलेशम ने बी. ए. पास किया था मगर राशिद इंजीनियरी में गया तो वह बिल्डिंगें बनाने का छोटा-मोटा कारोबार करने लगा। इस काम के लिए वह राशिद और वाहिद हुसैन की ख़ुशामद में भी लगा रहता था।

थोड़ी देर बाद दूल्हा नवाब अपनी ड्योढ़ी से बाहर आए। ज़रबफ़्त की पुरानी शेरवानी पहने, दस्तार लगाए, लम्बे, दुबले-पतले, सफ़ेद बालों की पीछे झालर-सी लटकती थी, अपने छोटे से पोते को सीने से लगाए सड़क के पास टहलने लगे। दूल्हा नवाब के घर में दसियों नौकर-चाकर थे। आयाएँ और छोकरियाँ थीं मगर रोज़ सुबह वह अपने साल भर के पोते को लेकर टहला करते, जैसेकि यह उनकी सबसे क़ीमती शै हो। दूल्हा नवाब को देखकर वाहिद हुसैन को भी हिर्स होती कि अपने तीन बरस के पोते शाहीन को लेकर दूल्हा नवाब के साथ टहला करें मगर उनका बेटा अपने बेटे को बिलकुल

अंग्रेज़ी उसूलों पर पाल रहा था और उसकी मोटी क्रिश्चियन आया बच्चे को सात बजे से पहले नहीं उठने देती थी। इस पर भी पाबन्दी थी कि बच्चे का मुँह मत चूमो, उसे वक़्त-बेवक़्त खट्टे-मीठे फल मत खिलाओ, नंगे पैर मत उतारो ज़मीन पर...जब ज़मीन पर इतनी तल्ख़ी और नफ़रत फैली हो तो यही जी चाहता है कि दूल्हा नवाब की तरह किसी को सीने से लगाकर सब कुछ भूल जाएँ मगर निकलते हुए दिन की हक़ीक़त...और सूरज की मौजूदगी को कैसे भुला देंगे आप?

"बन्दगी अर्ज़ करूँ, क़िब्ला!" दूल्हा नवाब को गेट के क़रीब से गुज़रते देखकर वाहिद हुसैन खड़े होकर आदर से झुके।

"जीते रहो...उमर बड़ी हो...दौलत-ओ-इख़बाल (इक़बाल—आदर-सम्मान) में तरक़्ख़ी (तरक़्क़ी) हो।" दूल्हा नवाब रुक गए।

"आज छोटे पाशा, बड़ी जल्दी आपको बाहर ले आए।"

"जी...हाऊ...ज़रा छोटे नवाब को छाती से लगा लूँ तो आराम मिलता है...!" दूल्हा नवाब ने ठंडी आह भरकर कहा।

"जी बजा इरशाद...वह वज़ीफ़े का भी अभी तक कुछ नहीं हुआ शायद!" वाहिद हुसैन जानते थे कि दूल्हा नवाब का सुकून क्यों खो गया है।

"कब होता, अल्लाह को मालूम। लोगाँ बोल रईं, कने हुज़ूर की सिलिवर जुबली की ख़ुशी में सबका मन्सब बढ़नेवाला है।"

"जी...इंशाअल्लाह...!" वाहिद हुसैन हाथ बाँधे, सिर झुकाए खड़े थे क्योंकि बुज़ुर्गों के साथ बात करने का यही अन्दाज़ था।

"मगर उत्ता मन्सब बढ़ा, तो क्या होता मियाँ!" दूल्हा नवाब हिक़ारत से बोले।

"बड़े भाई साहब के महल में चार बेगमाँ हैं। छह-सात और लौंडियाँ-छोकरियाँ हैं। अपने महल में दो बेगमात के ख़र्चे हैं। जागीर तो सिर्फ़ डेढ़ हज़ार रुपए महीने की रह गई है। साहबज़ादे की भी शादी हो ग़ई। घर में दामाद और उनके बाल-बच्चे हैं। आप ही बोलो, गुज़र-बसर कैसे होगी...?"

"जी बजा इरशाद फ़रमाए, हज़रत!"

वाहिद हुसैन के संक्षिप्त जवाबों से परेशान होकर दूल्हा नवाब आगे बढ़ गए, तो वाहिद हुसैन कमर के पीछे हाथ बाँधकर हरी घास पर नंगे पाँव टहलने लगे थे। भला कभी दूल्हा नवाब के बाप-दादाओं ने यों आमदनी और ख़र्च के बारे में ग़ौर किया होगा! इन नये अंग्रेज़ रेज़िडेंट ने तो नाकों चने चबवा दिये। जागीरदारों की सारी जमा-ख़र्च का हिसाब-किताब देखने की फ़िक्र। हर बात की

निगरानी। ख़र्च कोई करे, फ़िक्र किसी को। दूल्हा नवाब कहते थे कि ड्योढ़ियों की हरमसराएँ (रनिवास) तक छान डाली थीं इन उजाड़-सूरत फिरंगियों ने!

डर के मारे आला हज़रत (निजाम) को 'इनसान पर ज़ुल्म की रोकथाम' का महकमा क़ायम करना पड़ा, जो घरों और ड्योढ़ियों के छोकरों और लौंडियों को बाहर बुलाकर पूछते थे कि उन पर क्या ज़ुल्म हुआ है। अब इन नौकर-पेशा लोगों की तो आदत होती है चुगलखोरी करने की। पीठ या हाथों पर किसी ज़ख़्म का निशान देखा और उन लोगों ने लारी में लड़की डालकर सरकार की तरफ़ से ज़ब्त किया। अब लाख सिर पटकिये, कोई सुनवाई न होती थी। हालाँकि ये छोकरियाँ कोई मुफ़्त में आसमान से नहीं टपकती थीं, बाक़ायदा पैसे ख़र्च करके ख़रीदी जातीं। लीजिए, अब काम कौन करे? तनख़्वाहदार नौकर रखो तो उनके हज़ार नखरे! अपनी यह क़द्र देखकर अब तो कामाटीन तक इतराई-इतराई फिरतीं। क्या मजाल कि कोई अँधेरे-उजाले उनका हाथ तो पकड़ ले! घोड़ों की पूरी पलटन आ जाती हाय-बावेला मचाने।

वाहिद हुसैन फाटक पर खड़े दूर तक फैले हुए बँगलों की क़तारें देखने लगे। बाहर से फ़क़ीरों के पैबन्द लगे कपड़ों की तरह पुराने बदशक्ल मकान अपने अन्दर क्या-क्या छुपाए हुए थे! हर मकान के अन्दर कितनी कहानियाँ होती हैं, आँसुओं और क़हक़हों में छुपी हुई बातें, महरूमियों की लम्बी क़तारें।

उकताकर उन्होंने अपने घर को देखा। यहाँ उन्होंने कैसे सलीक़े का बाग़ लगाया था कि सारे हैदराबाद में उनके बाग़ की धूम मची हुई थी, वरना इससे पहले ऐवाने ग़ज़ल सिर्फ़ अपने मकीन (वासी) शायरों की वजह से मशहूर था। वे लोग चार पुश्तों से शायरी करते आए थे क्योंकि फ़िक्र-ए-सुखन (शायरी की चिन्ता) के सिवा अल्लाह ने उन्हें और कोई फ़िक्र नहीं दी थी। बैत-उल-ग़ज़ल में लगी हुई तसवीरों में वे सब बड़ी शान-शौकत के साथ बैठे थे लेकिन वाहिद हुसैन जानते थे कि ये सब-के-सब कितने बोदे आशिक़ थे। इस ड्योढ़ी में हमेशा मरने-जीने का खेल खेला गया और एक दिलकश अदाओंवाली हसीना ने यहाँ हमेशा सब पर राज किया।

इस घर को एक नया रंग-रूप देकर इसे चमनिस्तान बनाने में सिर्फ़ वाहिद हुसैन का हाथ था। अब इस ड्योढ़ी में आप किसी ख़ूबसूरत साक़ी को ढूँढ़ते फिरें तो यह सरासर हिमाक़त होगी क्योंकि वाहिद हुसैन ने जिस हसीन फूल से ऐवाने ग़ज़ल को सजाया था, वह अपने खिचड़ी बाल मुँह पर बिखेरे अपने नवासों और पोतों के नन्हे-नन्हे कपड़े सीने में मशगूल थी। इसके बावजूद वाहिद हुसैन के फ़िराक़ (वियोग) का यह आलम था कि सातों

बयाज़ों के सारे वरक़ हिज्र की बेक़रारी और फ़िराक़ की आग से जल रहे थे क्योंकि ख़ुदसर और बेरहम साक़ी उन्हें न प्याला देता था न शराब! वह सारी जवानी एक मोम की गुड़िया से खेलते रहे जिसे उठाओ तो आँखें खोल देती है, लिटाओ तो ख़्वाबों में खो जाती है।

शायद यही वजह थी कि वाहिद हुसैन ने अपनी ख़ानदानी रिवायतों के ख़िलाफ़ एक ही बीबी पर सन्तोष कर लिया और अपने घर में नये-नये फूल खिलाने में मसरूफ़ हो गए। उनके बाग़ में हर-हर शाख़ सलीक़े से झुकी हुई थी। हर फूल मुहज़्ज़ब इनसानों की तरह मुसकराता था। क्या मजाल की घास पर बिछा एक तिनका भी डिसिप्लिन को तोड़ सके! इन पौधों के साथ वाहिद हुसैन वही सुलूक करते थे जो उन्होंने तहसीलदारी के ज़माने में मातहतों के साथ किया था।

कभी-कभी राशिद हँसकर कहता, "अब्बाजान तो सारे बाग़ को मार्च पास्ट करवाते हैं।"

अपने इकलौते बेटे की यह बात वाहिद हुसैन को बहुत अच्छी लगी थी। वैसे उन्हें राशिद की हर बात अच्छी लगती थी। राशिद की पैदाइश के बाद ही उनके जुनून को क़रार-सा आ गया था और उन्होंने बीबी की ख़ुदसरी से अपना ध्यान हटा लिया था।

काश! राशिद अपने दादा के ज़माने में पैदा होता तो उसकी क़ाबिलियत को सराहा जाता। कम-से-कम सूबेदारी तक तो पहुँच जाता। जागीर और ख़िताब मिलता। यह दिन थोड़ी देखना पड़ते कि नज़ाकत जंग का पोता इंजीनियरी पढ़कर पाँच सौ रुपए कमा रहा है! दिन-दिन-भर मज़दूरों के साथ छतरी लगाए धूप में खड़ा है। दौरों पर घूम रहा है। वैसे यह बात नहीं थी कि सरकार ने राशिद की क़ाबिलियत को बिलकुल ही नज़रअन्दाज़ कर दिया हो। उस्मानिया यूनिवर्सिटी की बिल्डिंग बनाने से पहले उसे गवर्नमेंट ने अपने ख़र्च पर विलायत भेजा था कि वहाँ की अच्छी बिल्डिंगों को देखकर आए।

"ख़ैर, यों भी राशिद और उसकी औलाद की वाहिद हुसैन को ज़्यादा फ़िक्र न थी क्योंकि उनके छोटे भाई अहमद हुसैन की शादी मुनासिब जंग की इकलौती पोती उजाला बेगम से हुई थी और उजाला बेगम ने तीस बरस गुज़ारने के बावजूद अहमद हुसैन की ड्योढ़ी में अपने वजूद से कोई चिराग़ नहीं जलाया था। इसलिए वाहिद हुसैन को क़र्ज़ की दीमक चाटती हुई अपनी जायदाद की कोई परवाह नहीं थी। अपनी रही-सही पूँजी उन्होंने दोनों बेटियों—बशीर बेगम और बतूल बेगम की शादी में ख़र्च कर डाली थी। अब हर साल ऐवाने ग़ज़ल पर क़ुर्की का नोटिस आता और वह कुछ-न-कुछ गड़बड़ करके टाल देते

थे। अब उनकी नज़रें औरंगाबाद की तरफ़ लगी हुई थीं, जहाँ अहमद हुसैन बेशुमार दौलत को समेटे बैठे थे।

अहमद हुसैन ने वाहिद हुसैन की तरह न तो सिर्फ़ शायरी की और न बड़े ओहदे ढूँढ़े और न शाही साज़िशों में शरीक हुए क्योंकि बीबी की दौलत ने उन्हें हट्टा-कट्टा बना दिया था। इसलिए वह अपने गाँववाली ड्योढ़ी ही में रहते थे। राजा इन्द्र की तरह उन्होंने दुनिया का हर ऐश अपने लिए मुहैया कर लिया था। उन्हें दुनिया के झमेलों से कोई सरोकार न था।

वाहिद हुसैन को अपने छोटे भाई की क़िस्मत पर रश्क आता था। अहमद हुसैन सिर्फ़ अपने लिए जीते थे। इसलिए वह कितने मज़े में थे मगर वाहिद हुसैन लाख ढूँढ़ते, उन्हें अपना वजूद 'मैं' कभी अकेला न मिलता। किसी-न-किसी सिरे से कोई-न-कोई ज़रूर बँधा होता। यह 'मैं' क्या है?

मेरा अपना वजूद जिसमें कोई और शामिल न हो—ख़ुदा की तरह मगर ख़ुदा को अकेला मानने के लिए इनसान के वजूद को उससे अलग किया जाता है—थक-हारकर वाहिद हुसैन फिर अपनी बयाज़ में पनाह लेते थे! थोड़ी देर बाद अख़बार आ गया!

वाहिद हुसैन वहीं क्यारियों की मुँडेर पर बैठ गए और ऐनक लगाकर जल्दी-जल्दी 'सहीफ़ा' के वरक़ पलटने लगे। किसी ख़ास चीज़ का इन्तज़ार नहीं था मगर फिर भी सुर्ख़ियाँ पढ़ते वक़्त दिल की धड़कन तेज़ हो जाती थी।

कौन-से ओहदेदार का तबादला कहाँ हुआ? कौन मरा? किस पर क़यामत गिरी और कौन सिर पर चढ़ गया? इस वक़्त तक दकन में बाहर की ख़बरें बहुत कम छपती थीं। कोई बड़ी अहम, दुनिया को हिला देनेवाली न्यूज़ होती तो किसी कोने में आ पड़ती। वाहिद हुसैन सबसे पहले 'फ़रमान मुबारक' पढ़ते थे। फ़रमान पर नज़र डालने से पहले वह बेसाख़्ता टोपी उठाकर सिर पर रख लेते और अदब के साथ बैठ जाते थे। आज के फ़रमान पर उन्होंने बड़ी ध्यान से नज़र डाली—

> 'इनइक़ादे-ए-महफिल-ए-मुशायरा।'
>
> फ़रमाया, आजकल जो इसकी कसरत हो गई है और जब कहा जाता कि इस ज़बान उर्दू को मज़बूत करना या ज़िन्दा करना होगा तो समझ नहीं आता कि चन्द घंटे इसमें लगाकर और शायरों के कलाम की दाद कर चलते-फिरते नज़र आना—इस शायरी, बैठक या महफ़िल से क्या फ़ायदा होगा? बल्कि यह सिर्फ़ एक तफ़रीह का

शगल होगा। या तसवीरें खिंचवाने का मक़सद। अलबत्ता वह बात अलग है कि अगर वाक़ई उर्दू ज़बान की तरक़्क़ी या मज़बूती का इरादा है तो एक इदारा (संस्था) इसका क़ायम होना हिए ताकि जो दूसरी ज़बानों में फ़ायदेमन्द किताबें हैं, उनका तर्जुमा कराया जाए। या कोई मॉडर्न लिटरेचर वजूद में लाया जाए या दुर्लभ किताबों को छपवाया जाए और उनकी छपवाई का बाक़ायदा इन्तज़ाम हो। मगर मुश्किल यह है कि उसके लिए काफ़ी पैसे की ज़रूरत है ताकि एक फंड क़ायम हो के और क़ाबिल लोग इस काम को हाथ में लें और शौक़-ओ-जोश में उसको पूरा करें और जब तक यह बात पैदा नहीं होती मुशायरे बेकार हैं या सिर्फ़ तफ़रीह का सबब हैं।

"खुलासा यह है कि यह मेरी ज़ाती राय है, जिससे बहुत-से पढ़े-लिखे लोगों का इत्तफ़ाक़ है, वरना बेज़रूरत दूसरे कामों में मुझे दखल देने का हक़ नहीं है और न मुशायरे की मेरे यहाँ कोई क़द्रो-क़ीमत है। मगर एक चीज़ मेरे सामने है यानी एक तरफ़ मुस्लिम क़ौम कंगाल और ग़रीब है और दूसरी तरफ़ बेकार कामों में पैसा जा रहा है जो ज़रूर एक देखने के लायक़ जादू है।"

लीजिए, मुशायरों का तो यों बेड़ा ग़र्क़ हो गया था। शायरों की इस नाक़द्री पर वह खिसियाने से हो गए।

'फ़रमान' पढ़कर उन्हें यों लगा, जैसे किंग कोठी की दुनिया भी अहमद हुसैन की दुनिया से मुख़्तलिफ़ नहीं है, जहाँ सिर्फ़ 'मैं' का वजूद है। अभी वाहिद हुसैन अख़बार की अहम ख़बरों में ग़र्क़ थे कि ऐन उसी वक़्त उनकी नवासी चाँद हस्बे-आदत फूलों की शाखों में अपना फ्रॉक उलझाती दौड़ी हुई आई।

"नाना हज़रत! जल्दी अन्दर चलिए। छोटे नाना हज़रत का ख़त लेकर अर्दली औरंगाबाद से आया है!"

"ऐं!" वह चौंक पड़े। जल्दी के बावजूद फ़रमान मुबारकवाला अख़बार उन्होंने एहतियात से तह करके हाथ में थामा।

"कित्ते छोटे नाना हज़रत को बेटा हुआ है!" चाँद क्रोटन के पत्ते खसोटने लगी।

"आ...एँ...?" इस बार अख़बार फड़फड़ाता हुआ दूर गिरा और वह बयाज़ छोड़कर अन्दर भागे लगी।

चन्द मिनट बाद वह पेश-दालान में सबके बीच बैठे ऐनक को

नाक के फुनक में अटकाए ख़त का आख़िरी पैराग्राफ़ सबको सुना रहे थे—'बेगम और नौमौलूद (नवजन्मा) सल्लमहा (चिरंजीव) सब बुज़ुर्गों की ख़िदमत में क़दमबोसी अर्ज करते हैं। मेरी तरफ़ से भी हाज़िर बुज़ुर्गों क ख़िदमत में क़दमबोसी और सब छोटों को प्यार।

वस्सलाम

हक़ीर पुर तक़सीर

अहमद हुसैन ख़ाँ अफ़ी अनहो'

ख़त अपने आप वाहिद हुसैन के हाथ से छूट गिरा मगर उनके हाथ अपनी जगह से नहीं हिले। एक वही क्या, यह ख़त तो यहाँ बैठनेवाले सब ही को पत्थर बना गया था, सिवाए लँगड़ी फूपो के जो मुँह-ही-मुँह में जाने क्या बड़बड़ा रही थीं।

कई मिनट बाद वाहिद हुसैन ने बड़ी मुश्किल से अपने-आपको जुंबिश दी और बड़ी बेबसी से हाथ मलने लगे, "देखा! आख़िर उजाला बेगम ने हमारा पटरा कर दिया!"

"उँह! इस बच्चे की पैदाइश ऐसी कौन-सी अहम बात है? ऐसे न जाने कितने बच्चे चचा हज़रत की ड्योढ़ी में पल रहे होंगे।"

राशिद की दुलहिन रज़िया किसी तरह इस बात को मानने पर तैयार न थी कि अहमद हुसैन की इतनी बेशुमार जायदाद का वारिस उसके शौहर के सिवा और कोई भी हो सकता है।

"अल्लाह मियाँ! बी जानी के नसीब कैसे खोले! आन-की-आन बेगम बन गईं।" लँगड़ी फूपो ने बड़े रश्क-भरे अन्दाज़ में कहा।

"थू! वह उजाड़-सूरत क्यों बनती चचा हज़रत की बेगम!" वाहिद हुसैन की बड़ी लड़की बशीर बेगम ने तुनककर कहा।

"देख लेना, उजाला चची तो उसे अपनी चप्पल के नीचे दबाकर रखेंगी उस पर हक़ ही क्या है...दो टके की छोकरी...!" बशीर बेगम को बी जानी पर बेहद ग़ुस्सा आ रहा था। उसका जी चाह रहा था, इस छोकरी की बोटियाँ बिखेरकर फेंक दे।

"तो क्या बी जानी वाहिद भाई की बेगम नहीं बनेंगी?" बीबी ने पहली बार इस बहस में हिस्सा लिया और वाहिद हुसैन ने देखा कि बीबी का दूसरा दाँत भी गिर गया है मगर उनकी ज़हरीली मुसकराहट में वही तंज़ (व्यंग्य) था जो उन्होंने पहली बार देखा था।

"बेगम बनना हर औरत के नसीबों में थोड़ी होता है!" इतने अज़ीम हादसे के वक़्त भी वाहिद हुसैन बीबी को जवाब देना नहीं भूले।

"क्या हुआ...? कौन बेगम बन गई...?" क़ैसर की माँ फ़ातिमा बेगम सूप में चावल लिए दालान में आईं।

"अजी, वह तुम्हारे अहमद मियाँ के यहाँ एक छोकरी थी, बी जानी! कते उसके नसीबों में भी बेगम बनना लिखा था!" बीबी अपने पोते शाहीन का अधसिला कुरता घुटनों पर रखकर हाथों से इस्तरी करने लगीं। "बेटा हुआ है तुम्हारे भाई साहब के यहाँ! और नाम क्या रखा है निगोड़ा—'नौमौलूद' कते।" लँगड़ी फूपो ने तंज़ किया।

"दोनों बातें ग़लत...," वाहिद हुसैन ने ऐनक भन्नाकर तख़्त पर पटकी और शेरवानी के बटन खसोटने लगे।

"न तो अहमद मियाँ के लड़का हुआ है और न उसका नाम नौमौलूद रखा है।"

"और यह जो आपने अभी ख़त पढ़ा है...?" रज़िया ने ताज्जुब से पूछा। सब ही हैरान होकर उन्हें देखने लगे, जैसे वाहिद हुसैन ने सबको परेशान करने के लिए नाटक खेला था।

"मैंने यह भी पढ़ा था कि लड़के का नाम नसीर हुसैन ख़ाँ रखा गया है। और लड़का अहमद मियाँ के नहीं, उनकी बेगम बी जान के हुआ है...।" उन्होंने चिल्लाकर कहा। इतनी देर में उनका ब्लडप्रेशर कई प्वाइंट आगे बढ़ चुका था और वह ग़ुस्से के मारे थरथर काँप रहे थे।

"हा...हा...हा...कैं...कै...कैं" फ़ातिमा बेगम, लँगड़ी फूपो, रज़िया और बशीर बेगम हँस रही थीं और इस बात को भूल चुकी थीं कि वाहिद हुसैन के आगे उन्हें नहीं हँसना चाहिए।

ग़ुस्से के मारे वाहिद हुसैन का ब्लडप्रेशर बढ़ा और रंज के मारे रज़िया के पेट में फुदकनेवाली नन्ही-सी जान भी बेचैन हो गई और वह हँसते-हँसते अन्दर जाकर कराहने लगी।

इस ख़बर से सबसे ज़्यादा ख़ुश होनेवाली लँगड़ी फूपो थीं मगर उन्होंने किसी पर अपनी ख़ुशी ज़ाहिर न होने दी।

लँगड़ी फूपो का नाम गौहर बेगम था। वह राशिद की हमउम्र थीं और वाहिद हुसैन की चचाज़ाद बहन थीं। सुना है, वह अपने माँ-बाप की इकलौती औलाद थीं। चौदह बरस की बेटी के लिए उनके अब्बा रिश्ता ढूँढ़ रहे थे कि ट्रेन के एक हादसे में उनके माँ-बाप दोनों मर गए। लँगड़ी फूपो मय अपनी

जायदाद और ज़ेवर-दौलत के वाहिद हुसैन के वालिद की सरपरस्ती में आ गईं। वह बेचारे अपनी लावारिस पोती के लिए इतनी एहतियात से रिश्ते तलाश करते रहे कि वह पच्चीस बरस की हो गईं। और जब उनकी ननिहालवालों ने दादा को ताने देना शुरू किये कि वाहिद हुसैन और अहमद हुसैन गौहर बेगम की दौलत पर दाँत लगाए बैठे हैं इसलिए उनका हर पैग़ाम लौटा देते हैं तो करना ख़ुदा का यों हुआ कि गौहर बेगम ईद का चाँद देखकर अपनी क़िस्मत जागने की दुआ माँगने छत पर गईं और वहाँ से चकराकर जो गिरीं कि नीचे सड़क पर होश आया। उन पर यही वहम सवार था कि उन्हें किसी ने पीछे से धक्का दिया था...मगर ऐवाने ग़ज़ल में कौन उनकी जान का दुश्मन था? अस्पताल से घर आईं तो कूल्हे की हड्डी टूट चुकी थी। एक पाँव लँग खाता था। अब वह लकड़ी के सहारे पूरे बदन से दोहरी होकर चलती थीं। अब सोचिए, भला ऐसी टूटी-फूटी लड़की से कौन ब्याह करता? इसीलिए ऐवाने ग़ज़ल में लँगड़ी फूपो के नाम से उन्हें सब पुकारते थे। लौंडियों-छोकरियों के ऊपर हुक्म चलाने और तमाम ड्योढ़ी का इन्तज़ाम करने में वह दिन-भर मसरूफ़ रहतीं। सब उन्हें बेहद चाहते थे। उनकी सारी कड़वी-कसैली बातें बड़ों से लेकर बच्चों तक को मानना पड़तीं। घर की लड़कियों को उनका हुक्म सुनना पड़ता था। वाहिद हुसैन तो उनकी ज़रा-सी बीमारी पर घबरा जाते थे। अपनी बहन की दिलजोई में कोई कसर न उठा रखते। बेचारी क़िस्मत की मारी बहन पर उन्हें बड़ा तरस आता था। सारे घर पर लँगड़ी फूपो की हुकूमत थी। वह अपनी जली-कटी ज़बान में जो जी में आता कह देती थीं। हर एक के फटे में टाँग अड़ाने को तैयार!

इस घर में सिर्फ़ वाहिद हुसैन की बीबी से ही उनकी मुठभेड़ होना मुमकिन था क्योंकि ननद-भावज की अज़ली (चिरकालीन) दुश्मनी मशहूर है मगर बीबी बड़े ठंडे ख़ून की थीं और तीस बरस गुज़रने के बावजूद वह अपने-आपको ऐवाने ग़ज़ल की मलिका की बजाय एक चपरासी की लड़की ही समझती रहीं। उन्होंने अपने सारे इख़्तियारात लँगड़ी फूपो को सौंप दिये थे और ख़ुद सारे घर की ज़िम्मेदारियों से अलग-थलग बनाव-सिंगार किये, ख़ुशबू में बसे, चमचम करते कपड़े पहने, कलाइयों में सुनहरे नगों का जोड़ा चमकाती मसहरी पर बैठी रहती थीं या फिर नाविलें पढ़ने में वक़्त गुज़रता। मामाओं से शहर की अहम ख़बरों पर तब्सरा होता या फिर परदा लगी मोटर में बैठकर वह रिश्तेदारों के यहाँ चली जातीं। उन्हें बिलकुल ख़बर न होती कि आज घर में अमबाड़े की भाजी पकी है या पालक की या वाहिद हुसैन को किन-किन चीज़ों से परहेज है।

अलबत्ता वाहिद हुसैन कमरे में आते तो वह नई दुलहिनों की तरह सिमटकर बैठ जातीं, उनकी हर ख़्वाहिश, हर हुक्म को सिर आँखों से क़ुबूल करने को तैयार। वाहिद हुसैन को न नवाबी क़िस्मत मिली थी न शाहाना ठाठ! इसीलिए उनकी आवाज़ में बड़ी शाइस्तगी थी। उनकी ज़बान बड़ी समझौते-भरी थी जो ज़रूरत पड़ने पर शहद भी बन जाती और ज़हर भी। इसलिए उनकी बात करने के भी दो स्टाइल थे। एक वह हँसी और मुहब्बत-भरी ज़बान जिससे वह नौकरों और दोस्तों से बात करते थे और एक वह रोबदार अन्दाज़ जो अपने आगे और किसी को न मानता था लेकिन इसके अलावा भी वाहिद हुसैन का एक और रूप था। नरमी-भरा और एक आशिक़ का-सा अन्दाज़ जो सिर्फ़ बीबी के लिए होता क्योंकि बन्दगी भी इनसान की घुट्टी में दाख़िल है। कभी-कभी अपना सब कुछ किसी को सौंपकर, किसी के हवाले करके भी कैसी राहत मिलती है। अपने वजूद से इनकार करके वाहिद हुसैन ने भी बीबी को अपनी सारी चाबियाँ सौंप दी थीं। यह वह औरत थी, जिसने पच्चीस बरस की उम्र में पच्चीस इश्क़ करनेवाले वाहिद हुसैन को अपने पास बिठाया तो फिर वह और किसी तरफ़ न देख सके। मगर इस ड्योढ़ी में लाकर तीन बच्चों की माँ बनाकर भी बीबी उनके हाथ नहीं आती थीं। अब वह बेचारे बाग़ में बयाज़ खोले सुबह का इन्तज़ार न करते, तो क्या करते?

ख़त हाथ में थामे वाहिद हुसैन बड़ी देर तक सोचते रहे कि आज सुबह ही बड़ी बेतुकी हुई थी। कभी ऐसा हुआ न था कि इतने हाथ-पाँव मारने पर भी एक मिसरा हाथ न आए। अख़बार में कोई अचम्भा न निकले मगर अचम्भा तो कमबख़्त ख़त के पुरजे में छुपा बैठा था।

यह चाँद भी कैसी निकम्मी निकली! न जाने क्यों अपने दादा का घर छोड़कर यहाँ पड़ी रहती है। सुबह-ही-सुबह न सबक़ पढ़ा, न नमाज़, बस चली आई यह मनहूस ख़बर सुनाने। जभी तो लोग लड़कियों की पैदाइश पर सिर पीट लेते हैं।

"दुलहिन भाभी! आप आज ही बशीर बेगम से उजाला भाभी को ख़त लिखवा दो। कहना कि उजाड़-सूरत बी जानी को ज़्यादा मुँह न लगाओ। बच्चे के लिए कोई क्रिस्टान आया रखो। नईं तो इस कमीनी का दूध पीकर बच्चा भी वैसा नीच हो जाएगा।"

"फिर तो वह सचमुच का नवाब बनेगा, गौहर बेगम।" बीबी ने मुसकराकर गौहर बेगम की तरफ़ देखा। "अच्छा हुआ उजाला बेगम को अपनी दौलत का वारिस मिल गया।"

"थू...क्या दौलत है उनके पास?" रज़िया ने भौंहें सिकोड़कर कहा।

"बस, उजाला चची इतराती बहुत हैं अपनी दौलत पर!"

"अजी नईं, रज़िया दुलहिन! हाथी मरा भी तो सवा लाख का होता है कते। उजाला बेगम के ख़ानदानवाले बड़े पैसेवाले लोग थे। वे जो क़िस्से-कहानियों में दौलतमन्दों की बातें लिखी हैं न, वे सब इसी ख़ानदान की बात हैं। मैं सब सुन चुकी हूँ वहाँ के क़िस्से!" लँगड़ी फूपो घुटनों पर ठोड़ी टिकाकर उजाला बेगम का माजी (अतीत) देखने लगीं।

अन्दरवाले कमरे में शाहीन रो रहा था। रज़िया अपने कमरे में जाकर कराहने लगी थी जहाँ वाहिद हुसैन बैठे थे। उसके बिलकुल पीछेवाले कमरे में चाँद नाच-नाचकर गा रही थी—

मेरे छोटे-से मन में छोटी-सी दुनिया रे...।

चाँद आठ बरस की थी मगर अभी से उसकी माँ बशीर बेगम बेटी की ख़ूबसूरती पर नज़र डालकर काँप जाती थीं। उनके ख़ानदान में तो ख़ूबसूरत लड़कियाँ ज़हर खाकर मरीं या किसी महल में क़ैद कर दी गईं।

हुस्न चाहे बीबी की तरह किसी चपरासी की झोंपड़ी में छुपा बैठा हो मगर फ़ितने खड़े कर ही देता है और दकन की कहानी तो भागमती से लेकर बीबी तक इश्क़ ही के मुख़्तलिफ़ रंगों से चमक रही थी। मगर अब ज़माना बदल गया था और उस बदले हुए ज़माने का सबसे बड़ा सबूत बशीर बेगम के शौहर हैदर अली ख़ाँ थे। हैदर अली ख़ाँ यों तो बशीर बेगम के दूर के रिश्ते के भाई भी लगते थे लेकिन वह लंदन से बैरिस्टरी पास करके आए थे और बड़े नेशनलिस्ट ख़यालों के हामी थे। अभी हैदराबाद में क़ौमपरस्ती की कोई लहर नहीं उभरी थी। इत्तिहाद-उल-मुसलिमीन (मुसलमान-एकता) का कोई पता नहीं था लेकिन बहादुर यार जंग की सियासी अहमियत बढ़ती जा रही थी। वह हैदराबाद के इलहाक़ (विलय) के सख़्त मुख़ालिफ़ थे और हैदराबाद को एक ख़ुदमुख़्तार रियासत देखना चाहते थे।

इसके उलट हैदर अली ख़ाँ बाशऊर (सजग) लोगों का भी एक हलका था जो यूरोप की सियासी लहरों का मुतालिआ (अध्ययन) कर चुका था। पंडित नेहरू की बनाई हुई कांग्रेस की पॉलिसी को पसन्द करता था। ये लोग फ़ासिज़्म के ख़तरे को सरों पर मँडराता हुआ देख रहे थे। यों तो हिन्दुस्तान में हिटलर और मुसोलिनी के ख़िलाफ़ अवाम मुत्तहद (संगठित) थे मगर अभी हैदराबादी अवाम दुनिया की सियासत से बहुत कम वाक़िफ़ थे। जब हैदर अली ख़ाँ ने लंदन से आकर बशीर बेगम से शादी की है तो हैदराबाद की सियासत

भी करवटें बदल रही थी। 'जोश' की शायरी और क़ाज़ी अब्दुल ग़फ़्फ़ार की कोशिशों से कुछ नये रुझान जाग रहे थे। सरोजिनी नायडू कांग्रेस में शरीक होकर काम करती थीं और उनकी रहनुमाई में हैदराबाद में भी नये रुझान रखनेवालों का एक हलका उभरने लगा था। उसके सबसे सरगर्म कारकुन हैदर अली ख़ाँ थे। यह वह ज़माना था जब 'इक़बाल' 'बाल-ए-जिबरील' लिखकर हिन्दुस्तानी नौजवानों को बेदारी (जागृति) का पैगाम दे रहे थे और टैगोर 'गीतांजलि' सुना चुके थे। मगर हैदराबाद में इक़बाल की ग़ज़लें ड्योढ़ी में होनेवाली क़व्वालियों में सुनी जाती थीं और नाइंसाफ़ियों तले पिसनेवाले बूढ़े जागीरदार 'हक़ीक़ते-मुंतज़र' को 'लिबास मजाज़' में बुलाने पर अपनी दाढ़ियों से आँसू पोंछ लिया करते थे। बशीर बेगम ने कभी कोशिश नहीं की कि अपने दूल्हा के ख़यालों को समझें। वह अभी छठी-सातवीं क्लास में थीं कि उनकी शादी हो गई। उस ज़माने में आमतौर पर लड़कियों का पढ़ना ज़रूरी नहीं समझा जाता था। जहेज़ की दौलत और ऊँचा ख़ानदान ही उन्हें ससुराल में बरतरी का अहसास देता था। बशीर बेगम तो बीबी की ख़ूबसूरती का हिस्सा भी लाई थीं। यों भी ऐवाने ग़ज़ल के हुस्न का जादू मशहूर था। इसलिए वह अपने विलायत-पास मियाँ की आँखों का तारा थीं और इस बात पर इतराई-इतराई फिरतीं कि उनका दूल्हा बिलकुल अंग्रेज़ों की तरह रोज़ सुबह नहाता है, अंग्रेज़ी में बातें करता है और उसने एक ऊँची पहाड़ी पर एक ऐसा मकान बनवाया है जिसके दरवाज़ों में कुंडियाँ और ज़ंजीरें नहीं हैं।

हैदर अली ख़ाँ ने तय कर लिया था कि उनकी बेटी चाँद सुलताना डॉक्टर बनेगी। इसलिए उन्होंने चाँद को कॉनवेंट में दाख़िल किया था। उसे नये ज़माने की एक ख़ुदमुख़्तार औरत बनना था। इसलिए शाम को वह एक डांस-स्कूल भी जाती। स्कर्ट पहनती। उसके बाल मेमों के ढंग पर कटे हुए थे और वह अपने डैडी से अंग्रेज़ी में बात करती थी।

चाँद की इस बदली हुई रविश पर उसकी ननिहाल में बड़ी ले-दे हुई। ख़ुद वाहिद हुसैन को अपनी नवासी की नंगी टाँगें बिलकुल अच्छी न लगती थीं मगर वह अपने विलायत-पलट दामाद से बड़े प्रभावित थे और उनकी हर बात को बेसोचे-समझे मान लिया करते थे कि क़ाबिल आदमियों की हर बात में कोई-न-कोई अच्छी बात छुपी होती है।

लेकिन चन्द बरस बाद शुमाली (उत्तरी) हिन्द के अदब में एक नई लहर उभरी और हैदराबाद में सरोजिनी नायडू की रहनुमाई में तरक़्क़ीपसन्द अदीबों का पहला जलसा हुआ तो उसके कर्ता-धर्ता हैदर अली ख़ाँ थे। दामाद की

करतूतों से वाहिद हुसैन बहुत ख़ौफ़ज़दा थे। जब दामाद ही कम्युनिस्टों और दहरियों (अनीश्वरवादियों) की हिमायत करने खड़ा हो जाए तो अपना ही बेड़ा ग़र्क़ समझो।

फ़र्ज़ करो, किसी मुलाक़ात के मौक़े पर हुज़ूर हैदर अली ख़ाँ के बारे में सवाल कर डालें तो वाहिद हुसैन क्या जवाब देंगे?

इसलिए एक दिन हैदर अली ख़ाँ ससुराल की दावत खाकर जाने लगे तो वाहिद हुसैन ने बड़ी मीठी ज़बान में बोलना शुरू किया, "आप अंग्रेज़ों के ख़िलाफ़ तक़रीर करें तो ठीक है मगर इन दहरिये गुंडों की बातों में आके पुलिस के हत्थे चढ़ गए तो मेरे को नक्को बोलो। भला शरीफ़ ख़ानदानी लोगों का इन गुंडों, छोकरों में क्या काम!..." फिर उन्होंने सोचा, नौजवानों को हमेशा मुस्तक़बिल के ख़ौफ़ से डराना चाहिए कि वे सिर्फ़ उसी तरफ़ देखा करते हैं।

"ज़रा सोचो हज़रत कि इन कमिनिस्टों का राज हो गया तो शरीफ़ लोगों की इज़्ज़त काँ बाक़ी रहेगी? कभी दुनिया में ऐसा हुआ है कि ग़रीब और अमीर बराबर हो जाए? फिर काहे का आप चुप बूम पटारा मचावें?"

हैदर अली ख़ाँ जानते थे कि उनके ससुर जिस अन्दाज़ से सोचते हैं वह सही है क्योंकि हर इनसान के साथ उसका माज़ी (अतीत), उसका तजुर्बा और मफ़ाद (हित) होता है जो उसे एक ख़ास नुक़्त-ए-नज़र क़ायम करने में मदद देता है। लेकिन यही मुसीबत हैदर अली ख़ाँ के साथ थी। उनकी नज़र तमाम दुनिया के हालात पर थी।

हिन्दुस्तान की सियासत और हिन्दुस्तानी अवाम की जद्दोजहद के नतीजों को वह किसी तरह नज़रअन्दाज़ नहीं कर सकते थे। इसलिए उनके सिर पर वतनपरस्ती का जो भूत सवार था, वह रिज़्क़ के भूत से किसी तरह कम नहीं था।

इसके बावजूद जब वह ससुराल आते थे तो वाहिद हुसैन से एक मुचैटा करने में उन्हें काफ़ी लुत्फ़ आता।

"जी फ़रमाइए अब्बाजान, कुछ नई ख़बरें...।" वह खा-पीकर इतमीनान से बैत-उल-ग़ज़ल के सजे हुए हॉल में जा बैठते।

"हम क्या ख़बरें सुनाएँ...?" वाहिद हुसैन भी फ़ौरन पाइप सुलगाकर आरामकुरसी पर दराज़ हो जाते थे।

"वह आपकी सूबाई ख़ुदमुख़्तारी का ख़्वाब तो ख़ूब सच्चा हुआ मियाँ!" वाहिद हुसैन को हँसी आ जाती।

लेकिन सूट-बूट पहने हुए हैदर अली ख़ाँ को ससुर के सामने बड़े अदब के साथ सिर झुकाकर बैठना पड़ता था।

"जी हाँ...बजा इरशाद फ़रमाए आप...लेकिन देखिए तो अब्बाजान, एक यही फ़ायदा हो गया कि हमारे दिलों से हर चीज़ का ख़ौफ़ निकल गया—ग़ैरमुल्की ताक़त से ख़ौफ़...नये तजुर्बों का ख़ौफ़...नये क़दम उठाने का ख़ौफ़, राय ज़ाहिर करने का ख़ौफ़—यह भी एक बहुत बड़ी बात हुई है।"

"अजी क्या बाताँ करते आप, दूल्हा भाई...!" राशिद भी एक कुरसी खींचकर उनके क़रीब आ बैठा था। वैसे उसे पॉलिटिक्स में कोई दिलचस्पी नहीं थी लेकिन शुमाली हिन्द में जो तूफ़ान उठ रहे थे, उनका थोड़ा-बहुत असर यहाँ भी हर समझदार और तालीमयाफ़्ता इनसान पर हुआ था।

"अपन तो एक बात बोलते हैं दूल्हा भाई कि रियासतों का इलहाक़ हुआ तो अपने ठाठ-बाट ख़त्म हो जाएँगे। मंसब, जागीरें सब छिन जाएँगी। बड़े-बड़े ओहदे सब हिन्दुस्तानियाँ झपट लेंगे।"

"ख़ैर, जागीरदारी तो बहरहाल ख़त्म हो ही जाएगी...लेकिन जम्हूरियत में तरक़्क़ीपसन्द अनासिर (तत्त्व)...।"

"माफ़ करना मियाँ! आपके इन तरक़्क़ीपसन्द से तो अल्लाह बचाए। क्या बेमानी शायरी...क्या फ़ुहश (अश्लील) कहानियाँ...अस्तग़फ़िरुल्लाह (ईश्वर बचाए)...! आप हैं कि उनके सबसे बड़े हामी बने फिरते हैं।"

हैदर अली ख़ाँ सटपटा जाते। हज़ारों साल से ऐश करनेवाले इन बुड्ढों से निबटना मुश्किल था। उनकी बैरिस्टरीवाली ज़बान का सारा ज़ोर ख़त्म हो जाता और वह रुक-रुककर कहते, "बात यह है अब्बाजान कि अदब में भी नये तजुर्बे किये जा रहे हैं। जागीरदारी समाज में अदब को सिर्फ़ ऐशो-इशरत और तफ़रीह का एक ज़रिया समझा गया। ग़ज़ल में सिर्फ़ औरत के हुस्न के सिवा कोई मौज़ूअ (विषय) नहीं मिलता...लेकिन अब अदब में नये मौज़ूअ...।"

"अजी रहने दो मियाँ...शायरी का कौन-सा मौज़ूअ है जो नया होगा?" वाहिद हुसैन पाइप की तम्बाकू झटककर कहते, "वही इश्क़ो-आशिक़ी का मौज़ूअ...भला इसमें क्या जिद्दत (नवीनता) हो सकती है?"

(ऐसे वक़्त वह ख़ुद इस बात को भूलने की कोशिश करते कि उन्होंने इश्क़ में कैसी जिद्दत पैदा करने की कोशिश की है।)

"अब आप ही बताओ हज़रत कि शायरी में माशूक़ की बजाय शायर किसकी सरापा-निगारी (नख-शिख वर्णन) करेगा? भला मज़दूरों के काम पर कहीं ग़ज़ल लिखी जाती है? या मशीनों के पुरज़ों की तारीफ़ होती है?" (इस बात पर राशिद और वाहिद हुसैन को बड़े ज़ोर की हँसी आ जाती है।)

"और फिर यह बताइए दूल्हा भाई कि आपके कम्यूनिज़्म के दौर में यह क्या इंसाफ़ होगा कि हमारी दौलत छीनकर आप ग़रीबों को दे देंगे। वह भी तो सख़्त नाइंसाफ़ी होगी कि ढीमड़, चमार किसी ख़ानदानी नवाब के बराबर हो जाएँ।" राशिद काफ़ी संजीदा हो गया था।

"लेकिन ऐसी तो बहुत-सी नाइंसाफ़ियाँ सहने के लिए तैयार हो ही जाइए, राशिद मियाँ!" हैदर अली ख़ाँ की आवाज़ में अब काफ़ी तल्ख़ी आ जाती थी।

"जब इलेक्शन जीतकर कोई खेत-मज़दूर आपका आक़ा बन जाएगा तब आप इंसाफ़ की बात सोचना!"

ऐसे मौक़ों पर वाहिद हुसैन का ब्लडप्रेशर अचानक ही बढ़ जाता था और वह बड़े ग़ुस्से में कहते, "देखो हैदर पाशा! आपके ख़िलाफ़ सी.आई.डी. की रिपोर्ट अली पाशा तक पहुँच गई है कि आप फ़ासिज़्म के बहाने दुनिया के हालात का सहारा लेकर अन्दरूनी सियासत पर तक़रीरें करते हैं। कम्यूनिस्टों के जलसों में शरीक होते हैं।" वह दामाद को ख़तरे से आगाह करते।

यह शहरेवर (फ़ारसी) का महीना था।

फ़िज़ा में एक तरह की ऊँघ और मस्ती-भरा नशा-सा छाया हुआ था।

ऐवाने ग़ज़ल में फ़िज़ा और भी ख़ुशगवार-सी लगती क्योंकि इस ड्योढ़ी के बासी अपनी-अपनी ज़ात में खोये हुए थे। इनका बाहर की दुनिया से बहुत कम ताल्लुक़ था।

यह वह ज़माना था जब क्रिप्स की तजवीज़ें कांग्रेस ने रद्द कर दी थीं और जिन्ना के पीछे मुसलमान चिल्लाते फिर रहे थे, "ले के रहेंगे पाकिस्तान...!" पुल टूट रहे थे। रेलें लुढ़क रही थीं। हिन्दुस्तान के तमाम अहम लोगों ने 'सर' के ख़िताब वापस कर दिये थे, लेकिन हुज़ूर निज़ाम को इन ख़बरों में कोई दिलचस्पी न थी। वह रोज़ रात को एक ग़ज़ल कहते थे जो मुक़ामी अख़बारों में उस्ताद 'जलील' की राय के साथ पहले सफे पर छपती थी और उस अख़बार को अवाम इज़्ज़त के तौर पर कभी रद्दी की टोकरी में न फेंकते थे। मालिक से वफ़ादारी और मुहब्बत दकन के अवाम के दिलों में सरायत (प्रवेश) कर चुकी थी। हर रोज़ जब हुज़ूर निज़ाम की सवारी सड़कों पर से गुज़रती थी तो क़तारों में खड़े हुए अवाम उनके दीदार के लिए घंटों ठहरते थे और अज़ल तक इस रियासत के क़ायम रहने की दुआएँ सुबह-शाम करते थे।

उस दिन भी ऐवाने ग़ज़ल में रोज़ की तरह सुबह की चहल-पहल शुरू हो चुकी थी। वाहिद हुसैन बाग़ की सैर से फ़ारिग होकर अख़बार लिए

अन्दर आए तो चाँद सामने दालान में नाच रही थी। मगर नाना हज़रत को अन्दर आते देखकर वह दोनों हाथों से मुँह छुपाए रज़िया के कमरे में भाग गई। छुट्टी का सारा दिन वह अपनी ननिहाल में ही गुज़ारती थी क्योंकि घर में डैडी बात-बात पर उसे टोकते थे लेकिन यहाँ पर अपने मामूँ और मुमानी की बड़ी चहेती थी।

चाँद की इस बदली हुई रविश पर सबसे ज़्यादा बीबी ख़ुश थीं क्योंकि वह एक झोंपड़ी से उस ड्योढ़ी में आई थीं और जानती थीं कि औरत चाहे महल में हो या झोंपड़ी में, वह एक ही दायरे में घूमती रहती है। लेकिन चाँद को पढ़ते देखकर उन्हें आस बँधती कि वह इस दायरे को तोड़कर निकल जाएगी।

वाहिद हुसैन अन्दर आए तो उनकी आमद का उम्मीद के ख़िलाफ़ किसी ने नोटिस नहीं लिया क्योंकि अन्दर रज़िया दर्दों से तड़प रही थी इसलिए लँगड़ी फूपो और बीबी वहीं उसे थामे बैठी थीं। दालान में सुर्ख़ मदरे का दस्तरख़्वान बिछा हुआ था। उस पर बड़ी-बड़ी रकाबियों में खिचड़ी, मक्का, क़ीमा, अचार, पापड़ और वाहिद हुसैन के लिए उबले हुए अंडे रखे थे और मालिन बी सिर पर पल्लू डाले हाथ में पंखा लिए बैठी थी। जिसका मतलब यह था कि वाहिद हुसैन खाना शुरू कर दें। वाहिद हुसैन मामले की नज़ाकत समझ गए। इसलिए आवाज़ को धीमा करके मालिन बी से पूछा, "राशिद मियाँ कहाँ हैं?"

"जी उनों मोटर लेकर डॉक्टरानी को लाने गए हैं।"

"हुँह...।" वाहिद हुसैन ने बेदिली से बेसिन के आगे हाथ बढ़ा दिये और जब सलारु ने उनके हाथ धुलाकर तौलिया बढ़ाई तो उन्होंने दस्तरख़्वान पर बैठकर वही तौलिया अपने घुटनों पर फैला दी और बिस्मिल्लाह करके खिचड़ी की बड़ी रकाबी खोली। मगर आज उनका जी खाने में नहीं लग रहा था। दूसरे पोते की आमद की ख़ुशी और घबराहट दोनों एक ही वक़्त बेचैन किये दे रहे थे।

आज इस घर में एक नये शख़्स की आमद है। अभी कल ही उन्होंने राशिद के पैदा होने की ख़ुशख़बरी सुनी थी। बिलकुल ऐसी ही सुबह थी... ऐसा ही मौसम...और आज राशिद का दूसरा लड़का आ रहा है...ये नये-नये बच्चे क्या करने आ रहे हैं...?...वाहिद हुसैन का हाथ रकाबी में थम गया... टैगोर कहते हैं, ख़ुदा दुनिया से मायूस नहीं है। इसलिए नये बच्चे को भेजता है, लेकिन वह हर पुराने बच्चे से मायूस हो चुका है। यह भी तो देखिए। क़र्ज़ और रेहन की दीमक-भरी जायदाद के लिए भाइयों की लड़ाइयाँ, बेईमानी और धाँधली। ऊँचे ओहदों और ख़िताबों के लिए भाग-दौड़...और फिर किसी

औरत के लिए सब कुछ हार देना...बस, वाहिद हुसैन के लिए ज़िन्दगी का मक़सद यही था...हर इनसान सिर्फ़ अपने ही लिए तो जीता है...नवासों-पोतों की ख़ुशी देखना, बेटे को फलते-फूलते देखना ताकि अपनी अना (अहं) की तसकीन (सन्तुष्टि) हो सके। आज ही वह अपनी तुर्की टोपी को ज़रा और ऊँचा करके निकलेंगे। दो पोतों के दादा...दो लाख के मालिक...हर पोते को वह एक प्रोमेसरी नोट बनाकर कैश कर लेंगे...इसीलिए तो बेटे की आमद पर ख़ुशी मनाई जाती है।

आँगन में बिस्मिल्लाह बी अपने बच्चे को मार रही हैं।

शाहीन की आया उसे जो कपड़े पहना रही है वे शाहीन पहनना नहीं चाहता इसलिए वह बार-बार क़मीज़ उतारकर चिल्ला रहा है। शाहीन को ज़िद करता देखकर वाहिद हुसैन ने उसे अपनी गोद में बिठा लिया और आया को डाँट दिया कि छोटे नवाब की मर्ज़ी के बग़ैर उनका कोई काम न किया जाए। उन्हें अपना पोता बेहद प्यारा था। इतना प्यारा कि उसके मुक़ाबले में अपना पढ़ा-लिखा जवान बेटा भी अच्छा न लगता। वह लोगों से मुसकराकर कहते थे, "बात यह है कि असल से सूद प्यारा होता है!"

"अरी...ओ क़ैसर...ज़रा बाबा की रेटी उठा लाना...," आया ने पुकारा तो क़ैसर दौड़ी-दौड़ी आई। नौ-दस बरस की दुबली-पतली-सी लड़की थी। उटँगा-सा पाजामा और फटा हुआ मैला कुरता पहने। उसकी सूरत देखिए तो सबसे पहले उसकी रौशन आँखों पर निगाह जाती जो दीयों की तरह झिलमिलाती-सी लगतीं और वह पलटकर जाने लगती तो उसकी ग़ैरमामूली लम्बी चोटी पर नज़र ठहर जाती थी। इतनी-सी लड़की की इतनी बड़ी चोटी...!

क़ैसर आकर वाहिद हुसैन के पास खड़ी हो गई तो उन्होंने ग़ौर से देखा। आज उन्हें बड़ा ताज्जुब हुआ, यह इतनी बड़ी हो गई!

"यह फ़ातिमा बेगम की बेटी है न...?" क़ैसर अकसर ड्योढ़ी में आती रहती थी मगर वाहिद हुसैन ने उसे बहुत ज़माने से नहीं देखा था।

"जी हाऊ भाई...।" फ़ातिमा बेगम चावल साफ़ करते-करते सिर पर पल्लू सँभालकर पीछे आ खड़ी हुईं।

"इत्ती बड़ी हो गई है भाईजान बच्ची! पढ़ने की बहुत ज़िद करती है। क्या करूँ इसके बाबा का इन्तज़ार करते-करते हार गई।" आज ज़माने से इन्तज़ार में बैठी हुईं फ़ातिमा बेगम ने अपनी अरज़ी उनके हुज़ूर में पेश कर दी मगर बहुत डरते-डरते, निहायत धीमी आवाज़ में। वाहिद हुसैन शाहीन को सँभाले ख़ामोश बैठे रहे।

"हाँ, वाक़ई तुम्हें बड़ी मुश्किल हो रही होगी। ख़ैर, अगले महीने से दस रुपए हर महीने यहाँ से ले जाया करो।"

"मगर क़ैसर के बाबा...।" फ़ातिमा बेग़म से शरम और ग़म के मारे पूरी बात नहीं कही गई।

"वह तो मजबूरी है, फ़ातिमा बेगम।" वाहिद हुसैन ने उन्हें इतमीनान से समझाया, "अहमद मियाँ बेचारे क्या कर सकते हैं? अगर ग़ुलाम रसूल को छोड़ दें तो दूसरे खेत-मज़दूर भी कहेंगे कि हमें भी छोड़ दो...मैं तो कहता हूँ कि तुम भी बच्चों को लेकर औरंगाबाद चली जाओ।"

"जी हाऊ...मगर क़ैसर नहीं जाती, उसे उजाला भाभी से बहुत डर लगता है...यह उजाड़-सूरत तो मुझे कहीं चैन नहीं लेने देती!" फ़ातिमा बेगम ने ठंडी साँस लेकर कहा और मायूसी के साथ फिर चावल साफ़ करने लगीं।

फ़ातिमा बेगम वह काँटेदार झाड़ी थीं जो फूलों की क्यारी में निकल आती है। वाहिद हुसैन के अब्बा बच्चों की आए-दिन की पैदाइश से घबरा गए और किसी सितमपेशा माशूक़ा के ग़म में निढाल पड़े थे तो जी बहलाने के लिए उन्होंने फ़ातिमा की माँ से निकाह कर लिया मगर साल भी न गुज़रा था कि वह बीबी भी मियाँ की सूरत देखकर उबकाइयाँ लेने लगीं। कहते हैं, जब नवाब साहब ने यह ख़बर सुनी तो मारे तैश के उस औरत को कोठरी में बन्द कर दिया और फिर जब यह ख़बर सुनी कि एक अदद साहबज़ादी तशरीफ़ लाई हैं तो निढाल होकर गिर पड़े। वाहिद हुसैन कहते थे कि उस दिन के बाद अब्बाजान को लोगों ने क़ब्र में उतारने के लिए ही उठाया। बाद में वाहिद हुसैन और अहमद हुसैन ने वसीयतनामा देखा तो उसमें कहीं फ़ातिमा बेगम की माँ का ज़िक्र न था और न इस बात का कोई सबूत मिला कि उनके अब्बा ने कोई और निकाह किया था।

अहमद हुसैन तो यह समझते थे कि अब यह बला ज़िन्दगी-भर के लिए गले पड़ जाएगी मगर वाहिद हुसैन ने बड़ी हमदर्दी से काम लेकर फ़ातिमा बेगम की माँ को कुछ माहाना मुक़र्रर कर दिया कि लावारिस, बेसहारा औरतों की मदद करना अल्लाह ताला की ख़ुशी हासिल करना है और फिर बारह-तेरह बरस की फ़ातिमा बेगम का निकाह अहमद हुसैन के एक खेत-मज़दूर ग़ुलाम रसूल से कर दिया। यह शादी उन्होंने अपने ख़र्च से की थी मगर इतने बड़े जगीदार की मुँहबोली बहन को ब्याहने के लिए ग़ुलाम रसूल के बाप को कुछ पैसे की ज़रूरत पड़ी। इसलिए उसने अहमद हुसैन के यहाँ बेटे को पाँच सौ रुपए के बदले रेहन रख दिया। उस वक़्त गाँव

में खेत-मज़दूरों को बड़ी आसानी से रेहन रखा जाता था। मुक़र्ररा मियाद तक मज़दूर दिन-रात मालिक का काम करता था। उसमें उसका खाना और कपड़ा शामिल नहीं होता। इस दौरान उसे मालिक के पैसे लौटा देने होते, वरना रेहन की मियाद और बढ़ जाती थी और कोई मज़दूर समझौते की ख़िलाफ़-वरज़ी करके कहीं भाग जाता था तो गाँव में उसकी कोई इज़्ज़त बाक़ी न रहती क्योंकि इनसान की ज़बान ही तो सबसे ज़्यादा क़ाबिले-भरोसा शै है। जो शख़्स अपनी ज़बान से फिर जाए उसे कौन इज़्ज़त देगा? यह भी गाँव का एक ऐसा क़ानून था जो दूसरे क़ानूनों की तरह हर एक को क़ुबूल करना पड़ता। इसलिए ग़ुलाम रसूल भी दिन-भर अहमद हुसैन के खेतों में काम करता। वहाँ काम न होता तो उजाला बेगम ड्योढ़ी में दूसरे कामों में लगवा देतीं। लकड़ियाँ फाड़ना, सरकार के पाँव दबाना, बेगम साहिबा के कपड़े धोना, कौड़ी-फेरा बाज़ार का करना—ये और दूसरे छोटे-मोटे काम थे। फ़ातिमा बेगम भी चली जाएँ तो एक मामा और एक छोकरी को उजाला बेगम और निकाल देतीं। तनख़्वाह देकर नौकर रखो तो उसके चले जाने का भी डर होता है मगर उन्हें मालूम था कि फ़ातिमा बेगम और क़ैसर कहीं नहीं जाएँगी। इसलिए वह दिन-रात जूती लिए उनके सिर पर सवार रहतीं। फ़ातिमा बेगम हर ज़ुल्म सिर झुकाकर सह लेतीं मगर क़ैसर बड़ी मुँहफट और ज़बानदराज़ थी। कई बार उसने पलटकर उजाला बेगम को मुँहतोड़ जवाब दिया और अपना मुँह उनके जूतों से कुचलवाकर वहाँ से निकली। इस तरह बारह बरस गुज़र गए। फ़ातिमा बेगम का दूल्हा अपना क़र्ज़ अदा नहीं कर सका था इसलिए रेहन पड़ा था।

फ़ातिमा बेगम शहर आ गई थीं और कहीं एक झोंपड़ी में रहती थीं। पेट भरने के लिए पापड़ और अचार बनाकर बेचतीं। क़ैसर स्कूल जाती थी। बाक़ी वक़्त में फ़ातिमा बेगम अज़ीज़ों-रिश्तेदारों के यहाँ छोटे-मोटे काम करके कुछ पैसे ले आतीं। हर महीने चार-पाँच दिन के लिए वह बीबी के यहाँ आ जाती थीं अचार डालने, मसाले कूटने और चावल साफ़ करने के बहाने। बीबी उन्हें तीन-चार रुपए दे देती थीं। इसके अलावा फटी-पुरानी साड़ियाँ, जी से उतरे हुए कपड़े और ख़ैर-ख़ैरात की हक़दार भी वही समझी जाती थीं। क़ैसर ऊपर के काम पर लगा दी जाती मगर क़ैसर अपनी माँ के बरख़िलाफ़ बड़ी तेज़-मिज़ाज थी। मुहल्ले के हर बच्चे से फ़ौरन लड़ने बैठ जाती। जब वह छोटी-सी थी तो चाँद उसे पीपरमेंट की गोली के बहाने कोनीन की गोली खिला देती थी। राशिद एक पैसा देने के बदले उसे एक घंटे तक गरमी की

धूप में खड़ा कर देता था। फिर जब वह पैसे माँगती तो उसे अँगूठा दिखाकर सबका हँसते-हँसते बुरा हाल कर देता था।

"तोबा! पैसे का कितना लालच है इस छोकरी को अभी से!" बशीर बेगम नाक सिकोड़कर कहतीं।

जब रज़िया अपने जहेज़ के ग्रामोफ़ोन पर बिब्बो और सुरेन्द्र का रिकॉर्ड बजाती—'तुम्हीं ने मुझको प्रेम सिखाया!'—तो क़ैसर सख़्त हैरान होती। उसे यक़ीन था कि यह सब चाँद की शरारत है, वही इस सन्दूक़ में छुपकर गाती है।

सारा घर क़ैसर से नौकरों की तरह काम लेता था। लँगड़ी फूपो उससे अपने पाँव दबवातीं। बतूल अपने बच्चों को थमा देतीं। वाहिद हुसैन को फ़ातिमा बेगम के हाथ से बने हुए अचार, चटनियाँ बहुत पसन्द थीं, इसलिए फ़ातिमा बेगम आम छीलतीं तो क़ैसर मसाला कूटती। चावल साफ़ किये जा रहे हैं। दोनों माँ-बेटियाँ मिलकर चूल्हे सँवारतीं। रज़ाइयों-लिहाफ़ों में धागे डालतीं। ज़िन्दगी गरम दूध बन गई थी कि न निगलते बनती न उगलते। बदले में तीन-चार दिन खाना मुफ़्त मिल जाता। बशीर बेगम चाँद की पुरानी फ्रॉक दे देतीं कि यह चाँद के छोटी हो गई हैं, हालाँकि क़ैसर चाँद की हमउम्र थी और क़द में चाँद से लम्बी लगती थी। वह चाँद की उतरन पहनते वक़्त बहुत रोती थी क्योंकि चाँद की उससे कभी न बनती। वह चाँद की उतरन पहनते वक़्त ख़ूब शोर मचाती और दाँतों से फ्रॉक फाड़ देती थी क्योंकि चाँद और उसकी सहेलियाँ मिलकर उसे ख़ूब चिढ़ाती थीं। चाँद का ख़याल था कि क़ैसर नानी के यहाँ से बहुत-सी चीज़ें चुराकर ले जाती है। जभी तो एक बार उसकी रिबन खो गई थी और एक बार फ़ातिमा के जाते ही रज़िया के पर्स में एक रुपया कम था।

मगर बतूल बेगम और बशीर बेगम को रश्क आता था तो क़ैसर के लम्बे बालों पर। बशीर बेगम ने चाँद के बाल बढ़ाने के लिए तमाम नुस्ख़े आज़मा डाले और आख़िर अपने मियाँ की बात मानकर उसके अंग्रेज़ी फ़ैशनवाले बाल कटवा दिये। इसीलिए बशीर बेगम बार-बार फ़ातिमा बेगम को टोकती थीं, "अजी फ़ातिमा फूपो, लोग बोलते कते लम्बे बाल नहूसत (अनिष्ट) की निशानी होते हैं। इसके बाल कटवा दो तो तुम्हारे दलिद्दर दूर हो जाएँगे।"

कभी वह हँसकर कहतीं, "क़ैसर की चोटी ख़ूब लम्बी है न। शौहर को चोटी पकड़के निकालने में आसानी होगी।"

उनकी बातों पर दोनों बहनों को हँसी आ गई। फिर बतूल बेगम ने हँसते-हँसते कहा, "और यह क़ैसर है कैसी ज़बानदराज़। देखना, एक दिन भी ससुराल में न टिकेगी।" फिर वह संजीदा होकर फ़ातिमा बेगम से कहतीं,

"तुम तो ख़ुद ही दमड़ी-दमड़ी को मोहताज हो। उसके इतने बहुत से बालों के लिए कितने का तेल मँगवाना पड़ता होगा, थोड़े बाल काट दो।"

मगर फ़ातिमा बेगम किसी बात का जवाब न देतीं। सिर पर पल्लू खींचकर चावलों में से कंकर निकाले जाती थीं।

"तुम नहीं काटतीं तो लाओ मैं काट दूँ।" बशीर बेगम इधर-उधर कैंची ढूँढ़ने लगीं।

वाहिद हुसैन दालान से उठकर कमरे में आए तो शायद रज़िया की तबीयत कुछ ठीक हो चली थी क्योंकि बीबी और लँगड़ी फूपो दालान में बैठीं बातें कर रही थीं और बीबी सलारु से झगड़ रही थीं, "जब टमाटर चार आने सेर थे तो तुम पाँच आने सेर क्यों लाए?"

"ज़माना किधर जा रहा है?" वाहिद हुसैन ने पाइप का कश लगाकर सोचा।

"चलो, जाने दो, भाभी पाशा! दुलहिन की तबीयत ख़राब है। शोर न करो।" लँगड़ी फूपो ने कहा।

"मगर कैसे जाने दूँ, गौहर बेगम! एक आना फोकट में आता क्या?" बाज़ वक़्त बीबी को बेगम बनने के शौक़ का ख़ब्त सवार होता मगर हमेशा बेमौक़े! ठीक है...वाहिद हुसैन ने सोचा और फिर उन्हें अपने दादा की वह कहानी याद आई जो ख़ानदान के बच्चे-बच्चे को ज़बानी याद थी कि एक दिन दादा हज़रत ने अपने माली से शर्त लगाई कि गुलाब की यह कली फ़लाँ दिन तक खिलेगी। मुक़र्ररा दिन जब नवाब साहब फ़जर की नमाज़ के बाद तसबीह पढ़ते हुए बाग़ में आए तो माली ने आगे बढ़कर कहा, "सरकार, आज इस फूल को नईं देखे?"

"हूँ, अच्छा है!"

"मगर उस दिन सरकार शर्त लगाए थे कि वह जुमेरात तक खिलेगा और आज बुध है।" (उस माली का क़लम भी उसी ड्योढ़ी में बोया गया था।)

"अरे हइयो...!" सरकार रुक गए, "मैं तेरे से कोई शर्त भी तो लगाया था!"

"जी...जी सरकार...!" माली हाथ जोड़कर खिसिया गया।

"तो फिर क्या होना तुझे?" उन्होंने लापरवाही से पूछा।

"हैं...हैं...हैं...सरकार माई-बाप हैं।" माली कुछ न बोला।

"मुंशी सा'ब को बुलाओ।"

इतने सवेरे की तलबी पर हाँफते-काँपते मुंशी साहब हाज़िर हुए।

"क़लमदान में कितनी रकम है?" सरकार तसबीह पढ़ रहे थे इसलिए उन्होंने हाथ के इशारे से पूछा।

"जी सरकार, कल ही तहसील के रुपए आ गए हैं। मेरा ख़याल है, साढ़े चार हज़ार...पाँच हज़ार...।"

"वह रक़म माली को दे दी जाए।" उन्होंने हाथ के इशारे से समझाया। माली के साथ ही जो दूसरे नौकर इस हुक्म के इन्तज़ार में थे, बिखर गए क्योंकि यह कोई ग़ैरमामूली बख़्शिश नहीं थी।

गौहर फूपो जानती थी कि इस माली का बेटा पढ़-लिखकर कहीं नौकर हो गया और उसका पोता मलेशम राशिद के साथ इंजीनियर था। अब राशिद के साथ ही बिज़नेस करता था। सामने ही नये फ़ैशन का उनका बँगला है। दोनों पक्के यार थे क्योंकि वाहिद हुसैन के इस ख़ानदान से गहरे ताल्लुक़ात थे। मलेशम के बाप को वाहिद हुसैन 'राजा' कहते थे। होली-दीवाली और दशहरे के दिन सब मलेशम के यहाँ जाते थे। राशिद दीवाली की रात मलेशम के साथ ज़रूर जुआ खेलता। बोनाल की पूजा देखने वे दोनों साथ-साथ सिकन्दराबाद जाते थे। उस दिन पूजा के लिए आनेवाली, नहाई-धोई सिंगार-पिटार करनेवाली औरतों को छेड़ना और एकाध को बहकाकर अपने साथ ले आना उनके लिए ज़रूरी था।

मलेशम का लड़का नारायणा चाँद का क्लास-फेलो था और दोनों में बड़ी गहरी दोस्ती थी। चाँद नारायणा से खेलने के लिए ही हर छुट्टी के दिन ऐवाने ग़ज़ल आती थी।

"अजी, गौहर बेगम! क्या बैठे-बैठे सो गए?" बीबी ने उन्हें झँझोड़ा तो वह चौंक पड़ीं।

"क्या है, क्या दर्द फिर बढ़ गया?" वह चौंककर उठ बैठीं।

"बतूल बेगम की ससुराल से अर्दली आया है।"

"अय्यो!...क्या ख़बर लाया है जाने?"

पेश-दालान में लोगों ने घेरा-सा डाल लिया था। बीच में सफ़ेद वरदी पहने, साफ़ा बाँधे, कमर पर अलफ़लैला की बेल्ट कसे, एक काला अर्दली खड़ा था। उसके हाथ में मोहर लगा हुआ एक बड़ा-सा लिफ़ाफ़ा था।

बतूल की ससुराल अलफ़लैला में लोग इसी ठाठ से जीते थे। हर बात में उसूल और ज़ाब्ते और वे तमाम क़ायदे-क़रीने बरते जाते थे जो आज से पचास-साठ बरस पहले उनके लकड़दादा ने मुक़र्रर किये थे।

बतूल के ससुर मिसकीन अली शाह तोताचश्मी के हाथों से ज़माने की हवाएँ सारी रिवायतों को उड़ाए लिए जा रही थीं। उनके बाप-दादा एक ज़माने

तक हैदराबाद के नवाबों-जागीरदारों की ज़रूरतें पूरी करते रहे क्योंकि वह दरगाहे-हज़रत रहमत अली शाह के सज्जादा-नशीन हैं। यह बहुत बड़े बुज़ुर्ग का आस्ताना (समाधि) था, जहाँ हर मज़हब-मिल्लत के लोग सिर झुकाने आते थे।

इसलिए यह वह दौलत थी जो कभी ख़त्म नहीं होती। सब दौलतमन्दों की हाजत-रवाई और जागीरदारों के बिगड़े काम बनाने का ठेका ख़ुद अलहाज मिसकीन अली शाह के मुबारक मुश्किलकुशा हाथों में था मगर जाने क्यों अब इस ख़ानदान के हाथों में वह मसीहाई नहीं रही थी और इस दरगाह से भी हाजतमन्द ख़ाली हाथ लौटने लगे थे। मिसकीन अली शाह तोताचश्मी यह सोच-सोचकर हैरान थे कि रिवायतों के गिरते हुए इन सुतूनों को कैसे थामें? जिधर देखिए, रिवायतें, रख-रखाव और ठाठ-बाट की महफ़िलें तितर-बितर हो रही थीं।

अब यह आलम था कि अपनी चारों बीबियों को उनके अठारह बच्चों समेत उन्होंने अलफ़लैला में बन्द कर दिया था और ख़ुद आँखें बन्द किये दिल के दौरों को दबाए दरगाह के एक हुजरे में पड़े रहते थे। दरगाह अलफ़लैला के अहाते ही में थी बल्कि दरगाह को दुनिया के लहव-ओ-लाब (भोग-विलास) से बचाने के लिए सरकार ने जो ज़मीन इनायत की थी, मिसकीन अली शाह के दादा ने उस पर एक शानदार महल अलफ़लैला तामीर करवा दिया था ताकि उनकी औलाद दरगाह को हर क़िस्म की बलाओं से पाक रखने के लिए इस महल में बैठी रहे। कहते हैं, एक बार मिसकीन अली शाह के दादा को एक झोंपड़े में पड़ा देखा तो कहा, "जा, तेरे लिए हम एक अलफ़लैला की कहानी जैसा महल बनवा देंगे..." चुनाँचे उन्होंने अपनी ड्योढ़ी का नाम अलफ़लैला ही रखा।

अब मिसकीन अली शाह तोताचश्मी का यह आलम था कि शहर में कुछ हो जाए, अज़ीज़ों-रिश्तेदारों में मौत हो या शादी, वह कभी दरगाह से बाहर न निकलते थे।

इस दरगाह के बारे में मशहूर था कि रहमत अली शाह एक दिन मिसकीन अली शाह के दादा के ख़्वाब में आए और कहा कि फ़लाँ जगह मेरा मज़ार खोदकर बरामद किया जाए तो उनकी औलाद कभी भूखी न रहेगी, चुनाँचे उस दरगाह के फ़ैज़ (लाभ) का यह आलम था कि बड़े-बड़े ख़ुदसर (उद्दंड) यहाँ आकर सिर झुका लेते थे।

अब कोई मिसकीन अली शाह तोताचश्मी से बाहर न निकलने की वजह पूछता तो वह आसमान की तरफ़ हाथ उठाकर कहते, "मुझे जो हुक्म मिलता है, सो तामील करता हूँ।"

इसी वजह से तो यह बात मशहूर थी कि मिसकीन अली शाह के तावीज़-गंडे वह काम करते हैं जो वकीलों और दलालों के हाथ से नहीं हो पाता।

अलफ़लैला के ठाठ-बाट के बारे में बड़ी शानदार रिवायतें मशहूर थीं। लोग कहते थे कि रहमत अली शाह हर रात मिसकीन अली शाह के सिरहाने एक हज़ार रुपए की थैली रख जाते थे। मिसकीन अली शाह जिन्नातों को पढ़ाते हैं जो रोज़ाना एक थैला भरके कोयले उन्हें देते हैं मगर सुबह को वही कोयले सोने के टुकड़े बन जाते हैं। कोई इन बातों से इनकार भी कैसे करता? क्योंकि इस ड्योढ़ी की औरतें और लड़के वह ठाठ-बाट करते जो बड़े-बड़े जायेगाह वालों को भी नसीब न थे।

इसीलिए मिसकीन अली शाह तोताचश्मी की करामातें औरतों में बहुत मशहूर थीं क्योंकि जिस तरह अमीरों और ग़रीबों के बाज़ार और सोसायटी अलग-अलग होती हैं, वैसे ही दरगाहें और मन्दिर भी बँट जाते हैं।

रहमत अली शाह के मज़ार की सोने की जाली, सच्चे मोतियों का शामियाना और आलीशान इमारत की एक-एक ईंट इन नामवर सख़ी दाताओं का नज़राना थीं, जिन्होंने सल्तनत-ए-आसफ़िया की बुनियाद रखी थी। इसलिए बड़ी-बड़ी बेगमात यहाँ आकर सजदे करती थीं और अपनी किसी सौकन की मौत का फ़रमान लेकर उठतीं।

बड़े-बड़े जागीरदार आते और अपने हरीफ़ (प्रतिद्वंद्वी) की शिकस्त का ऐलान लेकर जाते। यहाँ से औरतों ने गोदें भरीं और मर्दों ने तिजोरियाँ। उर्स होता तो एक हज़ार मिसकीनों को मुफ़्त खाना खिलाया जाता था।

मिसकीन अली शाह बड़ी मिसकीन सूरत बनाकर कहते थे कि फ़क़ीर तो ख़ुद दाने-दाने को मोहताज है। उसकी भला क्या जुरअत हो सकती है कि इतने लोगों को खाना खिलाए! यह सब पीरो-मुर्शिद की बरकत है, उनका करिश्मा है।

इसलिए मिसकीन अली शाह का गोरा-चिट्टा रंग, ख़िज़ाब लगी स्याह दाढ़ीवाला चेहरा ज़ुल्फ़ों के बीच चाँद की तरह दमकता था। जिस वक़्त वह स्याह ज़र्क-बर्क़ अमामा (विशेष पगड़ी) पहने, सिर पर मशहद का रूमाल बाँधे, हाथ में तसबीह लिए, अपनी सुर्ख़-सुर्ख़ बड़ी-बड़ी आँखें उठाकर किसी बीबी को दुआ देते थे तो अजीब-सा नूर चारों तरफ़ फैल जाता था। फ़रिश्ते इधर-उधर अपने नीले लिबास पर हरेरी पंख लगाए घूमते, कहकशाँ (आकाश गंगा) का रास्ता मिसकीन अली शाह के क़दमों तले से होकर अर्शे-बरी तक चमकता नज़र आता था।

फिर अपना वजूद ग़ायब होने लगता था। गुनहगार बदन झरझर गिरने लगता और नंगी रूह शरमाके चाहती कि मिसकीन अली शाह में समा जाए।

मिसकीन अली शाह को औरतों की इस बेपनाह अक़ीदत (श्रद्धा) ने बड़ा परेशान किया था। सुना है, मुराद अली की जवान लड़की तो इसीलिए पागल हो गई थी। रातों को उठ-उठकर मिसकीन अली शाह को पुकारती थी। उसकी लम्बी बीमारी से तंग आकर एक दिन मुराद अली अपनी लड़की को लाए और मिसकीन अली शाह तोताचश्मी के क़दमों में डाल दिया।

मिसकीन अली शाह की समझ में न आया कि एक नौजवान क्वाँरी लड़की को कैसे अपने हुजरे में पड़ा रहने दें? आख़िरकार उनकी अक़्ल काम आई और उन्होंने मजबूरन उस लड़की से निकाह कर लिया।

अलफ़लैला का एक कमरा उस लड़की को दे दिया गया। अब क्या था! मिसकीन अली शाह की इनायत की धूम मच गई। सारे नवाबों-जागीरदारों की बेगमों को एक सस्ता नुस्ख़ा हाथ आ गया।

इधर लड़कियाँ थीं कि उठती जवानी की सरशारी में खाने की बजाय मिसकीन अली शाह की सूरत देखते ही लोटन-कबूतर बन जाती थीं। इस तरफ़ अलफ़लैला के अहाते में नये-नये कमरों का इज़ाफ़ा (वृद्धि) होता गया। और बेचारे मिसकीन अली शाह को बहुत-सी पुरानी वफ़ादार बीबियों को महज़ इसलिए तलाक़ देना पड़ा कि अल्लाह मियाँ ने एक वक़्त में चार से ज़्यादा निकाह जायज़ क़रार नहीं दिये।

मगर निजात की तलाश में भटकनेवाली ये रूहें इन कमरों में भी यों तड़पती थीं, जैसे जाल में मछलियाँ! दीवारों से सिर फोड़तीं, बच्चों को मारतीं, सौकनों से लड़तीं और मिसकीन अली शाह की सूरत देखकर बेहोश हो जाती थीं।

लोग कहते थे कि मिसकीन अली शाह के यहाँ इतने हीरे हैं कि उनके यहाँ हर औरत हीरा चाटकर मरती है।

वाहिद हुसैन ने भी अलफ़लैला के इस शाहाना ठाठ-बाट के क़िस्से सुने तो उनकी राल टपक पड़ी क्योंकि जब से जागीर की नाव डगमगाने लगी थी तो वह बचाव के लिए चारों तरफ़ हाथ-पाँव मार रहे थे। उन्होंने राशिद की शादी शहर के सबसे बड़े बिज़नेसमैन की लड़की रज़िया से की थी। बशीर बेगम और बतूल बेगम भी अपनी सूरत-शक्ल में ऐवाने ग़ज़ल की तमाम रिवायतों को समेट लाई थीं। इसलिए उन्होंने बशीर बेगम के लिए तो लंदन-पलट हैदर अली ख़ाँ चुने क्योंकि बशीर बेगम बेहद तेज़-मिज़ाज, ख़ुदसर और तेज़-ज़बान थीं मगर बतूल बेगम अपनी माँ की सूरत के साथ-साथ मिज़ाज भी वही लाई

थी—चुपचाप, अपने-आपमें गुम और हालात के आगे हथियार डालने को तैयार। इसलिए मिसकीन अली शाह ने अपने बेटे हुमायूँ अली शाह का पैग़ाम बतूल बेगम के लिए भेजा तो ऐवाने ग़ज़ल में चिराग जल उठे।

बतूल बेगम अब ससुराल से मायके आती थीं तो साथ में दो पहरेदार और एक लौंडी भी आती। मायके के अलावा उन्हें और कहीं जाने की इजाज़त नहीं थी कि यह मुर्शिदों का दस्तूर था कि लोग उनके आस्ताने पर हाज़िरी दें। वह ख़ुद कभी अपनी चौखट न उलाँघें। मायके जाने से पहले भी बतूल बेगम को एक अरज़ी मिसकीन अली शाह के दरबार में पेश करना पड़ती थी। तब हुक्म सादिर होते। यह ज़रूरत यों पेश आई कि मिसकीन अली शाह की कई बीबियों ने यों मायके जाने के झूठे बहाने गढ़कर राहे-फ़रार (पलायन) इख़्तियार की थी। इस तरह कई दिन दफ़्तरी कार्रवाई में गुज़र जाते। अलफ़लैला में हर बात का वक़्त मुक़र्रर था।

मिसकीन अली शाह कहते थे कि यह फ़क़ीर की कुटिया है, जहाँ पर क़दम मौला की मर्ज़ी लेकर उठाना पड़ता है। किसी जागीरदार की ड्योढ़ी नहीं है कि मनमानी मौज मनाओ।

जब कभी बतूल बेगम और हुमायूँ अली शाह वाहिद हुसैन के यहाँ आते थे तो कई दिन पहले से ख़तो-किताबत शुरू हो जाती। वक़्ते-मुक़र्ररा पर हुमायूँ अली शाह बरामद होते। हमरू की सुर्ख़ शेरवानी, जरीं शमला, इत्र में महकते, झिलमिलाती हीरे की अंगूठियोंवाले हाथ से रूमाल मुँह को लगाए हुए जिस कार से उतरते उस पर अलफ़लैला का बोर्ड लगा होता। जिन तुर्रेपोशों में उनके साथ मेवा-मिठाई आती, उन पर अलफ़लैला की चिट लगी होती। मिसकीन अली शाह कहते थे कि ये सारी चीज़ें दरगाह की मिल्कियत हैं क्योंकि रहमत अली शाह की देन हैं। इसलिए मेरा क्या इख़्तियार है!

बतूल बेगम की शादी को यह पाँचवाँ बरस था और अब वह मिसकीन अली शाह के लिए तीसरा सज्जादानशीं (उत्तराधिकारी) पैदा करनेवाली थीं।

अलफ़लैला से आज जो परचा आया था वह निहायत मुश्किल उर्दू में लिखा हुआ था। पहले बीबी ने उसे ग़ौर से देखा और अन्दाज़ा लगाया कि इसमें क्या लिखा होगा? फिर वह परचा रज़िया के पास पहुँचाया गया। उसने अपने पेट में मचे हुए तूफ़ान को थामकर बार-बार पढ़ने की कोशिश की। अगरचे उसने मैट्रिक तक पढ़ा था मगर फिर भी उसे उर्दू बस वाजबी-सी आती थी लेकिन लँगड़ी फूपो को तो ऐब निकालने की आदत थी। इसलिए वह कई

बार दबी ज़बान से कह चुकी थीं कि दुलहिन की पढ़ाई के बारे में हमें साफ़ धोखा दिया गया है

आख़िर राशिद को बाहर से बुलाया गया।

राशिद ने मैट्रिक से इंजीनियरी तक के तमाम इम्तहान फ़र्स्ट डिवीज़न से पास किये थे इसके बावजूद वह ख़त फ़र-फ़र तो न सुना सका, अलबत्ता यह मतलब निकालकर बता दिया कि "दुलहिन बेगम तीसरे साहबज़ादे की आमद का इन्तज़ार कर रही हैं, लिहाज़ा दुलहिन बेगम की वालिदा मोहतिरमा और दूसरी ख़वातीन को इत्तला दी जाती है ताकि सनद रहे और बवक़्ते-ज़रूरत काम आवे।"

"यह अलफ़लैला के काम हैं।" लँगड़ी फूपो ने कहा।

"यह रुक़्क़ा कल का चला हुआ होगा और अब तक असल ख़ैर से बतूल बेगम का बच्चा बारह-तेरह घंटे का हो चुका होगा।"

"अल्लाह अमीन!" फ़ातिमा बेगम सिर पर फटी हुई साड़ी का पल्लू खींचती हुई आईं।

"भाभी पाशा! आप नवासों-पोतों में खेलें! अल्लाह करे जच्चा-बच्चा ख़ैरियत से हों! भाभी पाशा! क्या मैं भी चलूँ आपके साथ बतूल पाशा को देखने?" फ़ातिमा बेगम ने बड़े चाव से पूछा।

"तुम...!" रज़िया ने उन पर एक भरपूर नज़र डाली। मैली साड़ी, फटा हुआ कुरता, नंगे पाँव! फ़ातिमा बेगम को साथ भेजने का मतलब था कि बीबी उन्हें अपना एक पुराना जोड़ा पहनने को दें। क़ैसर के लिए भी चाँद की एक पुरानी फ्रॉक हो। फिर उसके बालों के लिए तेल। भला ऐसे लोगों को समधियाने ले जाने से क्या रोब पड़ेगा?

"अब तुम काँ जाते, फ़ातिमा बेगम! सब काम चौपट हो जाएँगे। आज दुलहिन बेगम का मिज़ाज भी ठीक नहीं है।"

बीबी को घर में आए तीस बरस हो गए थे, मगर उनकी हर बात का जवाब लँगड़ी फूपो देती थीं, और अब उनकी बहू निपट लेती। वह सिर्फ़ दस्तख़त-सी करती चली जाती थीं।

"अच्छा, अच्छा!" फ़ातिमा बेगम सहमकर दूर हट गईं। उन्होंने बड़े जोश में एक बात तो कह दी थी मगर यह उम्मीद नहीं थी कि लँगड़ी फूपो इतने ताने से उसका जवाब देंगी।

"अम्मी, अम्मी! मैं भी जाऊँगी!" घर में कहीं जाने की चहल-पहल देखकर क़ैसर मचलने लगी।

"मम्मी, देखिए, क़ैसर भी आपके और बीबी के साथ जाने की ज़िद कर रही है।" चाँद ने अपनी माँ बशीर बेगम से कहा।

"यह ऐसे नहीं मानेगी। अभी जलती लकड़ी से इसकी ख़बर लेती हूँ।" बशीर बेगम मिस्सी लगाकर चूने की डिबिया पर लगे आईने में अपना मुँह देखने लगी।

"चुप-चुप मुरदार!" फ़ातिमा बेगम जल्दी से उठीं और क़ैसर को घसीटकर चूल्हे की तरफ़ ले जाने लगीं मगर क़ैसर और मचल गई। इस पर बशीर बेगम का पारा चढ़ गया। वैसे भी उन्हें क़ैसर के लम्बे बालों से बड़ी चिढ़ थी और वह बात-बेबात क़ैसर की चोटी पकड़कर उसे ख़ूब पीटा करती थीं।

"ठहरो, मैं आती हूँ।" बशीर बेगम ने अपने कन्धों तक लहराते बालों में कंघी करते हुए कहा। उनके बाल किसी भी दवा से नहीं बढ़े। इसलिए चाँद भी क़ैसर के लम्बे बालों से बहुत जलती थी। अकसर अपनी माँ की गोद में लेटकर पूछती, "मम्मी! मेरे बालाँ क़ैसर के बालाँ जैसे कब होंगे?"

"नाम नको लो जी मेरे सामने उस उजाड़-सूरत का!" बशीर बेगम ग़ुस्से में आ गईं।

"मैं भी छोटा बच्चा देखने जाऊँगी।" क़ैसर ज़िद किये जा रही थी।

"अल्लाह मियाँ रहम करो। मेरी बेटी ख़ैरियत से हो।" बीबी मुँह-ही-मुँह में दुआएँ बुदबुदाती जाने की तैयारी में मसरूफ़ थीं।

"अरी मुरदार, क्यों इस वक़्त रो-रोकर नहूसत फैला रही है? तेरी सूरत को अंगार लगे।" फ़ातिमा क़ैसर पर धड़ाधड़ मुक्के बरसाने लगी तो उसकी चीख़ें और बढ़ गईं।

फिर बशीर बेगम तख़्त से उठीं और दूसरे लम्हे उन्होंने गड़ाप से कोई चीज़ आँगन में फेंक दी। फ़ातिमा बेगम ने मुड़कर देखा—वह क़ैसर की चोटी थी!

लँगड़ी फूपो और बीबी को भी बहुत ताज्जुब हुआ। सिर्फ़ चाँद का लम्बा क़हक़हा गूँजता रहा।

"मैं पहले ही बोली थी। मेरे सामने ज़िद नक्को कर। मेरा ग़ुस्सा बुरा होता है।" बशीर बेगम ने हाँफते हुए कैंची पटक दी।

बीबी ने बड़ी मुश्किल से निगाहें उठाकर अपनी बेटी को देखा। उन्होंने ख़ुद इन सपोलों को अपना दूध पिलाकर पाला था और फिर उन्होंने पलटकर लँगड़ी फूपो को देखा कि वह बताएँ, इस वक़्त बीबी को हँसना वाजिब है या रोना!

मगर लँगड़ी फूपो ख़ुद को थामे बैठी थीं।

"हमारे मुर्शिदों में आज तक कोई सिनेमा नईं देखा, मगर तुम्हारी यह बेटी हमारे साहबज़ादे को भी भटका रही है। वह तो अपनी दुलहिन की बात को हदीस-शरीफ़ (पैगम्बर का आदेश) समझता है।"

बाहर बतूल बेगम की सास बड़बड़ाए जा रही थीं और अन्दर बग़ैर रोशनदानवाले अँधेरे कमरे में बीबी और बशीर बेगम का दम घुट रहा था। सामने चौड़ी-सी मसहरी पर बतूल बेगम यों निढाल-सी पड़ी थीं, जैसे कई पहलवानों से एक साथ लड़ने के बाद हार चुकी हों। उसने दाँतों से होंठ काट-काटकर लहूलुहान कर लिए थे। जब दर्द की लहर कुछ मद्धिम हो जाती तो वह कभी अल्लाह को पुकारतीं और कभी बीबी को। अँधेरे में जलती हुई मोमी शमा ने अँधेरे के अहसास को कम कर दिया था।

जब वह जादूगरनियों की सूरत दाया ताज़ा-दम होकर फिर बतूल बेगम पर टूटनेवाली थी तो बीबी ने उसे पकड़कर खींच लिया।

"ठहरो, उसके पास मत जाओ।"

अलफ़लैला और ऐवाने ग़ज़ल में जो फ़र्क़ था, उसका एक सबूत यह भी था कि अलफ़लैला में कभी डॉक्टर या डॉक्टरनी नहीं आए थे। वे लोग डॉक्टरों से इलाज करवाने के क़ायल न थे और न अभी हर-हर मर्ज़ के लिए अलग-अलग डॉक्टरों का फ़ैशन शुरू हुआ था।

सैकड़ों अंग्रेज़ी नामोंवाले अनगिनत मर्ज़ भी अभी राइज (प्रचलित) नहीं हुए थे। इसीलिए यह कभी नहीं सुना था कि गाँव में किसी मर्ज़ का इलाज नहीं हो सकता कि हैदराबाद मरीज़ को ले जाएँ। अभी हार्ट-अटैक, ब्लडप्रेशर और क़ैसर से मरनेवालों के बारे में भी बहुत कम सुना था।

यह वजह थी कि क़दीम वज़ादार ख़ानदानों में डॉक्टरनी को दिखाना बुरा समझा जाता था। और, अंग्रेज़ी दवाओं में चूँकि 'हराम शै' की मिलावट ज़रूरी समझी जाती थी इसलिए बड़े-बूढ़े मरते मर जाते मगर उन दवाओं को हाथ नहीं लगाते थे।

मिसकीन अली शाह के यहाँ भी अंग्रेज़ी दवाओं और डॉक्टरनी का आना बुरी बात समझा जाता था और यही पहलवाननुमा दाया मिसकीन अली शाह की नस्ल का चिराग रौशन रखने की ज़िम्मेदार थी।

"अजी गोरी बेगम! ज़रा एक लैम्प तो भिजवा दो यहाँ, अँधेरे में दम घुट रहा है।" इंग्लैंड-पलट मियाँ की बीबी बनजारा हिल्ज़ के फ़ैशनेबल बँगले में रहनेवाली बशीर बेगम ने मुँह बनाकर कहा।

"नक्को माँ...हम लोगाँ अपनी बेटियों को पहली बार मिट्टी के तेल का चिराग़ नहीं दिखाते हैं।" बतूल की सास ने बाहर से जवाब दिया।

"अल्लाह तोबा...!" बशीर बेगम ने सब्र किया, "इनके यहाँ डॉक्टरनी नहीं आती, अंग्रेज़ी दवा नहीं दी जाती। बच्चा उसी तहखाने में पैदा होता है, जहाँ बच्चे के लकड़दादा के ख़्वाब में रहमत अली शाह आए थे। साथ ही दुलहिन बेगम को हुक्म था कि ख़बरदार जो किसी ने बाहर उनकी हाय-हाय सुनी!"

"हमारी सास तो पहले जता देती थीं कि देखो दुलहिन, मुझे पोता चाहिए। अगर छोकरी हुई तो मायके में फिंकवा दूँगी। मैं सास की नसीहत सुनती थी और उसी पर अमल करती।" बतूल की सास कह रही थीं।

"कैसे...?" बशीर ने हैरानी से पूछा, "यह तो अल्लाह के इख़्तियार में है ख़ाला जान कि वह बेटा दे या बेटी और फिर हमारी बतूल बेगम के तो माशाअल्लाह पहले से ही दो बेटे मौजूद हैं।"

"इससे क्या होता है?" वह बिगड़कर बोलीं।

"मुर्शिदों की बेटी से कोई शादी नहीं करता, बेटा हुआ तो सब उसके हाथ चूमते हैं, इज़्ज़त करते हैं। मुझे तो तीसरा भी पोता ही चाहिए। मैं दुलहिन को जता रही हूँ।"

उन्होंने उँगली उठाकर बड़ी ग़ुस्से भरी नज़रों से बतूल बेगम को घूरा और बाहर चली गईं।

बशीर बेगम को यों लगा जैसे बतूल की सास कोई जादूगरनी है जो शहज़ादियों को कुतिया बना देती है और शहज़ादे उसके जादू से पत्थर बन जाते हैं।

और, मिसकीन अली शाह की दूसरी या तीसरी बीबी के यहाँ लड़कियाँ मीलाद शरीफ़ पढ़ रही थीं।

जब बाग़े-जहाँ के माली ने की देखा-भाली फूलों की
इक फूल को सब में छाँट लिया थीं जितनी डाली फूलों की

अन्दर भी बड़ी धूम मची थी, जैसे कोई बरात आनेवाली हो। वैसे तो मिसकीन अली शाह की दरगाह में महफ़िल लगाने और गाने का रिवाज था मगर ऐसे ख़ुशी के मौक़ों पर ढोलक और हिजड़ों का नाच भी हो जाता था। दरवाज़े पर नौबतवाले इन्तज़ार में थे कि कब साहबज़ादे बलंद इक़बाल इस दहशतनाक मंज़र (दृश्य) को देखकर चीख़ मारें और नक़्क़ारे पर चोट मारके एक और सितारे के निकलने की ख़बर मिसकीन अली शाह को दें। बतूल की सास अपनी तीनों बड़ी सौकनों के मुक़ाबले में हमेशा नज़रअन्दाज़ की गई थीं, बल्कि मिसकीन शाह की सबसे बड़ी बीबी तो उन्हें अपने शौहर की निकाही

बीबी मानने को तैयार ही न थीं। उन पर क्वाँरपने में किसी जिन्न का साया हो गया था। वह हज़रत के पास इलाज के लिए लाई गईं। साया बड़ा तगड़ा था और बेचारे मिसकीन अली शाह को घंटों रियाज़त (आराधना-तपस्या) करनी पड़ी थी। इसलिए जब हज़ार जतन के बाद वह अच्छी हुईं तो उन्होंने अपने माँ-बाप के साथ जाने से इनकार कर दिया और मिसकीन अली शाह का दामन पकड़के बैठ रहीं। बाद में जब हुमायूँ की पैदाइश क़रीब आ गई तो मिसकीन शाह ने बाक़ायदा ऐलान किया कि उन्होंने उस लड़की से निकाह किया है। इसलिए मिसकीन अली शाह की नज़रों में अपना कोई बेटा समाया था तो वह हुमायूँ था। उनकी तीनों बीबियाँ चाहे कितनी ही दलीलों से ग़लत साबित करें मगर उन्हें सौ फ़ीसदी यक़ीन था कि हुमायूँ उनका अपना बेटा है। इसलिए इस घर में मुर्शिदों की रिवायतों और हज़रत के हुक्म की ख़िलाफ़-वरज़ी करने की जुरअत थी तो वह हुमायूँ की अम्मा में थी। उनका ढीला-ढाला बदन चारों तरफ़ से लटकता था। सिर में इक्का-दुक्का सफ़ेद बाल भी आने लगे थे और सामने के दाँत ग़ायब हो गए थे। मुँह के अन्दर ऐसी स्याही थी जैसे उनकी रूह में भी उजाले की कोई किरन बाक़ी न हो। वह जिस तरफ़ से गुज़रतीं ज़ेवर यों बजते थे जैसे हाथी चल रहा हो। कोई ज़ेवर ऐसा न था जो उनके पास न हो और कोई वक़्त ऐसा न था जब वह ज़ेवर उतारती हों। सिर्फ़ पैरों में ही पायलों, पोगर और पाज़ेबों की डेढ़ सेर चाँदी थी। हुमायूँ कहता था कि एक बार अम्माँजान ने पैरों में से तमाम ज़ेवर उतार डाले थे तो लड़खड़ाकर गिर पड़ी थीं। कानों में सोने के तिनके और झुमके, गले में ठुस्सी, सतलड़ा चन्दनहार और कालीपोत का गुच्छा जो सुहाग की निशानी समझा जाता था। हर वक़्त मिस्सी-सुरमे से सजी रहा करती थीं। चाँद उन्हें ज़ेवर की पहाड़ी कहा करती थी। इसलिए जब भी बशीर बेगम अपनी बहन से मिलने अलफ़लैला जाती थीं, चाँद ज़रूर उनके साथ जाती।

"अम्माँ! अम्माँ! मैं मर जाऊँ तो अच्छा है।" बतूल बेगम ने पूरी ताक़त से बीबी को पकड़ लिया था।

"ऊई! ऐसी क्या दुनिया से निराली तकलीफ़ है। कोई पहलौठी का बच्चा तो है नहीं।" बशीर बेगम जानती थीं कि ऐसे वक़्त जच्चा को दुलार करने से तकलीफ़ और बढ़ जाती है।

"चुप...चुप...!" बीबी ने लरज़कर कहा। वह भी एक औरत थी। हर औरत को इनसान की तख़्लीक़ (रचना) का इख़्तियार अल्लाह मियाँ सौंप देते हैं मगर कोई औरत यह नहीं चाहती कि उसके बतन (गर्भ) से उसी की तरह

मजबूर और बेबस हस्ती जन्म ले। अगर अल्लाह औरत को यह इख़्तियार देता, अगर बतूल की सास यह समझती थीं कि इस वक़्त अपनी आक़बत (भविष्य) सँवारना ख़ुद उसकी बहू के हाथ में है तो बतूल यहाँ लेटी मरने की दुआएँ क्यों माँगतीं? उन्हें लरज़ा क्यों चढ़ता? बतूल की सास अपनी सब सौकनों पर हुक्मरानी क्यों करतीं? दुनिया में सिर्फ़ मर्द होते जो अपने मज़े में जी रहे होते। न औरतों की तरह हाय-हाय, न बच्चों की तरह चीख़-पुकार... ज़िन्दगी कैसे मज़े में गुज़रती!

हुमायूँ दालान में टहल रहा था। सिगरेट पर सिगरेट सुलगाए जाता। उसके क़दम बड़ी सुस्त-रफ़्तारी से उठ रहे थे मगर दिमाग़ नब्बे मील फ़ी मिनट के हिसाब से दौड़ रहा था।

बतूल पर उसने पहली नज़र न जाने किस वक़्त डाली थी कि हटा ही न सका। ज़िन्दगी के सत्ताईस बरसों में उसने सिर्फ़ दो काम किये थे। एक तो अब्बा हुज़ूर की आरज़ू पर सातवाँ दर्जा पास कर लिया था और फिर बतूल बेगम से शादी की। शादी से पहले वह दिन-भर रहीम मियाँ के साथ रमी खेलता था लेकिन कभी-कभार रहीम मियाँ के बहकावे में आकर वे दोनों कहीं अपना कोई और शौक़ पूरा करने चले जाते थे। मगर जिस दिन से उसने बतूल का घूँघट उठाया तो बस, वहीं चिपककर बैठ गया। रहीम मियाँ घंटों मर्दाने में सूखते। नये-नये और ताज़ा-ताज़ा माल आने की ख़ुशख़बरियाँ बार-बार अन्दर भिजवाते मगर हुमायूँ (जो अब दूल्हा पाशा हो गए थे) कभी बाहर न निकलते।

जो सुनता, बतूल की क़िस्मत पर रश्क करता। अल्लाह ने कैसा मोहब्बत करनेवाला दूल्हा दिया है। आख़िर बतूल की बेज़बानी और सब्र-शुक्रवाली तबीयत का फल उसे मिल गया। क्या मजाल कि बतूल पल-भर के लिए नज़रों से ओझल हो जाए। फिर बतूल ने उसे अयाज़ दिया और दादा-दादी ने उसकी पैदाइशी पर इतना शोर मचाया कि हुमायूँ अपने रक़ीब (प्रतिद्वंद्वी) की आमद पर घबराना भूल गया...दूसरे ही साल शहज़ाद आ गया...धीरे-धीरे हुमायूँ बतूल से दूर सरकता गया।

मगर अयाज़ के दादा की बाछें खिल गईं, "ये दो लड़के नहीं दो लाख की पूँजी हैं। हमारी लुटी हुई दौलत का बदल हैं।" यह सुनकर हुमायूँ को कुछ तसल्ली-सी हुई। फिर वह बतूल की नाज़-बरदारी में लग गया। उसने बीबी को इतना चाहा कि अलफ़लैला की तमाम रिवायतों को तोड़कर पहली बार 'शीरीं-फरहाद' दिखाने ले गया।

लेकिन शीरीं के ग़म में जब फ़रहाद ने अपने कलेजे पर तैशा मारा तो वह ठीक बतूल की कोख में छुपी हुई नन्ही-सी जान के दिल में घुस गया। रंजीदा फ़िल्म देखते वक़्त बतूल यों रोया करती थी जैसे किसी जादू-असर ज़ाकिर (प्रवचनकर्ता) से शहादत का क़िस्सा सुन रही हो। मगर उसके पेट में फड़कनेवाली जान तो उससे भी ज़्यादा नरम-दिल निकली। वह भी ऐसी बेसब्र कि इधर तो फ़रहाद के ग़म में शीरीं दहाड़ रही थी, उधर बतूल अपना पेट थामे चिल्ला रही थीं।

आस-पास औरतों का हुजूम हो गया। रास्ते भर हुमायूँ सख़्त परेशान रहा कि साहबज़ादे कहीं मोटर में तशरीफ़ लाकर सिनेमा देखने के राज़ को आम न कर डालें।

हुमायूँ की माँ को तो जैसे किसी ने गरम तेल में ही झोंक दिया। बहू को कोसने-पीटने का उन्हें बेहतरीन मौक़ा हाथ आ गया था। अगर उस वक़्त हुमायूँ कमरे में न होता तो आज बहू की चुटिया पकड़कर मारने का अरमान भी पूरा कर लेतीं। कमर के पीछे हाथ बाँधे हुमायूँ बेक़रारी से तीसरे बेटे की आमद का इन्तज़ार कर रहा था। सत्ताईस बरस का होने के बावजूद उसने अपने बाप के हाथ में एक धेला भी कमा कर नहीं दिया था बल्कि उसे तो हर वक़्त इस बात का इन्तज़ार था कि कब दिल का कोई दौरा उसके बूढ़े बाप को खींच ले जाएगा और उसकी क़िस्मत के पट खुल जाएँगे। अब्बा हुज़ूर लाख कहें कि वह लाखों के क़र्ज़दार हैं मगर हुमायूँ ने कभी उनकी बात पर यक़ीन नहीं किया था। उसके सौतेले भाई बाप की तरफ़ से मायूस होकर जूते घसीटते स्कूल जाने लगे और फिर अपनी क़िस्मतों का लिखा पूरा करने के लिए इधर-उधर नौकरियाँ करने लगे। मगर हुमायूँ की मेहनत के नाम से जान निकलती थी। वह ख़ुशक़िस्मत था। हमेशा क़िस्मत उसका साथ देगी। फिर उसके तीनों बेटे जवान होंगे। उनके लिए वह बाप-दादा की भीख का ठीकरा रहमत अली शाह के मक़बरे की कोई ईंट न छोड़ेगा। इसके बावजूद उसके तीनों बेटे मिलकर सोने का महल बनाएँगे।

उसने फिर दरवाज़े की तरफ़ कान लगा दिये। अन्दर गहरा सन्नाटा था जैसे सब मर चुके हों, जैसे किसी दुश्मन ने उसके बेटे का गला घोंट दिया हो। वह ज़्यादा तेज़ी से टहलने लगा।

"अजी अम्मा जानी, मेरे नेग के रुपए अब निकालो। तीसरे पोते पर एक सौ से कम नहीं लूँगी।" अन्दर कहीं हुमायूँ की बहन अपनी माँ से कह रही थी।

आज रतजगा होगा। सबको अपने कपड़े-लत्तों की पड़ी थी। हुमायूँ परेशानी के मारे बैठ गया जैसे एक लाख की लॉटरी का रिजल्ट आ रहा हो।

फिर कहीं से अयाज़ और शहज़ाद लड़ते हुए आ गए। तीन बरस का अयाज़ अपने दो साल के भाई को ऐसी गालियाँ दे रहा था जिनका मतलब वह बिलकुल नहीं जानता था। वह अपने बाप को भी गालियाँ देता था और जूता उठाकर माँ को पीटा करता था लेकिन शहज़ाद बिलकुल अपनी माँ पर गया था। वैसा ही ख़ामोश और डरपोक। ज़रा-ज़रा सी बात पर रो देता था। उस वक़्त हुमायूँ को इन दोनों की सूरत ज़हर लग रही थी, "नालायक़ हैं साले!..." अदबदाकर वही हरकतें करते जिनसे हुमायूँ को बेहद नफ़रत थी। आनेवाले बच्चे पर तो वह इस जाहिल और बुज़दिल औरत की परछाईं भी नहीं पड़ने देगा। अगर ये दोनों सताएँगे तो सबसे छोटेवाले को ही दरगाह की सज्जादा नशीनी...।

हाँफती-काँपती पसीने में शराबोर उसकी बड़ी साली बशीर बेगम कमरे से बाहर निकली, "मुबारक हो हुमायूँ मियाँ! आपकी साहबज़ादी तो शीरीं से भी ज़्यादा ख़ूबसूरत है।"

और हुमायूँ के कलेजे पर किसी ने फ़रहाद का तैशा खींच मारा। उसने यों अपनी साली को देखा जैसे उसने एक लाख की थैली बेईमानी से छुपा ली हो।

"पोती मुबारक हो...पोती मुबारक हो!"...यह ख़बर अलफ़लैला में यों फैली जैसे एक भयानक आँधी चिराग बुझाती चले!

बाहर नौबत-नक़्क़ारोंवालों ने पैदाइश की ख़बर सुनी तो बग़ैर सोचे-समझे तड़ातड़ नौबत पर हाथ मारना शुरू कर दिये।

"ऊई, यह मेरी मौत पर नगाड़े क्यों बज रहे हैं?"

हुमायूँ की माँ बीच आँगन में दिल थामकर बैठ गईं। अलफ़लैला में जब बेटी पैदा हुई तो अपने साथ सत्तर बलाएँ लाई है।

"ख़ाला जान, दामाद मुबारक...!" बशीर बेगम ने इक़बाली मुजरिमों के अन्दाज़ में खाला जान को दामाद के ख़ुशआइंद तसव्वुर (सुखद कल्पना) से ख़ुश करना चाहा। फिर भयानक ख़ामोशी छा गई।

हुमायूँ की बहन जल्दी-जल्दी हिजड़ों को चुप कराने लगी, और दीवार के उस पार से क़हक़हे बुलंद होने लगे जिस तरफ़ हुमायूँ की सौतेली माँएँ रहती थीं।

ख़ानक़ाह के अँधेरे कमरे में दोनों हाथों में सिर को थामे मिसकीन शाह बैठे थे और सोच रहे थे कि इस लड़की का वर कैसे मिलेगा? मुर्शिदों की बेटी का ब्याहना बड़ा मुश्किल काम था।

"मम्मी...मम्मी...तो क्या यह बच्ची बड़ी होकर शीरीं की तरह कलेजे में छुरी मारेगी...?" चाँद ने शीरीं की तरह ख़ूबसूरत-सी नन्ही बच्ची को देखकर अपनी माँ से पूछा।

"चुप...चुप...! बावली हो गई है क्या?" बीबी ने उसे डाँट दिया। चाँद उस वक़्त सात बरस की थी मगर उसे हर फ़िल्म की पूरी कहानी याद हो जाती थी। सब ही चलते हुए फ़िल्मी गीत उसे याद थे। वह लीला चिटनीस की शैदाई थी। डांस करने पर उसे गोद भर-भर इनाम मिलते थे जो बशीर बेगम को अपने मायकेवालों से छुपाना पड़ते थे। चाँद की ददिहाल यों तो ज़्यादा दूर नहीं थी मगर फिर भी ज़ेहनी तौर पर सदियों का फ़ासला दरम्यान था।

जब ऐवाने ग़ज़ल की बीबियाँ मोटरों में परदे लगाकर सवार होती थीं तो चाँद की फूफियाँ अपने मियाँओं के हाथ में हाथ डाले सिकन्दराबाद क्लब में डांस करने जाती थीं। बग़ैर आस्तीनों का ब्लाउज़, होंठों की सुर्ख़ी और ऊँची एड़ी के सैंडल का फ़ैशन पहले-पहल हैदराबाद में इसी घराने से निकला। लड़के तो ख़ैर और ख़ानदानों में भी पढ़ने के लिए विलायत जा चुके थे लेकिन बाल कटाकर फ्रॉकें पहने इसी घराने की लड़कियाँ पहली बार क्रिस्टानों के स्कूलों में भेजी गईं, और फिर आगे भी उनके कारनामे लोग सुना करते। कोई हवाख़ोरी को नैनीताल गई और वहीं किसी गोरे से निकाह कर लिया। कोई बाप-दादा की आँखों के सामने दूल्हा पसन्द करती और माँ-बाप तालियाँ बजाकर उसके चुनाव की दाद देते थे। वहाँ के क़िस्से बशीर बेगम से सुन-सुन कर लँगड़ी फूपो ख़ुद ही तौबा करती थीं।

बशीर बेगम की ससुराल थी कि कसबियों का अड्डा! दुनिया कानों पर हाथ धरती! इसलिए बशीर बेगम मायके कम आती थीं क्योंकि ननदों की देखा-देखी वह भी टेढ़ी माँग निकालकर कज्जन बाई के अन्दाज़ में पट्टियाँ जमाने लगी थीं। और मिस्सी के बजाय होंठों पर लिपस्टिक लगातीं। साड़ी भी कमर पर कस-कसकर बाँधतीं। अलबत्ता बग़ैर आस्तीनोंवाले ब्लाउज़ के नाम से उन्हें थरथरी छूटती थी। इसके बावजूद उनके मायके में एतराजों का पथराव होता था। कोई उनकी तिरछी माँग पर एतराज करता, कोई चाँद की नंगी टाँगों पर। इसलिए वह बतूल बेगम की ससुराल तो बहुत कम जाती थीं। बस किसी ऐसे ही मौक़े पर आना पड़ता था जैसे आज आना पड़ा।

"इसका नाम 'ग़ज़ाला' रखिए, ख़ाला जान! बड़ी ख़ूबसूरत आँखें हैं। माशा-अल्लाह!" बशीर बेगम ने शायर की बेटी होने का सबूत पेश किया।

"हाँ, कुछ भी नाम रखो। नाम में क्या धरा है!" ख़ाला जान ने ठंडी साँस भरी।

दूसरे दिन वाहिद हुसैन अपनी नई ग़ज़ल का मिसरा गुनगुनाते हुए अन्दर आए तो उनके हाथ में अलफ़लैला का एक ख़ास भारी-भरकम लिफ़ाफ़ा था। लँगड़ी फूपो जा-नमाज़ पर सीधी बैठ चुकी थीं और लाहौल पढ़कर कानों को हाथ लगाने ही वाली थीं कि वाहिद हुसैन को देखकर हाथ नीचे छोड़ दिये।

"क्यों भाई पाशा! ख़ैरियत तो है?"

"क्या नाम रखा बच्ची का?" ख़ाला बेगम ने बड़े इश्तियाक़ (उत्सुकता) से पूछा।

"ग़ज़ल...ग़ज़ल...।" उन्होंने लापरवाही से कहा और फिर अपना अधूरा मिसरा गुनगुनाने लगे...महबूब...महजूब...मजजूब...और जाने कौन-सा क़ाफ़िया रह गया है जो वह भूल रहे थे।

कल से वह क़ाफ़िये को तरह-तरह से घेर रहे थे, मगर वह एक शोख़ महबूबा की तरह किसी तौर हाथ नहीं आ रहा था। आज उस माशूक़ की आमद है जिससे बाज़ारों में जिन्से-वफ़ा सस्ती हो जाएगी। दिलो-जानवाले दामन बचाते फिरेंगे...कैसा नया मज़मून है...क्या आमद है...!

"ऊई, यह ग़ज़ल क्या नाम हुआ...?" फूपो ने नाक पर उँगली रखकर राशिद से पूछा। राशिद भी शेव करते-करते रुक गया।

"ग़ज़ल...? किसका रखा है यह नाम अब्बाजान ने?"

"ख़ूब...!" वह तंज़ (व्यंग्य) के साथ फिर आईने की तरफ़ मुड़ गया।

"चलिए, अच्छा हुआ...ऐवाने ग़ज़ल था मगर कोई ग़ज़ल नहीं थी हमारे यहाँ...।"

राशिद इस ख़ानदान का पहला फ़र्द (सदस्य) था कि जिसे शायरी में कोई दिलचस्पी नहीं थी, और इस बात पर वाहिद हुसैन बड़े शरमसार थे कि उनका इकलौता बेटा अपने ख़ानदान की रिवायतों को तोड़ रहा था। "मगर शरीफ़ लड़कियों का ऐसा नाम...?" बीबी ने सिर पर पल्लू सँभालकर कहा।

"ग़ज़ल तो इश्क़-आशिक़ी की बातों को कहते हैं।" उन्होंने कुछ शरमाकर और कुछ घबराकर उन ग़ज़लों को याद किया जो उनके मियाँ सिर्फ़ उन्हीं को चुपके-चुपके सुनाया करते थे।

"हाँ...!" राशिद ने मुँह टेढ़ा करके आईने में अपने चेहरे का जायज़ा लिया। उस्तरेवाला उसका हाथ गालों पर यों लप-झप दौड़ रहा था जैसे क़साई बकरे की ख़ाल उतार रहा हो।

"फ़ारसी में एक ख़याल यह भी है कि ग़ज़ल उस कर्ब (पीड़ा) को कहते हैं जो ज़ख़्मी हिरनी की आँखों में मरते वक़्त होता है।"

"रहने दीजिए अपनी नुक्ताचीनी...," राशिद की बीबी रज़िया ने अपने पेट की हलचल को थामकर कहा, "अच्छा-खासा नाम है...ग़ज़ल तो औरतों की बातों को कहते हैं...हमने मैट्रिक में पढ़ा था।"

"तो ठीक है...," लँगड़ी फूपो ने इत्मीनान की साँस लेकर दोबारा नमाज़ की नीयत बाँध ली। अगरचे दुलहिन का मैट्रिकवाला दावा उन्होंने बिलकुल नहीं माना।

राशिद ने जल्दी-जल्दी कपड़े बदले और बाहर भागा।

उस्मानिया यूनिवर्सिटी की इमारत शहर से दूर अड़ी-कमेट में बनाई जा रही थी। राशिद को भी एक बड़ा कॉन्ट्रैक्ट मिला था। इस काम को बहुत जल्दी पूरा करना था। इसलिए भी कि आला हज़रत की ख़्वाहिश थी और इसलिए भी कि कंट्रैक्ट के रुपए मिले तो ऐवाने ग़ज़ल को कुर्क होने से बचाया जाए, क्योंकि वह उन इंजीनियरों में शामिल था जो जामिया उस्मानिया का नक़्शा बनाने के लिए पूरे यूरोप और मिडिल ईस्ट का दौरा करने के लिए भेजे गए थे।

"दालान में पहनाए हार, क्या ख़ुशनुमा लगा के।"

क़ालीन पर बैठी हुईं मीरासिनें गला फाड़-फाड़कर चिल्ला रही थीं। बड़े दालान में तख़्त पर सुर्ख़ मख़मल की कारचोबी मसनद बिछी थी। उसके ऊपर फूलों और रोशनी के कुमकुमों का मँडवा पड़ा था। शरीर बच्चे उसकी फूलोंवाली झालरें नोच-नोचकर भाग रहे थे। ड्योढ़ी मेहमानों से खचाखच भरी हुई थी। ड्योढ़ी के पिछले हिस्से में प्याज़, नीबू और लहसुन के छिलके बिखरे पड़े थे। बड़ी-बड़ी देगें और बरतन इधर से उधर घसीटे जा रहे थे। चूल्हे जल रहे थे। गोश्त, चावल, घी और मसालों के ढेरों के आसपास बावर्चियों के साथ ग़ुलाम रसूल दौड़ता फिर रहा था...कोई इधर से चिल्लाता, "ग़ुलाम रसूल पानी...!" कोई उधर से चिल्लाता, "ग़ुलाम रसूल पान!"...फिर बेगम सा'ब दहाड़तीं, "ग़ुलाम रसूल जूते...!"

मेहमान कभी के आना शुरू हो चुके थे। बाहर दालान में शामियाने तले दरियों पर सफ़ेद चाँदनियाँ बिछी थीं और उस पर ईरानी कालीन बिछाए गए

थे। बीच-बीच में, चाँदी के वर्क लगी गिलौरियों के खासदान रखे थे। बाहर मर्दाने में जहाँ लोगों का हुजूम था, गोरे-चिट्टे, ऊँचे-पूरे, हँसते-मुसकराते अहमद हुसैन झुक-झुककर लोगों का स्वागत कर रहे थे। आज उन्होंने तंग मोहरी के पाजामे पर हमरू की शेरवानी पहनी थी और तुर्की टोपी का फुंदना उनके माथे पर झूल रहा था। बार-बार उन्हें मेहमानों को रिसीव करने के लिए गेट तक आना पड़ता था। कभी-कभार परदा-लगी कार को देखकर वह हाथ से इशारा कर देते थे, "ज़नाना सवारी उधर ले जाओ!"

काम-धंधे में बौलाती हुई उजाला बेगम अपनी सुनहरी जार्जेट की साड़ी सँभालती फिर रही थीं। बार-बार उनके झिलमिलाते हुए चेहरे पर बिजलियाँ-सी कौंध रही थीं। उजाला बेगम शादी-ब्याह और इसी क़िस्म की तक़रीबों का इन्तज़ाम करने में मशहूर थीं। इसके बावजूद आज उनके ख़ूबसूरत चेहरे पर बड़ी थकान-सी थी। आज वह बार-बार कुछ-न-कुछ भूल जातीं। लौंडियाँ-छोकरियाँ तो ख़ैर हमेशा की कामचोर हैं। काम के वक़्त सब ग़ायब हो जाएँगी। वह अकेली ही बावर्चियों की निगरानी भी कर रही हैं और मेहमानों का स्वागत भी कर रही हैं। बराबरवालियों से हँसी-मज़ाक़ और बच्चों को क़ालीन पर कीचड़ भरे पैरों से आने से रोकना—ये सारे काम एक ही वक़्त में निबटाना उजाला बेगम ने अपनी दादी से सीखा था।

वह ऊँची-पूरी लहीम-शहीम ख़ातून थीं। चालीस को पार कर चुकी थीं। इसके बावजूद उनका बारीक़ नाक-नक़्शा और चुकन्दर की तरह सुर्ख़ी-आमेज़ गोरा रंग। उस पर कहीं-कहीं झलकती हुई ईरानी हुस्न की झलक। वह अब भी किसी को मार डालने की सलाहियत रखती थीं। उनके बेपनाह हुस्न और रोब-दाब ने भी इतना इज़ाफ़ा नहीं किया था जो जादू उनकी ज़बान में था। वह एक ऐसी ज़बान की मालिक थीं जिसने शिकस्त खाना नहीं सीखा था।

ड्योढ़ी के मुख़्तलिफ़ कमरों में औरतें मुख़्तलिफ़ ग्रुप बनाए हुए हँसी-मज़ाक़ में मसरूफ़ थीं। फूलों और इत्रों की ख़ुशबू बाहर से आनेवाली बिरयानी, बघारे बैगन और कबाबों की ख़ुशबू पर छायी जा रही थी।

जिधर बावर्ची पका रहे थे, उसी पिछले रास्ते से औरतें अन्दर आ रही थीं। सारे में देगें, बरतन, तरकारियों और अंडों के छिलके पड़े थे। बावर्चियों ने पानी बहा-बहाकर छप्पक-छय्या कर दी थी इसलिए जो बीबी मोटर या शिकरम से उतरती उजाला बेगम उसे ख़बरदार कर देतीं, "अजी गौरी माँ! ज़रा साड़ी उठाकर आवमाँ! ये मुरदार बावर्ची चौतरफ़ पानी फैला दिये हैं।"

बड़े-बड़े चूल्हों का धुआँ चारों तरफ़ फैल रहा था और चूल्हों के दरम्यान शेख़ू मियाँ डंडा हाथ में थामे हुए उजड़े कपड़े पहने बावर्चियों की निगरानी कर रहे थे।

"देखूँ, मीठे में कितनी शक्कर डाली है...?" वह ज़रा सा मीठा चखते।

"ये टूटे हुए अंडे उधर दे दो...!" जल्दी-जल्दी अंडों को मुँह में रखते हुए वह दूसरी तरफ़ मुड़ते।

"ज़रा दिखाना, लक़मी (व्यंजन-विशेष) ख़स्ता तो है न...?" वह सालिम लक़मी को मुँह में रखकर उसका ख़स्तापन महसूस करते।

बच्चे चाँदनियों और क़ालीनों पर आँख-मिचौली खेलते फिर रहे थे।

दालान के उस कोने में जहाँ सब जूते उतारकर अन्दर जा रहे थे, आयाओं का एक पूरा ग्रुप रोते हुए बच्चों को चुप कराने के बजाय अपनी बातों में मगन था और उसी जगह बैठकर बी जान को पान बनाना रह गया था। आते-जाते उजाला बेगम ने कई बार टोका, "अरी मुरदार, तेरे कानों को आज क्या हो गया है। कितनी बार बोली की रास्ते में नक्को बैठ। अब पैर से चप्पल निकालूँ क्या...?"

मगर वहाँ बैठनेवाली सब आयाएँ यह देखकर हैरान रह गईं कि बी. जानी ने बेगम साहिबा की बात पर कोई कान न धरा और उसी तरह बैठी पान के बीड़ों पर चाँदी के वर्क लपेटती रही।

मर्दाने हिस्से से कई बार अहमद हुसैन को ज़नाने की तरफ़ आना पड़ रहा था। कई बार वह बेहद ज़रूरी काम से अन्दर आते और भूले से किसी बनारसी साड़ी से टकराकर बाहर भागते। अन्दर ऐसी मोहनी सूरतें जमा हों तो उनका बेक़रार होना लाज़िमी था।

इसके बावजूद वह निहायत सब्र-इत्मीनान से किसी नये मेहमान का स्वागत करने उठते। झुककर क़दमबोसी अर्ज़ करते। अपने हाथों में मेहमान का हाथ थामकर आँखों से लगाते और फिर हाथ जोड़कर कहना पड़ता, "तशरीफ़ रखिए, ख़िबला...!"

वाहिद हुसैन अहमद हुसैन के इस ख़ाकसाराना (विनम्रतापूर्ण) अन्दाज़ पर बहुत हँसते थे मगर तहसीलदारों की रिश्वत से शहर में ठाठ करने और गाँव में जागीरदार बनकर रहने में बड़ा फ़र्क़ था। वाहिद हुसैन तहसीलदार थे मगर ताल्लुक़दार बनकर बात करते। अहमद हुसैन अपने नाना-खुसर की बेइन्तहा दौलत के मालिक बन बैठे थे मगर अपने से छोटों के आगे झुकना पड़ता।

आज वाहिद हुसैन और बीबी की कमी अन्दर-बाहर सबने महसूस की थी। ऐसी ख़ुशी के मौक़ों पर अपने अज़ीज़ बहुत याद आते हैं। इसीलिए तो बेगम ने बड़े चाव से अपने बेटे के छल्ले में[1] अपने जेठ और जिठानी को बुलाया था। अब वे लोग न आने का कोई भी बहाना करें मगर उजाला बेगम जानती थीं कि वाहिद हुसैन अहमद हुसैन का वारिस किस दिल से देखते... वह तो उजाला बेगम की कुल दौलत का वारिस राशिद को समझे हुए थे।

बाहर से अहमद हुसैन के ऊँचे क़हक़हे सुन-सुनकर उजाला बेगम मुसकराए जा रही थीं। आज उन्होंने अहमद हुसैन की मासूमियत पर एक और भरपूर वार किया था और अब घबराए जा रही थीं। उनका दिल बुरी तरह धड़क रहा था और इस घबराहट ने उनकी ख़ूबसूरती को और भी निखार दिया था। गहरी ऊदी बनारसी साड़ी पर कारगे का कलीदार कुरता बड़ी बहार दिखा रहा था।

गले में जड़ावी लच्छा, सतलड़ा और चन्दनहार चमक रहा था और हाथों में हीरे के कंगनों के आगे सच्चे चमकियों का जोड़ा था। यों तो नगों का जोड़ा हर गोरी कलाई पर अच्छा लगता है मगर उजाला बेगम के हाथ तो बस इस क़ाबिल थे कि उन्हें देखते ही जाओ...!

यह भी उनकी ख़ूबसूरती और ज़िद का क़सूर था कि वह किसी शहज़ादे के महल की बजाय अहमद हुसैन की मामूली-सी ड्योढ़ी में आ गई थीं। उनके नाना मुनासिब जंग सद-उल-महामी (सूबेदारी) तक कर चुके थे। वह अपने ख़ानदान में जिद्दत-पसन्द (नवीनता-प्रेमी) मशहूर थे। हमेशा वह किया जो किसी ने न किया हो। यहाँ तक कि अपने ख़ानदान की किसी नख़रों-पीटी लड़की को छोड़कर उन्होंने एक मशहूरे-ज़माना काफ़िर-अल ईरानी हसीना से ब्याह रचाया। यह बात अपने वक़्त में इतनी बड़ी थी कि उनकी जागीर भी दहलकर रह गई थी। क्योंकि अभी शाही ख़ानदान में विदेशी बहुएँ लानेवाले शहज़ादे पैदा नहीं हुए थे और ख़ानदान के हर नौजवान पर फ़र्ज़ था कि वह शाही फ़रमान पर अमल करे और उस लड़की को अपने लिए क़ुबूल कर ले, जो अफ़ीम की पिनक में हुज़ूरेवाला से ईमान जंग मंजूर करवा लिये थे। इसलिए ईमान जंग ने तुख़्मी और क़लमी आमों के पैबन्द ही नहीं लगाए बल्कि गुलाब की ख़ूबसूरत टहनी पर बबूल की शाख़ तक सजा डाली मगर वे शाख़ें हमेशा हरी रहीं। यह और बात थी कि उस पेड़ पर शगूफ़ों के साथ-साथ मुक़दमेबाज़ियों और ख़ानदानी दुश्मनी के काँटे भी उगते रहे जिन्होंने पहले तो ऊपर ही ऊपर

1. प्रसव के चालीस दिन बाद होने वाला उत्सव।

दिलों को झँझोड़ना शुरू किया और उसके बाद सल्तनत-ए-आसफ़िया की बुनियादें साज़िशों के ज़लज़लों से दहलने लगीं।

यों देखिए तो उस वक़्त ज़िन्दगी बड़ी पुरसुकून थी। मूसा नदी के किनारे-किनारे शहर में फैली हुई बेचैनी की लहरें ड्योढ़ियों से बहुत दूर थीं। हुज़ूर की हथिनी के ब्याह में सारा शहर ख़ुशियाँ मनाता था क्योंकि सरकार की नाराज़गी ख़ुदा के ग़ज़ब से कम न थी। प्लेग और चेचक की वबाएँ फूटतीं तो काली माता की नाराज़गी के साथ-साथ दीन के बुज़ुर्गों की नाराज़गी भी शामिल होती थी।

यह वह ज़माना था जब अंग्रेज़ सिर पर डंडा लिए खड़ा था और उस डंडे का रुख़ सबसे पहले रियासत के वालियों की तरफ़ मोड़ दिया जाता था कि यहाँ से आमतौर पर बग़ावत के छोटे-छोटे फ़ितने सिर उठाया करते हैं। लोग बहुत नीचे दबे हुए थे और ऊपर से बिलकुल नज़र नहीं आते थे। उन दिनों रियासत के ओहदे ऐसे महँगे न थे कि उनके लिए विलायत का सफ़र किया जाए। इसलिए मुनासिब जंग जोकि अभी मुनासिब अली बेग कहलाते थे, बस यों ही किसी बड़े ओहदे की ताक में लगे बैठे थे कि ईरान से यहाँ आबाद होने एक नया क़ाफ़िला औरंगाबाद आकर ठहरा। औरंगाबाद आम तौर से सबसे ज़्यादा ठंडा ज़िला कहलाता था। इसलिए ख़ुद हुज़ूरे-आली गरमी के चन्द महीने यहीं गुज़ारते और आमतौर पर बाहर से आनेवाले ग़ैरमुल्की भी ठहरने के लिए औरंगाबाद ही को तरजीह देते थे। यों तो आरिफ़ बेग ईरान से अपने साथ इल्म और अदब का एक बड़ा पुश्तारा समेटकर लाया था कि यहाँ अपनी अदबी धाक जमाए, लेकिन यह अफ़वाह आम थी कि वह दरअसल अपनी काफ़िर अदा माहपारा लड़की ख़ुशजमाल को हुज़ूर की भेंट करने लाया है ताकि अपनी दाल-रोटी का बन्दोबस्त कर सके। ख़ुश-शक्ल लड़कियों की बदौलत इस वक़्त बहुत-से माँ-बाप अपनी कई-कई नस्लों की क़िस्मत जगा चुके थे। वह लड़की चन्द महीने हुज़ूर-पुरनूर की ख़ास तवज्जो की हक़दार रहती और फिर अंबरी बाग़ के एक अँधेरे कमरे में यों गुम हो जाती कि उसे सब भूल जाते, सिवाए स्टेट के उस महकमे के जिसके ज़िम्मे इन औरतों को तीनों वक़्त खाना और महीने में एक जोड़ा कपड़े भेजना था।

आरिफ़ बेग ने भी कामयाबी के मरहले बड़ी जल्दी-जल्दी तय किये, और सुना है कि उस लड़की की पहली झलक देखने के बाद ही हुज़ूर-पुरनूर रात-भर आराम नहीं फ़रमा सके। अब पेशी में रहनेवालों का फ़र्ज़ वे हर क़ीमत और शर्त पर आरिफ़ बेग की दुख़्तर (बेटी) को महल में पहुँचाने का इन्तज़ाम

कर दें कि मुनासिब अली बेग, जो आरिफ़ बेग के पड़ोसी थे, बीच में आ कूदे और अपने ख़ास बावर्ची से बिरियानी पकवाकर उसमें न जाने क्या चीज़ ख़ुशजमाल को खिला दी। दकन का जादू तो मशहूर था, वरना क्या तुक थी कि बादशाह के महलों के ख़्वाब देखनेवाली हसीना एक जागीरदार पर मर-मिटी! सुना है, मुनासिब अली बेग के अब्बा उस वक़्त अपने होनेवाले समधी से घोड़े-जोड़े की रक़म पर तकरार कर रहे थे, जब ईमान जंग ने ज़रूरी काग़ज़ों पर दस्तख़त लेकर हुज़ूर के कानों तक यह बात पहुँचा दी। चुनाँचे मुनासिब अली के ख़ानदान पर सख़्त इताब (कोप) हुआ। अचानक उनकी इस्टेट पर इंक्वाइरी-कमेटी बैठी। दौड़-धूप करके मुनासिब जंग ने जागीर तो बचा ली मगर उनके वह भाई देखते रह गए जिनके मुक़द्दर बादशाह की इनायत से चमकनेवाले थे। यह तो बहुत बाद की बात है कि ख़ुशजमाल अपनी चालाकी से उनके हुज़ूर में पहुँच गई और मुनासिब अली बेग अचानक न सिर्फ़ मुनासिब जंग बन गए बल्कि उन्होंने अपनी ड्योढ़ी में नादिर (दुर्लभ) चीज़ों का बेमिसाल स्टॉक जमा करके फिर हुज़ूर-पुरनूर को ठेस पहुँचाई।

तो ख़ैर, उजाला बेगम पैदा हुईं तो बिलकुल अपनी ईरानी दादी की शक्ल-सूरत, वही ग़ुस्सा और ग़रूर! इकलौते बेटे की इकलौती बेटी थीं इसलिए मुनासिब जंग ने अपनी डायरी में लिखवा दिया था कि वह हर जुमे की नमाज़ के बाद ज़रूर उजाला बेगम को मुलाक़ात का शरफ़ बख़्शा करेंगे मगर उम्र के बोझ के साथ-साथ हादसों की बहुतायत ने जिस्म को कमज़ोर कर डाला था। इसलिए अब यह हाल था कि इधर चोबदार ख़बर देता कि उजाला बेगम मुलाक़ात की इजाज़त चाहती हैं और उधर उनका ज़ेहन किसी जी से उतरी हुई तवायफ़ की तरफ़ जा निकलता, एक साथ उन्हें कई बातें याद आतीं।

जिस्मानी ताक़त देनेवाला ख़मीरा-गावज़बाँ फिर से इस्तेमाल करना चाहिए। कई दिनों से ख़िज़ाब नहीं लगाया है। कभी-कभार नमाज़ भी पढ़नी चाहिए।

वह हड़बड़ाकर उठते, मूँछों पर ताव देते, सीना तानकर खड़े होते। कई नौकरों की मदद से जल्दी-जल्दी चूड़ीदार पाजामा और सुर्ख़ हमरू की शेरवानी पहनते। तब आया पाँच साल की उजाला बेगम को लेकर अन्दर आती।

"ओहो, आप तशरीफ लाए हैं!" वह फ़ौरन तवायफ़ के तसव्वुर को झटककर दादा बनने की तैयारी शुरू कर देते। अपनी सफ़ेद मूँछों समेत उन्हें प्यार करते जो उजाला बेगम के अचानक मुँह हटा लेने से आया के हिस्से में आ जाता। वह घबराकर उजाला बेगम को नीचे उतार देती।

"दादा हज़रत, मैं अब सफ़ेद घोड़े पर नहीं बैठूँगा। साईस के छोकरे उजाड़-सूरत ने उस घोड़े को छू लिया।"

"नाई, नाईं बीबी पाशा! गालियाँ नहीं बकते!" वह प्यार से समझाते।

"आँ? फिर वह उजाड़-सूरत मेरे घोड़े को प्यार क्यों करता?"

"दादा हज़रत, मुझे अपनी बन्दूक़ ज़रा दीजिए न! मैं उस मुरदार को मार डालूँगा।" और वह उजाला बेगम की मासूमियत पर बेसाख़्ता हँसने लगते।

"आदमियों को नईं मारना, बेटा! गुनाह होता...।"

"गुनाह बोले, तो क्या बात दादा हज़रत...?" वह गरदन उठाकर पूछतीं।

"अल्ला मियाँ, अपने से ख़फ़ा हो जाते...।"

"आँ?...आप से तो सब लोग बहुत डरते कते...।"

चुनाँचे यही हुआ। दादा हज़रत की धाक जमाकर उजाला बेगम मनमानी करती रहीं। वह हमेशा की तरह उस दिन भी दादा हज़रत की बन्दूक़ लेकर बाग़ में निकल गईं और इधर-उधर निशाने लगाना शुरू कर दिये। अब वह सोलह बरस की थीं।

वह तो अपनी समझ में चिड़ियों का शिकार कर रही थीं कि प्रताप किरन का माली उनके निशाने की ज़द में आ गया। प्रताप किरन रेड्डी से मुनासिब जंग का पड़ोसियों के नाते एक ज़माने से बिगाड़ चला आ रहा था। दोनों एक-दूसरे को अड़ंगा लगाने की फ़िक्र में रहते थे। चलो, मान लिया कि ज़िले पर मुनासिब जंग की अलमदारी थी मगर यह वह ज़माना था, जब पर का कौआ बनाकर अंग्रेज़ रेज़िडेंट के आगे जागीरदारों के कारनामे रखे जा रहे थे। अगरचे उन्होंने जहाँगीर की तरह इंसाफ़ के घंटों का ढिंढोरा पीट रखा था मगर उजाला बेगम किसी की नूरजहाँ नहीं बनी थीं जो कोई मालिन के आगे अपनी जान पेश करता। बाग़ के सब माली इस घटना की गवाही देने के लिए बाहर खड़े थे। अन्दर दीवानखाने में किसी मुक़दमे की सिफ़ारिश के लिए अहमद हुसैन आए बैठे थे और उनकी समझ में नहीं आ रहा था कि अचानक मुनासिब जंग को कौन-सा मर्ज़ उठ खड़ा हुआ है कि वह हाथों से सिर थामे बैठे हैं। बड़े इसरार के बाद जब मुनासिब जंग ने अपनी मुश्किल बयान की तो अहमद हुसैन ने फ़ौरन अपनी ख़िदमात पेश कीं। अगर अहमद हुसैन की बन्द कार में परदे लगाकर उजाला बेगम को औरंगाबाद से कहीं दूर भेज दिया जाए तो वह माली कितना ही सिर पीटे, कोई गवाही नहीं मिल सकती और फिर वह उजाला बेगम को अपनी कार में छुपाकर यों भागे कि दो घंटे बाद साठ मील दूर अजंता की गुफ़ाओं में राजकुमार सिद्धार्थ हवस और बेबसी के

एक खेल को देखकर अपनी आँखें झुकाए बैठा था। एक बार फिर उजाला बेगम के हाथ बन्दूक़ के लिए तड़पते रहे और उनकी घुटी-घुटी चीख़ें अँधेरी घाटियों में गूँजकर रह गईं, मगर अहमद हुसैन बेचारे का क्या कुसूर? आज तक ऐसा कभी नहीं हुआ था कि उन दोनों भाइयों के सामने कोई लड़की आए और वह बैल की तरह उस पर मुँह न मारें। और फिर उजाला बेगम के बेपनाह हुस्न से फ़रिश्ते भी नहीं बच सकते थे।

कई महीने बाद जब प्रताप रेड्डी हर तरह की दौड़-धूप करके हार गए तो उजाला बेगम फिर दादा हज़रत से बन्दूक़ माँग रही थीं लेकिन हुआ यह कि एक बार फिर उजाला बेगम ज़ारो-क़तार रोती हुईं अहमद हुसैन की दुलहिन बनी रुख़सत हो रही थीं।

उनकी कार इस बार फूलों से ढकी हुई थी और उनके साथ-साथ मुनासिब जंग का दबदबा, उनकी दौलत और उजाला बेगम का गुरूर भी अहमद हुसैन के आगे हाथ जोड़े चल रहे थे।

हाथी मरके भी सवा लाख का होता है। मुनासिब जंग की पोती तक आते-आते भी जागीर की आमदनी इतनी थी कि अहमद हुसैन की सात पुश्तें ठाठ कर सकती थीं।

बिल्ली के भागों छींका टूटा। वाहिद हुसैन की शायराना हठ ने बीबी से शादी करके जो ख़ानदान की लुटिया डुबोई थी, अहमद हुसैन उसे फिर निकाल लाए। यों चट मँगनी पट ब्याह हुआ कि अहमद हुसैन की शादी की ख़बर सुनकर थोड़ी देर के लिए तो वाहिद हुसैन भी चकरा गए कि उनका खिलँडरा भाई मुनासिब जंग तक आख़िर कैसे पहुँच गया? मगर ज्यों-ज्यों वक़्त गुज़रता गया, वाहिद हुसैन ने देखा कि मुनासिब जंग की दौलत मुँह उठाए उनकी तरफ़ चली आ रही है क्योंकि उजाला बेगम ऐसी बंजर ज़मीन थीं जिसमें कोई कोंपल न फूटी।

कई बार घबराकर उन्होंने मियाँ को शादी के लिए टटोला मगर अहमद हुसैन कच्ची गोलियाँ नहीं खेले थे। जी बहलाने के लिए औरतों की कोई कमी थोड़ी थी, और वह तो एक ही बीबी के मारे अपनी जान मुसीबत में डाले हुए थे। अच्छा ही हुआ जो बच्चों का बखेड़ा नहीं है, वरना राजा इंदर के-से ऐश वह कैसे करते! इधर बीबी के सामने अलग चौबीस घंटे की धौंस थी। क्या मजाल कि वह किसी भी नये इश्क़ और नई महबूबा के बारे में चूँ कर सकें! उन्हें पहले ही ज़रा-ज़रा-सी बात नागवार गुज़रती। घर में तन-फन कर आते थे। उजाला बेगम कभी पलटकर यह पूछने की हिम्मत न कर सकीं कि

इतना रुपया कहाँ ख़र्च होता है। यही क्या कम था कि वह अहमद हुसैन की इकलौती बेगम बनी बैठी थीं और इतनी बड़ी ड्योढ़ी पर राज कर रही थीं। कहीं किसी ने सुना होगा कि इतनी दौलत का मालिक कोई नवाब महज़ बीबी की ख़ातिर औलाद से महरूम बैठा रहे! लोग उजाला बेगम की क़िस्मत पर रश्क करते कि कैसा आशिक़-मिज़ाज शौहर मिला था।

उजाला बेगम को सूरत तो अपनी दादी की मिली थी, और दिमाग़ वह मुनासिब जंग का लाई थीं। चुनाँचे एक दिन उसी सूबेदारी दिमाग़ से उन्होंने एक बहुत बड़ी स्कीम बना डाली और इतनी क़ामयाब कि आज उनके यहाँ ख़ुशी के नक़्क़ारे बज रहे थे। कई बार यह लेपालक लौंडियाँ-छोकरियाँ भी कैसा अहम रोल अदा कर जाती हैं! अब उजाला बेगम को क़तई याद न रहा था कि बी जानी को उनकी माँ ने जहेज़ में दिया था या वह प्लेग के कैम्प से आनेवाली लड़कियों में से थी! एक हो तो कोई उसके बारे में सोचे। उनकी ड्योढ़ी में तो दस-बारह लड़कियाँ पल रह थीं। बी जानी में भी और छोकरियों की तरह सारी कमीनी ख़सलतें मौजूद थीं। क़ीमती बरतन छनाछन तोड़ना, एक बार के पुकारने पर कभी जवाब न देना और एक ही छड़ी की मार पर सारी हवेली सिर पर उठा लेना। लेकिन उसकी सबसे ज़्यादा जो बुरी आदत थी, वह इश्क़बाज़ी थी। उजाला बेगम यों तो उन तमाम छोकरियों की बेलगाम जवानी के आगे बाँध बाँधती फिरतीं मगर बी जानी ने तो उनकी नाक में दम कर दिया था। और इश्क़ भी करती तो किससे! उस अहमक बेवक़ूफ़ ग़ुलाम रसूल से जो फ़ातिमा बेगम का शौहर था मगर अहमद हुसैन के क़र्ज़ की बदौलत रेहन पड़ा था। अहमद हुसैन चाहते थे कि उसे जल्द छुटकारा दिला दें कि फ़ातिमा बेगम आख़िर उनकी मुँहबोली बहन थी मगर वह अपनी ऐसी ही हिमाक़तों के चक्कर में पड़कर अपनी मियाद बढ़वाए चला जाता था।

बी जानी के साथ उनके चोंचले देखकर कई बार उजाला बेगम ने बी जानी को डाँटा, "अरी उजाड़-सूरत, वह कौन-सा अनब्याहा है! फ़ातिमा बेगम और उसकी लड़की क़ैसर तेरी जान को रोएँगी!" मगर बी जानी बेहयाई लादे हर वक़्त तक़ाज़ा करती कि उनका निकाह ग़ुलाम रसूल से कर दो।

उजाला बेगम को अब इस खेल से नफ़रत हो गई थी। उन्होंने कई लड़कियों का ब्याह गुड्डे-गुड़ियों की तरह बड़े अरमानों से किया था। सचमुच के दावतनामे तक छपवाए थे। एक बार तो तहसीलदार के चपरासी के लिए वह सोने की अँगूठी तक ले गई थीं मगर वे सब कमबख़्त कुतिया की तरह सिर्फ़ बच्चों की पलटनें बढ़ाने में जुट गई थीं। उनकी काहिली बढ़ती जा रही

थी। उनके दूल्हे अलग सौदे-सुलफ़ में से पैसे मारने की फ़िक्र में रहते थे और दिन-भर अपनी बीबियों से इश्क़बाज़ी में मशगूल रहते। काम के नाम पर अब उनकी जान निकलती थी।

चुनाँचे एक रात मौक़ा पाकर ग़ुलाम रसूल बी जानी के साथ कहीं ग़ायब हो गया। औरंगाबाद के परिंदे भी अहमद हुसैन के हुक्म के बग़ैर कहीं नहीं जा सकते थे तो बी जानी की क्या मजाल थी! मगर असल बात यह थी कि उजाला बेगम उस दिन ख़ुद होश में न थीं। ज़िले का नया पुलिस अफ़सर ईसाई था और अपने साथ एक बदचलन साली को भी लगा लाया था। मिस जूली बम्बई के किसी कॉलेज में अंग्रेज़ी पढ़ाती थी मगर आकर उसने अहमद हुसैन को न जाने कैसी पट्टी पढ़ाई कि वह तो बस क्लब ही के हो रहे, आठ-आठ दिन घर न आते। आते भी तो जूली साथ। अपने साथ उसे अपनी जागीर दिखाने के लिए ले जा रहे हैं। अपने हाथ से बना-बनाकर उसे खाना खिला रहे हैं।

उजाला बेगम ने ज़िन्दगी-भर शौहर की रंगरेलियाँ बर्दाश्त की थीं मगर इस बार कुछ और ही आसार थे। बाहर तो ये ख़बरें उड़ रही थीं कि अहमद हुसैन जूली से निकाह कर रहे हैं औलाद की ख़ातिर मगर अन्दर वह कुछ कहते-कहते रुक जाते, "हुँह! हम मरेंगे तो न जाने कौन फ़ातिहा करेगा हमारी!"

"यह सारी जायदाद अभी से किसी यतीमखाने के नाम लिखानी चाहिए!"

ऐसी बातें उजाला बेगम ने अपने मियाँ से पहले कभी नहीं सुनी थीं। ऐन उसी मौक़े पर जब ग़ुलाम रसूल और बी जानी पकड़े हुए आए तो बी जानी को मारते-मारते उन्होंने अपनी लात खींच ली क्योंकि उसके चेहरे पर एक ऐसा निखार था कि जो उजाला बेगम के अपने चेहरे पर कभी नहीं आया था, मगर जिसे पहचानते देर नहीं लगती।

उस दिन उन्होंने बहुत-कुछ सोचा, उस रात बहुत दिनों के बाद जब अहमद हुसैन ने उजाला बेगम को सोने के लिए बुलवाया तो उजाला बेगम ने सिर पर पल्लू सँभालकर काबे की तरफ़ मुँह करके एक ख़्वाब सुनाना शुरू किया, "रात रहमत अली शाह ने उन्हें ख़्वाब में एक बहुत बड़ी ख़ुशख़बरी दी है कि अहमद हुसैन का वारिस बी जानी के पेट से पैदा होगा, लिहाज़ा उन्होंने कहा कि उस छोकरी से अगर वह निकाह कर लें तो न उजाला बेगम अपने हक़ों से महरूम होंगी और न ही कोई और मसला पैदा होगा। साहबज़ादे को वह अपना बेटा बनाकर पालेंगे। चलो, सारे मसले सुलझ जाएँगे।" उजाला बेगम ने यह ख़्वाब सुनाने से पहले ही बाहरवाले कमरे में क़ाज़ी साहब को बुलवा लिया था जो अपने सामने रखी छुआरे, बादाम और मिस्री की ट्रे पर

से मक्खियाँ उड़ा रहे थे। अहमद हुसैन को इस मसले पर सोचने की मोहलत न मिली। रहमत अली शाह से उन्हें इतनी अक़ीदत (श्रद्धा) रही थी कि आज तक उनकी हर मुराद वहीं से पूरी हुई थी। इसलिए उस वक़्त भी वह आगे कुछ न सोच सके। जब क़ाज़ी साहब अहमद हुसैन का निकाह बी जानी से पढ़ा रहे थे तो बी जानी पछाड़ें खा-खाकर रो रही थी जैसे उजाला बेगम उसे किसी धेड़-चमार को थमाए दे रही हों।

उस रात जब अहमद हुसैन ने उस छोटी-सी लड़की की तरफ़ देखा तो वह ज़ख़्मी चिड़िया की तरह काँप रही थी, लरज़ रही थी। सारी रात उसकी चीख़ें और सिसकियाँ उजाला बेगम सुन-सुनकर अपने आँसू पोंछती रहीं।

दो-तीन महीने और सटर-पटर दरम्यान से गुज़र ही गए और ऐन उस ज़माने में जब जूली मिसेज़ अहमद हुसैन बनने का पूरा इरादा कर चुकी थी, एक दिन मुबारक-सलामत के नक़्क़ारों में अहमद हुसैन ने सुना कि वह मुबारक-सलामत वालिदे-बुज़ुर्गवार बन गए हैं। अब वह रहमत अली शाह की करामात के क़ायल न होते तो क्या करते? मजबूरन वह जूली को भूल-भालकर रहमत अली शाह की दरगाह पर चढ़ावे और बकरे ले जाने की तैयारियों में खो गए।

उजाला बेगम ने चोली के अन्दर से दस का नोट निकालकर तीन बार बच्चे के ऊपर से वारा और फिर 'थू' करके बी जानी की तरफ़ बढ़ा दिया। खाने की हड़बोंग कम हुई तो सुर्ख़ मदरे के दस्तरख़्वान हटाकर वहीं चावल और चिकनाई के धब्बों पर मीरासिनों ने ढोल सँभाल लिया और गला फाड़-फाड़कर गाने लगीं :

दालान में पहनाए हार क्या ख़ुशनुमा लगा के
माली ने लाया सेहरा, मालिन ने लाई हार
अम्माँ ने पहनाए हार, क्या ख़ुशनुमा लगा के!

बूढ़ी हज़रत बेगम ने अपने लरजते हुए हाथों से उजाला बेगम को सुर्ख़ बनारसी साड़ी पहनाई और इत्र लगाके घूँघट निकालकर मसनद पर बिठा दिया।

"सात माँओं को बुलाओ।" हज़रत बेगम ने ऐनक में से चमकती हुई आँखों से हुजूम को देखा। उनके आसपास तमाम महफ़िल की औरतें खड़ी थीं और फूल पहनाने की रस्म देखने के लिए धक्कमपेल कर रही थीं। हज़रत बेगम फूल पहनाने और रस्में अदा करने में उस्ताद थीं क्योंकि वह ख़ानदान की सबसे बुज़ुर्ग सुहागिन और नवासों-पोतोंवाली ख़ुशनसीब बीबी थीं।

वह हर रस्म से वाक़िफ़ थीं। इसलिए बीबियाँ हमेशा उन्हीं को आगे बढ़ातीं।

"सन्दल कहाँ है? खोपरे और मेवे का थाल किधर गया?"

"सदके के रुपए कहाँ रख दिये?" हज़रत बेगम ने ऐनक लगा रखी थी मगर बदहवासी में कुछ सुझाई नहीं दे रहा था। इधर औरतों का हुजूम अलग शोर मचा रहा था। पचासियों माँएँ तो उनके सिर पर सवार थीं और वह थीं कि सात सुहागिन माँओं को ढूँढ़ रही थीं। सन्दल देकर पान और छाली से उनकी गोद भरना चाहती थीं।

"अहमद मियाँ को तो बुलाओ...!"

यह सुनकर आधा हुजूम बाहर की तरफ़ ढुल गया और बड़ी मुश्किल से औरतों को टकराते, बचते-बचाते अहमद हुसैन अन्दर आए। नज़रें झुकाए, मुँह पर दूल्होंवाली शरमदार झिझक और एक नये-नवेले बाप का गुरूर से भरा इत्मीनान। उनके बाल कुछ-कुछ सफ़ेद हो रहे थे। चेहरे की लकीरें गहरी हो चुकी थीं और वह बड़ी तेज़ी से मोटे होते जा रहे थे।

आते ही उनका सिर मंडवे के बेलों में उलझा और टोपी लड़खड़ाकर मसनद पर आ गिरी। वह घबराकर सँभले और ख़ास ख़ास बुज़ुर्ग ख़वातीन को झुक-झुककर सलाम करने लगे।

उजाला बेगम ने न जाने किन-किन ख़ालाओं और चची अम्माओं के आगे उन्हें झुकने का हुक्म दिया और वह बेटे के ख़ुशनसीब होने की दुआएँ लेते-लेते हाँफ गए।

फिर ख़ुशबुओं में बसी हुई, ठंडी-ठंडी रेशमी साड़ियोंवाली औरतों ने हँस-हँसकर उन्हें उजाला बेगम के पास मसनद पर बिठा दिया। इस मौक़े पर सभी औरतें अहमद हुसैन से परदा करना भूल चुकी थीं बल्कि उलटा उन्हीं को हुक्म दे दिया गया कि अपनी नज़रें नीची रखें।

"अगर यह बेटा उजाला बेगम के पेट से हो जाता तो...।" औरतें सरगोशियाँ कर रही थीं।

अचानक उजाला बेगम की निगाह अपनी ख़ाली गोद पर गई और वह चिल्लाने लगीं, "अरी बी जानी! नसीर नवाब को इधर लाओ।"

सबको अपनी हिमाक़त का अहसास हुआ, ऐ लो। बच्चा ही नहीं और हज़रत बेगम हैं कि बैठी फूलों के हार सुलझाए जा रही हैं।

अँधेरी कोठरी में बी जानी रोते हुए बच्चे को छाती से लगाए थपक रही थी और ग़ुलाम रसूल उसके पीछे-पीछे झुनझुना लिए टहल रहा था। "उई, यह तमाशा देखो...सब काम-धंधा छोड़कर बच्चे के पीछे घूम रहा है।"

"बच्चे को वहाँ बुला रही हैं...।" एक औरत ने बी जानी से बच्चा छीना और लेकर अन्दर भागी।

हज़रत बेगम ने बच्चे को उजाला बेगम की गोद में डालकर उनका पल्लू तरकारी, मेवा, मिस्री और रुपयों से भर दिया। बच्चे का सदक़ा उतारा। उजाला बेगम और अहमद हुसैन को फूल पहनाकर मुँह मीठा किया और उसके बाद वारन-फेरन का सिलसिला शुरू हो गया। ख़ानदान की हर बीबी ने चाँदी के रुपए उनके सिर पर से वार कर चट-चट दोनों की बलाएँ लीं। फिर उजाला बेगम और अहमद हुसैन ने उठकर सारी महफ़िल को सलाम करना शुरू कर दिया।

बहुत पीछे खड़ी बी जानी चुपचाप यह तमाशा देखती रही।

"उजाला दुलहिन! देखो, हमेशा बी जानी का ख़याल रखना। अब अल्लाह-रसूल की तरफ़ से उसको ख़ुश रखना तुम्हारा काम है।" हज़रत बीबी ने बी जानी के चेहरे पर न जाने क्या देखा कि लरज़कर रह गईं।

"हटो जी! बेचारी ने पेट की औलाद आपकी गोद में डाल दी है।" किसी और ने ताईद की।

"उई, तो क्या मैं हक़ नहीं दूँगी?" उजाला बेगम ने बुरा मानकर कहा। "आज ही उस मुरदार को नई साड़ी और कुरता दिया है...बी जानी!...अरी चुड़ैल, नये कपड़े पहनकर सबको सलाम क्यों नहीं करती?"

झेंपती-शरमाती, बी जानी आगे बढ़ी। दुबली-पतली, पन्द्रह-सोलह बरस की साँवली-सी लड़की। वह तो अच्छा हुआ कि उसका बच्चा उजाला बेगम अपनी गोद में लिए बैठी थीं, वरना कोई यक़ीन न करता कि यह टाँग बराबर की छोकरी एक बच्चे की माँ है। उसने अपनी कलफ़ लगी हैंडलूम साड़ी का पल्लू सिर पर डालकर पहले हज़रत बेगम के पाँव छुए। फिर सब इज़्ज़तदार बेगमों के पैर छूकर वह उजाला बेगम के मेहँदी लगे सोने की पाज़ेबोंवाले गोरे पाँवों पर गिरकर रोने लगी।

"चल, चल, हट...!" उन्होंने घबराकर उसे पीछे ढकेला। इधर फूलों की ठंड से घबराके बच्चे ने रोना शुरू कर दिया था और अहमद हुसैन अभी तक सिर झुकाए नई दुलहिनों की तरह बैठे थे।

"अरी यह रोने की बदशगुनी क्यों कर रही है? तेरी आज क़िस्मत जगी है। दुआ माँग कि तेरा बच्चा अपने माँ-बाप के साए में परवरिश पाए। तू अब उमर-भर के लिए रोटी-कपड़े की फ़िक्र से आज़ाद हो गई।" हज़रत बेगम ने बी जानी को डाँट दिया।

"यह हर्राफ़ा क्या टिकेगी?" उजाला बेगम ने माथे का पसीना पोंछ कर कहा। "इसका दिल ड्योढ़ी में कहाँ लगता है? इसे तो तरह-तरह के सैर-सपाटे चाहिए हर वक़्त!"

"मगर जब तक बच्चा दूध पीता है इस चुड़ैल के पैरों में ज़ंजीर बाँधके रखना...!" किसी बीबी ने मशवरा दिया।

"कुछ आप भी तो बोलिए अब्बाजान...।" अहमद हुसैन की किसी रिश्ते की साली ने उन्हें छेड़ा।

"मुझे बोलने की अब क्या ज़रूरत है? मैं जाता हूँ बाहर...आदाब-अर्ज़ है!"

"बच्चे का नाम क्या रखा है, अहमद मियाँ?" किसी ने पूछा।

"नसीर हुसैन ख़ाँ।"

"अल्लाह मुबारक करे! बहुत अच्छा नाम है!"

"अजी ताया हज़रत और ताई अम्माँ नहीं आए भतीजे को देखने?"

किसी बेगम ने रजज़ (वीरगाथा) पढ़ना शुरू किया और उजाला बेगम ने बन्द का पहला बोल उठा लिया, "कैसे आते मुमानी बेगम! हमारा घर आबाद हुआ तो उनके कलेजे फट गए न...मेरी ससुराल में तो सब इन्तज़ार कर रहे थे कि मैं मर जाऊँ तो सब मेरी जायदाद पर क़ब्ज़ा कर लें।"

"बस, बस, अब चुप रहो न...!" अहमद हुसैन ने उन्हें हलके से डाँट दिया और बाहर जाने लगे। औरत चाहे कोई हो, अपनी ससुराल की बुराई किस दिलचस्पी से करती है!

"यह इतना क्यों रो रहा है...?" बच्चे की चीख़ों से उजाला बेगम परेशान होने लगीं।

"लाइए, मुझे दे दीजिए।" इससे पहले कि कोई और बच्चे को लेता, बी जानी ने बीच में से बच्चे को झपट लिया और भागी अपनी कोठरी की तरफ़। थोड़ी देर बाद चन्द औरतों ने कोठरी में झाँककर देखा कि बी जानी पल्लू में बच्चे को छुपाए बड़े इतमीनान से दूध पिला रही है और ग़ुलाम रसूल उसके पास बैठा झुनझुना बजाय जा रहा है।

"कैसी बदज़ात होती हैं ये छोकरियाँ! इसकी उमर तो देखो...हमारी लड़कियाँ इस उमर में सिर पर दुपट्टा सँभालना भी नहीं जानतीं...तौबा, तौबा...!" उस्तानी माँ ने सिर पर पल्लू सँभालकर अपने गालों पर थप्पड़ मारे।

"अल्लाह अहमद नवाब को दीनो-दुनिया में कामयाब करे। बेचारे कैसे सीधे हैं। तीस बरस तक औलाद के लिए सब्र किये बैठे रहे और अब बीबी के कहने से एक छोकरी के साथ निकाह कर लिया।"

"देखना, बेटा भी बाप की तरह नेक और सपूत होगा। उजाला बेगम तो उसे बड़े ठाठ-बाट का नवाब बनाएँगी।"

"क्या हो रहा है यहाँ?" उजाला बेगम सबको चीरती-फाड़ती बी जानी की कोठरी में आईं। आज सरगोशियों पर न जाने क्यों उनका दिल धड़क रहा था और वह हर शख़्स को शक की नज़रों से तक रही थीं।

"कितनी बार तुझे बोली कि यहाँ नौकरों की कोठरी में छोटे नवाब को नक्को लाया कर!" और फिर वह ग़ुलाम रसूल की तरफ मुड़ीं।

"क्यों रे माठी मिले, तू यहाँ क्यों मर रहा है? आज सबसे ज़रूरी काम यही है कि तू छोटे नवाब के सामने बैठकर झुनझुना खेले?"

ग़ुलाम रसूल खिसियाके उठ खड़ा हुआ। वह निरा अहमक़ था, पागलों की तरह हर वक़्त मुँह खोले रखता। घुटी हुई चँदिया चाँदी की तरह चमकती। साहब की क़मीज़ का दामन उसने हाथ पोंछ-पोंछकर स्याह कर डाला था। उसे सब पागल कहते थे और वह अपने इस ख़िताब पर भी हँसे जाता था। कोई उसके सामने फ़ातिमा बेगम और क़ैसर का नाम ले देता तो वह शरम से सिर झुका लेता था जैसे वह अपनी बीबी और बेटी के सामने सिर उठाने के क़ाबिल न हो। मगर यही ग़ुलाम रसूल न जाने कैसे बी जानी के आगे-पीछे फिरने लगा था। उस्तानी अम्माँ कहती थीं, "उजाड़-सूरत से अपनी जवानी नहीं सँभलती!" उजाला बेगम ने उसे धक्का देकर हटाया तो वह बड़ी देर तक खड़ा आँखें झपकाता रहा। फिर उसने झुककर झुनझुना उठाया और बड़ी अक़ीदत से, बड़े आदर से उजाला बेगम के सामने पेश कर दिया।

उजाला बेगम अपनी एक सहेली से बच्चे को चुप कराने के गुर पूछ रही थीं। ग़ुलाम रसूल को यों झुनझुना लिए देखा तो पहले तो घबरा गईं और फिर मुसकराने की कोशिश की।

"देखो बहन, कैसा पगला है यह ग़ुलाम रसूल! न जाने कहाँ से ख़रीदकर यह दो पैसे का झुनझुना लाया है छोटे नवाब के लिए...इसे बड़ी मोहब्बत है मेरे बच्चे से...!"

"हाँ बहन! उस वक़्त से यों बच्चे के पास बैठा था जैसे इसका अपना बच्चा हो।"

"हाँ, इस बेचारे की भी तो एक लड़की है हैदराबाद में।" उजाला बेगम ने कहा। लड़की का नाम सुनकर ग़ुलाम रसूल को दिली ख़ुशी हुई, वह हँसा और शरमाता हुआ बाहर चला गया।

"अब मैं हूँ और मातमे-यक शहरे-आरज़ू।"

वह न जाने कब गुनगुनाते-गुनगुनाते ऊँघ गए।

रज़िया का छिल्ला होनेवाला था। चाँद के साथ मुहल्ले की न जाने कौन-कौन-सी लड़कियाँ दालान में ढोल लिए बैठी थीं

"सहेली मेरी भोली ममोला मेरा वाही लिया माँ।"

उनके गाने की आवाज़ें बाहर ऐवाने ग़ज़ल के फाटक तक सुनाई दे रही थीं। तख़्त के ऊपर बीबी ऐनक लगाए नन्हे-नन्हे कपड़े सी रही थीं। नीचे फ़र्श पर बादाम, अखरोट और नारियल-मिस्री किश्तियों में रखी हुई थीं, और लँगड़ी फूपो जच्चा के लिए अछवानी तैयार कर रही थीं।

बाहर बैत-उल-ग़ज़ल में बैठा हुआ राशिद बेटी होने की ख़ुशी में दोस्तों के साथ क़हक़हे लगा रहा था। बावर्चीख़ाने से माही-क़लिये (व्यंजन-विशेष) के बघार की ख़ुशबू महकी और चाँद ने दूसरे गीत का बोल उठाया :

गाओ मुबारकबादी माँ जम-जम नित-नित।

इस घर में कैसा सुकून था...कितना इत्मीनान...हर तरफ़ लोग अपनी ज़ात में मगन थे...अब सर्दियाँ आ जाएँगी, तब रात बुरी न लगेगी। वाहिद हुसैन को रात कभी भी बुरी नहीं लगती थी। रात—जो अपने साथ सुनहरे-रुपहले ख़्वाब लाती है, सारी दुनिया की फ़िक्रों से दूर ले जाती है।

अन्दर रज़िया की नन्ही-सी बच्ची रो रही थी। यहाँ कैसा सुकून था...इस घराने के अन्दर किसी को पता नहीं चलता था कि दुनिया में कहीं एक बहुत बड़ा शहर हीरोशिमा एटम बम से तबाह हो चुका है। दुनिया आग और ख़ून के एक भयानक खेल में घिरी हुई है।

हिन्दुस्तान में आज़ादी की जंग तेज़ हो रही थी। इनसान भेड़िए बने दूसरे इनसानों का पीछा कर रहे थे...मौत...तबाही...हर तरफ़ हाहाकार मचा हुआ था...यह बाहर की दुनिया वाहिद हुसैन से बहुत दूर थी मगर वह इस दुनिया से अपना नाता नहीं तोड़ सकते थे। इन दो दुनियाओं के बीच वह घिरे हुए बैठे थे। ऐसे वक़्त इनसान पाइप में पनाह लेता है या 'ग़ालिब' में...और वाहिद हुसैन सोच रहे थे कि शायरी की अहमियत ज़िन्दगी में कम समझी जाती है, मगर अकेला 'ग़ालिब' कहाँ-कहाँ उनका साथ देता है। जब वह बेसहारा हो जाते हैं, बिलकुल तनहा रह जाते हैं तो 'ग़ालिब' को थाम लेते।

इनसान कहाँ-कहाँ अपनी मोहब्बत खोजता फिरता है। यों लगता है जैसे

दुनिया के सारे कलाकार, साइंसदान और दानिशवर सिर्फ़ एक ही चीज़ को पाने की जुस्तजू करते हैं।

मोहब्बत, जो ज़िन्दगी से दूर इनसान की आख़िरी मंज़िल, आख़िरी पनाह जिसके लिए इनसान मौत को क़ुबूल करता है।

'चलो, आज लड़ाई का ख़ात्मा हो गया।' उन्होंने इत्मीनान से अख़बार को अपने सामने से हटाया। हीरोशिमा के सारे बच्चे जो अभी पैदा हुए थे, उन बच्चों की आमद पर ख़ुशी मनानेवाली माँएँ...नानियाँ-दादियाँ...।

'बनी पूसे, क्या-क्या वारूँ माँ...!' ये औरतें कितनी पुरउम्मीद होती हैं—हर नये बच्चे की आमद पर न जाने कितने ख़्वाब सजा लेती हैं...कितने महल खड़े कर लेती हैं।

अड़ाड़ा धम...एक एटम बम ने सबको ख़ामोश कर दिया। नजात कहाँ है...मज़हब और ख़ुदा का तसव्वुर...ख़ुदा है मगर वह अपनी ख़ुदाई में दख़ल क्यों नहीं देता!

कई बार वाहिद हुसैन मिसकीन अली शाह तोताचश्मी के पास गए। उन्होंने कहा कि वह बहस करने नहीं आए हैं मज़हबी मसलों पर, बल्कि सिर्फ़ इल्म हासिल करना चाहते हैं।

मगर इल्म की इन्तहा कहीं नहीं थी। इल्म फ़लसफ़े में उलझा हुआ था। सदियों के तजुर्बे और शख़्सीयतों की अपनी मस्लहतों (हितों) और फ़ायदों में...वाहिद हुसैन और उलझते गए।

आख़िर इनसान कौन-से नज़रिये को क़ुबूल करे? किस मक्तबा-ए-फ़िक्र (चिन्तन-पद्धति) से अपने-आपको वाबस्ता (सम्बद्ध) करे?

घबराकर वह फिर अपनी ग़ज़ल की तरफ़ लौट आए थे। यों लग रहा था जैसे वह किसी मुशायरे में बैठे हैं और चारों तरफ़ से लोग दाद फेंक-फेंककर उन्हें ममनून-ओ-मशकूर (कृतज्ञ) कर रहे हैं।

वह चौंक पड़े। सचमुच मुशायरा हो रहा था। चाँद से लेकर बीबी तक हुल्लड़बाज़ी में मसरूफ़ थीं। जब आदमी के पास कुछ सोचने के लिए न रहे तो वह मुतमइन हो जाता है। उनके आसपास सब वही लोग हँस रहे थे जिन्होंने कुछ नहीं सोचा था। वह सिर्फ़ आज के लिए जी रहे थे।

ज़िन्दगी की इस दौड़ती-उछलती रौ से बहुत दूर बैठे हुए वाहिद हुसैन अपनी ख़याली माशूक़ की तसवीर को कोसे जा रहे थे।

उस सड़े-बुसे मौज़ूअ पर उन्होंने हज़ारों नहीं तो सैकड़ों ग़ज़लें तो लिख डाली होंगी। बस ज़रा-सी रदीफ़ क़ाफ़िये की तब्दीली करना पड़ती। यही कि

माशूक़ उनका कलेजा भूनकर खा रहा है। उधर रक़ीब-ए-रुसियाह (प्रतिद्वंद्वी) हैं कि टिड्डी की तरह टूटे पड़ रहे हैं मगर फिर भी सैकड़ों बार की चचौड़ी हुई हड्डी को दूसरे के मुँह में देखकर पानी भर आता।

लीजिए, जनाब, ग़ज़ल तैयार है...।

मगर आज न जाने क्यों इस सितम-पेशा ने भी साथ छोड़ दिया या फिर राशिद की कम आमदनी और क़र्ज़ की बलाओं को देखकर वह दूर से ही धता बताने लगता।

दालान के शोर से घबराकर वाहिद हुसैन ने ऐनक नीचे सरकाई और घूमनेवाली कुरसी का रुख़ दूसरी तरफ़ मोड़ दिया।

ये सब उनके कौन हैं...? उन्होंने अपनी ज़ात को भुलाकर सोचा :... ये शरीर (शरारती) बच्चे...बेरहम रिश्तेदार...नाफ़रमान औलाद...और ख़ुदसर (उद्दंड) बीबी...इन्हीं लुटेरों ने तो उनके जेहन की जौलानी (स्फूर्ति), उनका ख़ूबसूरत बदन और माशूक़ों के हुजूम—सभी कुछ छीन लिया था।

औरत के बग़ैर उन्होंने ज़िन्दगी की किसी ख़ूबसूरती को मुकम्मल (पूर्ण) नहीं समझा था। ऐवाने ग़ज़ल के वासी हमेशा किसी-न-किसी ज़ुल्फ़े-गिरहगीर के असीर (सुकेशी के बन्दी) रहे ताकि उनकी शायराना हिस (संवेदन) बेदार (जाग्रत) रहे। वाहिद हुसैन ने भी तो उठती जवानी के साथ ही इधर-उधर दिल फेंकना शुरू कर दिया था। हर रोज़ वह एक नये महबूब के इश्क़ में गिरफ़्तार होते। सारी रात उनके आँसुओं से तकिया भीग जाता और सुबह होते-होते एक ग़ज़ल तैयार मिलती।

लेकिन यह भी एक औरत ही थी...उन्होंने दोबारा कुरसी घुमाकर सामने बैठी हुई बीबी को देखा...वह बड़े सुकून के साथ बैठी नन्हे-नन्हे कपड़े सी रही थीं जैसे उनकी ज़िन्दगी का असल मक़सद यही था...वह दुनिया के सारे हंगामों से और वाहिद हुसैन के मुंतशिर (अस्त-व्यस्त) दिमाग़ से, उनके तश्ना (तृषित) बदन से बिलकुल ही नावाक़िफ़ थीं...यही वह लापरवाह औरत थी जिसने महबूबा बनकर उनकी ज़िन्दगी में सारे रंग बिखेर दिये और बीबी बनकर ज़िन्दगी का हर रंग पोंछ डाला। आज यह आलम था कि अदालत में कई-कई मुक़दमों के सिलसिले में उनका नाम पुकारा जाता था। दोनों लड़कियाँ अपनी-अपनी ससुरालों में सिसक रही थीं और उन्हें पेंशन क्या मिली कि न जाने कितने मर्ज़ अचानक उठ खड़े हुए। सिर्फ़ पचपन बरस की उम्र में कोई डॉक्टर बताता प्रेशर बढ़ रहा है, कोई हकीम कहता सिर्फ़ इख़्तलाजे-क़ल्ब (हृदय-कंपन) है, और गौहर फूपो हर जुमेरात की शाम पीले चावलों के ऊपर

नीबू, भलावे और दही डालकर सदक़ा उतारतीं कि सरे-शाम बाग़ में टहलने से कोई साया हो गया है।

वरांडे के एक कोने में घूमनेवाली कुरसी पर बैठे ये सब देखा करते। यही कि हवा बन्द है, गरमियाँ शुरू नहीं हुईं, मगर बला की उमस है। रात को न जाने मच्छर काटते हैं या बच्चों का शोर सोने नहीं देता। बाग़ में तमाम दरख़्त भी उदासी का लिबास ओढ़े खड़े हैं और टप-टप उनके आँसू ज़र्द पत्तों की तरह गिर रहे हैं।

अख़बार भी चकरा देनेवाली ख़बरों के बोझ से मेज़ पर पड़े-पड़े काँप रहा है।

आला हज़रत का फिर इताब (प्रकोप) नाज़िल हुआ शाही बावर्चीख़ाने के मुंतज़िम पर। ख़ानाज़ादों (दासी-पुत्र) को दिये जानेवाले टमाटर के सालन में घी कम क्यों डाला जाता है? इन्तज़ाम इतना ख़राब क्यों है?

यह बात किंग कोठी के बावर्चीख़ाने से निकलकर चारमीनार के चायख़ानों तक पहुँच ही गई होगी। पाँच पैसे की चाय की प्याली सामने रखे दमे के मरीज़, शहर के बुड्ढे शायर, अफ़ीमची, चरस और सोंधी पीनेवाले ड्योढ़ियों से निकाले हुए आवारागर्द, वक़्त के मारे हुए नवाब और साज़िशों में इधर से उधर दौड़नेवाले 'हिन्दुस्तानी'—वह सब आज चायख़ानों में इन्हीं मसलों पर बहस कर रहे होंगे कि आज हुज़ूर की त्योरियों पर बल है। ख़ुदा ख़ैर करे...।

जंग ख़त्म हो गई। गांधीजी अब विदेशी चीज़ों का बाईकाट करेंगे...अपने आश्रम में व्रत रखेंगे...अहिंसा के ज़ोर पर अब हिन्दुस्तान को आज़ाद किया जाएगा...।

यह 'हिन्दुस्तान' दकन से बहुत दूर था। ज़ेहनी तौर पर वहाँ का तसव्वुर करते हुए भी वाहिद हुसैन थक जाते थे।

हाँ, आज़ादी भी कितनी बड़ी नेमत है...अपना बादशाह,...अपनी रियासत... अपना मुल्क...वाहिद हुसैन को अपने शहर से, अपने घर से बड़ी मोहब्बत थी...इसलिए वह बाहर की ख़बरें बहुत कम पढ़ते थे...आज की अहम ख़बर... ख़ानाज़ादों के सालन में...और चौमुहल्ले के किसी दरबार में एक शायर अपना कलाम सुना रहा है :

सनम के रुख़ मुनव्वर पर जो इक तिल-सा चमकता है
गोया ख़ुदरत के मुंशी ने खलम झटका सो नुक़ता है

'वाह-वाह' के शोर से छतें उड़ रही हैं।

महबूब की मेहँदी में फूलों के गजरे बिक रहे हैं और कोठे पर एक गुलाब की कली जैसी नाज़ुक अन्दाम (कोमलकांत) तवायफ़ केदारा में 'दाग़' की ग़ज़ल गा रही है :

हर अदा मस्ताना, सर से पाँव तक छाई हुई
उफ़, तिरी काफ़िर जवानी जोश पर आई हुई

पत्थरगटी के सामने सालारजंग का आलीशान महल खड़ा है। बेशुमार कमरों में दुनिया के नादिर (दुर्लभ) अजाइबात (अजूबे) इकट्ठे करने के बाद वह निहायत लापरवाही से बैठे दीमक लगे मसौदे को खुर्दबीन की मदद से पढ़ने की कोशिश कर रहे हैं क्योंकि उनका सबसे अहम शौक़ क़ीमती और नायाब (दुर्लभ) किताबें जमा करना है।

किंग कोठी के फाटक से भोटी ख़ासे के ख़्वानपोश लिए बाहर निकले हैं, आज न जाने किसकी क़िस्मत जगी?

कौन ख़ासे से सरफ़राज़ किया गया...यह महज़ इत्तफ़ाक़ होता कि हुज़ूर की निगाह किसी तरफ़ उठ गई। किसी के दरवाज़े पर किंग कोठी की तीन लम्बी-चौड़ी कारें रुकीं। दस पहरेदार बरामद हुए। चार भोटियों ने मिलकर एक ख़्वानपोश उतारा। अद्धा कुलचा, एक आम, एक तश्तरी में बालाई मगर उसके पीछे नवाज़िशों (कृपाओं) का एक लम्बा सिलसिला होता—बड़ा ओहदा...जागीर, ख़िताब...आनेवाली नस्लों का मुस्तक़बिल (भविष्य) इस आधे कुलचे में छुपा होता।

ऊँची हवेली के दीवानखाने में क़ालीन पर चुन्नू नवाब तानपूरा लिए और सारी दुनिया से बेख़बर आँखें बन्द किये गा रहे हैं :

फुलवा में गन्दमी का बसन्त
हर दामों ले दे रे!

"उठो चुन्नू नवाब, उठो...बहार का मौसम कब का बीत गया!"

"फूलों की ख़ुशबू जाती रही। अब तो हर तरफ़ पतझड़ का सोग छाया हुआ है। फूल अभी अपनी नन्ही-नन्ही कोंपलों में छिपे आराम कर रहे हैं। गुलाब की क्यारियाँ कटिंग के बाद कैसी बुरी लगती हैं जैसे मय्यत उठ जाने के बाद घर पर उदासी छा जाती है। आज माली सूखे पत्ते उठाने के लिए धोबियों को बुलाकर लाया है। अब तबाही की आग हर चीज़ को जला फेंकेगी। फिर गुलाब में नई कलियाँ आएँगी। नये शगूफ़े मुसकराएँगे।

मगर मेरा ज़ेहन कैसा अड़ियल टट्टू हो गया है अब! सारा दिन ढल गया मगर एक भी फड़कता हुआ शे'र पैदा नहीं हुआ।

कभी यही बीबी थीं जिनके तसव्वुर पर ग़ज़लों का सैलाब-सा आ जाता था मगर अब वह अंगूर की उस बेल की तरह बेमसरफ़ हो चुकी थीं जिसके फल उतार लिए गए हों।

तेईस बरस हो गए उन्हें बीबी का इन्तज़ार करते हुए लेकिन आज उन्होंने ग़ौर किया कि बीबी फ़ौलाद की तरह अपनी जगह जमी हुई थीं, अलबत्ता ख़ुद उनमें जगह-जगह उतार-चढ़ाव आ गए थे। बीबी अब उनकी माशूक़ा नहीं रही थीं बल्कि जग की बीबी बन गई थीं।

बड़ी ड्योढ़ी, ख़ानदान की ऊँची नाक, वाहिद हुसैन का आशिक़ाना मिज़ाज, राशिद के तरक़्क़ीपसन्द ख़यालात और चारों तरफ़ रोते-झगड़ते उनके नवासे-पोते।

यह सब काम बीबी ने उनको जलाने के लिए किये थे जैसे वह दूर खड़ी उन्हें ठेंगा दिखा रही हों।

सामने तम्बाकू से भरा पाइप रखा है और वह बार-बार आसमान की वुसअतों (विस्तार) को देखकर गुनगुना रहे हैं :

अब मैं हूँ और मातमे-यक शहरे-आरज़ू!

हाय...हाय यह ग़ालिब भी क्या-क्या कह मरा—मातमे-यक शहरे-आरज़ू...!

उन्होंने अपनी कटी-फटी ग़ज़ल को उठाकर पटक दिया और पाइप उठाकर फिर क़ाफ़िये की तलाश में खो गए।

कुरता पूरा करके बीबी ने नज़रें उठाई और गुमसुम बैठे हुए वाहिद हुसैन को देखा।

बीबी इस घर में यों रहती थीं जैसे किसी ने रेगिस्तान में गुलाब का क़लम लगा दिया हो, और उसे ज़बरदस्ती फलता-फूलता भी देखे।

तेईस बरस गुज़रने के बावजूद उनकी जड़ें इस ज़मीन में जमी नहीं थीं। वह उस चिड़िया की तरह रहती थीं जिसे यक़ीन हो कि एक दिन पिंजरे का दरवाज़ा खुलेगा और वह किसी फूलों से लदी शाख़ पर जा बैठेंगी।

बीबी के वालिद वाहिद हुसैन की ड्योढ़ी में मुंशी थे। मुंशीगीरी करने के बाद वह बेगम साहिबा को ख़ुश करने के लिए बीबी की अम्माँ से बनवाकर पापड़, बड़ियाँ और अचार ले जाते थे क्योंकि अपने मालिकों की ख़ुशी हासिल करना उनके ख़ून में शामिल था। इसलिए ऐवाने ग़ज़ल में मुंशी साहब की

बड़ी आवभगत होती। कोई तक़रीब होती तो सारी ज़िम्मेदारी के काम उन्हीं को सौंप दिये जाते। ड्योढ़ी की बेगमात अपनी सासों और सौकनों से छुपकर जो ज़ेवर या कपड़ा ख़रीदना चाहतीं तो वह मुंशी ही लाकर देते थे। इस हेरा-फेरी में दो-चार आने बेईमानी के बचाकर जब वह घर जाते तो अपनी इकलौती बेटी को उन ड्योढ़ियों के ठाठ-बाट के हैरतअंगेज़ क़िस्से सुनाते थे। बीबी मुंशी साहब की झोंपड़ी में पैदा हुई थीं मगर हुस्न लाई थीं क़िस्से-कहानियों की महलवालियों शहज़ादियों जैसा। जो उनकी सूरत देखता दीवाना हो जाता था मगर जब मुंशी साहब अपनी बेटी को देखते तो घबरा जाते थे। एक तो औरत जात और फिर इतनी हसीन!

'अल्लाह ही इसका बेड़ा पार लगाएगा!'

मुंशी साहब ड्योढ़ी के इन दोनों भाइयों से अच्छी तरह वाक़िफ़ थे जिन्हें इश्क़बाज़ी के सिवा और कोई काम नहीं था। इसलिए वह अपनी बीबी और बेटी को कभी ड्योढ़ी में न ले गए थे।

रात को जब वह बीबी को सुनाते कि ऐवाने ग़ज़ल में रोज़ पाँच सेर गोश्त पकता है तो बीबी हैरत के मारे उछल पड़ती थीं क्योंकि ख़ुद उनके यहाँ महीनों आधा पाव भी न पकता था। वह फिर ड्योढ़ियों में होनेवाले ज़ुल्मो-सितम के क़िस्से सुन-सुनकर काँप जाती थीं।

इसलिए बीबी के छोटे-से मासूम दिल में नवाबों और जागीरों से ख़ौफ़ के साथ-साथ सख़्त नफ़रत भी बढ़ती गई जो एक साथ चार-चार बीबियाँ करते हैं। फिर लौंडियों और रखैलों की तादाद इसके अलावा होती है। उनके यहाँ औलाद की मुहब्बत खून के रिश्ते से नहीं होती बल्कि मस्लहतन (स्वार्थवश) की जाती है। बीबी को इन लोगों से जितनी नफ़रत थी, उतना ही उनका जी चाहता कि एक बार इन क़िस्से-कहानियोंवाले किसी महल को देख आए मगर मुंशी साहब ने हमेशा उनकी बात को टाल दिया और फिर जब वह चौदहवें बरस में आईं और एक पुलिस कांस्टेबल का पैग़ाम उनके लिए आया तो बीबी की सलाह से मुंशी साहब बीबी को ड्योढ़ी ले गए एक दिन, ताकि बेगम साहिबा को सलाम करवाके बेटी की शादी के लिए कोई बख़्शिश हासिल कर सकें।

इस तरह डरती-काँपती, हैरान-परेशान-सी बीबी एक दिन ऐवाने ग़ज़ल में दाखिल हो गईं। सफ़ेद हरक का पाजामा, गुलाबी मलमल का रँगा हुआ खड़ा दुपट्टा, कलीदार कुरता और लम्बे बालों में ऊपर से नीचे तक हरा और सुर्ख़ 'कोड़ला' पड़ा हुआ।

वाहिद हुसैन की ख़ाला अम्माँ नमाज़ की नीयत बाँध चुकी थीं मगर सामने सूरज की तरह दमकती हुई एक लड़की को देखकर उन्हें नीयत तोड़ना पड़ी, 'इलाही ख़ैर...इस छोकरी को सलामती से घर पहुँचाइयो।'

ख़ाला अम्माँ को मुंशी साहब की अक्ल पर रोना आ रहा था। इस गुलाब की कली—ऐसी छोकरी को यहाँ क्यों ले आया? क्या जानता न था कि अहमद हुसैन और वाहिद हुसैन बेनत्थे बैलों की तरह चारों तरफ़ मुँह मारते फिरते हैं? आए दिन की इश्क़बाज़ी से सारा घर तंग था। अहमद हुसैन ने अपने ख़ानदान की रिवायत के मुताबिक़ शायरी नहीं की थी। इसलिए वह तो किसी हेर-फेर के बग़ैर धीमड़नी, चमारनी तक को पकड़ लाते थे। घर की लौंडियाँ, छोकरियाँ तो बेचारी हर वक़्त की ही चीज़ थीं मगर वाहिद हुसैन क्योंकि शायर थे इसलिए वह कई-कई दिन का रोग पालते थे। इसकी वजह से सभी की जान मुसीबत में रहती थी। इन दोनों की नाक में नकेल डालने की बड़े हज़रत को बड़ी फ़िक्र थी। वह घंटों ख़ानदान के बुज़ुर्गों के साथ जिनमें औरतें भी शामिल होती थीं सिर जोड़कर बैठते मगर कहीं ख़ानदान नीचा होता तो कहीं जहेज़ कम मिलने की उम्मीदें...।

क़हर हो या बला हो, जो कुछ हो, काश...!

दूसरे कमरे में वाहिद हुसैन गुनगुनाते फिर रहे थे और अपनी ख़ालाज़ान बहन के पीछे पड़े थे कि वह अपनी सहेली ज़मानी बेगम को बुला भेजें।

"बस, बस! अब और पीछा नक्को करो भाईजान ज़मानी का! उसकी माँ कोई अच्छा पैग़ाम ढूँढ़ रही हैं। बेचारी बच्ची की ज़िन्दगी काहे को ख़राब करते।"

और फिर चन्द मिनट बाद उनकी बहन परदे के पास आकर बोली, "भाई पाशा...इधर आइए ज़रा यहाँ से झाँककर तो देखिए। आपने इतनी ख़ूबसूरत लड़की भी कभी देखी है?"

वाहिद हुसैन ने परदे का कोना उठाकर देखा। सामने फ़र्श पर जूतों के पास एक हीरे की कनी जैसी लड़की दमक रही थी। सिर पर दुपट्टा सँभाले चारों तरफ़ यों आँखें फाड़-फाड़कर देख रही थी जैसे किसी अजायबख़ाने में चली आई हो।

वाहिद हुसैन ने इस क़यामत के फ़ितने को देखा और जैसे सिनेमा की तसवीर चलते-चलते अचानक रुक जाती है, यों ही साकित (निश्चल) हो गए।

कई मिनट गुज़र गए तो उनकी बहन ने घबराकर कहा, "भाई पाशा! हट जाइए। उधर तनहाई है।"

और फिर आगे बढ़कर बीबी के सामने खड़ी हो गई कि कहीं वाहिद हुसैन उनकी मोहनी-भरी आँखों को भी न देख लें।

फिर दरवाज़ा बन्द करके उन्होंने कहा, "मुंशी साहब की बच्ची आई है। बेचारे ग़रीब लोग हैं। सूरत-शक्ल की क्या अच्छी है!" बोल के उन्होंने अपनी ग़लती पर घबराकर बीबी की अहमियत कम करना चाही।

मगर वाहिद हुसैन ने कुछ न सुना। उन्हें तो यों लगा, जैसे वह अन्धे हो गए हों। उनके सामने ऐसी चकाचौंध हुई थी कि अब चारों तरफ़ अँधेरा-ही-अँधेरा-सा नज़र आ रहा था। इस घोर अँधियारे में कैसी ज़मानी बेगम और कहाँ की तवायफ़ें...वाहिद हुसैन सारी रात बेक़रारी से टहलते रहे। उनकी बहन डर रही थी कि अब वह मुंशी साहब की बेटी को हर क़ीमत पर हासिल करने की भाग-दौड़ शुरू करेंगे मगर वहाँ तो सख़्त ख़ामोशी छाई हुई थी। खाना-पानी बन्द था। दोस्तों के साथ क़हक़हे और हर हफ़्ते की रात को मुशायरे की चीख़-पुकार—हर तरफ़ ओस पड़ गई थी। वाहिद हुसैन को यों लगा जैसे यही वह माशूक़ था जिसके इन्तज़ार में ऐवाने ग़ज़ल के हर शायर ने शायरी की थी, जैसे यह उसी के तसव्वुर में ग़र्क़ थे...और फिर जब उनकी एक भानजी ने स्कूल में क्लास-फेलो होने के नाते वाहिद हुसैन की मदद करनी चाही तो अजीबोग़रीब इत्तलाएँ मिलने लगीं।

उसे सौकनों से नफ़रत है। वह नवाबों-जागीरदारों से सख़्त नफ़रत करती है। उसे ड्योढ़ियों में रहना बिलकुल पसन्द नहीं। नवाबों का कोई भरोसा नहीं होता। चन्द दिन में बदल जाते हैं!

शायरी उसकी समझ में नहीं आती।

वाहिद हुसैन हर रोज़ एक नई बात सुनते और शौक़ की आग और ज़्यादा भड़क उठती। वह तो अपनी दानिस्त में पूरे फ़रहाद बन गए थे कि दूध की नहर बहाने को तैयार खड़े थे। इधर उनके अब्बा हज़रत 'दाग़' की सुहबतों में बैठे ग़ज़लें सुनाते रहे और वाहिद हुसैन और अहमद हुसैन के लिए रिश्तों पर ग़ौर करते रहे लेकिन हुआ यह कि आख़िरकार पाँच हज़ार नक़द के लालच ने मुंशी साहब को पिघला दिया। ऐवाने ग़ज़ल के सबसे बड़े हॉल बैत-उल-ग़ज़ल में बीबी दुलहिन बनीं अपना जलवा दिखा रही थीं। जब चार मज़बूत औरतों ने मिलकर निकाह के इक़रार पर उनकी गरदन पकड़कर हिलाई तो वह बेहोश हो गईं, और दूल्हा के बदले सबसे पहले उनकी सूरत हकीम ने देखी। इधर वाहिद हुसैन के अब्बा का ग़म से बुरा हाल था क्योंकि अपनी पसन्दीदा औरतों से बाद में चाहे नवाब लोग कितने ही निकाह छुपकर

कर लें मगर पहली बार सेहरे-जलवे की दुलहिन किसी बड़े ख़ानदान की इज़्ज़तवाली लड़की होती थी।

बीबी की सास ही का यह बयान था कि बीबी दिन-रात इस ख़ौफ़ के मारे रोया करती थीं कि एक दिन उन्हें ड्योढ़ी की किसी दीवार में चुनवाकर वाहिद हुसैन एक और निकाह कर डालेंगे। उन्होंने कभी वाहिद हुसैन को दिल से अपना शौहर नहीं माना बल्कि एक ज़िद्दी लुटेरा समझा जो ज़बरदस्ती उन्हें अपने महल में ले आया था। बच निकलने के रास्ते बन्द थे इसलिए बीबी नेकचलन क़ैदियों जैसी ज़िन्दगी गुज़ार रही थीं। वह कई महीने तक आँखें बन्द किये सिर झुकाए बैठी रहीं। जिधर उनकी सास कहतीं, चली जातीं। वाहिद हुसैन जो कहते मान लेतीं। ऐवाने ग़ज़ल में बिरियानी खाने में उन्हें मतली होती थी। ज़ेवर काँटों की तरह चुभते। बनारसी साड़ियों से वहशत होती थी।

फ़रमाबरदारी किसे पसन्द नहीं मगर बीबी की ख़ामोशी से वाहिद हुसैन को डर लगता था। यही वजह थी कि भिखारियों की तरह दर-दर का मज़ा चखनेवाले वाहिद हुसैन सब निगाहों से तौबा करके बैठ रहे थे।

अगर बीबी जाते ही ज़रीदार साड़ियों और हीरे-मोतियों के ज़ेवरों में खो जातीं तो वह भी उनसे सेर (सन्तुष्ट) होकर किसी और तरफ़ रुख़ करते मगर बीबी तो ग़ज़ल का वह माशूक़ थीं जो ख़ुशबू की तरह चारों तरफ़ फैला हुआ था। वाहिद हुसैन महसूस करते थे मगर उन्हें छू न सकते। तीन बच्चों के बाप बनने के बावजूद उन्हें यों लगता जैसे बीबी आज भी उनके लिए अजनबी हैं और वह अज़ली प्यासे बने हाथ न आनेवाली सोने की चिड़िया के लिए जाल बिछाए बैठे थे।

फिर राशिद के बढ़ते हुए क़द ने उनकी फ़िक्रें और बढ़ा दीं। बशीर और बतूल की नन्ही-नन्ही शरारतें बढ़ने लगीं। बीबी के चेहरे पर दमकता हुआ सूरज ढलने लगा और फिर एक वह दिन आया जब बीबी ने अपने हाथ से राशिद के सिर पर सेहरा बाँधा। बशार वेगम को दुलहिन बनाया और नन्हे शाहीन को सीने से लगाकर अपनी हर शिकस्त भूल जाने की कोशिश की।

इन तेईस बरसों के फैले हुए दिनों में बीबी ने उनसे कभी शिकायत न की, न झगड़ा किया। उन्होंने वाहिद हुसैन की हर बात मानी। ख़ानदान के सारे छोटों और बुज़ुर्गों को ख़ुश रखा। किसी की बात में दख़ल न दिया। उनकी आवाज़ ऐवाने ग़ज़ल के दरो-दीवार ने बहुत कम सुनी। वह कपड़े की गुड़िया बनी वाहिद हुसैन के हाथों में खेलती रहीं मगर किसी को आज तक यह पता न चला कि उन्हें गाजर पसन्द है या मूली? वह मिठाई शौक़ से खाती हैं या खटाई?

कैसी कीनापरवर (द्वेषी) थी यह औरत! किसी ने सच कहा है कि वह जागीरदारों से नफ़रत करती है। उसे ड्योढ़ी में रहना पसन्द नहीं है। ज्यों-ज्यों बीबी पीछे हटती गईं, वाहिद हुसैन प्यासे आशिक़ों की तरह आगे बढ़ते गए, उन्हें पाने की आरज़ू में पीछा किये गए।

इसीलिए तो इस सितमगर माशूक़ के बयान में उन्होंने सात बयाज़ें स्याह कर डाली थीं।

मगर बीबी आज भी बड़े सुकून के साथ बैठी नवासों-पोतों के कपड़े सी रही थीं। वह दुनिया के हर मसले पर हँसतीं, बातें करतीं मगर घर के हर अहम मसले पर चुप हो जाती थीं जैसे उससे उनको कोई ताल्लुक़ न हो। उन्होंने वाहिद हुसैन की तेज़ ख़्वाहिशों को भी बर्दाश्त किया और उनके अचानक टूट पड़नेवाले बुढ़ापे को भी सहा मगर उन्होंने वाहिद हुसैन को कभी अपना कहकर मुख़ातिब न किया।

तुम्हारे नाना...तुम्हारे अब्बा...तुम्हारे भाई...तुम्हारे दादा...वह वाहिद हुसैन के टुकड़े-टुकड़े करके लोगों को सौंपती रहीं!

अब मैं हूँ और मातमे-यक शहरे-आरज़ू!

वाहिद हुसैन ने ठंडी साँस लेकर फिर पाइप सुलगाया।

आज हज़रत बाग़ के यहाँ वह माहाना तरही मुशायरा था जिसमें हैदराबाद के तमाम अहम, क़ाबिले-एहतिराम शायर शिरकत करते थे—'फ़ानी' बदायूनी और 'जलील' मानकपुरी से लेकर ड्योढ़यों के वे तमाम शायर जिनकी कमर से तलवार बँधी होती, सिर पर दस्तार होती और पतली-पतली मैना जैसी टाँगों पर पाजामा चढ़ा होता।

और आज ही वाहिद हुसैन की ग़ज़ल पूरी नहीं हो रही थी।

वाहिद हुसैन यों तो 'दाग़' की पैरवी करते थे लेकिन अब वह भी कभी-कभार संजीदा मसाइल पर लिखने लगे थे क्योंकि जब 'इक़बाल' की 'बाँगे-दरा' छपी थी और टैगोर ने धीमे-धीमे सुरों में इनसान-दोस्ती और फ़लसफ़ियाना मसाइल पर गीत गाना शुरू किये थे, अकसर शायर ख़ुद-ब-ख़ुद 'अमीर' मीनाई, 'वहशत', 'चकबस्त' और 'इक़बाल' की पैरवी करने लगे थे।

उत्तरी हिन्द में यह वह दौर था, जब 'हाली' अपना मुसद्दस (कविता-विशेष) सुना चुके थे और इस मुसद्दस से मुतास्सिर होकर हर मुसलमान की आँख नम थी, जज़्बात भड़क उठे थे। अब हर तरफ़ 'इक़बाल' का पैग़ाम गूँज रहा था।

क़व्वालों ने 'पिया तू मानत नाहीं' और 'छा रही काली घटा, जिया मेरा लहराए है' गाने की बजाय 'मंज़िल है कहाँ तेरी ऐ लाला-ए-सहराई' अलापना शुरू कर दिया था। प्रेमचन्द की 'सोज़े-वतन' जल चुकी थी और उससे भड़कनेवाले शोलों की आँच हर हिन्दुस्तानी के दिल में सुलग रही थी। इन्हीं दिनों का क़िस्सा है कि एक दिन अख़बार में वाहिद हुसैन ने जलियाँवाला बाग़ में क़त्ले-आम की ख़बर पढ़ी और काँपकर रह गए। वतन के लिए जान क़ुर्बान करने के क़िस्से उन्होंने बहुत सुने थे मगर कभी उस जज़्बे का तजुर्बा नहीं कर सके थे जो उठती उमर के लड़कों को हर बात भुला दे। क्या भगतसिंह और उसके साथियों की कोई महबूबा नहीं थी? उसने कभी बदलते मौसमों के जादू को महसूस नहीं किया था? औरत का हुस्न, नगमे की कशिश, शे'र की लज़्ज़त, अपने घर में रहने का सुकून—ज़िन्दगी में कितने रंग थे, कितने बन्धन थे! वाहिद हुसैन पचपन साल से ज़्यादा के हो गए थे मगर मरने का कोई इरादा न था। उन्हें मौत के नाम से ख़ौफ़ आता था। वतन के लिए भी क्या ज़िन्दगी से हाथ धोए जा सकते हैं?

वतन को आज़ाद कराने के लिए सैकड़ों लोग मर मिटे। यह हिन्दुस्तान कब आज़ाद था? पहले कहीं से आर्य जंगलों में घूमते-फिरते घुस आए। फिर मुसलमानों ने हर चीज़ को दरहम-बरहम कर दिया। अब अंग्रेज़ क़ब्ज़ा जमाए बैठे हैं। अंग्रेज़ जाएँगे, कांग्रेस का राज्य हो जाएगा। फिर कुछ माई के लाल उठेंगे कम्यूनिस्ट बनकर। अवाम के हक़, बराबरी, जम्हूरियत! इस गोरखधंधे से नजात का रास्ता कहाँ है जहाँ इनसान सचमुच आज़ाद हो!

वाहिद हुसैन को यों लगता जैसे आज़ादी का तसव्वुर किसी क़ौम से वाबस्ता है न मुल्क से बल्कि सिर्फ़ एक नस्ल से दूसरी नस्ल का ज़ेहनी फ़ासला है।

दो उमरों का टकराव, दो ज़ेहनों का तज़ाद (विरोध)! जभी तो गांधीजी की बनाई हुई कांग्रेस की पालिसी नेहरू के यहाँ नया रुख़ इख़्तियार करती है और भगतसिंह की ज़बान मौत को ललकारती है :

सरफ़रोशी की तमन्ना अब हमारे दिल में है
देखना है ज़ोर कितना बाज़ु-ए-क़ातिल में है!

इसलिए वाहिद हुसैन अख़बार में सिर्फ़ मुक़ामी (स्थानीय) सियासत के उतार-चढ़ाव देखते थे। यों भी हैदराबाद के उर्दू अख़बार हुकूमते-बर्तानिया की सूबाई ख़ुदमुख़्तारी और पारलीमानी जम्हूरियत के ऐलान जैसी ख़बरों को ज़्यादा अहमियत नहीं देते थे, अलबत्ता पंडित नेहरू, जो नई नस्ल के हीरो

थे, जब फासिज़्म के बढ़ते हुए ख़तरे के बारे में कुछ कहते तो इस ख़बर को किसी कोने में जगह मिल जाती थी।

अख़बारों पर सख़्त पाबन्दी थी कि बाहर की सियासी पार्टी ने सिर उठाया था, अवाम आला हज़रत के वफ़ादार थे और ता-अबद (अनन्तकाल तक) इस रियासत के क़ायम रहने की दुआओं में शरीक रहते थे।

हैदराबाद की इस मिली-जुली तहज़ीब की बुनियाद क़ुली क़ुतुबशाह रख गया था। उसने भागमती को मलिका बनाकर हिन्दुस्तानी लिबास पहनकर, हिन्दुस्तानी त्योहार मनाकर और तेलुगू में शायरी करके हिन्दुस्तानी तहज़ीब को मिलाने की कोई शऊरी कोशिश नहीं की थी बल्कि वह उस कल्चर में रँग जाने पर मजबूर था जो उसके आसपास था। यों ही जैसे अकबर ग़ैरशऊरी तौर पर हिन्दुस्तानी तहज़ीब में रँगता चला गया। वाजिद अली शाह ने होली खेली और कत्थक नाच पर अपने पैर हिलाए।

और आज किंग कोठी की एक दीमक लगी कुरसी पर मीर उस्मान अली ख़ाँ बैठे थे। मैला-उटंगा पाजामा, पुरानी बदरंगी शेरवानी और मैलख़ोरी टोपी ओढ़े वह एक बहुत बड़ी यूनिवर्सिटी के लिए कई लाख रुपए ख़र्च करने की स्कीम बना रहे थे, जहाँ उनकी रिआया अपनी मादरी ज़बान में तमाम इल्म हासिल कर सकेगी। यह वही निज़ाम थे, जिन्होंने अपनी तख़्तनशीनी के दिन गिर जानेवाली चवन्नी को ढूँढ़ने में एक घंटा लगाया था। उन्होंने जागीर, मंसब और ख़िताब देते वक़्त कभी हिन्दू और मुसलमान की तरह नहीं सोचा था। हैदराबाद के ब्राह्मण शेरवानी पर तुर्की टोपी पहनते थे और उर्दू अख़बार पढ़ने से कभी उनका धर्म ख़तरे में नहीं जा पड़ता था। बहुत-सी हिन्दू औरतें ड्योढ़यों में बेगमें बनी बैठी थीं मगर किसी हिन्दू की ग़ैरत को ठेस नहीं लगती थी।

चेचक की वबा फैलती थी तो मुसलमान औरतें देवी पर चढ़ावे चढ़ाती थीं और दरगाहों के उर्स में हिन्दुओं की तरफ़ से नज़रों (भेंटों) के ख़्वान आते। बीबी के अलम (मुहर्रम पर निकलनेवाला झंडा) पर मुसलमानों से ज़्यादा हिन्दुओं की तरफ़ से शरबत की सबीलें लगतीं। चाँदी के चाँद और पंजे चढ़ाते थे। रमज़ान में हिन्दुओं के यहाँ से मसजिदों में इफ़्तारी भेजी जाती थी।

रियासत का हर मुसलमान तेलुगू जानता था। तमाम हिन्दू लड़के उर्दू मीडियम से पढ़ते थे मगर उन्हें कभी मादरी ज़बान की तरफ़ से कोई ख़तरा नज़र नहीं आता था क्योंकि अभी उनके दिलों में शको-नफ़रत की ऐसी आग नहीं भड़की थी जो खुलूस (निष्ठा) के हर फूल को जला डालती है।

इसलिए हैदराबाद के लोगों की काहिली, लापरवाही और सुस्ती कई सदियों के ज़ेहन और जिस्मानी सुकून का नतीजा थी कि आमतौर पर हैदराबाद के हर घर में नौ बजे सुबह होती। ग्यारह बजे नाश्ता होता और रात बारह बजे से पहले किसी घर में न आती।

एक बार उत्तर से आनेवाले एक शायर ने किसी मौक़े पर वाहिद हुसैन से मज़ाक़ किया, "यार, तुम जागीरदारों ने हैदराबाद में सिर्फ़ तीन काम किये हैं—बिरियानी खाई, ड्योढ़ियाँ बनाईं और आदम की नस्ल को बढ़ाते रहे हो।" यह सुनकर वाहिद हुसैन भड़क उठे क्योंकि उन्हें ख़ालिस दकनी होने की वजह से बाहर से आनेवाले इन नकचढ़े शायरों से बड़ी चिढ़ थी जो बात-बात पर दकनी तहज़ीब का मज़ाक़ उड़ाते थे। शुमाली हिन्द की उर्दू को मेयारी समझते। वहाँ के इल्मो-अदब को मुस्तनद (प्रामाणिक) मानते। इसीलिए वाहिद हुसैन ने जलकर उस शायर से कहा, "नईं! हम लोगाँ एक काम और करते हैं। दरवाज़े पर माँगनेवालों को ख़ैर-ख़ैरात देना।"

सुना है, उस शायर ने इस बात को बड़े मा'नी पहनाए और दूर तक ले गया। यह किशन प्रसाद के उरूज (उत्थान) का ज़माना था जो अपने महल के मुशायरे में ग़ज़ल सुनाते थे :

मैं हूँ हिन्दू मैं हूँ मुसलमाँ
हर मज़हब है मेरा ईमाँ।

उन्होंने बड़ी गंगा-जमुनी तहज़ीब इख़्तियार की थी कि वह हिन्दू भी थे और मुसलमान भी। शुमाली हिन्द के अदब और शायरी को भी आँखों पर बिठाते थे और दकनी तहज़ीब पर भी नाज़ करते। उन्होंने दकन की तहज़ीबो-तमदुन (संस्कृति) को उरूज पर पहुँचाने में अहम हिस्सा लिया था। उनकी बारीक़-सी आवाज़, छोटे-से क़द और नरम लबो-लहजे में ऐसा जादू था कि बड़े-बड़े हाज़िरजवाब साज़िशी ज़ेहन काँप जाते थे मगर वाहिद हुसैन को यह पॉलिसी कभी पसन्द न आई।

चुनाँचे उन्होंने हुज़ूर की पेशी में रहनेवाले जानी साहब के साथ मिलकर एक ऐसा ग्रुप बना लिया था जो बाहर से आनेवाले हर आलिम और शायर को किशन प्रसाद की हज़ार सिफ़ारिशों और कोशिशों के बावजूद हुज़ूर के दिल से उतारने की कोशिश में लगा रहता था। वह कहीं पहुँच भी जाते तो उनकी कोई सुनवाई न होती। दो-चार बरस तक हाथ-पाँव मारते और फिर एक दिन हज़रत बाग़ के मुशायरे में रो-रोकर ग़ज़ल सुनाते थे :

'फ़ानी' हम तो जीते जी वह मय्यत हैं बे-गोरो-कफ़न
गुरबत जिसको रास न आई और वतन भी छूट गया।

इस तरह कई शायरों पर सख़्त इताब नाज़िल हुआ और कुछ मौक़े की नज़ाकत देखकर यह कहते हुए भाग गए कि शायरों के लिए हर जगह ज़मीन सख़्त और आसमान दूर होता है।

वाहिद हुसैन सपोटे तले कुरसी पर बैठे न जाने क्या-क्या सोचे जा रहे थे!

बस, ग़ज़ल तैयार होने की देर थी। फ़ौरन बैत-उल-ग़ज़ल के लम्बे-चौड़े हॉल को झाड़ना-पोंछना शुरू कर दिया जाता। कुरसियाँ हटाकर सफ़ेद चाँदनी का फ़र्श होता। बीच में जनाबे-सद्र की कारचोबी मसनद बिछती। एक बड़ा-सा शमादान या छत में लगे फ़ानूस रौशन हो जाते। अगरबत्तियाँ सुलगाई जातीं। चाँदी की थालियों में चाँदी की वर्क लगी गिलौरियाँ, चाँदी के उगालदान, बेहतरीन क़िस्म की चाय, मिठाई, बिस्कुट और नमकीन बादाम।

बैत-उल-ग़ज़ल की अलमारियों में रखे हुए नायाब मख़्तूतों, कलमी नुस्खों (हस्तलिखित पांडुलिपियों) और किताबों में छुपी हुईं छिपकलियों और झींगुरों को उस रात बड़ी बेआरामी से इधर-उधर भागना पड़ता। दाद की ऊँची-नीची आवाज़ों से उनकी नींदें हराम हो जातीं बल्कि एक छिपकली को तो ज़िद थी कि जब भी वाहिद हुसैन के किसी फड़कते हुए शेर पर वाह-वाह का शोर उठता तो वह चिल्ला कर कहती—"च...च...च...!"

और सुबह उठकर वह डंडा लिए छिपकलियों को मारने पहुँच जाते थे। अधसुलगा पाइप सामने रखा था और वह आसमान की तरफ़ देखकर गुनगुना रहे थे :

अब मैं हूँ और मातमे-यक शहरे-आरज़ू!

"मातमे-यक शहरे-आरज़ू...हाय...हाय...यह ग़ालिब भी क्या क्या कह मरा...!"

उन्होंने अपनी अधलिखी ग़ज़ल उठाकर पटक दी और पाइप मुँह से निकालकर अपने आसपास की दुनिया को पहचानने लगे।

दालान में खेलते-खेलते अचानक चाँद का जी उकता गया। इसलिए उसने नारायणा और सलीम को भगाना चाहा। वह हमेशा खेल को बीच रास्ते में छोड़ देती थी लेकिन नारायणा खेल ख़त्म करने पर राज़ी न हुआ क्योंकि अब चाँद के चोर बनने की बारी थी।

"कह जो दिया, अब हम नहीं खेलते।" वह अपने कटे हुए खुले बालों को समेटकर फिर से रिबन में बाँधने लगी। उसके बाल बिलकुल सुनहरे थे और उस वक़्त उसके गुलाबी तमतमाते हुए गालों पर यों दमक रहे थे कि तेरह-चौदह साल का नारायणा न जाने कौन-से जज्बे से मोहित होकर उसके पास आया और उसके गाल पर काट लिया।

"उई अल्लाह!...बदमाश...बेशरम...!" वह इतने ज़ोर से चिल्लाई कि डर के मारे नारायणा खिड़की के पीछे जा छुपा।

"क्या हुआ?...क्या हुआ...?" सारा घर दौड़ पड़ा।

"नारायणा बड़ा बदमाश पोटा है...छिछोरा...!" वह हँस-हँसकर ठुमकने लगी।

"हाथ तोड़ के फेंक दूँगी इस धीमड़ की औलाद के...।"

"आप अब बड़े हो गए, चाँद पाशा! सयाने लड़कों में नक्को खेलो।" लँगड़ी फूपो ने समझाया।

यह सुनकर खिड़की में दुबके हुए नारायणा ने सिर उठाया और चाँद को मुँह चिढ़ा दिया।

चाँद फिर हँस पड़ी और फिर भागी उसे मारने।

"यह बताओ, नारायणा ने क्या किया था?" दुलहिन मुमानी ने पूछा तो वह शरमा गई। दुलहिन मुमानी से उसकी ख़ूब बनती थी। उन्हीं को रिझाने के लिए वह इतनी ख़ूबसूरत फ्रॉकें पहनकर रोज़ शाम को नाना हज़रत के यहाँ आ जाती थी। राशिद मामूँ और दुलहिन मुमानी उसे हर जगह अपने साथ ले जाते थे।

"छी...!" उसने दोनों हाथों में अपना मुँह छुपा लिया। यह अदा उसने लीला चिटनिस से सीखी थी। फ़िल्में देख-देखकर वह बहुत कुछ जान गई थी। दस-बारह साल की उम्र में ही उसे अपने हुस्न का पूरा-पूरा अहसास था और वह अपने-आपको ग़ैरमामूली लड़की समझती थी। वह बहुत बड़े दादा की पोती है। बहुत क़ाबिल बाप की बेटी है और ग़ैरमामूली हुस्नो-जमाल की मालिक है। इसलिए उसे ख़ानदान की घिसी-पिटी पुरानी रिवायतों से हटकर चलना है। उसे ललचाई हुई नज़रों को ठेंगे बताना है। किताब पढ़ते-पढ़ते वह अचानक हवा में उड़ने लगती। एक अशोक कुमार की सूरत का शहज़ादा उसे अपने घोड़े पर बिठाकर ले जाता।

जब राशिद मामूँ गोरी-गोरी दुलहिन मुमानी ब्याह कर लाए और वह दोनों सारी दुनिया से बेख़बर दिन-रात चोंचलों में मसरूफ़ रहते थे तो चाँद छुप-छुपकर उनकी हरकतें देखती थी। तब अचानक उसे भी ब्याह का शौक़

हुआ था लेकिन एक नाख़ुशगवार घटना ने उसे ब्याह से नफ़रत दिला दी। हुआ यह कि बतूल ख़ाला का वह रंग-रंगीला, छैल-छबीला शहज़ादों जैसा लिबास पहननेवाला दूल्हा उसे दिलो-जान से पसन्द आ गया था। जब कभी वह बतूल ख़ाला के साथ आता था तो वह किसी-न-किसी बहाने उसके आसपास घूमे जाती थी। यहाँ तक कि जब वह बतूल ख़ाला के कमरे में पहुँच जाती तो लँगड़ी फूपो किसी-न-किसी बहाने उसे ज़बरदस्ती वहाँ से बुला लेती थीं।

मगर एक दिन लँगड़ी फूपो के वह रिश्तेदार दुनिया-भर के आवारा पियक्कड़ शेख़ू मियाँ आ निकले। आदत के मुताबिक़ बतूल ख़ाला उनसे ख़ूब हँसी-मज़ाक़ करती रहीं। शेख़ू मियाँ हर वक़्त सेंधी के नशे में धुत रहते और बड़ी गप्पें मारा करते थे। इसलिए घर के सारे बच्चे और बड़े उन्हें फ़ौरन घेरकर बैठ जाते। कोई उनकी शादी कराने का वायदा करके पैसे ऐंठ लेता, कोई सेंधी के धोखे में मिट्टी का तेल पिला देता था मगर उस दिन शेख़ू मियाँ गए तो बतूल के दूल्हा हुमायूँ ने सारा घर सिर पर उठा लिया कि बतूल शेख़ू मियाँ के सामने हाथ-मुँह खोले हँसी-मज़ाक़ क्यों कर रही थी? आइंदा वह कभी शेख़ू मियाँ के सामने नहीं आएगी। उस दिन से चाँद को हुमायूँ से नफ़रत हो गई बल्कि उसने शादी के इस घिनौने पहलू पर भी लानत भेजी और कभी शादी न करने का तहैया कर लिया। अब वह हुमायूँ को बतूल के सामने बतूल ख़ाला के मर्द और पीठ पीछे 'दलिंदर' कहकर पुकारा करती थी।

क्योंकि किसी की बात सुनना उसकी फ़ितरत में शामिल न था, बशीर बेगम कभी उसके लिए अपनी पसन्द से कलीदार कुरता सी देती थीं तो वह कभी न पहनती। इसके बावजूद वह सबकी आँखों का तारा थी। दादा हज़रत अपने दोस्तों को उससे अंग्रेज़ी नज़्में और फ़िल्मी गीत सुनवाते थे। पप्पा के साथ वह स्विमिंग पूल और राइडिंग क्लब जाती थी। शाम को शामला देवी के हाँ क्लासिकल म्यूज़िक सीखने जाती और कॉनवेंट में कोई फ़ंक्शन होता तो आईना टँका हुआ रंगीन लहँगा-चोली पहनकर, हाथों में रंगीन चूड़ियाँ पहने वह नन्ही-सी बंजारिन का स्वाँग भरके स्टेज पर डांस करती :

गूँगी गाँव को जाती, गूँगी शाम को आती
तहसीलदार का डेरा, बड़े गाँव का फेरा
गूँगी साहब का डर, गूँगी चोरों का डर।

उस वक़्त भी उकता देनेवाली बेकारी से घबराकर वह वरांडे की कुरसियों पर लोटने लगी।

सपोटे के पेड़ तले अकेले बैठे हुए नाना हज़रत किसी गहरी सोच में गर्क थे। नाना हज़रत की शायरी चाँद को बहुत पसन्द थी। जिस वक़्त अपनी गरजदार आवाज़ में हाथ लहराकर भौंहें तानकर शे'र सुनाते थे तो बाग़ में बैठी चिड़ियाँ फुर्र से उड़ जाती थीं। चाँद को उस वक़्त गुमसुम बैठे हुए नाना हज़रत का चेहरा देखकर स्कूल का एक ड्रामा याद आ रहा था जिसमें 'किंग लियर' बिलकुल नाना की सूरत का था—यों ही भारी-भरकम, गोरा-चिट्टा, ज़रा-सी सफ़ेद और काली दाढ़ी और फिर ऐसा ही उदास उदास, खोया-खोया, मासूमियत, जुस्तजू और प्यास में डूबा हुआ चेहरा। शायद सभी इनसान बुढ़ापे तक पहुँचकर न जाने क्या-क्या खो देते हैं? न जाने किस चीज़ का इन्तज़ार किये जाते हैं, न जाने किस-किस को पुकारते हैं?

नाना हज़रत चाँद को बहुत चाहते थे। नाश्ते पर अंडा खाते वक़्त उसकी सफ़ेदी चाँद को देते थे। अपनी सब मीठी माजूनों और टॉनिक में उसे ज़रूर शरीक करते। बाग़ में टहल रहे हों और चाँद बहुत ज़िद करे तो कभी-कभार एकाध नारंगी तोड़कर वह उसे दे देते थे (हालाँकि यों वक़्त-बेवक़्त फल तोड़ने के वह बहुत ख़िलाफ़ थे।)

लेकिन रंग-बिरंगे फूलों को छूने की इजाज़त किसी तरह न मिलती। क्या ग़ज़ब के फूल खिलते थे ऐवाने ग़ज़ल में! यों लगता, जैसे किसी ने टोकरों से रंग-बिरंगे फूल लाकर ढेर कर दिये हों। नाना हज़रत सुबह-शाम उन फूलों के दरम्यान टहलते। एक-एक शाख़ की नोक-पलक दुरुस्त करते और बड़े इतमीनान से उनके मुरझाने का तमाशा देखा करते थे। इसके बरख़िलाफ़ चाँद की दधियाल में दरख़्तों को छोड़, कोई आदमियों का भी हाल पूछनेवाला न था। सारे घर में अफ़रा-तफ़री मची रहती थी। सारा काम नौकरों के सुपुर्द था इसलिए कोई बात ढंग से न होती। चाँद की फूपियाँ और चची वग़ैरा दिन-रात मेकअप में ग़र्क़ क्लबों और पार्टियों में मसरूफ़ रहतीं। बच्चे आयाओं की गोद में चिल्लाया करते। चाँद अपने दादा के सिर पर चढ़कर नाचती थी। वहाँ शोर मचाने, शरारतें करने और नाचने-गाने पर कोई पाबन्दी नहीं थी क्योंकि उसके डैडी ख़ुद भी दिन-रात दोस्तों में घिरे शराब पीते और ज़ोर-ज़ोर से चीख़ते-चिल्लाते थे। चाँद के बाप के सारे ही दोस्त ऐसे थे जो दुनिया के हर ग़म में, हर ख़ुशी में ख़ुद हिस्सा लेने बैठ जाते थे। चाँद ज़रा देर के लिए वहाँ जाती तो पॉलिटिक्स, गांधीजी, सोसिलिज़्म और फासिज़्म के नाम सुनते-सुनते बोर हो जाती, और जिस दिन से नाना हज़रत ने कहा था कि हैदर अली ख़ाँ को पुलिस पकड़कर ले जाएगी तो वह कई

बार डैडी को समझा चुकी थी कि दुनिया में कुछ हो, आप की बला से। आप क्यों इन कामों में हिस्सा लेते हैं?

डैडी के बरख़िलाफ़ उसकी माँ थी कि दुनिया की हर बात में दिलचस्पी लेती। बशीर बेगम को ज़िन्दगी से बेहद प्यार था। वह एक-से-एक क़ीमती साड़ी पहनतीं। तरह-तरह के ज़ेवरों का कपड़ों से मैच मिलातीं। मेहँदी भी लगातीं और लिपस्टिक भी। दिन-रात सहेलियों में घिरी बैठी हैं और हँसी-मज़ाक़ हो रहा है। हैदर अली ख़ाँ चाहे कैसे ही संजीदा मसलों में उलझे रहें, उनके पास आते तो वह नई दुलहिनों के-से नखरे दिखातीं। इत्र में डूबी, फूलों में छुपी, हर रात वह मसहरी पर ताज़ा फूल बिखेरतीं। हर रात फूलों का गहना उनके लिए ज़रूर आता।

"जब मेरे बेटा होगा और उसकी बहू घर में आ जाएगी तो मैं अपना सिंगार करना छोड़ दूँगी!" वह किसी के टोकने पर कहतीं।

चाँद के बाद उनके और कोई औलाद नहीं हुई थी। इसलिए उनका ज़्यादा वक़्त औलाद के लिए दवाएँ खाने और तावीज़-गंडे करवाने में गुज़रता था। दूसरे-तीसरे महीने हैदर अली ख़ाँ कभी उनके तकिये के नीचे से कोई तावीज़ निकालकर फेंकते और कभी वह पानी उठाकर फेंक देते थे जिसमें ऊद और लोबान की ख़ुशबू लगी होती थी।

आज वाहिद हुसैन के एक पुराने दोस्त आ गए थे—दूल्हा नवाब। और आते ही जैसे कि आदत थी, ख़रगोश की तरह बाग़ की क्यारी से एक टूटी हुई ईंट उठाकर उकड़ूँ बैठ गए थे। हालाँकि वाहिद हुसैन ख़ुद हौज़ के किनारे पर चढ़े बैठे थे। वह अकसर बाग़ में आनेवाले दोस्तों के साथ यों ही कहीं बैठकर बातें किया करते थे। दूल्हा नवाब की पुरानी हमरू की शेरवानी में याक़ूत के बटन लगे थे। ज़रबफ़्त की सिली चीकट दस्तार थी। मुग़लई पाजामा और सफ़ेद गलमुच्छे जो बात करते वक़्त थरथर काँपते थे। दूल्हा नवाब के बारे में मशहूर था कि वह सोते वक़्त भी दस्तार नहीं उतारते थे। लँगड़ी फूपो कहती थीं कि दूल्हा नवाब का ताल्लुक़ पाएगाहवालों से था और उनकी पुलिस तक अलग थी मगर दूल्हा नवाब के वालिद ने सारी दौलत रंडीबाज़ी और कीमिया बनाने में ख़त्म कर डाली। अब दूल्हा नवाब अपने शराबी निखट्टू लड़कों, बेवा बेटी और उनके बेशुमार बच्चों के साथ ढँडार हवेली में पड़े रहते थे। जो कुछ वज़ीफा मिलता, उस पर गुज़र-बसर होती मगर इसके बावजूद उनकी वही आन-बान थी, वही जाहो-जलाल। लोग कहते थे, दूल्हा

नवाब की हवेली में ख़िदमतगार और लौंडियाँ-बाँदियाँ नहीं रहीं मगर वह बात-बात पर गुलशन और गुलबदन को पुकारते और फिर ख़ुद ही उठकर अपना हुक्म बजा लाते थे।

वह सत्तर-पचहत्तर के हो रहे थे मगर शायरी में उन्होंने वाहिद हुसैन को अपना उस्ताद बनाया था। ख़ालिस दकनी ज़बान में शे'र कहते थे और अपने शे'र पर सबसे ज़्यादा दाद भी ख़ुद ही देते। वाहिद हुसैन कहते कि वह बिलकुल जाहिल हैं और शे'रों का वज़न छोड़, क़ाफ़िये तक सही नहीं मिला सकते मगर उनसे दो फ़ायदे थे। एक तो यह कि हर रोज़ अपनी ताज़ा ग़ज़ल सुनाने के लिए वह सबसे मुनासिब आदमी थे, दूसरे मनसूबे बनाने और नई-नई चीज़ों की तिजारत के ख़्वाब देखने में वह वाहिद हुसैन से बहुत आगे थे।

जब से जागीरों और मनसबों में घुन लगना शुरू हुआ था, दूल्हा नवाब ने तिजारत की ठानी थी। ख़ासतौर से मुल्की चीज़ों से दुनिया को परिचित करवाने की कोशिश में वह अब तक पचास हज़ार रुपया गँवा चुके थे। आजकल वह वाहिद हुसैन के साथ मिलकर कच्ची बिरियानी और बघारे बैगन, विलायत को सप्लाई करने की स्कीम पर ग़ौर कर रहे थे। ऐसी अछूती स्कीमों में उनका बेटा राशिद कोई दिलचस्पी नहीं लेता था। और इस बात का वाहिद हुसैन को बड़ा दुख होता।

"अजी क़िब्ला, अपन तो अब बुड्ढे हो गए हैं लेकिन हमारे तजुर्बेकार ज़ेहन से फ़ायदा उठाकर नौजवान कुछ करना ही नहीं चाहते हैं!"

"क्या बताना हज़रत! हमारे साहबज़ादे भी ऐसे ही पाजी निकल गए।" दूल्हा नवाब ताईद करने लगे, "मैं बोलता हूँ कि हम सोब करेंगे। आपके राशिद नवाब का फ़क़त इत्ता काम है कि अपने इल्म से कोई ऐसी तरक़ीब निकालना कि बिरियानी विलायत तक गरम रहे।"

"वह कौन-सी मुश्किल बात है!" वाहिद हुसैन ने क़रीब से नीबू का एक पत्ता तोड़कर उसे मसला और उसे सूँघते हुए बोले, "अजी फ़िरऔन के ज़माने की लाशें अब तक जाँ की वाँ रखी हैं, तो क्या पन्द्रह-बीस दिन बिरियानी गरम नहीं रह सकती?"

"मगर हमारे साहबज़ादे तो इंजीनियरी पढ़कर दीन-दुनिया से गए। हालाँकि तिजारत अल्लाह मियाँ ने मुसलमानों के लिए हलाल बताई है, घर बैठे हज़ारों की आमदनी होने लगेगी।"

"बघारे बैगन की एक तरकीब मेरे पास ऐसी है कि आपके विलायतवाले होंठाँ चाटना!" दूल्हा नवाब वह तरक़ीब जेब में से निकालने लगे।

"फ़र्ज़ कीजिए, एक सेर बिरियानी पर डेढ़ रुपया ख़र्च होता है और हमारी कम्पनी उस पर एक रुपया मुनाफ़ा लेती है। अब अगर रोज़ाना एक हज़ार डिब्बे बिकने लगें तो मुनाफ़ा कितना हुआ...?"

वाहिद हुसैन हौज़ की मुँडेर पर से उतरकर उकडूँ बैठ गए और सुर्ख़ मोरम पर उँगली से हिसाब-किताब लिखने लगे।

आमदनी के नाम पर दूल्हा नवाब ने इधर-उधर किसी को न पाकर इत्मीनान कर लिया।

"देखना वाहिद नवाब...हमारी इस स्कीम को भी कोई-न-कोई चालू आदमी ले उड़ेगा।"

अब जो चाँद ने खिड़की खोलकर बाग़ की तरफ़ देखा है तो नाना हज़रत नीबू तले हौज़ की मुँडेर पर बैठे नज़र आए। मगर न जाने क्यों उस वक़्त चाँद को दोनों हाथों से सिर थामे, ईंट पर बैठे दूल्हा नवाब बड़े मसखरे-से नज़र आ रहे थे। नाना हज़रत ग़ज़ल सुनाने की धुन में यह भी भूल गए थे कि दूल्हा नवाब के लिए एक कुरसी ही मँगवा लें। मजबूरन चाँद ख़ुद ही एक कुरसी दूल्हा नवाब के लिए ले गई।

"शाबाश! जीते रहो बेटा...यह बशीर बेगम की साहबज़ादी हैं।"

दूल्हा नवाब जल्दी से उचककर कुरसी पर भी योंही उकडूँ बैठ गए, जैसे अब भी ईंट पर ही टिके हों।

"माशाअल्लाह, बिलकुल अपनी वालिदा की तरह ख़ूबसूरत हैं।"

"सलाम किया दादा हज़रत को?" वाहिद हुसैन ने चाँद को घूरा। वह खिसिया गई। लो भला, अब इन दूल्हा नवाब जैसे ख़रगोशों को भी सलाम करती फिरेगी!

"हाँ, हाँ, किया था।" बात टालने के लिए दूल्हा नवाब सफ़ा झूठ बोल गए।

"नहीं किया...," उसने झट सफ़ाई पेश की।

"हैं, हैं, हैं...," दूल्हा नवाब खिसियाकर हँसने लगे।

"ख़ैर तो मैं कह रहा था...," वाहिद हुसैन ने पाइप मुँह से निकालकर दोबारा बात का सिलसिला जोड़ा, "ख़ूबसूरत औरतें तो अल्लाह मियाँ हमारे बहलाने को बनाए हैं मगर हज़रत अल्लाह मियाँ ने औरत को ज़बान और ज़ेहन देकर उसका आधा हुस्न खो दिया है।"

बात न जाने किस तरह बिरियानी से होती हुई औरत के हुस्न की तरफ़ आ निकली थी।

"जी हाँ...जी हाँ...औरत तो अल्लाह मियाँ ने आदम का जी बहलाने के लिए ही पैदा की थी न! इसी वास्ते तो ग़ज़ल के मानी भी औरतों से बातां करना है।" दूल्हा नवाब अपनी बात पर ख़ुद ही घुटने पीट-पीटकर हँसने लगे।

"तो...तो नाना हज़रत औरतें गूँगी होतीं...?" चाँद ने घबराकर नाना से पूछा।

"हा हा हा...हो हो...!" दूल्हा नवाब फिर चाँद की बात पर हँस पड़े।

"देखा हज़रत! आपकी नवासी अंग्रेज़ी पढ़ रही है बोल के। क्या पूछ रही है...? इस वास्ते बोलते कि बहू-बेटियों के सामने शायरी नहीं करना। आख़िर हवेलियों में मरदाने और जनानाख़ाने इसीलिए बनवाए गए हैं न!"

"हो हो हो...!" वाहिद हुसैन भी उसकी बात पर निहायत बनावटीपन से हँसे। उन्हें दिल खोलकर हँसना कभी नहीं आया था क्योंकि उम्र भर तहसीलदारी करते रहे, जिसमें हँसने की बिलकुल ज़रूरत नहीं पड़ती या सिगार पी-पीकर शायरी करते रहे। ऐसे वक़्त किसी बच्चे की शरारत पर चौंके तो हँसने की बजाय वह रक़ीबे-रु-सियाह नज़र आया।

अगरचे शहर के तमाम अदबी हलक़े जानते थे कि नवाब वाहिद हुसैन जो 'वाजिद' तख़ल्लुस करते थे, एक नामी-गरामी शायर हैदराबाद में मौजूद हैं मगर किसी ने उन्हें कभी मुशायरे की सदारत तक न सौंपी।

अलबत्ता ज़िले में कोई नीम-सरकारी तक़रीब होती तो मुशायरा भी ज़रूर होता और इस मुशायरे की सदारत वाहिद हुसैन ख़ुद सँभाल लेते थे। ऐसे मौक़े पर वह आमतौर पर चार-पाँच ग़ज़लें सुननेवालों के कानों में उँडेलकर ही दम लेते थे। किसमें दम होता कि सुनने से इनकार करे?

"क्या सलारु दवा ले आया?" वाहिद हुसैन बार-बार चौंककर पूछते।

"इस वक़्त नाहक़ भेजा उसे बाज़ार...आला हज़रत की सवारी मादरे-दकन को सलाम करने जाती है। इस वक़्त सड़कें सब बन्द हो जाती हैं।"

रज़िया ने सलारु की हिमायत में कहना शुरू किया क्योंकि वह जानती थी कि आज उसके ससुर का पारा बहुत चढ़ा हुआ था और किसी-न-किसी नौकर की शामत पुकार रही थी आज।

"सब ग़लत। आज जुम्मा है। आज आला हज़रत बाग़े-आम गए होंगे इस वक़्त नमाज़ पढ़ने।"

"तो फिर बेगम साहिबा दवाओं की दुकान में घुस गई होंगी।" रज़िया ने सलारु के लिए दूसरा बचाव किया।

बेगम साहिबा दिन-भर बाज़ारों-सड़कों पर परदा लगी कार में घूमती-फिरतीं। जहाँ चाहतीं कार को रोक लेतीं। जिस ख़ोंचेवाले को चाहतीं, लूट लेतीं। जिस दुकान में घुस जातीं तो मनमानी चीज़ें ले जातीं। यह सब क़ानून-शिकनी वह आला हज़रत को जलाने के लिए करती थीं क्योंकि किंग कोठी में उनकी बजाय कोई और हसीना मंजूरे-नज़र बनी हुई थी।

"आपका बस चले दुलहिन बेगम तो पूरे शाही ख़ानदान को सलारु के सामने ला खड़ा कर दें।" वाहिद हुसैन की बात पर सब हँस पड़े—अख़बार पढ़ता हुआ राशिद, पान खाती हुई बीबी, बच्चे को दूध पिलाती हुई रज़िया और छालियाँ काटती हुई लँगड़ी फूपो।

"चलो, यह अच्छा हुआ कि उजाला बेगम को औलाद मिल गई!" बात बदलने के लिए लँगड़ी फूपो ने नोहे (शोकगीत) का पहला बोल उछाला। वाहिद हुसैन ने पाइप नीचे रख दिया और बड़े सब्र के साथ गौहर बेगम को देखने लगे।

"उजाला बेगम कुछ करें मगर क़ानून तो उसे अहमद मियाँ का बेटा नहीं मानेगा...क्यों राशिद मियाँ?" उन्होंने बड़ी उम्मीद भरी नज़रों से राशिद की तरफ़ देखा। कोई उनसे पूछता कि ज़िन्दगी-भर क्या किया, तो वह राशिद को पेश कर देते। दूसरे जागीरदारों को देखिए कि सात-सात बेटे हैं और निखट्टू बने जूतियाँ चटखाते फिरते हैं। अदालतों में घसीटे जाते हैं। इसी दीमक लगी जायदाद की आस में जी रहे हैं। और एक राशिद था कि उसकी क़ाबिलियत को मानकर ख़ुद हुकूमत ने इंजीनियरी पढ़ने के लिए विलायत भेजा। ऊँचा-पूरा, शानदार सूट पहने, अपनी छोटी-सी कार में घूमता है। दुनिया उसकी क़ाबिलियत को मानती है। उसने हैदराबाद में ऐसी-ऐसी ख़ूबसूरत इमारतें बनवाईं कि शहर जगमगा उठा और फिर मिज़ाज ऐसा सादा कि जागीरदारी का ग़ुरूर छूकर नहीं गया। सुलहपसन्द ऐसा कि हमेशा दूर की बात सोचता था। बाप का हर वक़्त ख़याल। माँ की दिलदारी उस पर फ़र्ज़। रिश्तेदारों, अज़ीज़ों में वह मक़बूल, बीबी पर फ़िदा।

उसकी इन्हीं ख़ूबियों की बिना पर वाहिद हुसैन ने उसके लिए जागीरदारों के बजाय रज़िया ढूँढ़ी। रज़िया के दादा ने छोटे-से पैमाने पर एक सिगरेट-फैक्टरी क़ायम की थी जो देखते-ही-देखते लाखों रुपए का सामान पैदा करने लगी। अब उसका बाप एक दिन में इतना कमाता था जितना एक जागीरदार एक महीने में भी नहीं पा सकता। रज़िया राशिद के घर आई तो साथ में एक कार लाई, एक बँगला। सौ तोले सोना और एक लाख नक़द। अब वाहिद हुसैन ऐसी बहू को सिर-आँखों पर न बिठाते तो क्या करते?

अहमद हुसैन के वारिस की पैदाइश पर भी राशिद बार-बार यही कहता, "इस बात पर शोर मत मचाइए इस वक़्त बाबा! ख़ुदा चचा अब्बा को सलामत रखे। उनके बाद निबट लेंगे उजाला चच्ची से!"

"सुना है, उजाला भाभी बच्चे को मौलवी बनाएँगी। उन्होंने रहमत अली शाह के मज़ार पर यही मन्नत मानी थी।"

"तो फिर अभी से बच्चे को एक दाढ़ी लगा दें।" रज़िया हँसने लगी। रज़िया लखपति बाप की बेटी थी। इसके बावजूद उजाला बेगम की जायदाद हाथ से निकल जाने का ग़म उसे पागल बनाए हुए था।

"पहले तो शरीफ़ ख़ानदानों में हर मर्द दाढ़ी रखता था, हमारे ख़ानदान में भी सबने दाढ़ी रखी। बस एक अहमद मियाँ ने यह रिवायत तोड़ी कि दाढ़ी न रखी, न शायरी की!" गौहर फूपो ने कहा।

"और हमारे ख़ानदान में तो...," वाहिद हुसैन दवा का इन्तज़ार भूलकर उठ बैठे।

"हमारे ख़ानदान में हर मर्द ने शायरी की और दाढ़ी रखी। हमारे दादा हज़रत मरहूम, अल्लाह उन्हें करवट-करवट जन्नत नसीब करे, बड़े वज़अदार इनसान थे...क्या आन-बान थी...मुझे कल की-सी बात याद है!" उन्होंने ख़ला (शून्य) में दूर कहीं देखते हुए कहा, "दादा हज़रत हमेशा मशजर की शेरवानी और ज़री दस्तार पहनते थे। सुबह पाख़ाने जाते तो पहले हुक़्क़ा वहाँ जाता। एक तिपाई पर बयाज़ और क़लम-दवात रखा जाता था। उन्होंने अपनी सब मशहूर ग़ज़लें इसी तरह लिखी थीं। सिर्फ़ हमारे ताया हज़रत, गौहर बेगम के अब्बा को शायरी से बड़ी चिढ़ थी। कहते थे, इस ख़ानदान को शायरी की हाय-हाय खा गई। नहूसत की पोट है, बदक़िस्मती की निशानी। सारी उमर दौलत, शराब, तवायफ़ और मुशायरों में बह जाती है।"

"ठीक तो कहते थे!" बीबी ने फिर पानदान खोलकर कहा।

"सच्ची, सब ही कुछ उजड़ गया इस ख़ानदान का!" गौहर बेगम ने ठंडी साँस भरी। राशिद और रज़िया बड़े ग़ौर से इन बातों को सुन रहे थे।

"बड़े समझदार थे ताया हज़रत! दादा जान ख़ानदान में किसी पर एतबार करते तो सिर्फ़ उन्हीं पर।" गौहर बेग़म अपने अब्बा का ज़िक्र सुनकर आँसू पोंछने लगीं।

वाहिद हुसैन के चेहरे पर इस वक़्त यादों के बहुत से चिराग़ लौ दे रहे थे।

"और फिर जब ज़वाल हुआ है तो उस रात दादा हज़रत ने शराब को बिलकुल हाथ नहीं लगाया था।"

"ज़वाल...कैसा ज़वाल हुआ...?" राशिद ने अख़बार रखकर बड़ी दिलचस्पी से पूछा।

"दरअसल अंग्रेज़ रेज़िडेंट से किसी बात पर दादा हज़रत की चल गई थी और फिर यह बात बिगड़ती ही गई। रेज़िडेंट ने इल्ज़ाम लगाया कि हुज़ूर की हरम-सरा में औरतों पर बड़ा ज़ुल्मो-सितम होता है। तहक़ीक़ात के लिए एक कमीशन आया।"

"तो क्या ज़ुल्मो-सितम होता था?" राशिद ने पूछा

"कुछ नहीं!" वाहिद हुसैन ने इतमीनान से पाइप सुलगा लिया।

"उस वक़्त क़ायदा था कि सभी नवाब दिल बहलाने के लिए ख़ूबसूरत लड़कियों को महल में शामिल कर लेते थे।"

ये लड़कियाँ ग़रीब माँ-बाप के यहाँ फ़ाके करतीं या किसी निकम्मे ज़ाहिल आदमी से ब्याही जाती थीं लेकिन महलों में उन्हें शानदार घर मिलते। उनके नाम पर जागीरें और मनसब हो जाते। उनकी औलाद का मुस्तक़बिल जगमगा जाता था।

इन लड़कियों के माँ-बाप अलग बख़्शिश से अपनी क़िस्मत सँवार लेते थे मगर फिर भी दुनिया भर में रोते फिरते कि उनकी लड़कियों को ज़बरदस्ती नवाब लोग उठा लेते हैं।

"तो फिर दादा हज़रत ने क्या किया?" राशिद ने पूछा।

राशिद को आज एक ज़रूरी मीटिंग में जाना था। रात को क्लब में डांस था मगर उस वक़्त बाबा से पुराने क़िस्से सुनना उसे बहुत अच्छा लग रहा था।

"हाँ, तो उस रात दादा हज़रत के सामने काग़ज़ फैले हुए थे और ऐसे वक़्त किसी को उनके पास जाने की इजाज़त नहीं होती थी। दादी अम्माँ तो पहले ही अपने बच्चों समेत हवेली के दूसरे कोने में जा बैठतीं क्योंकि उस ज़माने में एक तवायफ़ पार्वती उनकी मंज़ूरे-नज़र बनी हुई थी। मैं वह मंज़र अभी तक नहीं भूल सका।"

वाहिद हुसैन कहे जा रहे थे और उनके आसपास बैठे हुए बीबी, गौहर बेगम, राशिद और रज़िया यों ख़ामोश बैठे थे, जैसे वे वाहिद हुसैन के साथ किसी अजायबख़ाने में घूम रहे हों।

"पार्वती के साथ हम सब शिकरमों में लदे बाग़ों को जा रहे हैं। एक शिकरम में तोशाख़ाना, किसी में नौकर, किसी में सामान। साथ में चपरासी-अर्दली...।

"कच्ची सड़कों पर इमली और पीपल के घने साए मिलते हैं। आसपास चावल के खेतों में मख़मल फैला पड़ा है। उसके परे घना जंगल, सुर्ख़-सुर्ख़ पहाड़ियों के ऊपर नीला आसमान और आसमान पर तैरते हुए बादल तक

मुझे याद हैं। फ़िज़ा में धान के पौधों की महक फैली हुई है। कोई लड़का गाय-भैंसों को हाँकता हुआ निकल जाता है। कहीं खेतों पर से चिड़ियों का एक झुंड उड़कर आसमान पर बिखर जाता है। कहीं एक धीमड़नी सिर पर लकड़ियों का गट्ठा उठाए जा रही है, छोटे-छोटे नंगे बच्चे इमली के झाड़ों पर चढ़कर पीली-पीली कोंपलें तोड़ रहे हैं। कहीं दूर एक खेत के किनारे बच्चे बैठे हग रहे हैं।"

"तौबा यह मंज़र-निगारी...शायरी...!" रज़िया उकता गई।

"और गाड़ियों में से झाँकते बच्चों को देखकर वह हमारा मुँह चिढ़ा देते हैं। मैं खिसियाकर अपना मुँह अन्दर कर लेता हूँ...।

"फिर अचानक शाम आ गई। और हम सब ज़िद कर रहे हैं कि डाक बँगले में रहने के बजाय जंगल में खेमे लगवाएँगे।

"रात को ख़ूब मज़ा आएगा...मगर कैसी तफ़रीह...

"हम बच्चे न जाने किस चीख़ो-पुकार से जागे तो आधी रात को औरतें सजदों में पड़ी थरथर काँप रही थीं, चुनाँचे हम सब बच्चे अपनी-अपनी माँओं की साड़ियों में छुपे सिसकने लगे क्योंकि चन्द किसानों ने गुज़रते वक़्त कह दिया था कि औरतों के खेमे यहाँ क्यों लगवाए हैं? नदी के किनारे बंजारों का पड़ाव है जो डाके डालते हैं। यह सुनकर औरतों की हिफ़ाज़त के लिए साथ चलनेवाले क़ाफ़िले के सालार गौसू मियाँ लम्बे-लम्बे लेट गए। आप औरतों की ज़िद थी। डाक बँगला छोड़कर जंगल में क्यों ठहरे थे?"

"इलाही, मेरी क्वाँरी-ब्याहियों की इज़्ज़त तेरे हाथ है। या अल्लाह, रात ख़ैरियत से गुज़ार दे तो बीबी के अलम (झंडे) पर सोने का चाँद चढ़ाऊँगी।" दादी सजदे में गिरी मन्नतें माँग रही थीं।

"फिर कुछ सोचकर पार्वती उठी। वह दादा की निकाही बीबी न थी। मगर सेहरे-जलवे की ब्याही बीबी से ज़्यादा चाही जाती थी। इसके बावजूद रंडी से रिश्ता लगाने को ख़ानदान का कोई फ़र्द तैयार न था। इसलिए इज़्ज़त से सब उसे 'बाई अम्माँ' कहते थे।"

वाहिद हुसैन पाइप सुलगाने को रुके तो पार्वती के तसव्वुर में खो गए।

"क्या औरत थी, राशिद मियाँ! आधी रात को जंगल के अँधेरे में उसका चेहरा चिराग़ की तरह दमकता था, जिस तरफ़ देखती सब उसी के हो जाते। मुझे तो घंटों गोद में लिए बैठी रहती थी। जब तक वह सामने न बैठती, दादा हज़रत शे'र नहीं कह सकते थे। यही समझ लो कि दादा हज़रत जैसे आहनी इनसान को उसने तिगनी का नाच नचा डाला था। तो भई, उसने गौसू मियाँ

के कपड़े ख़ुद पहने। शेरवानी पर दस्तार लगा, काजल की मूँछें बना, चोबदार से बन्दूक़ छीनकर खेमे के बाहर जा खड़ी हुई। जिस वक़्त मशाल हाथ में लेकर टहलना शुरू किया है तो यों लगता था जैसे कोई मुग़ल शहज़ादा अपने हरम की हिफ़ाज़त के लिए टहल रहा हो। सबके धड़कते हुए दिल पुरसुकून हो गए। बच्चे इतमीनान से सो गए और गौस मियाँ आँखें खोलकर उठ बैठे।

"दादी अम्माँ रंडियों से बात नहीं करती थीं। इसके बावजूद उन्होंने मालो-दौलत कई मर्तबा ऊपरी दिल से कहा—अरी पार्वती, ख़ाक डाल मालो-दौलत पर...कोई तुझी को ले जाएगा...अन्दर चली आ...।"

"हइयो बेगम साहब! ख़ाक डालती हूँ मालो-दौलत पर!" उसने झुककर दादी को जवाब दिया, "मैं तो यहाँ क्वाँरी-ब्याही सैयदानियों की हिफ़ाज़त के लिए खड़ी हूँ।"

और फिर हँसकर बोली, "कहीं कोई रंडियों को भी लेकर भागता है, बेगम सा'ब?"

"ऐसी होती थीं अगले ज़माने की वज़अदार रंडियाँ।"

और वाहिद हुसैन ने चारों तरफ़ तारीफ़-भरी नज़रों से देखा।

"क्या मजाल जो उनके सामने कोई लड़की नंगे सिर आ जाए। कोई ज़ोर से हँसने लगे! दशहरे के दिन पार्वती की माँ-बहन उससे मिलने आती थीं तो कभी उन्हें अन्दर न बुलवाती। हमेशा उनके लिए ड्योढ़ी के फाटक पर कुरसियाँ डलवा दी जातीं। वहीं दरवाज़े पर खड़े-खड़े पार्वती उनसे बात करती थी।"

"क्यों, उनके लिए कुरसी क्यों रखी जाती थी?" रज़िया ने जुस्तजू-लहज़े में पूछा।

"इसलिए कि उस ज़माने में सिर्फ़ मर्द और रंडियाँ कुरसियों पर बैठा करते थे। मुझे याद है कि एक दिन बड़ी आपा खेल-खेल में कुरसी पर जा बैठीं तो पार्वती ने ख़ुद गोद में उठाकर कहा था, "आप कुरसी पर नईं बैठना मेरे पाशा जानी, कुरसी पर मर्द लोग बैठते हैं या हम रंडियाँ बैठती हैं।"

'यह भी कोई भागमती की पोती-नवासी होगी।' राशिद ने सोचा।

"तो जिस दिन आपके दादा का इन्तिक़ाल हुआ उस दिन क्या हुआ था?" रज़िया ने पूछा।

"एँ क्या कहा?" वाहिद हुसैन ने यों चौंककर राशिद को देखा, जैसे बिलकुल किसी अजनबी जगह निकल आए हों। फिर सँभलकर बैठे, ऐनक उतारकर आँखें मलीं, छोटी-सी फ्रेंचकट दाढ़ी पर हाथ फेरा, दोबारा ऐनक लगाई और नवम्बर की ठंडी रात की कँपकँपी उनके बदन में दौड़ गई।

"तो जिस दिन दादा हज़रत का इन्तिक़ाल हुआ है उस दिन सुबह पार्वती क्या देखती है कि उनके चारों तरफ़ ढेरों काग़ज़ बिखरे पड़े हैं। बादाम के हरीरे में से भाप निकलना बन्द हो गई है। पाख़ाने में बयाज़ और कलम तिपाई पर रखा जा चुका है। वुजू का पानी रखे-रखे सर्द हो रहा है मगर वह उसी तरह सर झुकाए चौमुखे शमादान के सामने बैठे हैं।

"पार्वती ने आहिस्ता से कहा, फ़जर की अज़ान हो गई सरकार, उठिएगा नहीं?

"यह सुनकर उन्होंने आँखें उठाकर पार्वती को देखा। पार्वती क़समें खाकर कहती थी कि आँखें कबूतर के ख़ून की तरह सुर्ख़ हो रही थीं और पूरे कमरे में एक अजीब-सी अनोखी ख़ुशबू फैली हुई थी। फिर वह आहिस्ता से बोले, "सुबह अब नहीं होगी। देख तो, कैसी भयानक रात है!"

पार्वती कमबख़्त हँस पड़ी और उसे दादा हज़रत का कोई आशिक़ाना फ़िक़रा समझकर उनके क़रीब चली गई।

"तो क्या शमा अब बुझा दूँ?"

"यह सुनकर दादा हज़रत तड़प उठे, अब इसमें क्या धरा है? यह तो राख है, राख!

"पारो कहती थी कि अब जो मैंने देखा तो...?"

"हुँह...?" सब आँखें फाड़े, साँसें रोके वाहिद हुसैन को घूर रहे थे।

"तो क्या हुआ?" राशिद ने उसी महवियत (तन्मयता) के आलम में पूछा।

"कुछ नहीं...," वाहिद हुसैन ने आह भरकर छत की तरफ़ देखा। "वहाँ सचमुच हर चीज़ राख बन चुकी थी। बस थोड़ी देर बाद ही पुलिस की दौड़ आई। ऐवाने ग़ज़ल पचास लाख का क़र्ज़दार था, और सत्तर औरतें यहाँ छुपाई गई थीं।"

"कैसे नसीबेवर थे...!" लँगड़ी फूपो ने अक़ीदत (श्रद्धा) और मिले-जुले अन्दाज़ में कहा।

"दादी अम्माँ कहती थीं कि मैं समझी कि वह सब काग़ज़ वसीयतनामे होंगे मगर वे सब ग़ज़लें थीं...यानी एक रात में पन्द्रह ग़ज़लें...।" वाहिद हुसैन ने सबको तहसीन आमेज़ (प्रशंसापूर्ण) नज़रों से देखा, और ख़ुद ही झूमने लगे—"और फिर एक-एक शे'र ऐसा कि सारी उमर की रियाज़त (अभ्यास) के बाद भी दूसरा शायर न कह सके।"

"हकीम शफ़ाअत अली ने तो देखते ही कह दिया था कि ऐसी ग़ज़लें कहने के बाद उनमें रहा क्या था जो जीते...?"

"हुँह...फिर क्या हुआ?" चाँद अभी तक मुँह खोले बैठी थी जैसे बस अब इस दिलचस्प कहानी का अंजाम सुनना ही बाक़ी रह गया है।

वाहिद हुसैन ने पास बैठी हुई चाँद को ग़ौर से देखा, पाइप उठाकर सुलगाया और पैर हिला-हिलाकर कश लेने लगे।

"बस, उसी दिन से उस घर में नेस्ती शुरू हो गई। मय्यत के उठते ही पार्वती उस घर का तिनका-तिनका उठवाकर ले गई। अब्बा हज़रत ने ड्योढ़ी से जिन औरतों को निकाला, उन्होंने अलग हाय-बावेला मचाकर बहुत कुछ हथिया लिया। वह तो कहो, ऐवाने ग़ज़ल वक़्फ़ है इसलिए दादी अम्माँ हम सब को उसमें लिए बैठी रहीं लेकिन अब्बाजान ने होश सँभालते ही सारी जायदाद का नये सिरे से इन्तज़ाम किया।"

"जब ही तो हमारे अब्बा को शायरी-वायरी से इतनी नफ़रत थी।" गौहर फूपो हाथ में ठोड़ी थामे किसी गहरी सोच में गर्क थीं।

"ऐसी-वैसी नफ़रत...?" वाहिद हुसैन ने ठंडे सिगार को झुँझलाकर पटक दिया, "किसी शायर का दीवान घर में देख लेते तो उठाकर फेंक देते। ख़ुदा बख़्शे चुन्नू नवाब को, जवानी में शायरी का शौक़ था। घर में बयाज़ रखने की हिम्मत नहीं थी कि कहीं चचा हज़रत के हाथ न पड़ जाए। इसलिए शे'र लिखकर इधर-उधर छुपा दिया करते थे। एक बार इत्तफ़ाक़ से चचा हज़रत ने उनका एक शे'र कहीं लिखा देख लिया जिसमें उन्होंने माशूक़ की आँखों को शराब के कटोरों से तशबीह (उपमा) दी थी। बस जनाब, चचा हज़रत तसबीह पटककर खड़े हो गए।

"अव्वल तो सिरे से यह बात ही ग़लत है कि उस टाँग बराबर छोकरे का कोई माशूक़ भी है और फिर हज़रत किसी इनसान की आँखें कटोरे के बराबर हो सकती हैं? यह सब झूठ है। ख़ुदा का क़हर नाज़िल होगा इस घर पर, जहाँ इतना झूठ बोला जाए।

"बस, उस दिन के बाद से चुन्नू नवाब के शे'रों की कोई पुड़िया किसी को मिलती तो जल्दी से इमाम बी के छप्पर में उड़स दी जाती थी और इस तरह कई बार इमाम बी चूल्हा सुलगाने के लिए या कोई आया बच्चे का दूध गरम करने के लिए उनके यही शे'र काम में ले आती या फिर कोई शायरी का शौक़ीन चूहा अपनी महबूबा को सुनाने के लिए उनकी ग़ज़लें ले जाता था।" वाहिद हुसैन के आख़िरी जुमले पर सब हँस पड़े।

आए है बेबसी-ए-इश्क़ पे रोना गालिब

वायलिन बजा-बजा कर चाँद गा रही थी।

चाँद अब सोलह बरस की हो चुकी थी और इस अरसे में उस पर कई नागहानी (आकस्मिक) हादसे गुज़र चुके थे। ज़िन्दगी से बेहद प्यार करनेवाली बशीर बेगम को एक दिन हँसते-हँसते ऐसा फंदा लगा कि वह डॉक्टर आने से पहले मर चुकी थीं। चाँद अपने डैडी के सीने से लगकर रोती रही लेकिन एक दिन मालूम हुआ कि उसके डैडी भी एक तालीमयाफ़्ता कम्यूनिस्ट वर्कर को बीबी बनाकर ला रहे हैं। बस उस दिन से वह ऐवाने ग़ज़ल चली आई और अपने घर नहीं गई। उसके ख़र्च के लिए हैदर अली ख़ाँ सौ रुपए महीना हर बार ख़ुद आकर दे जाते थे।

वायलिन के तेज़ सुर और गालिब का ग़लत शेर—दोनों चाँद के कमरे से निकलकर आँगन में फैल रहे थे। यह तो ख़ैर सुबह का वक़्त था यानी उसे रियाज़ करना ज़रूरी था। मगर वैसे भी आज उसे सचमुच इश्क़ की बेबसी पर रोना आ रहा था, और वह हिन्दुस्तानी फ़िल्मों की हीरोइन के अन्दाज़ में गा-गा कर रोती थी। मौक़े के लिहाज़ में उसी तरह मेकअप करती और यों ही अपने रोमान का सोग मनाया करती थी।

इस तरह चाँद के लिए एक सोगवार सुबह का आना अकसर वाहिद हुसैन के सुकून के जाने की तमहीद (भूमिका) हुआ करता था। लेकिन वह चाँद को दुखते हुए दाँत की तरह बर्दाश्त करते थे, हालाँकि उन्हें ख़ुदसर (उद्दंड), फ़ैशनपरस्त और आज़ाद-ख़याल चाँद की रविश बिलकुल पसन्द न थी। उस वक़्त हैदराबाद के ऊँचे तबके में दो तरह की औरतें पाई जाती थीं। एक वाहिद हुसैन का घराना, जहाँ अभी तक औरतें कार को परदा लगाकर बैठती थीं, और बीबी की तरह उन्हें अपने शौहर के ओहदे का अंग्रेज़ी तलफ़्फ़ुज़ (उच्चारण) कभी सही तौर पर याद नहीं होता था। यही औरतें शराफ़त और पाकीज़गी के हर शास्त्रीय उसूल पर पूरी उतरती थीं। वह यशोधरा की तरह अपने सिद्धार्थ को मुक्ति के रास्ते पर गामज़न कर सकती थीं। किसी नई सौकन के आने पर अपने घर का बनवास कर लेती थीं, और सीता की तरह ज़मीन उन्हें छुपाने के लिए हमेशा अपनी आगोश खोल देती थी। दौलत और शानो-शौकत का मतलब उनके लिए यह था कि ज़्यादा नौकर, छोकरियाँ, शान और वक़ार क़ायम रखने के लिए ज़्यादा कुर्बानियाँ, मियाँ की नाज़ुक-मिज़ाजियाँ और उन्हें सँभालने की ज़िम्मेदारी। उनके बदले में वह काली पोत का लच्छा आता जो सुहाग की निशानी समझा जाता था और कुंजियों का गुच्छा जिसमें उनके सुख की चाबी कोई नहीं होती थी लेकिन इन चाबियों से

वह ख़ानदान, दौलत, नस्ल और इज़्ज़त और शान के तमाम बन्द दरवाज़ों को खोल देती थीं।

दूसरी औरत वह थी जो हैदर अली ख़ाँ के यहाँ पैदा हो रही थी। वे पंचगनी और दिल्ली और देहरादून जाकर पढ़ती थीं। अंग्रेज़ ऑफ़िसरों के क्लब में नाचती थीं। बग़ैर आस्तीनों का ब्लाउज़ और कटे हुए बालों के साथ नये-नये मेकअप के अन्दाज़। वे पापा और मम्मा तक को डियर और डार्लिंग कहती थीं। वहाँ शादी और ब्याह अपनी पसन्द से होते थे और तलाक़ दूसरों की ज़बरदस्ती से दिया जाता था। इन घरों का रूप-रंग बदलने में कुछ तो उन नौजवानों का हाथ था जो यूरोप से फिरंगनें और ईरानी दुलहिनें ब्याहकर लाते थे और कुछ उस मग़रिबी तालीम का असर था जिसने शुमाली हिन्द के ऊँचे तबके को मग़रिबी रंग में रँग दिया था। ये लोग अंग्रेज़ों की तरह मुँह बना-बनाकर बात करना, अंग्रेज़ी कपड़े पहनना और अंग्रेज़ी तौर-तरीक़ों पर जीना मुहज़्ज़ब होने की निशानी समझते थे। इन घरों का रहन-सहन भी बदल गया था। सुर्ख़ मदरे के दस्तरख़्वानों पर से बिरियानी की प्लेटें और बघारे बैगन के डोंगे उठाकर वहाँ ब्वाय और बटलर ने साफ़-शफ़्फ़ाफ़ मेज़ों के ऊपर उजले-उजले गिलासों में नैपकिन सजा दिये थे और नाज़ुक-नाज़ुक क़हक़हों के शोर से लिपस्टिक लगे होंठ बड़ी अदा के साथ सूप सिप करने लगे थे।

स्कर्ट्स और स्लैक्स पहनकर राइडिंग की जाती। क्लब में पार्टियाँ होतीं और फिर स्कैंडल्ज़। कोर्टशिप और हनीमून के लिए कभी वियाना, कभी कश्मीर, क़भी पैरिस, जहाँ से अलग-अलग जहाज़ों में दोनों तलाक़ के काग़ज़ सँभाले उतरते। फिर नये सिरे से ज़िन्दगी का पीछा शुरू हो जाता।

ये सब वही बोलते थे जो सात समुद्र पार बोला जाता था। उसी तरह साँस लेते मगर उनके आसपास का माहौल बड़ा दकियानूसी था। "क्या बताना हज़रत! वह नवाब वाहिद हुसैन क़ी नवासी एक हिन्दू छोकरे से इश्क़बाज़ी कर री कते।"

"क्या बोलना, तक़सीर! अब शराफ़त तो ख़त्म हो गई समझो।"

वाहिद हुसैन को ऐसी बातें सुनकर सचमुच मौत सामने नज़र आती थी।

लेकिन चाँद जवान हुई तो यह दौर गुज़र चुका था। शुमाली हिन्द में जो क़ौमपरस्ती की शदीद लहर उठी थी उसकी ज़द में आकर लोगों ने खादी पहन ली और ख़िताब वापस कर दिये थे। अपनी-अपनी दफ़्नशुदा रिवायतों को खोद-खोदकर निकालने लगे। यह हंगामा चाँद के वतन से दूर था। फिर भी दकन में जो हवाएँ शुमाली हिन्द से आईं, वे मुल्क की वफ़ादारी का नया

नारा भी साथ लाईं। यह नारा अपने कल्चर और आर्ट की हिफ़ाज़त का था। आम लोगों को अल्लाह-अकबर और राम-नाम के नारों में सिर-फुटौवल के लिए छोड़कर ऊँचे तबके ने उस नारे को बड़ी ख़ूबसूरती से अपनाया था यानी इन्तहाई यूरोपियन के साथ बेहद हिन्दुस्तानी बनने की कोशिश। अब मज़हब के फ़ायदेमन्द पहलुओं पर ज़ोर दिया जाने लगा। इसलिए होली के दिन एक-दूसरे के रूमाल पर बड़ी नफ़ासत के साथ रंग के छींटे डाले जाने लगे। दीपावली की रात बँगलों पर रोशनी होने लगी। ईद के दिन बड़े एहतिमाम के साथ हिन्दू दोस्तों को शीर खुरमा खिलाया जाता था। ऐसे मौक़ों पर क्लब में एक फ़ंक्शन ज़रूर होता। 'ईद-मिलाप तक़रीब'। इसमें लड़कियाँ भरतनाट्यम और कथकली रक्स (नृत्य) का मुजाहिरा करती थीं। वे चचा और मामूँ जो ड्योढ़ियों के अँधेरे कमरों में टूटे तम्बूरों के साथ अपने संगीत में खोए हुए पड़े थे, अब बड़े एहतिमाम से झाड़-पोंछकर बाहर निकाले गए। अजंता स्टाइल के जूड़े, बंजारा वर्क के ब्लाउज़ और हैंडलूम साड़ियाँ—ये सब अपने मुल्क से मोहब्बत के शदीद मुज़ाहिरे थे।

शुमाली हिन्द में अगर ग़ालिब और मीर पर रिसर्च हो रहा था तो दकन के मुहक्क़िकों (अन्वेषकों) ने भी गोलकुंडा के खँडहर खँगाल डाले थे। क़ुली क़ुतुबशाह, गव्वासी, वजही, वली और सिराज की दीमक लगी शायरी को धो-धुलाकर अदबी म्यूज़ियम में सजा रहे थे।

इसी दौरान जब तरक़्क़ीपसन्दों की पहली कॉन्फ्रेंस हैदराबाद में हुई तो हैदर अली ख़ाँ चाँद को भी अपने साथ ले गए सिर्फ़ यह दिखाने कि उनकी बेटी कैसी तरक़्क़ीयाफ़्ता लड़की है। उस वक़्त तक हैदराबाद में मुसलमान औरतें बर-सरेआम जलसों में नहीं आती थीं और वह भी चाँद जैसी लड़की। बस, सारे तरक़्क़ीपसन्दों के नारे तो एक तरफ़ रखे थे और शायद ही कोई शायर ऐसा बचा था जिसने चाँद पर नज़्म न लिख डाली हो। उस कॉन्फ्रेंस में आनेवाले हर मेहमान को हैदराबाद दिलोजान से पसन्द आ गया था।

वाहिद हुसैन के यहाँ चाँद उन क़द्रों (मूल्यों) की वाहिद नुमाइंदा थी। कहते हैं, कृष्ण का बदन नीला पड़ गया था मगर चाँद ने अपने हाथों से ज़हर खाया था और इस ज़हर ने उसके रंग को न जलाया बल्कि उसकी रग-रग में बिजलियाँ भर दी थीं।

वह अभी फ्रॉक पहने कॉन्वेंट जा रही थी कि नारायणा ने उसके साथ पतंगों के ऐसे पेच बढ़ाए कि किसी तरह न सुलझे। नारायणा और वाहिद हुसैन के घरवालों ने लम्बे-लम्बे बाँसों में काँटे उलझाकर उस डोर को सुलझाना चाहा

मगर चाँद किसी तरह यह खेल ख़त्म करने पर राज़ी न हुई। माँ के मरने के बाद उसकी नाज़ुक-मिज़ाजी और ज़िद और बढ़ गई थी। अब वह राशिद और रज़िया की आँखों का तारा थी। इसलिए वाहिद हुसैन उस पर किसी क़िस्म की सख़्ती नहीं कर सकते थे। हैदर अली ख़ाँ ने अगरचे दूसरी शादी कर ली थी और वह अपने-आपको हक़ और सदाक़त (सत्य) के पहरेदारों में शामिल करते थे मगर नारायणा और चाँद के मेल पर वह भी बिफर चुके थे। तब चाँद ने महसूस किया कि हर वक़्त नरमी से बात करनेवाले डैडी भी गरज सकते हैं और हर बात पर हिमायत करनेवाले राशिद मामूँ भी उससे रूठ सकते हैं।

फिर जिस दिन वाहिद हुसैन ने नारायणा के बाप को हुक्म दिया था कि वह एक हफ़्ते के अन्दर उसकी शादी कर दे तो नारायणा ने चाँद के साथ मिलकर तय किया कि आज रात वे दोनों ज़हर खाकर मर जाएँगे।

चौदह बरस की हाई स्कूल में पढ़नेवाली चाँद उस दिन ख़ुशी के मारे नाच रही थी। आज से उनका नाम भी मोहब्बत करनेवाले शहीदों में लिखा जाएगा।

उसने नारायणा की मोहब्बत का पहला घूँट पिया था और शेक्सपियर, नीत्शे, मीर और मीराबाई अभी उस तक नहीं पहुँचे थे। मगर ज़ेबुन्निसा, शीरीं, लैला और अनारकली के क़िस्से वह किताबों में पढ़ चुकी थी और क़ुली क़ुतुबशाह का यह शे'र उसने अकसर पार्टियों में गाया था :

पिया बाज प्याला पिया जाए ना
पिया बाज इक पल जिया जाए ना

ज़हर खाते वक़्त ऐवाने ग़ज़ल के उन वासियों ने उसे बहुत रोका जिनके धुँधले-धुँधले फ़ोटो टूटी-फूटी फ्रेमों में लगे हुए थे।

ज़हर घोलते में चाँदी के एक गिलास ने उसे समझाया कि वह मुनासिब जंग की नवासी है, सायब जंग की पोती है, ज़हर उसके लिए नहीं बना। उस ज़हर का इस्तेमाल टूटे-फूटे घरों में होता है क्योंकि ज़हर पीना ही उनका मुक़द्दर बन गया है। लेकिन चाँद के ख़ून में ऐवाने ग़ज़ल की सात पुश्तोंवाली शायरी इतनी फैल चुकी थी कि फ़रहाद को तेशे बग़ैर मारने का तसव्वुर नहीं कर सकती थी। इसलिए उसने ऐवाने ग़ज़ल की रिवायत को तोड़कर ज़हर पी लिया। नासमझ बच्ची! जो नहीं जानती थी इश्क़ क्या होता है और उसके उसूल क्या हैं और यह कि ज़हर तो ज़िन्दगी-भर चखना पड़ता है!

लेकिन ऐवाने ग़ज़ल वाले तो ऐसे नादान न थे। अगर वह यों चुपके से मर जाती तो उसके ज़माने के नौजवान शायर कैसे शायरी करते! इसलिए कई

डॉक्टरों की मदद ने उसे फिर ज़िन्दगी के साहिल पर ला खड़ा किया। कई दिन बाद उसे जब होश आया तो नारायणा के यहाँ मुसलमान मीरासिनें गा रही थीं :

मेरा हरियाला बन्ना आ बैठा मसनद के बीच
बने मैं क्या तेरी बलाएँ लूँ, क्या तेरे सेहरे की
सेहरा तुझे साज रहा और हम रहे अरमाँ के बीच

दो-चार हफ्ते बाद बिस्तर से उठी तो नारायणा की मोहब्बत को ज़हर की तेज़ी ने जला फेंका था और मर्द से नफ़रत का ज़हर उसकी रग-रग में फैल चुका था। अब उसने अपने नाना हज़रत की तमाम रिवायतों का कहना माना और दिल लगाकर वायलिन बजाने में मग्न हो गई।

मेडिकल कॉलेज पहुँची तो उसकी आवाज़ की धूम मच गई। वह हर तरफ़ पुकारी जाने लगी। हर ड्रामे की हीरोइन वह होती और सारे कल्चरल प्रोग्राम उसी को सौंप दिये जाते थे।

लड़कों के गोल उसके पीछे-पीछे घूमते। उसकी एक निगाह, हलकी-सी मुसकराहट किसी के दिन-रात का चैन हराम कर सकती थी। वह बड़ी अदा के साथ अपने सुनहरे पर्म किये हुए बालों को झटकती, साड़ी का लम्बा पल्लू लहराती, अठखेलियाँ करती फिरती थी। वह इन सब मर्दों से नारायणा का बदला लेना चाहती थी। इसलिए सबको तड़पाती, हाथ पकड़कर धक्का दे देती। शाहिद को भी लिफ्ट देती और कुमार स्वामी को भी, शायर सहर को और वायलिनिस्ट जोज़ेफ़ को। मगर डॉक्टर रहमान के आगे उसकी एक न चली। रहमान मेडिकल कॉलेज का लेक्चरर था और शहर का मशहूर गायनाकॉलॉजिस्ट। उसने चाँद के मर्ज़ को भी झट टटोल लिया और इलाज शुरू कर दिया। रहमान की बीबी भी डॉक्टर थी और किसी और जगह सर्विस करती थी मगर उसने ग़ालिबन मर्दों की नफ़सियात (मनोविज्ञान) पर बिलकुल रिसर्च नहीं की थी। इसलिए अपने रंगीन मिज़ाज शौक़ीन शौहर को नर्सों और स्टूडेंट्स के दरम्यान छोड़कर मज़े में रहती थी, चुनाँचे बहुत जल्द कॉलेज में यह ख़बर फैल गई कि चाँद डॉक्टर रहमान से शादी कर रही है। वे दोनों हर जगह देखे जाते। हॉस्पिटल के प्राइवेट रूम में पेचीदा मर्ज़ों पर लेक्चर देने के लिए घंटों डॉक्टर रहमान चाँद के साथ बैठा रहता। चाँद उसकी कार में पिकनिक को जाती, पिक्चर देखती और नये-नये तोहफ़ों के साथ घर आती थी। हैदर अली ख़ाँ दिल ही दिल में पेचो-ताब खा रहे थे। उन्होंने तहैया कर लिया था कि जिस वक़्त डॉक्टर रहमान का पैग़ाम आएगा तो उसे मज़ा चखाएँगे इस

रोमान का लेकिन हुआ यह कि हैदर अली ख़ाँ के वालिद अचानक बैठे-बैठे मर गए और उनके मरते ही यह भाँडा भी फूट गया कि चाँद के दादा कुड़क मुर्ग़ी की तरह अपने नीचे सोने की ईंटें नहीं बल्कि क़र्ज़ के पत्थर दबाए बैठे थे। चुनाँचे एक दिन अचानक चाँद को मालूम हुआ कि डॉक्टर रहमान ने अपना ट्रांसफ़र अपनी बीबी के पास करवा लिया है और वह चाँद से मिले बग़ैर ही चला गया। इस सारी लबड़ धों-धों का नतीजा यह हुआ कि हैदर अली ख़ाँ उससे सख़्त नाराज़ हो गए थे। और अब हर महीने की पहली तारीख़ को ख़ुद आकर बेटी का दुलार नहीं करते थे बल्कि किसी के हाथ उसके लिए सौ रुपए भेज दिया करते।

तो आज वही उदास सुबह थी, जब उठते ही चाँद ने वायलिन पर गुनगुनाना शुरू कर दिया था :

आए है बेबसी-ए-इश्क़ पे रोना ग़ालिब
किसके घर जाएगा सैलाब-बला मेरे बाद

वाहिद हुसैन चाँद के इस ग़लत-सलत शे'र को बर्दाश्त कर लेते थे, इसलिए नहीं कि चाँद उनकी मरी लड़की की इकलौती निशानी थी बल्कि महज़ इसलिए कि वह राशिद और रज़िया की बड़ी चहेती भानजी थी।

और जिसे राशिद पसन्द करता, उसके ख़िलाफ़ गौहर फूपो और वाहिद हुसैन कुछ कहने की जुरअत नहीं कर सकते थे।

लेकिन हर वक़्त चाँद की नालायक़ियाँ बर्दाश्त करते-करते वाहिद हुसैन का मिज़ाज बद से बदतर होता जा रहा था। ज़माने की सारी तरक़्क़ी और तब्दीलियाँ अभी तक उस घर के ऊपर ही से गुज़र रही थीं। वाहिद हुसैन ने अपनी दोनों लड़कियों को सिर्फ़ हाई स्कूल तक पढ़ाया था। दस-ग्यारह साल तक वे लड़कियाँ अपनी ख़ास तहज़ीब के मुताबिक़ कलीदार कुरता और तंग पाजामे पर सुनहरी कारचोबी वासकट और कारचोबी कामवाली टोपी ओढ़ा करती थीं। यह हैदराबाद के ऊँचे तबके में आमतौर पर लड़कियों का लिबास था! ज़रा-सी और बड़ी हुईं तो बीबी ने सख़्त परदे में बिठा दिया और कलीदार कुरते पर खड़ा दुपट्टा भी ओढ़ने लगीं। अब टोपी उतार दी गई और उसके साथ ही वाहिद हुसैन उनके बढ़ते हुए क़द देखकर घबराने लगे थे। इसलिए जो पैग़ाम आया तो आँखें बन्द करके चट मँगनी पट ब्याह हो गया। अब यह हक़ीक़त वाहिद हुसैन के लिए बड़ी कड़वी थी कि उनकी नवासी लड़कों के साथ डॉक्टरी पढ़ रही थी। बेपरदा घूमती थी, स्टेज पर मेकअप करके ड्रामों

में काम करती थी और गाने गाती थी। घबराकर उन्होंने इस मामले में बीबी और गौहर बेगम का सहारा लेना चाहा मगर बीबी तो ख़ानदान के हर अहम मामले में चुप रहने पर कारबन्द थीं और गौहर बेगम भी अपनी बारह गज़ की ज़बान को मुँह की डिबिया में बन्द रखने पर मजबूर थीं। उन्होंने चाँद के मेकअप, पार्टियों, नंगे पहनावे, हर चीज़ पर टोकना छोड़ दिया था क्योंकि चाँद के सबसे बड़े हिमायती राशिद और रज़िया घर में मौजूद थे। कई बार गौहर फूपो सोचतीं : वह भी इस घर की क्वाँरी थीं, जिन्होंने अपनी जवानी को ज़िन्दा दफ़न कर दिया मगर घर में किसी को ख़बर न हुई। किसी ने न सोचा कि इस घर में एक क्वाँरी बैठे-बैठे ख़ाक हुई जा रही है। जब भी कोई पैग़ाम आता, दोनों भाई सिर जोड़े खुसर-फुसर करने लगते थे और फिर गौहर बेगम के सामने आहिस्ता-आहिस्ता सुनाते, "ऐसे निकम्मे को देने से अच्छा है कि गौहर बेगम क्वाँरी बैठी रहें!"

"किसी ऐसे-वैसे ख़ानदान में ब्याह देंगे तो ख़ुदा बख़्शे चचा हज़रत को क़ब्र में सुकून नहीं मिलेगा।"

कभी-कभी वाहिद हुसैन बड़े मूड में होते तो कहते, "बस, अब और इन्तज़ार न करूँगा। इस साल गौहर बेगम का फ़र्ज़ अदा करना है।"

तेईस बरस की गौहर बेगम यह सुनतीं तो चुपके-चुपके दुआएँ माँगतीं, "या अल्लाह, मेरे नसीब खोल दे। मेरी क़िस्मत का जोड़ भेज दे।"

मगर शायद अल्लाह मियाँ के यहाँ उनकी क़िस्मत का जोड़ नहीं बना था।

इसलिए साल पर साल निकलते गए। अब वह चालीस साल की हो चुकी थीं। चालीस साल की लँगड़ी औरत से ब्याह कौन करता!

गौहर फूपो की मोहब्बत और ख़िदमत-गुज़ारी से शर्मिंदा होकर कभी-कभी वाहिद हुसैन कहते, "गौहर बेगम, तुम अपने रुपए-पैसे का हमसे हिसाब ले लिया करो, भई!"

"मैं क्या करूँगी, भाई पाशा? आप रखिए अपने पास।" वह लापरवाही से कहतीं।

"लेकिन कभी-कभार अपने ज़ेवर-कपड़े तो पहना करो, भई! रज़िया के पास कब तक धरे रहेंगे?"

"क्यों पहनूँ ज़ेवर-कपड़ा?" वह झुँझलाकर पूछतीं तो वाहिद हुसैन लाजवाब हो जाते थे। जब तक वह सोलह-सत्रह बरस की रहीं तो गौहर फूपो को किसी ने अच्छे कपड़े और ज़ेवर नहीं पहनने दिया क्योंकि उस ज़माने में लड़कियों को सादगी से ही रखा जाता था। माँ-बाप मर गए तो

उन्होंने ख़ुद लत्ता-कपड़ा सँभालकर रख दिया कि शादी के बाद निकालेंगी और टाँग जाने के बाद इस शरम से नहीं पहनती थीं कि अब लोग मज़ाक़ उड़ाएँगे। बस, वह सफ़ेद चिकन का खड़ा दुपट्टा, सफ़ेद कारगे का कुरता और सफ़ेद ही हरक़ का पाजामा पहनती थीं। उनके हाथ हमेशा नंगे रहते, गला हमेशा ख़ाली रहा। यह सूनापन उनके ख़ूबसूरत चेहरे पर भी फैलता गया। वह जाने कब बचपन से जवानी में दाख़िल हुईं और कब बुढ़ापे की सरहद पार कर गईं। घर में बहुत कम लोगों ने महसूस किया कि गौहर बेगम के बाल सफ़ेद होना शुरू हो चुके हैं। उनके चेहरे पर झुर्रियाँ पड़ रही थीं, वह काम करते-करते हाँफ जाती थीं। इसके बावजूद उन्होंने कभी किसी मर्द की तरफ़ हँसके नहीं देखा था। कभी सैर-सपाटों को न गईं, न और कोई शौक़ जान को लगाया, जैसे वह सिर्फ़ उसी मर्द के इन्तज़ार में हों जो ज़बरदस्ती उन्हें उठाकर पालकी में बिठाएगा।

घर के इस रिवायती माहौल में चाँद की आज़ादी बड़ी चौंका देनेवाली थी लेकिन वाहिद हुसैन की चीख़ो-पुकार पर राशिद समझा देता था।

“जब चाँद डॉक्टर बन जाएगी तो मालूम होगा कि ख़ानदान का नाम कितना रौशन हुआ है। कोई है किसी जागीरदार ख़ानदान में लेडी डॉक्टर?”

“और वह नाच-गाना! ज़रा ख़ानदान में निकलो तो पता चले कि कैसे थू-थू मची है।” गौहर फूपो ने तुनककर कहा।

“एक बात हो तो की जाए।” वाहिद हुसैन फ़ौरन गौहर बेगम की तरफ़दारी करने लगे। “हर एक यही कहता है कि साहब आपने अपनी नवासी को इतनी आज़ादी क्यों दे दी है?”

“कौन कहता है?” राशिद भड़क उठा। “मेरे सामने कहे, मैं सबका हाल जानता हूँ। देख तो लिया बशीर आपा और बतूल का हाल। अगर पढ़ी-लिखी होतीं तो यों जल-जलकर न मरतीं।”

राशिद तरक़्क़ीपसन्द न था, मगर मौक़ा-महल देखकर काम करता था। उसने इंजीनियरी के अलावा बिज़नेस भी शुरू कर रखा था, मिट्टी, चूने और पत्थर का ब्योपार। वह बिज़नेस के उसूल पढ़ रहा था और जानता था कि चाँद जैसी तहज़ीबयाफ़्ता और फ़ैशनेबल लड़कियों का भाव कितना बढ़ा है। इतना कि लोग चाहें तो उनके सहारे लाखों का कंट्रैक्ट ले लें।

“यह सब हमारी क़िस्मत का फेर है। हमने अपनी बेटियों को सब कुछ देखकर दिया मगर उनकी क़िस्मत से भरे घर उजड़ गए।”

वाहिद हुसैन की आवाज़ दुख से रुँध जाती थी।

चूल्हे के पास जहाँ बिस्मिल्लाह ने दही की हाँडी टाँगने के लिए छींका लटका दिया था, दो कौए बैठे एक सुर और ताल में काँए-काँए कर रहे थे। सड़क पर लाल मिट्टी और अचार बेचनेवालों की आवाज़ आ रही थी और रज़िया की साड़ी का पल्लू पकड़े शाहीन उसके पीछे-पीछे ज़िद करता फिर रहा था कि वह बग़ैर इस्तरीवाला यूनीफ़ार्म पहनकर स्कूल नहीं जाएगा। शाहीन के पीछे-पीछे उनकी मोटी काली आया मिसेज़ एंथनी यूनीफ़ार्म हाथ में लिए घूम रही थी।

चूल्हे के पास बिस्मिल्लाह बी दहाड़ रही थीं, "क्या आज सलारु क़ीमा नहीं लाएगा? अब किसका क़ीमा कूटकर मैं पका दूँ?"

रज़ाई के अन्दर मुँह लपेटने के बावजूद ग़ज़ल ने अन्दाज़ा लगा लिया कि दिन निकल आया है। ऐवाने ग़ज़ल में सुबह इसी धूमधाम से हुआ करती थी। फिर रज़ाई हटाकर आँख की ज़रा-सी दरार खोलकर उसने देखा कि नाना हज़रत आँगन में सपोटे के झाड़ तले स्टोव रखे गाजर का मुरब्बा बना रहे थे बल्कि बनवा रहे थे। एक हाथ में तसबीह और दूसरे में चमचा और मुँह पर सब ही नामाकूल चीज़ों को गालियाँ। ज़ाहिर है कि जिस दिन वाहिद हुसैन को अचार-मुरब्बे बनाने का मूड सवार होता था तो सारा घर तहो-बाला हो जाता। हद यह थी कि हर वक़्त मसहरी पर लेटी रहनेवाली बीबी भी इन्तज़ामात में लगी हुई थीं। रज़िया बच्चों को स्कूल के लिए तैयार करवाने के बजाय आँगन में दौड़ी-दौड़ी फिर रही थी। गौहर फूपो स्टोर की चाबी हाथ में थामे खड़ी थीं कि जिस चीज़ की ज़रूरत हो, फ़ौरन भेज दी जाए और वाहिद हुसैन की चीख़ो-पुकार में चाँद की बारीक़ मुरकियों-भरी आवाज़ दबी जा रही थी। बिस्मिल्लाह बी के आए दिन हवास ख़ता हुए जा रहे थे...क्योंकि वाहिद हुसैन को उसका कलछा हिलाने का अन्दाज़ क़तई पसन्द नहीं था। ऐसे में तनतनाहट के मारे उन्होंने गरम कलछा पकड़ना चाहा तो हाथ जल गया बल्कि यों कहिए कि हाथ क्या जला, उँगलियों से लेकर तलवे तक किसी ने गरम सलाख़ छुआ दी। वह अभी तय नहीं कर पाए थे कि इल्ज़ाम बिस्मिल्लाह बी के सिर थोपें या फ़िज़ूल क़िस्म के भिगोने को कोसें, कि चाँद की आवाज़ तीर की तरह कानों से टकराई।

"यह...यह कौन ग़ालिब की इसलाह (सुधार) कर रहा है? जहालत की हद है यानी गालिब का शे'र तक ग़लत पढ़ा जा रहा है।"

"वाह, वाह, ग़लत क्यों होता...?" चाँद ने अचानक गाना रोककर जवाब दिया और दोबारा सुर ढूँढ़ने लगी।

"अच्छा, और फिर ज़िद भी करती है। अरी जाहिल, वह बेकसी-ए-इश्क़ है, बेबसी-ए-इश्क़ नहीं है।"

'ऊँह! हुआ करे!' चाँद ने सोचा, बेबसी और बेकसी में ऐसा कौन-सा बड़ा फ़र्क़ है जबकि रोना बहरहाल है।

"इसी पर तो मेरी जान जलती है," वाहिद हुसैन ने जल्दी-जल्दी तसबीह के दाने घुमाते हुए कहा।

"यह कमबख़्त औरतों की क़ौम ही जाहिल होती है। यानी डॉक्टरी पढ़ रही हैं मोहतरिमा और क़ाबिलियत का यह आलम है कि ग़ालिब का एक मिसरा सही नहीं पढ़ सकतीं। उँगलियों में लगी हुई आग अब सारे बदन में फैल गई थी। वह ग़ुस्सा उतारने के लिए कोई बहाना तलाश कर रहे थे कि दालान में सोती हुई ग़ज़ल पर नज़र पड़ गई।

"अच्छा, और यह शहज़ादी अभी तक सो रही हैं!"

ग़ज़ल ने सुना तो रज़ाई के अन्दर परेशानी के मारे बुरा हाल हो गया।

"ऊँह, ग़ज़ल को बुरा मत कहना...," बीबी ने धीरे से कहा। और फिर सामने बैठी हुई बीबी की उदास सूरत देखकर वह बीबी की बात मान गए। मजबूरन फिर मुरब्बे में जुट जाना पड़ा।

"चलो जान बची...," ग़ज़ल रज़ाई फेंककर उठी और जल्दी से बाथरूम में घुस गई। बाथरूम में जाकर मुँह-हाथ धोने में कई फ़ायदे थे। किसी को पता ही न चलता था कि दाँत माँजे या नहीं! और न साबुन की मिर्चें आँखों में लगानी पड़ती थीं। वह बड़ी देर तक नल की धार को हाथ में लेकर छप्पक-छय्या करती रही। रज़ाई में से निकले हुए गरम बदन पर पानी के छींटे बर्फ़ के रेज़े बनकर लग रहे थे। जब बारीक़-बारीक़ फुहार ने उसके बाल-बाल में मोती पिरो दिये, भीगी चुहिया बनी बाहर निकली, कपड़ों से पानी टपकाती, नाक सुड़सुड़ाती। बाहर आने के बाद भगोड़े मुजरिमों की तरह कोई महफ़ूज ठिकाना ढूँढ़ने लगी। इतनी देर में चुगलखोर फ़ौज़िया ने उसे पकड़ लिया, "मम्मी! मम्मी! ग़ज़ल को देखिए...!" वह ख़ूब-ख़ूब बनकर हँसने लगी।

महज़ इसलिए कि उस वक़्त वह ख़ुद सफ़ेद भक फ्रॉक पहने थी, उसके बाल हरी रिबन से बँधे हुए थे और सफ़ेद जूतों के सुर्ख़ फंदों को ज़ोर-ज़ोर ने झटकती वह इतराई-इतराई फिर रही थी। ग़ज़ल के लिबास और हुलिए की ख़बर सुनकर शाहीन ने भी ज़िद करनी छोड़ दी और उधर मुतवज्जेह हुआ। वह आया के हाथों से छूटकर इधर-उधर भागता फिर रहा था। नैकर के गैलिस चाबुक की तरह हवा में घुमाते-घुमाते उसने ग़ज़ल को बड़ी दिलचस्पी ले

देखा और हँसने लगा मगर सिर्फ़ अपनी छोटी बहन फ़ौज़िया को ख़ुश करने के लिए क्योंकि एक तो उसके अपने कपड़े भी मैले थे और फिर भीगे हुए कपड़ों में काँपती हुई ग़ज़ल को देखकर उसका जी चाह रहा था कि नल के नीचे बैठकर ख़ूब ऊधम मचाए।

"अजी बतूल बेगम! ज़रा देखो तो तुम्हारी साहबज़ादी ने क्या गत बनाई है?" रज़िया ने ग़ज़ल को कीचड़ भरे पाँव से फ़र्श गन्दा करने पर मुँह बनाया।

"मेरे कमरे में मत आना, क़ालीन गन्दा हो जाएगा।"

दुलहिन मुमानी की आवाज़ सुनते ही ग़ज़ल ने माँ के घूँसे की उम्मीद में आँखें बन्द करके सिर पर दोनों हाथों से छप्पर डाल लिया। चुनाँचे जिस वक़्त वह माँ के थप्पड़ खाकर चिल्ला रही थी और ज़मीन पर मचल रही थी तो बेचारी चाँद को आँसू पोंछकर वायलिन रख देना पड़ा। शाहीन और फ़ौज़िया पास खड़े उसके पिटने का तमाशा देखते रहे। राशिद ने अख़बार से नज़रें हटाकर इधर देखा और फिर अख़बार में खो गया।

फिर वाहिद हुसैन दहाड़े, "जरा छड़ी तो लाना...!"

अचानक सन्नाटा छा गया। ग़ज़ल द्रुत से पंचम पर आई और फिर चुप हो गई। बिलकुल ड्रिल करने के अन्दाज़ में खड़ा होना पड़ा और फिर अम्माँ से वह मनहूस कुरता भी पहनवा लिया जो अब्बा की क़मीज़ काटकर बनवाया था।

रज़िया नाक सिकोड़े, त्योरी पर बल डाले दालान में आई और शाहीन और फ़ौज़िया का हाथ पकड़कर

अन्दर ले गई। यह ज़िद्दी छोकरी उसके सलीक़ेमन्द बच्चों को भी बिगाड़ देगी।

नाश्ते की मेज़ पर जैसी कि आदत थी फ़ौज़िया खूब ठुनकी, "अंडा नहीं खाऊँगी। एक प्याली से ज़्यादा दूध नहीं पीऊँगी। यह प्लेट गन्दी है, आया ने बग़ैर साबुन लगाए हाथ धुला दिये।"

और रज़िया चुमकार-चुमकारकर उसे बहलाती रही। कभी हलके-से राशिद डाँट देता तो वाहिद हुसैन फ़ौरन टोक देते, "आप हमारी गुड़िया को नईं डाँटना।"

फ़ौज़िया चार साल की थी और दादी-दादा की बेहद लाड़ली थी।

शाहीन अब सात बरस का हो चुका था। इसलिए वह अपने-आपको काफ़ी बड़ा और अक्लमन्द समझकर ज़िद नहीं करता था। शाहीन नाश्ते के वक़्त अपनी आदत के मुताबिक़ दादा के पास बैठा था। सात बरस का बाँका-सजीला, अहम शख़्सीयत का मर्द। उसे इस बात का शिद्दत से अहसास था

कि वह फ़ौज़िया और ग़ज़ल से तीन बरस बड़ा है। उसे अंग्रेज़ी की बहुत सी नज़्में याद हैं। अपनी क्लास में हमेशा फ़र्स्ट आता है और बेचारी फ़ौज़िया को अभी तक ए, बी, सी, डी पूरी तरह याद नहीं होती थी। जब वह अपनी छोटी-सी मोटर में बैठकर उसे ड्राइव करता था तो ग़ज़ल की समझ में ख़ाक नहीं आता था कि मोटर चलाने का राज़ क्या है? आजकल वह फ़ौज़िया को बड़ी तनदिही से अपनी रंगीन तसवीरोंवाली किताब की कहानियाँ सुनाया करता था। ऐसे वक़्त अगर ग़ज़ल आ जाती थी तो वह दोनों बहन-भाई फ़ौरन किताब छुपा लेते थे। ग़ज़ल को रंगीन तसवीरें खाने का बड़ा शौक़ था। वह कहती थी, बड़ी मीठी होती हैं।

एक दिन तजुर्बे की ख़ातिर इन तीनों ने शाहीन की पूरी किताब खा डाली। उस वक़्त तो ज़्यादा लुत्फ़ न आया मगर जब रज़िया ने सुना तो सबका किया-धरा अकेले शाहीन को भुगतना पड़ा।

शाहीन को क़िस्से-कहानियाँ सुनानेवाले अपने दादा हज़रत बेहद पसन्द थे। वह अभी से तय कर चुका था कि बड़ा होकर दाढ़ी रखेगा, तहसीलदारी करेगा और हाथ उठा-उठाकर शायरी करेगा। खाना खाते वक़्त वह हू-ब-हू दादा की नक़ल करता था। वैसे ही चार उँगलियों से निवाला बनाता और अचार, इमलीवाले खट्टे सालनों से सख़्त परहेज़ करता।

सालन में नमक बिलकुल कम डाला जाता। नाश्ते से पहले ख़मीरा मरवारीद खाकर ओवलटीन पी जाती। इतने एहतिमाम और नफ़ासत के साथ कि सारा घर इतनी देर में नाश्ता ख़त्म कर देता था। "गिलास बाएँ हाथ में उठाना चाहिए। जब तक एक सालन ख़त्म न हो और सालन नहीं लेना चाहिए।" बीच-बीच में दादा हज़रत की दवा के दौर चलते। कोई दवा खाने से पहले की होती और कोई खाने के दरम्यान और कोई आख़िर में खानी पड़ती। इन दवाओं के औक़ात याद दिलाना भी शाहीन का काम था।

मेज़ पर बैठे हुए लोगों को ग़ज़ल ने सिर्फ़ उचटती हुई नज़र से देखा क्योंकि वह खाने में मसरूफ़ थी। पहले तो उसने अंडों की प्लेट घसीटी और बड़ी मेहनत के बाद दो अंडे निकाल लिए। फिर खिचड़ी की डिश में से इतने चावल उँडेले कि प्लेट के साथ-साथ पास रखी हुई अचार की कटोरी और आमलेट की प्लेट भी चावलों से भर गई। चाँद अपने सामने आमलेट का एक टुकड़ा डाले काँटे से खेल रही थी। उसकी आँखें सूजी हुई थीं और चेहरा बेहद उदास था। वह चाहती थी कि ग़ज़ल जिस तरफ़ निगाह डाले, वह चीज़ झट ग़ज़ल तक पहुँचा दे मगर वह हर बार बड़ी फुरती से चाँद आपा को इस ज़हमत से बचा लेती थी।

ख़ूब बहुत-सा मसका, अचार और अंडे खिचड़ी में गूँधने के बाद उसका खाते-खाते जी ऊब गया था तो बहती हुई नाक को कलाई से पोंछकर वह पराँठों की तरफ़ लपकी मगर अचानक अम्माँ का सर्द हाथ हथकड़ी की तरह उसकी कलाई से लिपट गया और ज़न्नाटे के साथ ऐसे थप्पड़ मुँह पर पड़े कि मुँह में ठुसे हुए चावल धक्का खाकर बाहर निकल पड़े। वह तेवराकर कुरसी के नीचे गिरी। सब बतूल को बुरा कहने लगे।

"ऊई माँ! तुम कैसी बेदर्द हो, बतूल बेगम! मुझसे तो कभी अपने बच्चों को नहीं मारा जाता!" रज़िया ने तरस खाकर कहा।

"दोनों माँ-बेटियाँ अव्वल नम्बर की जाहिल हैं!" वाहिद हुसैन ने इतमीनान से ओवलटीन की चुस्की ली। फ़ौज़िया और शाहीन ग़ज़ल को पिटते देखकर बन-बनकर हँसने लगे

"देखा तुमने...ऐसे होते हैं गन्दे बच्चे!" राशिद फ़ौज़िया और शाहीन को समझाने लगा।

चाँद अपनी सफ़ेद जार्जेट की साड़ी पर से चावल और सालन के धब्बे बड़ी नफ़ासत से साफ़ करने लगी। बीबी इस तमाशे की ख़ामोश तमाशाई थीं और बड़ी ख़ामोशी से रोटी के छोटे-छोटे निवाले निगलने की कोशिश कर रही थीं। आजकल घर की फ़िज़ाँ चाँद की वजह से गुमसुम थी। सबको मालूम था कि डॉक्टर रहमान फिर बम्बई चला गया है और आजकल चाँद छुप-छुपकर रोती है मगर इस तरफ़ से सब अनजान बने हुए थे।

बतूल किसी को जवाब देने के बजाय ग़ज़ल को मारने के बाद अपने आँसू पोंछती हुई कमरे में चली गई।

"अपना घर है, यहाँ तो कोई बात नहीं मगर बतूल ने ग़ज़ल को बहुत बदतमीज़ बनाया है।" राशिद ने ठहर-ठहरकर कहा।

राशिद जानता था कि रज़िया बतूल और ग़ज़ल से उतनी ही नफ़रत करती है, जितना वह चाँद को चाहती है मगर बीबी और अब्बाजान की वजह से सहना पड़ता है। ख़ासतौर से राशिद को अपनी माँ के चेहरे पर बरसती हुई मज़लूमी से दिली हमदर्दी थी। आम बेटों से ज़्यादा वह अपनी माँ को चाहता था। हर वक़्त उनकी दिलजोई में लगा रहता, जो वह चाहती थीं। फिर भी यों लगता जैसे उन सबने मिलकर बीबी को कैद में डाल दिया है और वह दरवाज़े पर पहरा देते रहते हैं। बीबी को देखकर बाज़ वक़्त राशिद सोचता कि औरत किस उम्र तक ज़िन्दा रहती है? बीबी के अन्दर बैठी हुई ज़िद्दी लड़की क्या कभी हार नहीं मानेगी? वह अभी तक माँ और

दादी के सच्चे रूप में नज़र न आती थीं, हालाँकि उन्होंने यह सब फ़र्ज़ बड़ी तनदिही से अदा किये थे।

"अगर बतूल बेगम को कुछ देना हो तो दे दीजिए न, पाप कटे!" बीबी ने आहिस्ता से वाहिद हुसैन से कहा।

"मेरे पास कोई क़ारूँ का ख़ज़ाना है?" वह झुँझला गए। "हर महीने दो सौ रुपए कहाँ से लाऊँ मैं? आपके दामाद को तो अब चाट लग गई है। जिस वक़्त देखो, हाथ फैला है।"

"तो बतूल क्या करे?" बीबी की आवाज़ भर्रा गई। "वह उसे मार-पीटकर भेजता है। अगर रुपया न लेकर जाएगी तो और ज़ुल्म तोड़ेगा।"

"तो मेरी बोटियाँ नोचकर दे दो।" वाहिद हुसैन चिल्लाने लगे।

रज़िया और राशिद इस बात पर बिलकुल अनजान बने रहे।

नाश्ते की मेज़ पर से उठकर वाहिद हुसैन सोचने लगे कि इस तकलीफ़देह माहौल से छुटकारा पाने के लिए बयाज़ खोलनी चाहिए और वह सिगार सुलगाकर अलमारी टटोलने लगे।

फ़ौज़िया और शाहीन स्कूल जाने के लिए तैयार हो गए। रज़िया और गौहर फूपो दालान में बिछे तख़्त पर बैठी पान खा रही थीं और ज़ोरदार बहस में मसरूफ़ थीं।

"यह सब चाँद की नक़ल हो रही है, अल्लाह की शान है। सुना है, फ़ातिमा बेगम की लड़की क़ैसर कॉलेज में पढ़ रही है। ये क़यामत के आसार हैं। कमीनों का इतना ज़ोर हो गया है!" फूपो ने नाक पर उँगली रखकर कहा।

"और यह नहीं सुना, बेगम सा'ब पैदल जाती हैं कॉलेज!" रज़िया बड़े तंज़ के साथ हँसी। "जब पैसे नहीं हैं तो बड़े आदमियों की नक़ल करना क्या ज़रूरी है? बशीर आपा मरहूमा ज़िन्दा होती तो न जाने क्या करतीं?"

"क्या करे बेचारी...सूरत-शक्ल तो ऐसी है नहीं कि किसी ड्योढ़ी की बेगम या ख़वास बन सके!" बीबी की इस बात पर फूपो ने बड़े ग़ौर से उन्हें देखा और अन्दर कमरे में सिसकियाँ लेती हुई बतूल से बोलीं :

"जी, अब बस करो न, बतूल पाशा! एक बेचारी तो यों ही घुल-घुलकर मर चुकी है।"

बीबी के पास बैठकर छालियों के गिरे हुए टुकड़े और पानों के डंठल मुँह में डालने के बाद ग़ज़ल ने चाँद के कमरे का रुख़ किया।

चाँद सफ़ेद साड़ी पहने, अपने ज़रा-ज़रा से सुनहरे बाल मुँह पर बिखराए, बग़ैर आस्तीनवाली नंगी बाँहें कुरसी पर डालकर निढाल पड़ी थी। उस वक़्त

वह अपनी ही बनाई हुई कोई पेंटिंग लग रही थी। आँखों में आँसू छुपाए, न लिपस्टिक, न काजल...।

उन्हें ख़ामोश देखकर ग़ज़ल की हिम्मत न पड़ी कि उनकी मेज़ पर रखी रंग-बिरंगी शीशियों और डिब्बों को छुए। चाँद का कमरा ऐसा ख़ूबसूरत था कि लगता, वहाँ परियाँ रहती होंगी। वरांडे में से गुज़रो तो उस कमरे से भकाभक ख़ुशबुएँ आया करती थीं। इसलिए वह बड़े उम्मीद-भरे अन्दाज़ में दरवाज़े से लगकर खड़ी हो गई कि चाँद ख़ुद ही अन्दर बुला ले। चाँद ऐवाने ग़ज़ल की वाहिद फ़र्द थी जो आज तक ग़ज़ल की किसी हरकत पर नहीं हँसती थी, न उसे कभी डाँटा और न अपने कमरे से बाहर निकलने का हुक्म दिया। एक बार उन्होंने अपना पुराना शेफ़ून का स्कार्फ़ ग़ज़ल को दे दिया था जो उसने जानमाज़ की तरह सेंत-सेंतकर रखा था। चाँद ग़ज़ल की आइडियल थी, हालाँकि वह ग़ज़ल को बहुत कम देखने को मिलती क्योंकि ग़ज़ल कभी महीनों में नाना हज़रत के हाँ आती थी लेकिन चाँद के साथ वह जितनी देर रहती, उसे छू-छूकर देखती और इस बात पर चाँद को बड़ी हँसी आती थी। चाँद को यों भी बहुत कम हँसी आती थी। उनका नाम चाँद रखकर न जाने किसने उनकी तौहीन की थी। उनके सामने तो हज़ार सूरज निकलते तो माँद पड़ जाते। बिलकुल सिनेमा की नाचती-गाती तसवीरों जैसी थीं वह! फिर ख़ुशबू में बसे कपड़े, सुनहरी कटे हुए बालों की उड़ती हुई फुहारें और कंजाई आँखों में चमकती हुई सुनहरी पुतलियाँ जैसे पानी में सुनहरी मछलियाँ तैर रही हों। ग़ज़ल दिल ही दिल में पक्का इरादा किये बैठी थी कि वह चाँद आपा से ब्याह करेगी। इस बात की इत्तिला उसने फ़ौज़िया को भी न दी थी कि कहीं वह भी चाँद आपा पर मोहित हो गई तो वह बेचारी दो-दो से कैसे निबटेंगी! चाँद की इस ख़ूबसूरती की बदौलत राशिद के बहुत-से बिगड़े काम सँवर गए थे क्योंकि वह चाँद जैसी ख़ूबसूरत भानजी का मामूँ था। बड़े-बड़े सरकारी फंक्शन में उसका प्रोग्राम होता। कॉलेज के हर ड्रामे की हीरोइन वही होती। अख़बार उसके आर्ट पर मज़मून लिखते थे। इस तरह ऊँचे तबके में वह न सिर्फ़ ख़ुद पहुँच गई थी बल्कि उसने राशिद को भी पहुँचा दिया था।

इन हसीनो-जमील चाँद आपा पर ग़ज़ल भी मर मिटी थी। उन्हें नाश्ते में पापड़ खाने से चिढ़ थी। इसलिए सिर्फ़ पापड़ों की थाली ग़ज़ल की छीना-झपटी से महफ़ूज़ रहती थी। चाँद आपा दिन-भर गुनगुनाती रहती थीं और ग़ज़ल भी उनकी आवाज़ में आवाज़ मिलाती।

"अरे ग़ज़ल! तेरी आवाज़ तो बहुत अच्छी है। तू भी गाना ज़रूर सीख ले न!"

"अच्छा,...आप सिखा दीजिए!" वह अपनी तारीफ़ सुनकर फ़ौरन चाँद आपा की साफ़ साड़ी पर अपने मैले हाथों से धब्बे डालने लगी।

"मुझे कहाँ फ़ुरसत है, डियर...?" उन्होंने ग़ज़ल के मोटे-मोटे गालों पर चुटकी भरी। "अल्लाह! यह लड़की बड़ी होकर कैसी क़यामत ढाएगी!" ख़ूबसूरत चीज़ों पर मर मिटना चाँद की आदत थी।

ग़ज़ल ने उदासी से सोचा। सचमुच चाँद आपा को कहाँ फ़ुरसत है? जिस वक़्त देखो, ड्राइंग रूम में गोरे-गोरे काले-काले लोग भरे रहते हैं। कभी ड्रामों की रिहर्सल हो रही है, चाँद आपा वायलिन पर गीत गा रही हैं, अपनी तसवीरें दिखा रही हैं और ड्राइंग रूम में सिगरेट का धुआँ क़हक़हों में घुल रहा है।

चाँद आपा अपनी हर बात में नफ़ासत और तालीमयाफ़्ता होने का सबूत देती थीं। दुनिया का कोई फ़ैशन ऐसा न था जो उन पर न सजा हो। यों तो राशिद विलायत-पलट था और रज़िया जूनियर कैंब्रिज तक पढ़ी हुई थी, मगर चाँद की बदौलत पहली बार सोशल बनने की तरफ़ उन्होंने तवज्जो दी थी। चाँद ने अब दुलहिन मुमानी को बेपरदा खुली कार में ले जाना सिखाया था। हँस-हँसकर मर्दों से बातें करना और मेकअप करके पार्टियों में जाना, यह सब उन्होंने चाँद की सुहबत में सीख लिया था। जिस वक़्त वह नई तर्ज़ का जूड़ा बाँधकर बड़ी कारीगरी से मेकअप करती थीं तो औरों की बात छोड़िए, ख़ुद राशिद उन पर नये सिरे से मर मिटता।

चाँद सिर्फ़ नाम की आर्टिस्ट नहीं थी बल्कि उसके आर्ट का दायरा वाक़ई बहुत वसीअ था। मेडिकल कॉलेज से आकर वह शाम को हैदराबाद के मशहूर मुसव्विर राशिद के पास पेंटिंग सीखने जाती थी। इस तरह उसका आर्ट-अदाकारी, मूसीकी, पेंटिंग और डॉक्टरी का संगम बन गया था। लोग बेचैनी से इन्तजार में थे कि कब वह डॉक्टर बनकर लोगों के दुखते हुए बदन पर मरहम रखा करेगी! न जाने कितने दुनिया के ठुकराए हुए फ़नकारों की उसने अपनी सिफ़ारिश से क़िस्मत जगा दी थी। कॉलेज के तमाम होनहार तालिबे-इल्मों की जात का महवर (केन्द्र बिन्दु) चाँद की जात थी जिसे सब प्यार से डॉक्टर चाँदनी कहा करते थे। यह सब उस वक़्त की बातें हैं जब वाहिद हुसैन क़र्ज़ की आँधी में घिरकर चकरा रहे थे। राशिद रुपया कमाने के नये-नये ज़रिये ढूँढ़ रहा था क्योंकि अहमद हुसैन ने एक हरामी लड़के को अपना लेपालक बनाकर उन्हें अँगूठा दिखा दिया था। इधर जायदाद क़र्ज़

में डूबती जा रही थी और सिर्फ़ राशिद की हज़ार-डेढ़ हज़ार की आमदनी पर ऐवाने ग़ज़ल की शान डगमगाने लगी थी। इस मुसीबत से छुटकारा पाने के लिए उन्होंने राशिद को एक चैक की तरह कैश कराया था और रज़िया अपने साथ बेशुमार दौलत लेकर आई थी। वाहिद हुसैन का बस चलता तो वह उन रुपयों को बिरियानी और बघारे बैगन की तिजारत में लगा देते मगर राशिद ने अपने अब्बा की तरह तहसीलदारी में अक्ल नहीं गँवाई थी। इसलिए उसने नौकरी के साथ-साथ कॉफ़ी, दवाओं और बीड़ी की तिजारत भी शुरू कर दी थी क्योंकि यह वह ज़माना था जब मुल्की चीज़ों को बढ़ावा दिया जा रहा था। ताजिरों को हुकूमत बड़ी-बड़ी माली मदद देती थी। देखते-ही-देखते चाँदी के सामान, सिगरेट और बीड़ी ने पूरे हिन्दुस्तान में आलमगीर शोहरत हासिल कर ली थी। हैदराबाद बहुत छोटा-सा इलाक़ा था मगर यहाँ की बनी चीज़ों की क़द्र हिन्दुस्तान से बाहर भी थी। इस बहती गंगा में राशिद भी हाथ धोना चाहता था।

उसने चाँद के ज़रिये से बड़े ताजिरों से याराना गाँठा और शोलापुर के रास्ते अपना माल बम्बई स्मगल करने लगा। चन्द महीने बाद ही उसने पुरानी फटीचर ब्यूक बेचकर नई रोल्स राइस कार ख़रीद ली। ऐवाने ग़ज़ल के हिलते हुए दरो-दीवार की रिपेयरिंग करवाई। सूद और क़र्ज़ की कई क़िस्तें अदा हो गईं। अब जो लोगों ने चाँद और रज़िया की सूरतों पर उँगलियाँ उठाना शुरू कीं तो वाहिद हुसैन के ख़ानदानी वक़ार को कोई ठेस नहीं लगी। वह एतिराज़ करनेवालों को कहते थे कि ये वे लोग हैं जो अपनी रिवायतों को ख़ुद ही दीमक बनकर चाट रहे हैं। क़र्ज़ और जहालत की दलदल में फँसकर अपनी अक्ल भी खो बैठे हैं। इनकी लड़कियाँ क़ुरान शरीफ़ पढ़ने के बाद तालीम मुकम्मल कर लेती हैं। लड़कों ने आवारगी की सब डिग्रियाँ ले ली हैं और इतमीनान से अपनी ड्योढ़ियों में बैठे शतरंज खेलते रहते हैं, और फिर एक दिन अचानक मालूम होता है कि शह पड़ रही है और बचाव के सारे रास्ते बन्द हैं।

जिस वक़्त हुमायूँ अपने बाप के इन्तिक़ाल की ख़बर सुनकर अन्दर भागा था तो उसे पक्का यक़ीन था कि अब उसके सोए हुए भाग जाग उठे मगर हुआ यह कि अलफ़लैला से दुत्कारे जानेवाले उनके तमाम सौतेले भाई आ गए बाप की मय्यत को कन्धा देने। भूख और मुसीबतों ने उन्हें जीना सिखा दिया था। इसलिए उनमें कोई जज था, कोई बैरिस्टर, कोई तहसीलदार और कोई क्लर्क। लिहाजा सबने मिलकर अदालत में साबित कर दिया कि हुमायूँ उनके बाप का बेटा ही नहीं था। उसकी माँ जो पन्द्रह बरस से साठ बरस

तक मिसकीन अली शाह की जूतियाँ खाती रही, उनकी कोई न थी। मगर हुमायूँ ने हिम्मत न हारी। अब वह जुए और शराब में अपनी खोई हुई सल्तनत ढूँढ़ने गया। हाथ पर हाथ रखे बैठा रहा कि कभी तो रहमत अली शाह अपनी करामात से उसके दिन फेरेंगे।

हुमायूँ के इस इबरतनाक (शिक्षाप्रद) अंजाम को देखने के बाद वाहिद हुसैन तालीम की बरकतों के क़ायल होते जा रहे थे और चाँद का हुक्म मानना, उसकी बातों पर अमल करना, घर में सब पर फ़र्ज़ था।

यों तो गौहर फूपो की जात बाबरकात भी थी जो शहर भर की लड़कियों की नाक में नकेल डाल चुकी थी मगर चाँद तक उनका भी हाथ नहीं पहुँच सकता था। इसलिए चाँद हर तरफ़ कमन्दें डालती थी। हज़ार बार उसका दिल टूटता और फिर जुड़ जाता था। एक-से-एक क़ीमती साड़ियाँ पहने वह फ़ुरसत के वक़्त कैनवस पर झुकी गुनगुनाए जाती :

पिया बाज कैसे सबूरी करूँ
कहा जाए अम्माँ किया जाए ना

काम करते वक़्त उसके कटे हुए बालों की लटें माथे पर आ जाती थीं तो पास बैठी हुई ग़ज़ल जल्दी से उन्हें पिन में अटका देती थी।

ग़ज़ल की इन हरकतों पर चाँद को बड़ी हँसी आती थी क्योंकि वह ख़ुद ग़ज़ल की नशीली आँखों पर मर मिटती थी। न जाने बड़े होकर यह लड़की क्या ग़ज़ब ढाएगी! उसकी आँखों में अभी से एक दावत, एक मोहनी कशिश थी।

एक बार उसने किसी काम के लिए ग़ज़ल को पुकारा, "ए हिरनी की आँखोंवाली लड़की!"

यह सुनकर ग़ज़ल इतराई-इतराई फिरने लगी।

लोगों की हिक़ारत (उपेक्षा)-भरी नज़रें, अब्बा का जलाल और अम्माँ का ग़ुस्सा उसने सब दिल से भुला दिया। उसका जी चाहा, अपने-आपको सात बार वारकर आपा के ऊपर से फेंक दे।

"चाँद आपा तो हमारी हैं!" एक दिन उसने इतराकर फ़ौज़िया से कहा।

"तुम्हारी क्यों होतीं?" फ़ौज़िया घबरा गई।

"वह तो डैडी की हैं और मम्मी की भी...।"

"आज तक किसी ने गाजर के मुरब्बे में किशमिश डाली है?" बीबी ने पान बनाते में धीरे से कहा।

"न डाली हो, हदीस शरीफ़ में तो नहीं लिखा है कि गाजर के मुरब्बे में किशमिश न डाली जाए!"

हस्बे-आदत आज वाहिद हुसैन गाजर का मुरब्बा बनाने में जुटे हुए थे। जिस दिन कोई नई परेशानी उन्हें आ घेरती और शे'र साथ छोड़ देते थे तो वह अचार-चटनियों में पनाह लेते थे।

बीबी वाहिद हुसैन से बहुत कम बहस करती थीं क्योंकि रज़िया की शादी के बाद उन्होंने घर के डाइरेक्टर जनरल का ओहदा सँभाल लिया था। इसलिए अब वह वाहिद हुसैन के इश्क़ पर घबराने या गौहर फूपो की बातों पर कुढ़ने की बजाय अपनी बहू के सुघड़ापे पर ख़ुश होती थीं। घर और उसके बखेड़ों से उनका ताल्लुक़ अब और भी कम हो गया था। दिन-भर वह या तो ख़ुद परदा लगी कार में कहीं रिश्तेदारों में घूमने चली जाती थीं या आनेवालियों, मेहमान बीबियों से बैठी गप्पें हाँकतीं। चाँदी के पानदान को खोलकर पान पर पान खाए जातीं। कभी मूड आता तो शाहीन और राशिद के लिए मलमल के कुरते सीने बैठ जातीं। अपने इस फ़न पर उन्हें बड़ा नाज़ था! रज़िया और चाँद को कशीदाकारी के नये-नये डिज़ाइन बनाना आता था। चाँद तो अपने ब्लाउज़ों के डिज़ाइन ख़ुद ही काग़ज़ पर बनाकर दरज़ी को देती थी। रज़िया को बच्चों के नये-नये फैशन के झालरदार जम्पर सीने का बड़ा शौक़ था लेकिन मशीन के बग़ैर उन लोगों से एक टाँका न लगता था। लेकिन बीबी ने सिलाई का सारा काम मशीन के बग़ैर ही किया। जब शादी-ब्याह में गोटे-किनारी का काम निकलता तो लोग चल-चलकर बीबी के पास आते थे। वह सारे जोड़े इतनी नफ़ासत से तैयार करतीं कि बस बैठे देखा करो। अलबत्ता जलवे के जोड़े को कभी हाथ न लगाती थीं। एक बार उनकी एक ख़ाला सास ने कहा भी, "ऐ वाहिद-दुलहिन, तुम जैसी ख़ुशक़िस्मत सुहागिन कौन होगी! इतना चाहनेवाला शौहर, बाल-बच्चे, आबाद घर, तुम जलवे के जोड़े को हाथ क्यों नहीं लगातीं?"

"फूपो अम्माँ, लोग कहते हैं कि सुहाग का जोड़ा सीनेवाली की क़िस्मत भी उस गोटे-किनारी के साथ टँक जाती है। तो फिर चुप काहे को, नई दुलहिन की क़िस्मत में इतने झगड़े-टंटे?"

कभी-कभी वाहिद हुसैन को बड़ा रोमांटिक मूड आता था तो वह बीबी के साथ शतरंज की एक-दो बाजियाँ भी खेलते थे। नौसिखिएपन के बावजूद हमेशा बीबी उन्हें शिकस्त दे देती थीं। इस पर एक शानदार मारिका होता और आख़िर में वाहिद हुसैन बिसात उठाकर फेंक देते और इधर-उधर देखकर बीबी

को अपनी बाँहों में भर लेते थे। उन्होंने पेंशन ली थी मगर उन्हें कभी बीबी के बग़ैर अकेले बिस्तर पर नींद न आती।

वह आज भी बीबी को नई दुलहिनों की तरह ताका करते थे, हालाँकि बीबी आज भी यों ही रूखेपन से, बड़े ठंडे दिल से उन्हें बर्दाश्त करती थीं जैसे बेजान गुड़िया हों।

अब पेंशन लेकर तो वाहिद हुसेन और भी पछताए। पेंशन से पहले उन्होंने वक़्त गुज़ारी के सुनहरे ख़्वाब देखे थे। फिर जब इत्मीनान से घर में आकर बैठे तो पहले तो उन्होंने शेरवानी और तंग मोरी की पाजामा उतारकर लुंगी बाँधी और फावड़ा लेकर तमाम ऐवाने ग़ज़ल को गुलजार बना डाला। फिर घर सुधारने की तरफ़ मुतवज्जेह हुए मगर हाई ब्लडप्रेशर और डायबिटीज उन्हें कुछ न करने देते थे। अब तो उनकी आवाज़ की वह मशहूर कड़क और ग़ुस्सा तक साथ छोड़ चुका था। अब उन्हें दुनिया की हर बात पर टाँग अड़ाने की आदत पड़ गई थी। फ़लाँ नौकर क्यों और कहाँ गया? चाँद के पास कौन आया? आज क्या पकेगा? बुढ़ापे ने कैसे फ़ौलादी इनसान को पिघला दिया था!

तहसीलदारी के तीस बरसों में उन्हें अपनी अहमियत मनवाने की ज़रूरत कभी नहीं पड़ी। ज़िले के तमाम लोग उनके इशारों को समझते थे। लोगों में मशहूर था कि गाँव की औरतें वाहिद हुसैन का नाम लेकर अपने बच्चों को डराया करती थीं। उन्होंने अपने बाप-दादा की रिवायत के मुताबिक़ तहसीलदारी भी की तो इस शान से कि सद्र-उल-महाम (सूबेदार) तक झेंप जाएँ।

हाय, क्या ज़माना था! उन्होंने आसमान पर उड़ती हुई चिड़ियों को देखकर आँखें बन्द कर लीं।

उस दिन घर से राशिद के पैदा होने का तार आया था और वह ख़ुशी के मारे पागल हुए जा रहे थे। इसलिए नहीं कि वह पहली बार बाप बन रहे थे, इसलिए कि उन्होंने अब बीबी के पैर में एक और ज़ंजीर डाल दी थी। अब उनके दिल से यह वहम निकल गया था कि एक दिन गौहर फूपो की आँख बचाकर वह अपने बाप की झोंपड़ी में भाग जाएगी।

वह घर जाने को तैयार हो गए। ज्यों-ज्यों ज़िले में यह ख़बर फैली, लोग तहसीलदार सा'ब को मुबारकबाद देने आने लगे। इतने नज़राने और तोहफ़े इकट्ठे हो गए कि उन्हें घर ले जाना मुश्किल हो गया।

उन दिनों यह ख़बर गरम थी कि रियासत का सद्र-उल-महाम एक 'हिन्दुस्तानी' बननेवाला है। यह हिन्दुस्तानी सरकार के बुलावे पर कई चक्कर

काट चुका था और सुना था कि सद्र-उल-महामी की मछली उसके जाल में फँस चुकी थी।

"ये हिन्दुस्तानी लोगाँ बड़े चालू होते हैं।" वाहिद हुसैन लोगों को जताया करते थे।

उस दिन बल्दा जाने के लिए मफ़रूज़ अहमद ट्रेन में बैठे तो आज जैसे ट्रेन उनकी बेसब्री पर सताने को तुली हुई थी। चलने का नाम ही न लेती। मुसाफ़िर बेचैनी से खिड़कियों में झाँक रहे थे। कोई कहता, अगले स्टेशन पर ट्रेन उलट गई है। कोई सुनाता कि कम्यूनिस्टों ने पटरियाँ उखाड़ फेंकी हैं। सारा रेलवे-स्टाफ़ घबराया-घबराया फिर रहा था।

वे लोग मुसाफ़िरों के हज़ारों सवालों का जवाब देना हिमाक़त समझ रहे थे।

पन्द्रह मिनट...एक घंटा...डेढ़ घंटा गुज़र गया।

पंखा खोलकर मफ़रूज़ अहमद ने सोचा कि भला वह ऐसी रियासत में कहाँ तक सुधार करेंगे जहाँ एक ट्रेन बिना किसी वजह के डेढ़ घंटा लेट हो जाए?

शोर की आवाज़ सुनकर वह खिड़की की तरफ़ आए। उनके सामने इनसानों का एक सैलाब बह रहा था। लोग न जाने क्यों नारे लगा रहे थे। फूलों के हार, मिठाई की टोकरियाँ और काले इनसानी सिरों के अलावा कुछ और दिखाई नहीं दे रहा था। उन्होंने हैदराबाद के बारे में इतना सुना था, इतना पढ़ा था कि अब एक भिखारिन की सूरत देखकर उसके चेहरे पर लिखी किसी ड्योढ़ी की कहानी पढ़ लेते थे।

वह अपनी आँखें पूरी तरह खुली रखते और अपनी जानकारी बढ़ाने के लिए बार-बार पूछते जाते थे :

"मीठी दाल में क्या शक्कर डाली जाती है? तुर्रम ख़ाँ क्या हैदराबाद का कोई पादशाह था? गंडीपेट का पानी कैसा होता है? क्या यहाँ सूखी मछली और झींगे खाना ज़रूरी है?"

"क्या आप लोग पानी में इमली की खटाई मिलाकर पीते हैं?"

फिर अचानक इस इनसानी सैलाब ने उनके फ़र्स्ट क्लास कंपार्टमेंट का रुख़ कर लिया। वह पहले तो उछल पड़े, फिर घबरा गए। शायद लोगों को पता चल गया है कि इस कंपार्टमेंट में हैदराबाद का होनेवाला सद्र-उल-महाम सफ़र कर रहा है लेकिन उनके लिए इतना शानदार इस्तिक़बाल! अब मुझे क्या करना चाहिए? साबिर नवाब ने इस बारे में तो कुछ बताया ही नहीं है।

और जब वह फूलों के लिए अपनी गरदन झुका चुके थे तो एक लहीम-शहीम ख़ुश-शक्ल नौजवान को लोगों ने अन्दर ढकेल दिया। वह फूलों में छुपा

हुआ था। लोग उसके तोहफ़ों को रखने के लिए अन्दर आ गए और मफ़रूज़ अहमद को सामान समेत उन लोगों ने रौंद डाला। उनके साथवाले सर्वेंट-कैबिन में जब नौकरों की फ़ौज, मुर्ग़ियों के झाँपे और फलों के टोकरे रखे जा चुके तो ट्रेन चलने लगी। अब उन्होंने भी हवास में आकर अपने सामने बैठे हुए ख़ुश-शक्ल और ख़ुशक़िस्मत नौजवान को देखा जिसके चेहरे पर ऐसा रोब था कि मुगल शहज़ादों की सूरत नज़रों में फिर गई। इसलिए मफ़रूज़ अहमद ने एहतियात के तौर पर साबिर नवाब के सिखाए हुए दरबारी आदाब बरतना शुरू कर दिये।

"सरकार कहाँ जाइएगा?"

"मैं...? बल्दा जाऊँ...," वाहिद हुसैन ने लापरवाही से कहा और फूलों के हार उतार-उतारकर खिड़की से बाहर फेंकने लगे।

"बल्दा?" मफ़रूज़ अहमद चकराए। हैदराबाद का नक़्शा उन्होंने याद कर लिया था मगर बल्दा कहीं दिखाई न दिया।

"यह बल्दा हैदराबाद से कितने फ़ासले पर है?

"जी...?" वाहिद हुसैन ने पलटकर उन्हें देखा। बड़ी देर तक देखा किये। फिर गरदन हिलाकर बोले, "कौन-से गाँव से आ रें आप? पहली बार हैदराबाद देखेंगे शायद?"

"जी हाँ।" मफ़रूज़ अहमद इरादे के बग़ैर झूठ बोल गए।

उन्हें यक़ीन हो गया था कि इस शहजादे की शान में गुस्ताख़ी हो गई है।

"हम लोगाँ हैदराबाद कोइच बल्दा...बोलतें..." और फिर वह इतनी ज़ोर से हँसे कि मफ़रूज़ अहमद को भी साथ देना पड़ा।

उसके बाद वाहिद हुसैन ने अपनी अमीरी और शानो-शौकत के ख़ानदानी हालात सुनाना शुरू किये तो कई स्टेशन निकल गए।

(यह साबिर नवाब न जाने किन फटीचर नवाबों का हाल सुनाकर उन्हें मरऊब करते थे! असल जागीरदारों से तो अब ताआर्रुफ़ हुआ है।)

फिर वाहिद हुसैन ने ज़बरदस्ती उन्हें अपने खाने में शरीक किया। हालाँकि मफ़रूज़ अहमद नहीं-नहीं करते रहे और अपने टिफ़िन में से शामी कबाब, पूरियाँ और सूजी का हलवा खाने की कोशिश करते रहे।

"हमारे भाई ने आज चुगर का सालन पकाने में इतनी देर कर दी कि ट्रेन को एक घंटा लेट करना पड़ा!" वाहिद हुसैन ने लापरवाही से कहा। जब उन्होंने मफ़रूज़ अहमद को बिरियानी की तरक़ीब बताई तो वह बहुत तारीफ़ करने लगे। जो लोग चावल जैसे मामूली से अनाज को इतनी इज़्ज़त देते हैं वे आदमी को भी ऊँची जगह बिठा सकते हैं।

इसके बावजूद जब वाहिद हुसैन ने बिरियानीवाला टिफ़िन का डिब्बा उनकी तरफ़ बढ़ाया तो मफ़रूज़ अहमद ने हाथ सरका दिया।

"क्यों आप खाना नहीं खाते?"

"खाना तो खाता हूँ, चावल नहीं खाता!"

"चाँवल...! अच्छा तो आप लोग खाने को चाँवल कहते हैं?"

"और आप लोग बड़े का गोश्त भी खाते हैं?"

"आप नहीं खाते?" मफ़रूज़ अहमद ने ताज्जुब से पूछा तो वाहिद हुसैन ने उनके गिलास की तरफ़ बढ़नेवाला अपना हाथ खींच लिया। ऐन उसी वक़्त एक कंकर ने उनके मुँह में आकर तूफ़ान बरपा कर दिया। सारा कंपार्टमेंट उनकी चीख़ों से दहल रहा था और सारे बरतन एक-एक करके बाहर जंगल में फेंके जा चुके थे।

अगले स्टेशन पर बावर्ची की तलबी हुई। चपरासी से उसे तड़ातड़ जूते लगवाने के बाद वाहिद हुसैन ने हुक्म दिया कि उसे यहीं उतार दो और उससे कहो कि अब बल्दा तक पैदल चलकर आए।

मफ़रूज़ अहमद बड़ी देर तक सिर बाहर निकाले उस बूढ़े बावर्ची को देखते रहे जो अपनी ज़िन्दगी का सारा सफ़र चावलों को इज़्ज़त देने में तय कर चुका था मगर सफ़र अभी ख़त्म नहीं हुआ। अभी उसे बल्दा पहुँचना है जो हर ग़रीब की मंज़िल है। हर अमीर की क़िब्लागाह (पूज्य स्थान) है।

"ख़ाकसार को जनाब के इस्मगरामी (नाम) का इल्म हासिल न हो सका?"

"जी, बन्दे को नवाब वाहिद हुसैन ख़ाँ कहते हैं। मैं परभनी में तहसीलदार हूँ।"

"तहसीलदार...?" मफ़रूज़ अहमद पर गशी छाने वाली थी।

"अल्लाह की मेहरबानी है।" वाहिद हुसैन ने हाथ जोड़कर रेल की छत देखी। "हालाँकि मेरी सौ पुश्तों में किसी ने मुलाज़मत नहीं की थी। मगर अब हालात बदल गए हैं। हम जागीरदारों को भी यह वक़्त देखना था कि ऐसी मामूली-सी नौकरियाँ करते फिरें!"

मफ़रूज़ अहमद को गुमसुम देखकर वाहिद हुसैन ने कहा, "हैदराबाद में आपको कोई काम है तो बन्दा हाज़िर है। एक पैसा ख़र्च किये बग़ैर हो जाएगा। गरीबख़ाने पर आपको ज़हमत दूँगा और अगर शेरो-शायरी करने का शौक़ है तो..."

फिर वह सिगार सुलगाकर टाँगें फैलाकर बैठ गए और चमकदार बूट ऐन मफ़रूज़ अहमद के सामने टेबल पर रखते हुए बोले, "अपना नाम भी बोलिए न, हज़रत!"

"जी, ख़ाकसार को मफ़रूज़ अहमद कहते हैं। मुझे सरकार ने सद्र-उल-महामी के लिए याद फ़रमाया है।"

"जी...? जी...? जी...?" न जाने दुनिया उलट गई या वाहिद हुसैन पागल हो गए। बदहवासी में उन्होंने कई कलाबाजियाँ खाईं। खिसियाहट के मारे अपने हाथ तोड़ डाले। फ़ौरन जूते उतारे और दस्तार पहनी। झुक-झुककर आदाब बजा लाए।

लेकिन मफ़रूज़ अहमद बड़ी इंकिसारी (विनम्रता) से मुसकराते रहे और आख़िरकार आहिस्ता से बोले, "मुझे सिर्फ़ एक बात का अफ़सोस है कि ख़्वाहमख़्वाह सद्र-उल-महामी के चक्कर में पड़ा, हालाँकि यहाँ तो तहसीलदार बनना चाहिए।"

वाहिद हुसैन ने एक आह भरी और पिछले ज़माने को याद किया। "क्या-क्या लुत्फ़ उठाए ज़िन्दगी के...! मगर अब ज़ियाबितीस (मधुमेह) ने जीने की उम्मीद छीन ली थी। इधर बीबी ने डॉक्टरों के कहने में आकर उन पर नमक मिर्च, घी, गोश्त—हर चीज़ हराम कर दी थी।"

ज़माना देखते-ही-देखते कितना बदल गया है जैसे तेज़ हवा ने किसी नाविल के इकट्ठे कई वरक़ उलट दिये हों।

वह लुंगी बाँधे, सपोटे पेड़ तले आँगन में कुरसी डाले बैठे हैं और निगाहें हर आने-जानेवाले पर लगी हुई हैं।

बिस्मिल्लाह बी को हुक्म दिया गया था कि बारह बजते ही दोपहर का खाना तैयार कर दे। इधर चूल्हे पर से हाँडी उतरी और गौहर बेगम ने उबली हुई तरकारियाँ बग़ैर नमक-मिर्च का सालन और सादा चपातियाँ उनके लिए दस्तरख़्वान पर रख दीं। इसके अलावा उनका हर चीज़ का परहेज़ था। यहाँ तक कि अपने बनाए हुए मुरब्बे और अचार भी वह दूसरों को खिलाकर ख़ुश होते थे।

"और क्या पकाया है?" वह बिस्मिल्लाह बी से पूछते।

"झींगों की कढ़ी...अंबाड़े की भाजी...बघारे बैगन...।"

"तू झींगों की कढ़ी में इतना नमक क्यों डालती है? देखूँ, आज कितना नमक है?"

फिर वह दो-चार बैगन चखते। ज़रा-सी कढ़ी खाते। दो-एक बोटियों को चबाकर देखते कि गोश्त गला है या नहीं? इस तरह कि बीबी और राशिद को कानोकान ख़बर न हो जाए क्योंकि जब कभी उनकी तबीयत ख़राब होती तो सबको वह बघारे बैगन याद आ जाते थे। खाना खाकर उठे तो फिर आ बैठे

सिगार धुनकने। उनके पास ही फ़र्श पर लँगड़ी फूपो आ बैठतीं—लीजिए, हालाते-हाज़िरा पर तबसरा शुरू हो गया। वाहिद हुसैन ख़ासे तालीमयाफ़्ता थे मगर गौहर बेगम से बात करते वक़्त बिलकुल सलारु बन जाते थे। अपने ख़ानदान की ज़िद और कमज़ोरियों की हिकायतें फ़न से बयान की जातीं। जात और हड्डी के जोड़ के बखान होते। अपने ख़ुदसर (उद्दंड) और रिवायतशिकन रिश्तेदारों की हँसी उड़ाई जाती। वाहिद हुसैन ख़ानदान में लगाई-बुझाई करने में मशहूर थे। दुनिया भर के छोटे-मोटे मुक़दमों का फ़ैसला अब उनकी अदालत में होता था।

कभी उनकी भावज उजाला बेगम चली आ रही हैं मियाँ की शिकायतों का पुलिंदा लिए। कभी मँझली मुमानी की बहू अपनी सास की ज़्यादतियाँ सुना रही है। लड़कियों और लड़कों के रिश्ते मिलाए जा रहे हैं। कोई क़ैसर की ख़ुदसरी के क़िस्से सुना रहा है और वह उसमें कलियाँ-फुंदने टाँक रहे हैं। हर शख़्स की ज़बान पर वाहिद हुसैन की तारीफ़ थी और उनके दुश्मनों की बुराइयाँ।

यही वजह थी कि गौहर बेगम से उनकी ख़ूब घुटती थी। और गौहर बेगम का भी जब घर के काम-धंधे से जी ऊब जाता तो वह अपने भाई के साथ गप्पें हाँका करती थीं। ऐसे वक़्त भी उनकी नज़र घर के चारों कोनों तक जाती थीं कि कौन बच्चा क्या शरारत कर रहा है, कौन-सी चीज़ बेजगह पड़ी है और कौन-सा नौकर काम करने की बजाय ख़ाली हाथ बैठा है? बच्चों का उनकी सूरत देखकर दम निकल जाता था—सिवाय ग़ज़ल के क्योंकि सबको ताक़ में बिठानेवाली फूपो को ग़ज़ल ने भुलवा दिया था।

फिर भी बच्चों को लँगड़ी फूपो बुरी नहीं लगती थीं। ख़ासतौर पर जुमेरात के दिन तो उनकी हर बात बड़ी मीठी-मीठी लगती थी और उस दिन सब बच्चे उनके इर्द-गिर्द मँडराने लगते थे क्योंकि जुमेरात के दिन लँगड़ी फूपो पाँच रुपए की मिठाई मँगवाकर कोई अमल पढ़ा करती थीं। रज़िया कहती थी कि गौहर फूपों को अभी अपनी शादी की आस है। यह अमल उन्हें यूसुफ़ साहब शरीफ़ साहब की दरगाह में किसी तवायफ़ ने बताया था और इस बात को वह ख़ासतौर से सारे घर से छुपाती थीं। कोई पूछता तो कह देतीं कि अपने माँ-बाप की रूह को सवाब (पुण्य) पहुँचाने के लिए फ़ातिहा करती हैं।

चोरी-छुपे मिठाई लाने की ज़िम्मेदारी शेख़ू मियाँ ने ले रखी थी। शाहीन अगरबत्तियाँ सुलगाता, फ़ौज़िया और ग़ज़ल मिलकर मिठाई के अलग-अलग हिस्से बाँटा करते थे। शेख़ू मियाँ सबसे पहले मिठाई के हिस्सेदार बनते। यों भी लँगड़ी फूपो को सारी दुनिया के मारे-लताड़े शेख़ू मियाँ का बहुत ख़याल

रहता था। शेख़ू मियाँ लँगड़ी फूपो के दूर के कोई भाई लगते थे मगर इन्तहाई आवारा, बदचलन, शराबी और जाहिल लंठ थे। इसके बावजूद लँगड़ी फूपो ने उनका घर बसाने की बेशुमार कोशिशें कीं। अच्छे घरानों की लड़कियाँ न मिलीं तो गरीब-गुरबा में तलाश जारी रखी मगर लोगों को न जाने क्या हुआ था कि कोई अपनी बेटी शेख़ू मियाँ को देने के लिए तैयार ही नहीं हुआ। गौहर फूपो का ख़याल था कि ऐसे बदचलन मर्द शादी के बाद ठीक हो जाते हैं। बेचारे की ज़िन्दगी सुधर जाती।

चौथे-पाँचवें दिन कहीं से छुपते-छुपाते शेख़ू मियाँ आ जाते थे और कई-कई दिन बाहर नौकरोंवाली कोठरी में पड़े रहते। बच्चों के हाथ कहला भेजते थे :

"गौहर आपा से कहो, तीन दिन से भूखा हूँ।"

और गौहर आपा भाई की फ़ाक़ाकशी पर तरस खाकर फ़ौरन ट्रे में खाना सजाने लगती थीं।

वाहिद हुसैन और राशिद को शेख़ू मियाँ की आमद क़तई न भाती थी। क्या मालूम रात को फाटक खोलकर गुंडों को अन्दर घुसा लें, कोई चीज़ लेकर चंपत न हो जाएँ!

यह बात न थी कि शेख़ू मियाँ कोई भिखमंगे, चोर-उच्चकों के ख़ानदान से थे। उनके बाप-दादा की काफ़ी जायदाद थी जो शेख़ू मियाँ के वालिद ने और उनके बाद ख़ुद उन्होंने तबाह कर दी थी। जब तक गौहर आपा के माँ-बाप ज़िन्दा थे, शेख़ू मियाँ के रोटी-कपड़े का कुछ-न-कुछ इन्तज़ाम कर देते थे। इसी वजह से गौहर बेगम अब भी उस छोटे बेसहारा भाई का पेट भरना अपना फ़र्ज़ समझती थीं।

एक बार तो वह बड़ी धूम-धाम से शेख़ू मियाँ के लिए एक गुड़िया-सी ब्याह लाई थीं जिसे एक ही बरस में उन्होंने खा-पीकर ख़त्म कर डाला। फिर शेख़ू मियाँ अपनी पसन्द से ख़ुद एक दुलहिन कहीं से ढूँढ़ लाए। वह अभी दुलहिन को चखने भी न पाए थे कि उसने ख़ुद शेख़ू मियाँ को निगलना शुरू कर दिया। गौहर बेगम सबको रो-रोकर सुनाती थीं कि ज़रा-सी बात न मानने पर वह जूता उठाकर शेख़ू मियाँ पर पिल पड़ती थी। दो-चार बरस की कोशिशों के बाद कहीं जाकर शेख़ू मियाँ उससे नजात हासिल कर पाए। अब उन्हें फिर ब्याह रचाने का अरमान था और उस आनेवाली दुलहिन के फ़िराक़ में वह देवदास बन चुके थे। रात-दिन नशे में धुत इधर-उधर लुढ़कते फिरते। सुबह बिस्तर से उठने के बाद सिर और पलकों से लेकर सारे बदन के रोंगटे उस्तरे से साफ़ कर डालते। फिर किसी कोने में लुंगी बाँधे अपनी

गंजी चँदिया पर हाथ फेरा करते। स्याह, बुझे हुए चेहरे पर सुर्ख़ आँखें दीयों की तरह टिमटिमातीं और फफूँदी लगे स्याह दाँत हमेशा मैल के झाग में डूबे रहते थे। उनकी शख़्सीयत बच्चों के लिए बड़ी दिलचस्प थी क्योंकि वह जिस वक़्त नशे में न होते तो बच्चों को जिनों और भूतों की अजीबोग़रीब कहानियाँ सुनाते थे। और नशे में होते तो उनकी गालियों की भरमार, हवाओं से लड़ने का अन्दाज़ और रोने और गाने का मूड बच्चों के लिए एक खेल बन जाता था। इसीलिए शाहीन, फ़ौज़िया, चाँद और क़ैसर सभी बच्चे उन्हें घेरे रहते थे मगर ग़ज़ल को उन्हें देखकर उबकाइयाँ आने लगती थीं।

शेख़ू मियाँ की तालीम इतनी थी कि अपना नाम लिख लेते थे। एक बार मुलाज़मत के लिए इंटरव्यू देने गए तो वह अपने नाम के हिंज्जे तक ठीक से न बता सके।

कभी-कभी वह अपनी काबिलियत का सबूत देने के लिए बच्चों को पढ़ाने आ बैठते। उनका दावा था कि बी.ए. तक पढ़े हुए हैं लेकिन इम्तहान देने की फ़ुरसत नहीं मिलती। शाहीन की 'किंग-प्राइमर' खोलकर वह बड़े ध्यान से फ़ोटो देखते और फिर बच्चों को इन्तज़ार में पाकर पूछते :

"अच्छा बताओ, अंग्रेज़ी में मुर्ग़ी को क्या बोलते?"

"मुर्ग़ी!" ग़ज़ल कहती।

"हेन, हेन! शाहीन चिल्लाता।

"हिश्त! तुम सब-के-सब जाहलाँ हैं।"

"एग!" फ़ौज़िया कहती।

"हेन, हेन...यह देखिए...।" शाहीन फ़ोटो दिखाता।

"देखो बेटा! तुम ईमान से बोल रईं न?" वह शक की नज़रों से घूरते।

"जी हाऊ...।" शाहीन गरदन हिलाता।

"अच्छा तो अब आगे बढ़ो।" वह इत्मीनान से वरक़ उलटते।

उन्हें शायरी का भी ख़ब्त था। ख़ूब झूम-झूमकर अपनी ग़ज़लें पढ़ते थे और बड़े फ़न के साथ लोगों को सुनाते थे कि वह वाहिद हुसैन के शागिर्द हैं। हर दूसरे-तीसरे महीने ग़ज़लों का एक पुलिंदा वाहिद हुसैन की मेज़ पर रख जाते थे मगर वाहिद हुसैन ग़ुस्से में आ जाते, "एक मिसरा वज़न में नहीं लिखता जाहिल...न जाने क्या औल-फ़ौल बकता है।"

रात को जब वह लड़खड़ाते हुए आते तो किसी दीवार को थामकर बच्चों हुजूम से पूछते, "बच्चो, तुमने कभी सेंधी पी है? कभी मत पीना...अल्लाह मियाँ ख़फ़ा हो जाते हैं और सारी दुनिया मुँह मोड़ लेती है।"

फिर वह नौकरोंवाली किसी कोठरी में नंगे फ़र्श पर ढेर हो जाते थे, "अरे, कोई पानी पिला दे...!" अकसर शेख़ू मियाँ चिल्लाए जाते मगर कोई न सुनता। बच्चों को उनके पास जाते हुए डर लगता था।

एक बार उनकी कराहें सुनकर ग़ज़ल को तरस आ गया था। वह पानी का गिलास लेकर उनके सिरहाने पहुँची तो उन्होंने गिलास थामकर कहा, "यह कौन बेटी थी?...अल्लाह इसे बड़ा ख़ूबसूरत दूल्हा देगा। महलों की बेगम बनेगी।"

सेंधी का रंग सफ़ीद है
आशिक़ाँ के लिए मुफ़ीद है

वह अपनी ग़ज़ल गाने लगते थे।

इस बात पर फ़ौज़िया ने ग़ज़ल को ख़ूब बनाया।

ग़ज़ल को ख़ूबसूरत दूल्हा चाहिए। इसलिए शेख़ू मियाँ को पानी पिलाती है।

इसलिए ग़ज़ल बीबी के यहाँ आती थी तब भी शेख़ू मियाँ की तरफ़ बिलकुल न जाती बल्कि उसे तो बीबी के घर से भी कोई ख़ास दिलचस्पी नहीं थी। ऐवाने ग़ज़ल तो अंगारों-भरी थाली था। जिस चीज़ को हाथ लगाओ, सारा घर हें-हें करके दौड़ पड़ता। इसीलिए तो अयाज़ और शहज़ाद कभी न आते थे।

ग़ज़ल को देखते ही रज़िया अपनी स्प्रिंगवाली मसहरी से उठ बैठती थी। वाहिद हुसैन फ़ौरन अपने दरख़्तों की हिफ़ाज़त के लिए आँगन में खड़े हो जाते। गौहर फूपो सारी बिखरी हुई चीज़ों की उठा-धरी शुरू कर देतीं। फ़ौज़िया और शाहीन अपने खेल-खिलौने छुपाते फिरते।

फिर नाना हज़रत सबसे पहले उसका मुँह धुलवाते, दाँत माँजने का हुक्म देते। फिर सौ तक गिनती गिनने का हुक्म मिलता। ग़ज़ल को सख़्त ताज्जुब होता कि नाना हज़रत इतनी जल्दी गिनती भूल कैसे जाते हैं? उनके पहाड़ से बदन, सुर्ख़ और झाड़ू की तरह हिलती हुई दाढ़ी से ग़ज़ल को बड़ा डर लगता था।

"अम्माँ, अम्माँ, नाना हज़रत की दाढ़ी हिलती क्यों है?" एक दिन उसने पूछा।

"चुप...चुप नाना सुन लेंगे!" उसकी माँ ने डाँट दिया।

'तो क्या नाना ने अपनी दाढ़ी नहीं देखी?' उसने ताज्जुब से सोचा। लेकिन घर में भी क्या सुकून था?

जब कभी हुमायूँ और बतूल में लड़ाई होती थी तो साथ में ग़ज़ल को भी पिसना पड़ता। अम्माँ को बचाने की कोशिश में दो-चार लातें उसके ऊपर भी पड़ जाती थीं। फिर सारा बचा-खुचा ग़ुस्सा भी अब्बा उसी पर उतारते थे।

ऐसे वक़्त अयाज़ और शहज़ाद दूर खड़े तमाशा देखते थे और चुपके से कहीं सटक जाते। यों भी वे पिटने पर कभी न रोते। इधर अब्बा उन पर लातों-घूँसों की बारिश करके हटते, इधर वे खी-खी हँसना शुरू कर देते थे। हालाँकि भाइयों के पिटने का यह मंज़र ग़ज़ल को घंटों रुलाए जाता था। हुमायूँ की दिलचस्पी अब बीबी-बच्चों से ज़्यादा घर की क्रिस्टन साया से हो चुकी थी। ऑफ़िस से आते ही साया हुमायूँ के लिए चाय लेकर कमरे में जाती थी तो फिर रात को ही दरवाज़ा खुलता था।

"तौबा, अब्बा कितनी देर में चाय पीते हैं!" ग़ज़ल दरवाज़ा खुलने के इन्तज़ार में बेज़ार हो जाती तो अम्माँ उसे मारने दौड़तीं।

"ख़बरदार! जो फिर ऐसी बात कही। तुझे इन बातों से क्या वास्ता?"

यों लगता, जैसे अम्माँ को ख़ुद ही बातों से कोई वास्ता नहीं रहा था। वह अन्दर-ही-अन्दर सुलगे जाती थीं।

हर बार जब हुमायूँ मार-पीटकर बतूल को पैसे लाने मायके भेज देता था तो इस बात की ख़बर वाहिद हुसैन को बिलकुल नहीं दी जाती थी लेकिन एक दिन फ़ौज़िया के मुक़ाबले में अपनी मज़लूमी का अहसास दिलाने के लिए उसने पीठ पर ज़ख़्म का निशान दिखाकर नाना हज़रत से कह दिया कि अम्माँ को बचाते वक़्त अब्बा की लात उसकी पीठ पर लग गई थी।

उस दिन सारा घर तहो-बाला हो गया।

ग़ज़ल ने बड़ी दिलचस्पी के साथ देखा कि नाना हज़रत थरथराते हुए हाथों से जंगियाई हुई बन्दूक़ को साफ़ कर रहे हैं और अम्माँ का सिसकियों से काँपता हुआ बदन रज़िया मुमानी पकड़े बैठी हैं। उस दिन सभी ने बारी-बारी ग़ज़ल पर लानत भेजी कि उसने नाना हज़रत को अपनी पीठ का ज़ख़्म क्यों दिखाया था—सिवाय चाँद के जो सारी दुनिया से बेताल्लुक़ बनी न जाने क्यों अपने कमरे में तन्हा बैठी रोए जा रही थी।

ग़ज़ल मुँह थुथाए मुमानी बेगम के उजले बिस्तर पर मैली एड़ियाँ रगड़-रगड़कर नाक को उँगली से घँघोलती रही। ऐसे वक़्त रोना मस्लहत के ख़िलाफ़ था क्योंकि ऐन मुमकिन था कि अम्माँ को फिर जलाल चढ़ता। वह तो अपनी तमाम महरूमियों का बदला बच्चों को मारके लेती थीं। इधर रज़िया को ग़ज़ल एक आँख न भाती। वह ग़ज़ल को ऐसे देखती थी जैसे गन्दगी-भरी मोरी देख रही हो, हालाँकि ख़ुद उसके बच्चे भी कोई ऐसे सफ़ाईपसन्द न थे। फ़ौज़िया दिन-ब-दिन नकचढ़ी बनती जा रही थी। ग़ज़ल को देखकर अपनी फ़्रॉक यों बचाती जैसे कोयलों से भरी गाड़ी गुज़र रही

हो। शाहीन तो निरा बेवक़ूफ़ था। तेज़ी और फुरती तो उसे छूकर न गई थी। हर बात अम्माँ से पूछकर करता था। अम्माँ की इजाज़त के बग़ैर नीचे गिरी हुई कैरी तक नहीं उठाता था।

इधर मुमानी बेगम का इसरार था कि इस अहमक़ लौंडे को ग़ज़ल शाहीन भाई कहकर पुकारे।

फिर भी महज़ अल्लाह वास्ते ग़ज़ल ने फ़ौज़िया और शाहीन को चन्द बेकार चीज़ों का इस्तेमाल सिखा दिया था। मसलन, कच्ची नारंगियाँ और गुलाब के फूल अगर तोड़कर मलैया के बच्चे को दे दिये जाएँ तो बदले में वह डिब्बा भर-भर बीरबहूटियाँ देता है। राशिद की टाइयाँ 'चोर-पुलिस' खेलने में बतौर हथकड़ियाँ इस्तेमाल हो सकती हैं। मुमानी जान की लिपस्टिक से हाथों और नाख़ूनों पर मेहँदी लगाने के अलावा दीवार पर पेंटिंग भी की जा सकती है। चाँद आपा की टूथ-क्रीम दाँतों पर लगाकर थूकने की बजाय खाने की चीज़ है। ग़ज़ल ने कई बार बाथरूम बन्द करके टूथ-क्रीम खाया था। ख़ूब मीठी-मीठी आइसक्रीम के मज़े की थी लेकिन मुश्किल यह थी कि वह अक्ल के कोरे अहमक़ शाहीन को जो नई तरक़ीब बताती, वह फ़ौरन मशवरा लेने अपनी मम्मी के पास पहुँच जाते।

"अम्मी, हम अलमारी का शीशा तोड़के बिस्कुट निकाल लें?"

अम्मी की ग़ुस्से से भरी नज़रें देखकर वह सहम जाता।

"ग़ज़ल कह रही है।"

यह सुनकर अन्दर मुँह लपेटे हुए बतूल उठकर आती और ग़ज़ल की पीठ पर ताबड़तोड़ मुक्के बरसने लगते। बीबी के घर आने से पहले अम्माँ उससे नेकचलन बनने के बहुत-से वायदे लेती थीं और ग़ज़ल उन्हें पूरा करने की जितनां मुमकिन होता कोशिश करती।

"जब कहीं ठिकाना नहीं है तो अल्लाह मौत क्यों नहीं दे देता?"

उसे मारते-मारते थककर अम्माँ यों रोने बैठ जातीं जैसे सारे घूँसे उनके दिल पर पड़े हों।

इसलिए ग़ज़ल को अपना ही घर पसन्द था, वहाँ तीनों भाई-बहन मिलकर ख़ूब मार-कुटाई करते। अम्माँ चारों तरफ़ की आफ़तें सहते-सहते सूखकर हल्दी की गिरह बन गई थीं। बीबी बतूल को देखतीं तो छुप-छुपकर रोती थीं। अल्लाह ने उनकी बेटियों के नसीब भी कैसे उजाड़े! अब उसके हाथ इतने कमज़ोर हो गए थे कि उसके हाथों की मार ग़ज़ल के मोटे-ताज़े बदन पर ज़रा भी न लगती थी लेकिन जब अम्माँ आप-ही-आप रोना शुरू करतीं तो ग़ज़ल

अयाज़ और शहज़ाद की तरह मुँह चिढ़ाने के बजाय उनके घुटने से लगकर ख़ुद भी बिसूरना शुरू कर देती थी।

दिन-भर ख़ूब धमाचौकड़ी होती, मगर शाम को अब्बा दफ़्तर से आते तो सब कोनों में दुबक जाते थे।

सुनसान दोपहरियों में जब अम्माँ सो जाती थीं तो ग़ज़ल को अपने वजूद का अहसास होता। सारी कायनात (सृष्टि) अपने क़ब्ज़े में आ जाती। उस वक़्त कोई उसके साथ न होता। वह जी भरके मनमानी शरारतें करती थी। सब चीज़ों की, जिनकी मनाही थी, उठा-धरी होती और दिमाग़ उस आज़ादी को महसूस करके तमतमा जाता था।

फिर चुपके से वह दरवाज़ा खोलकर बाहर निकल जाती थी। यों ही बाहर देखने के बहाने सारे मुहल्ले का एक चक्कर लगा आती। गरमी की दोपहर में सीमेंट की गरम सड़क पर नंगे पाँव चलने से उसे वह मज़ा हासिल होता जिसे लोग कश्मीर की वादियों में जाकर भी हासिल नहीं कर पाते। वह अम्माँ और अब्बा की सब मार भूल जाती थी। कभी जी चाहता कि बच्चे पकड़नेवाला जादूगर उसे उठाकर किसी जादू की नगरी में ले जाए। वहाँ हीरे-जवाहरात के ढेर हों और वह सारे हीरे-जवाहरात उठाकर भाग आए। इन हीरों को बेचकर एक सुर्ख़ चमकियोंवाला कुरता खरीदेंगे और वैसी कलेजी भूनकर खाएँगे जैसी एक दिन रज़िया मुमानी ने पकाई थी। फिर तो अब्बा उसे मारना छोड़ देंगे। उन्हें हीरे झाड़ने-पोंछने से फ़ुरसत ही कहाँ मिलेगी कि ग़ज़ल की ठुकाई करेंगे। फ़ौज़िया झूठ कहती है कि डैडी उसे कभी नहीं मारते। ग़ज़ल को इस झूठ पर कभी यक़ीन नहीं आता था लेकिन बीबी के यहाँ उसे अजीबोग़रीब तमाशे नज़र आते थे कि मामूँ फ़ौज़िया को हाथों पर उछाल-उछालकर प्यार कर रहे हैं और रज़िया मुमानी से उलझ रहे हैं कि अगर शाहीन आज शूज़ के बजाय सैंडल पहनकर स्कूल जाना चाहता है तो ज़बरदस्ती क्यों कर रही हैं। शाहीन अपने डैडी के सामने ख़ूब क़हक़हे लगाता था और मामूँजान उसे हँसता देखकर अब्बा की तरह मारने की बजाय ख़ुद भी हँसने लगते थे।

"डैडी, हमसे यह सवाल हल नहीं होता!" फ़ौज़िया बड़े नाज़ से कॉपी फेंक देती थी।

"लाओ, हम समझा दें...।" मामूँजान झुककर कॉपी उठा लेते थे।

ग़ज़ल में और फ़ौज़िया में सिर्फ़ चन्द महीने की छोटाई-बड़ाई थी इसलिए फ़ौज़िया की हर बात की नक़ल करना उस पर लाज़िम था। चुनाँचे एक दिन उसने अब्बा को ख़ुश करने की ठान ली।

"अब्बा, अब्बा...यह सबक़ याद नहीं होता...।" उसने कॉपी अब्बा के सामने फेंक दी।

"अच्छा, ठहर। अभी याद कराता हूँ।" वह छड़ी लेकर पिल पड़े थे।

वह चाहे अपनी सुरीली आवाज़ में कितने ही मीठे-मीठे गीत गाए, चाँद आपा की तरह बन-बनकर अपने सलीक़े और सफ़ाई का कैसा ही मुज़ाहिरा करे लेकिन अम्माँ को कभी उस पर प्यार न आता था।

वह दिन-रात मुँह लपेटे पड़ी रहती थीं। कभी अचानक उठकर बैठतीं और काबा शरीफ़ के फ़ोटो पर से साड़ी का पल्लू फेरकर गर्द साफ़ करने लगतीं। नीबू और मिठाई खाते देखकर तो सभी के मुँह में पानी आता है मगर किसी बच्चे को उसकी माँ से प्यार करते देखकर ग़ज़ल की तो जैसे भूख भड़क उठती थी। उस रात वह बहुत से ख़्वाब देखती। जैसे वह भी मुमानी बेगम की तरह चमचम करती साड़ी पहने, होंठों पर सुर्ख़ी लगाए कहीं जा रही है। फिर अचानक अम्माँ झाँसी की रानी बन जातीं (जैसी एक बार ड्रामे में चाँद आपा बनी थीं।) और फिर उसे उठाकर कलेजे से लगा लेतीं। ख़ूब जी भरकर प्यार करतीं कि वह थककर चूर-चूर हो जाती। आँख खुलती तो उसे वह मनहूस कपड़े याद आते जो अम्माँ ने अपने क्वाँरपने के ज़रबफ़्तवाले पाजामे और जार्जेट की साड़ी को काटकर बनाए थे। अम्माँ के नज़दीक ये कपड़े अभी इतने क़ीमती थे कि बस चलता तो ग़ज़ल के जहेज़ के लिए उठा रखतीं मगर उसने जान-जानकर इतने खोंचे लगाए, यों रीस-रीसकर पहने कि मुमानी बेगम ने उन्हें अपनी अलमारी में रखने से इनकार कर दिया।

"न जाने कैसी बदबू आ रही है कपड़ों से, बहुत गन्दे हो गए हैं। अब इन्हें घर ले जाकर अपने सन्दूक में रखो।" मुमानी बेगम ने कपड़े उठाकर पलंग पर फेंके तो वे ज़मीन पर गिर पड़े। ग़ज़ल का कलेजा फट गया।

"हम तो आपकी अलमारी में रखेंगे यह भारी जोड़ा। कहीं जाना हो तो घर कैसे जाएँगे कपड़े लेने?"

"मैं नहीं रखूँगी।" मुमानी ने नाक सिकोड़कर कहा।

"इतनी बड़ी हो गई और कपड़े पहनने का सलीक़ा नहीं आया। एक हमारी फ़ौज़िया है। क्या मज़ाल, कभी सफ़ेद फ्रॉक पर एक धब्बा लगा ले! यह बेचारी तो बस अलफ़लैला की शहज़ादी ही हैं आता-जाता कुछ नहीं।"

ख़ैर, बाद को उसकी बिस्मिल्लाह (कपड़े पहनने की रस्म) हुई तो सिर्फ़ बीबी ने ही उस दिन को याद रखा। अम्माँ और अब्बा को तो ख़बर ही नहीं थी कि आज ग़ज़ल की बिस्मिल्लाह का दिन है लेकिन शाम को बीबी आईं।

एक देग में बिरियानी और दूसरे खाने, चार किश्तियों में मिठाई और फूल, और एक सुर्ख़ साटन का पाजामा, सुर्ख़ कामदानी का दुपट्टा और सुर्ख़ चमकियोंवाला कुरता। उस जोड़े को ग़ज़ल ने उठाकर दिल में रख लिया। जी चाहता, पल-भर को अपने बदन से जुदा न करे।

यह जोड़ा उसने ईद के दिन भी पहना और बक़रीद के दिन भी। फ़ौज़िया की गुड़िया की शादी में और फिर चाँद आपा के साथ ड्रामा देखने जाते वक़्त। फिर जब शाहीन और उसके दोस्तों ने ऐवाने ग़ज़ल में बच्चों का मुशायरा किया तो ग़ज़ल ने नाना हज़रत की लिखी हुई ग़ज़ल यही कपड़े पहनकर सुनाई।

सारा घर बच्चों का यह तमाशा देखने इकट्ठा हो गया था। गौहर फूपो का तो हँसते-हँसते बुरा हाल था। शाहीन तो बिलकुल दादा हज़रत की कॉपी कर रहा था। वैसे ही चीख़-चीख़कर शे'र पढ़े। उसी तरह अपने मिसरों पर ख़ुद ही झूम रहा था। फ़ौज़िया अलबत्ता घड़ी घड़ी शरमाई जा रही थी और सारी ग़ज़ल भूल बैठी थी। मगर ग़ज़ल ने चाँद आपा की पूरी-पूरी कॉपी की। उन्हीं के तरन्नुम में, उन्हीं अदाओं के साथ चाँद आपा के किये हुए मेकअप में जब वह ग़ज़ल पढ़ने उठी तो रज़िया ने नाक सिकोड़कर राशिद से कहा, "तसवीरों में बैठे हुए आपके दादा, लकड़दादा आज तो सब ग़ज़ल की अदाओं पर क़ुर्बान हुए जा रहे हैं। बाज़ारी अदाएँ उस छोकरी ने अभी से कहाँ से सीख ली हैं?"

राशिद ने ग़ौर किया। वाक़ई ऐवाने ग़ज़ल की दीवारों पर सुनहरे फ्रेमों में बन्द सारे शायर आज जैसे खिले जा रहे थे। एक ज़माने बाद उन्होंने एक नये उठते हुए फ़ितने को यहाँ हश्र उठाते देखा था, वरना इस ऐवान में रात कभी न आती थी क्योंकि रात होते ही साक़ी हाथ में प्याला लिए निकल आता था।

उस दिन चाँद ने ग़ज़ल को अपने ख़ुशबूदार कपड़ों से लगाकर ख़ूब प्यार किया, "शाबाश! कितनी अच्छी एक्टिंग की है तुमने। मैं तुम्हें ड्रामों में छोटे-छोटे रोल दिया करूँगी।"

मगर अम्माँ और अब्बा हस्बे-आदत उस दिन भी मुँह बिसूरते रहे।

अब्बा अयाज़ और शहज़ाद के लिए तो कभी-कभार कपड़े भी लाते थे और खाने की चीज़ें भी लाते क्योंकि वे लड़के थे और हुमायूँ को यक़ीन था कि कभी-न-कभी वह अलफ़लैला में उसकी खोई हुई क़िस्मत का सितारा ढूँढ़ लाएँगे। इसलिए वह अपने बेटों को बहुत चाहते थे। उन पर कोई सख़्ती नहीं करते। उनकी हर बदतमीज़ी नज़रअन्दाज़ कर जाते थे लेकिन ग़ज़ल से उन्हें बेहद नफ़रत थी। हुमायूँ को अपनी माँ की बात याद थी कि मुर्शिदों को बेटी रास नहीं आती और वही हुआ। जिस दिन ग़ज़ल पैदा हुई उसी दिन से

अलफ़लैला पर नहूसत के बादल छाए। मिसकीन अली शाह की मौत जो हुमायूँ की क़िस्मत के बन्द दरवाज़े खोलनेवाली थी उसके नसीबों के सारे पट बन्द कर गई। वह अलफ़लैला से निकलकर डेढ़ सौ रुपए की क्लर्की कर रहा था और एक सदा की बीमार बदक़िस्मत बीबी को भुगत रहा था। एक मनहूस बेटी को रोटी-कपड़ा दे रहा था जिसने अपने बाप को उजाड़ने में कोई कसर न छोड़ी थी।

लेकिन ग़ज़ल के दोनों भाइयों को अपनी बरतरी की ख़बर ही न थी। स्कूल से आते ही वे ज़िद शुरू करते और एक-एक चवन्नी लिए बग़ैर वे अम्माँ का पीछा न छोड़ते थे। चवन्नी मिलते ही वे दोनों सिनेमा देखने को भाग जाते। सुबह उठकर वे नाडिया और जान कावस की नक़ल में लकड़ी की तलवारें लिए दीवारों पर कूदते फिरते। अम्माँ की साड़ियों के दोशाले बनाते और पलंग खड़े करके घोड़े तैयार हो जाते। अयाज़ ग्यारह बरस का था और शहज़ाद बारह बरस का मगर वे दोनों अपनी उम्र से बहुत बड़े दिखाई देते थे ऊँचे-पूरे, सेहतमन्द। हुमायूँ के सारे बच्चों में अपने दादा की ख़ूबसूरती और कशिश आई थी। हुमायूँ की अम्माँ कहती थीं, ग़ज़ल की आँख में वही मोहिनी है जो मिसकीन अली शाह को औरतों में मक़बूल बनाए हुए थी, वही सुर्ख़-सफ़ेद तबाक़-सा चेहरा। वही भीगी भीगी, अधखुली आँखें, वैसे ही गुमसुम, अपने-आपमें मस्त। काश, यह बच्ची अपने दादा की तक़दीर भी लाती!

एक दिन ग़ज़ल आँगन में पलंग पर बैठी अम्माँ से सिपारा पढ़ रही थी कि हाथ में तलवार लिए शहज़ाद धम से कूदा और ग़ज़ल को एक हाथ में उठाकर पलंग पर चढ़ गया। फिर उसने दूसरा हाथ उठाकर जान कावस के अन्दाज़ में नारा बलंद किया, "हाय!"

पहले तो ग़ज़ल कुछ न समझी। यों लगा जैसे चील बोटी समझकर उसे ले उड़ी हो। फिर वह गला फाड़-फाड़कर रो पड़ी मगर दोनों भाई ख़ुशी के मारे मरे जा रहे थे।

"गज्जो! आज हमने तुझे नाडिया बना दिया। जान कावस फ़िल्म में इसी तरह नाडिया को उठाता है।"

"नक्को, मैं नाडिया नहीं बनती! मालूम है, नाडिया को अल्लाह मियाँ दोज़ख़ में जलाएँगे?" उसे अम्माँ की नसीहत याद आती।

मगर दूसरे दिन वह फिर थरथर काँपती, सलवार के पायँचे उठाए आँगन में इन्तज़ार में खड़ी थी कि कब शहज़ाद दीवार से तलवार हाथ में लिए कूदे और उसकी कमर पकड़कर पलंग की तरफ़ उड़ जाए। वह भाइयों की इस

तवज्जो पर मुँह-लगाई डोमनी की तरह इतराई-इतराई फिरने लगी। अपनी इस क़द्रदानी के आगे वह फ़ौज़िया पर रश्क करना भी भूल गई। अपने दोनों भाइयों को वह फ़िल्म के हीरो से भी बड़ा बहादुर समझती थी। शाहीन बेचारा तो लॉन में अपने दोस्तों के साथ क्रिकेट खेलकर ही ख़ुश हो लेता है मगर उसके भाई कैसे बहादुर थे! उनके फौलादी मुक्के और नाकाबिले बर्दाश्त लातें और कड़वी नाइंसाफ़ियाँ भी वह हँस-हँसकर सहे जाती थी। अपनी तरफ़ उठनेवाली हर निगाह को वह बड़े ग़ौर से देखती थी। ग़ज़ल की छठी हिस (इन्द्रिय) ने इतनी-सी उम्र में ही उसे मुहब्बत और नफ़रत की निगाह को महसूस करना सिखा दिया था। वह अपनी तरफ़ मुहब्बत से देखनेवाली निगाह पर सात ख़ून माफ़ कर देती थी क्योंकि ऐसी निगाहें बहुत कम मिलती थीं। उस शख़्स के सारे ऐब पर लगाकर उड़ जाते थे। फिर वहाँ उम्मीद की एक किरन फूटती। एक पत्ता सिर उठाकर इधर-उधर देखता और अपनी गरदन ज़्यादा लम्बी कर देता था। फिर एक पँखड़ी पंख खोलती और एक बेल ग़ज़ल की रग-रग को जकड़ लेती।

कल दोपहर सिर में जूँएँ देखते वक़्त अम्माँ ने उसे बेशुमार नसीहतें की थीं। वह ग़ज़ल को रह-रहकर याद आ रही थीं। एक वह कहानी सुनाई थी कि एक लड़की ने अपने बाप को पानी नहीं पिलाया तो वह टिटहरी बन गई। वह अब आसमान पर एक बूँद पानी के लिए चिल्लाती फिरती है। उसके हलक़ में सूराख़ है इसलिए बारिश होती है तो वह मुँह खोलकर उड़ती है, ताकी पानी हलक़ में गिरे। और एक औरत ने अपने शौहर का हुक्म नहीं माना तो अल्लाह मियाँ ने उसे दोज़ख़ में डाल दिया था। एक लड़की ग़ैर मर्दों के सामने जाती थी तो एक बुज़ुर्ग ने...।"

"तो क्या चाँद आपा टिटहरी बन जाएँगी?" उसे चाँद आपा की फ़िक्र मारे डालती थी मगर अम्माँ ने न जाने क्यों उसके सवाल पर एक थप्पड़ रसीद कर दिया था। निवाले चबाते में ग़ज़ल सोचे जा रही थी लेकिन घर में रोने-पीटनेवाली औरतें उसे कुछ भी ढंग से नहीं सोचने दे रही थीं। वह चूल्हे के पास ज़मीन पर फसक्कड़ा मारे बैठी थी और साया उसे दूध-शक्कर में भिगोकर रोटी खिला रही थी। ऐसे तर माल उड़ाते वक़्त भी वह रात की घटना नहीं भूली थी जब किसी बात पर लड़ते-लड़ते अब्बा ने एक लात मारके अम्माँ को आँगन में उछाल दिया था। ग़ज़ल ने अपनी पूरी ताक़त लगाकर उन्हें उठाया और जब वह किसी तरह न उठीं तो वह बाहर खेलते हुए शहज़ाद और

अयाज़ को बुलाकर लाई। फिर सारा मुहल्ला घर में इकट्ठा हो गया। जिसे देखो, चुपचाप पड़ी हुई अम्माँ को उलट-पुलटकर देख रहा था जैसे आज तक किसी ने अम्माँ को न देखा हो। फिर बीबी का सारा घर चीख़ता-चिल्लाता, रोता-बिसूरता आ गया और बीबी ने आते ही सबसे पहले ग़ज़ल को ऐवाने ग़ज़ल भिजवा दिया जहाँ लँगड़ी फूपो तक नहीं थीं। सिर्फ़ फ़ौज़िया और शाहीन थे। वे दोनों भी ग़ज़ल को बड़ी रहम-भरी नज़रों से देख रहे थे। और उसकी किसी शरारत पर रोक-टोक नहीं हुई। उसने जी भरके कच्चे सपोटे तोड़ फेंके। वरांडे के पत्थरों पर ख़ूब थूका। मुमानी बेगम के स्प्रिंगवाले पलंग पर ख़ूब कूदी और फ़ौज़िया और शाहीन से ख़ूब लड़ाइयाँ हुईं।

शाम को जब वह घर बुलवाई गई तो न जाने कितने लोग घर में भरे हुए थे। फिर भी बड़ा सन्नाटा छाया हुआ था। अयाज़ और शहज़ाद रोनी सूरतें बनाए हुए निहायत ही शरीफ़ बने बीबी के पास बैठे थे। अम्माँ कहाँ गईं? उसके बार-बार पूछने पर बीबी ने रो-रोकर कहा कि अम्माँ अस्पताल गईं। ग़ज़ल भी यह सुनकर एक कोने में चुपकी बैठी रही। मगर आज न जाने क्यों हर औरत को उस पर प्यार आ रहा था। सबने बार-बार उसे अपने पास बुलाया और छाती से लगाकर ख़ूब रोई। ग़ज़ल रोने-धोने के इस लम्बे सिलसिले में उकताई जा रही थी, वरना कोई और वक़्त होता तो अपनी इस क़द्रदानी पर अकड़कर लक़ा कबूतर बन जाती।

बीबी चुपचाप ख़ला में आँखें गाड़े बैठी थीं। मुमानी बेगम ख़्वाहमख़्वाह आँखें रगड़-रगड़ अपने ऊपर रोना तारी करने की कोशिश कर रही थीं। लँगड़ी फूपो औरतों के हलक़े में घिरी चिल्ला-चिल्लाकर बैन कर रही थीं। उन्होंने अपने बाल चुड़ैलों की तरह बिखेर लिए थे और मुँह ढाँपकर बैन किये जा रही थीं, "अभी उमर ही क्या थी...उसकी साथवालियाँ क्वाँरी बैठी हैं। अंगार लगो इन मुर्शिदों की सूरत पर...मेरी बच्ची का कलेजा भूनकर खा गए। उजाड़-सूरत मेरी बतूल अम्माँ...तेरे को कहाँ पाऊँ मेरी अम्माँ...!" फिर सब मिलकर रोने लगीं।

"ग़ज़ल...ग़ज़ल, अब तुम हमारे घर आओगी तो हम तुम्हें अपनी गुड़िया दे देंगे।" फ़ौज़िया ने बड़ी दरियादिली से ऐलान किया।

"क्यों दे दोगी मुझे?" ग़ज़ल ने बहती हुई नाक को फिर ऊपर सुड़ककर पूछा।

"इसीलिए कि तुम्हारी अम्माँ जो मर गई हैं न आज!"

"नहीं बेटे...ऐसा नहीं बोलते...।" रज़िया जल्दी से फ़ौज़िया का हाथ पकड़कर एक तरफ़ ले गई और उसके कान में कुछ कहने लगी।

अम्माँ मर गईं...?...तो मरकर कहाँ गईं?...ग़ज़ल की समझ में कुछ नहीं आया। उकताकर वह मर्दाने कमरे में जा निकली।

नाना हज़रत दोनों हाथों में सिर थामे बैठे थे। राशिद मामूँ बार-बार रूमाल से अपनी सुर्ख़ आँखें पोंछते और फिर छत की तरफ़ देखने लगते थे। अब्बा भी हवन्नक़ों की सूरत बनाए, बाल बिखराए बैठे ज़ोर-ज़ोर से पाँव हिला रहे थे। नये-नये लोगों से कमरा भरा हुआ था। मगर सब चुप थे जैसे जितनी कहने की बातें थीं, उनका स्टॉक ख़त्म हो गया था। फिर उसकी निगाह चाँद आपा पर पड़ी...स्याह शलवार, स्याह चमकती हुई शर्ट और स्याह जाली का दुपट्टा पहने बैठी थीं। रोने की वजह से उनका चेहरा सुर्ख़-भभूका हो रहा था। उनकी आँखें सूजी हुई थीं।

फिर उन्होंने अपनी मीठी और सुरीली आवाज़ में कहा, "शेक्सपियर ने कितनी अच्छी बात कही है—दुनिया एक स्टेज है, जहाँ हर शख़्स अपना रोल अदा करके चला जाता है, मगर बेचारी बतूल ख़ाला ने कैसा ट्रैजिक-रोल अदा किया...!" वह फिर रोने की तैयारी करने लगीं तो एक साथ कई लोग उन्हें समझाने उनके क़रीब सरक आए। "आप तो इतनी तालीमयाफ़्ता हैं फिर जाहिलों की तरह...!"

"ख़ुदा के लिए अपने दिल को सँभालिए मिस चाँदनी...आख़िर आप कितना ग़म करेंगी...वरना मुझे किसी हॉस्पिटल पहुँचा दीजिए।"

फिर राशिद के दोस्त भान साहब को याद आया कि अगर चाँदनी यों ही ग़म मनाती रही तो उस हीरोइन के पार्ट का क्या होगा जो चाँद को उनके ड्रामे में करना है? इसलिए उन्होंने आहिस्ता से कहा कि वह और चाँद उनके साथ कहीं बाहर घूमने चलें ताकि ताज़ा हवा में चाँद की तबीयत कुछ सँभल जाए। यह सुनकर राशिद ने चाँद से बड़ी मद्धिम आवाज़ में कहा, "तुम चली जाओ भान साहब के साथ, मैं तो अब्बाजान के साथ ही रहूँगा।"

भान साहब बड़े असर-रसूख़वाले आदमी थे। दस-पाँच हज़ार के कॉन्ट्रैक्ट दिलाना उनके लिए चन्द मिनट का काम था।

"हाय अल्ला, नक्को जी...मेरा दिल कहीं जाने को नहीं चाहता!" चाँद ने बड़े नख़रे से मुँह बनाकर कहा।

भान साहब चुप हो गए। शायद इसलिए कि एक जवान रूह जिस्म से अलग हो गई थी या फिर इसलिए कि चाँद के उदास चेहरे ने कमरे में बैठे हुए मर्दों के दिलों में अँधेरा फैला दिया था। चाँद की ख़ाला के देहान्त की ख़बर चाँद के तमाम दोस्तों को खींच लाई थी। फिर चाँद हुमायूँ के यहाँ आई

तो लम्बी काली ब्यूक में से उतरते देखकर पास-पड़ोस के तमाम मर्द हुमायूँ को पुरसा देने (अफ़सोस प्रकट करने) के लिए कमरे में चले आ रहे थे। कमरे के फ़र्श पर कहीं बैठने के लिए जगह नहीं बची थी। इसलिए भान साहब अपनी वूलन पैंट का ख़याल किये बग़ैर चाँद के क़रीब बग़ैर दरीवाले फ़र्श पर निहायत बेतकल्लुफ़ी से बैठे हुए थे। बतूल और उसकी ससुरालवालों ने कभी ख़्वाब में भी न सोचा होगा कि वह मरेगी तो राशिद और चाँद के मिलनेवाले इतने बड़े-बड़े लोग उसके हाँ ताज़ियत (शोक प्रकट करने) के लिए आएँगे।

हुमायूँ भी जानता था कि भान साहब बड़े असरो-रसूख़वाले आदमी थे। उनके बाप-दादा बेगम बाज़ार में सूद-ब्याज़ की दुकान लगाए बैठे थे और राशिद के बाप-दादा की दौलत को चुपके-चुपके अपनी तरफ़ खींचते रहे। फिर भान साहब ने उस दौलत को दाँव पर लगाके बहुत बड़े पैमाने पर बिज़नेस शुरू कर दिया। जब वह हैदराबाद के सरमायादारों में नुमायाँ (प्रमुख) नज़र आने लगे तो उन्होंने शोहरत कमाने और लोगों में मक़बूल होने के कई कारनामे अंजाम दिये। लावारिस बच्चों के लिए आराम-घर बनवाए। इनसानों पर बेरहमी की रोकथाम की मुहिम चलाकर उन सारी लौंडियों-छोकरियों और बच्चों को जागीरदारों की ड्योढ़ियों से बाहर निकाला जो ड्योढ़यों के आउट हाउस में पैदा हुए थे, जो ज़िन्दगी-भर जूतों से पीटे जाते, सलाखों से जलाए जाते, लड़कियाँ घर के जवान मर्दों के पैरों तले रौंदी जातीं और फिर घर की किसी बेगम के हाथ से पिटते-पिटते मर जाती थीं।

भान साहब एक कल्चरल सोसाइटी के प्रेज़िडेंट थे। मेडिकल कॉलेज के एक ड्रामे में उन्होंने चाँद को देखा तो अचानक अपनी कल्चरल सोसाइटी पर छाया हुआ अमावस का अँधेरा दूर होता दिखाई दिया मगर वह बड़ी सूझ-बूझ के आदमी थे। इसलिए उन्होंने चाँद की ख़िदमत में फूलों का गुलदस्ता और मुबारकबाद सीधे पेश करने के बजाय राशिद से ताल्लुक़ात बढ़ाए और उसे एक बिल्डिंग बनवाने का ठेका दिलवा दिया। बस यों ही और इसी तरह वह अकसर राशिद के यहाँ आने लगे। उसके बदले में राशिद पर भी फ़र्ज़ था कि भान साहब की कल्चरल सोसाइटी के लिए चाँद जैसी अदाकारा को चाँदी की कैस्कट में रखकर पेश करे। पहली बार भान साहब चाँद से बड़े तकल्लुफ़, बड़े एहतिमाम (औपचारिकता) से मिले। चाँद ने भी रस्मी मुलाक़ात से ज़्यादा उन्हें कोई अहमियत न दी क्योंकि भान साहब चालीस से ऊपर पहुँच चुके थे। उनकी गंजी चाँद, भारी-भरकम तनो-तोश और स्याह रंग में ऐसी कोई बात न थी जो चाँद जैसी माह-पाराओं (चन्द्रमुखी) की तवज्जो खींच सके।

इसलिए वह चाँद के आगे सिवाय अपने अख़लाक़ और अपनी दौलत के और क्या पेश करते?

अलबत्ता आज उन्होंने थोड़ी-सी कोशिश के बाद चाँद को अपने साथ 'होशरुबा' ले जाने पर राज़ी कर ही लिया।

जब चाँद आपा एक लम्बी-सी चमकीली कार में बैठकर उस गंजे आदमी के साथ चली गईं तो ग़ज़ल फिर अन्दर आ गई।

गीले फ़र्श पर छप्पक-छय्या करती घूमती रही। आख़िर कपड़ों के एक ढेर पर लेटकर आँखें मलने लगी। अम्माँ मर गई—इस बात पर अगर वह रोना शुरू कर दे तो अब्बा ज़रूर मारेंगे। इस बात पर उसे फिर अम्मा याद आई और वह सचमुच रोने लगी।

उसकी आवाज़ सुनकर सब दौड़े आ गए, जैसे आज से पहले उसे किसी ने रोते हुए न देखा हो और ग़ज़ल के साथ सब ही रोने लगे।

"हुमायूँ मियाँ! तुम अपने लड़कों को सँभालो। ग़ज़ल को मैं अपने पास रखूँगी।"

"हाँ, ग़ज़ल ऐवाने ग़ज़ल में रहेगी...!" वाहिद हुसैन ने भी बड़े जोश में कहा।

सुबह हुमायूँ मुँह तमतमाए दोनों हाथों से सिर थामे बैठा था।

साया ने लाख चाहा कि अपने स्याह हाथों की मिठास घोलकर उसे चाय पिला दे मगर उसने दोनों बार उनका हाथ झटक दिया। बतूल से कोई आराम नहीं था मगर वह वक़्त-बेवक़्त सौ-दो सौ रुपए अपने मायके से ले आती थी तो काम चल जाता था। अब उसे दूसरी पैसेवाली बीबी कहाँ मिलेगी? यही फ़िक्र उसे कल से खाए जा रही थी।

चूल्हे के पास बीबी बैठी अयाज़ और शहज़ाद को घी में तलकर पूरियाँ खिला रही थीं और इस तरह एक महीने के ख़र्च का घी आज ही ख़त्म किये डाल रही थीं। मगर उनकी सास को इन बातों से क्या गरज़! ऐवाने ग़ज़ल की मलिका ठहरीं! उन्हें तो इस वक़्त दामाद को यह दिखाना था कि वह अपने नवासों को कितना चाहती हैं!

मीठी पूरियों की ख़ुशबू सूँघकर ग़ज़ल ने भी वह मैला चीकट तकिया छोड़ा जिसमें अभी तक अम्माँ की ख़ुशबू बसी हुई थी और चूल्हे की तरफ़ भागी, मगर हुमायूँ को घूरते देखकर नल की तरफ़ मुड़ जाना पड़ा। नल के टपकते हुए क़तरों को लेकर उसने पूरे चेहरे पर यों मालिश की कि सारा

चेहरा धुला हुआ लगे। फिर पानी के मैले-टपकते हाथ लिए वह पूरियों पर पिल पड़ी।

ग़ज़ल की माँ मर गई...हुमायूँ को यक़ीन नहीं आ रहा था कि वह दुबली-पतली बेजुबान औरत इतनी बड़ी ठेस दे सकती है। अब वह उन तीन नालायक़ बच्चों का क्या करे? चलो, ग़ज़ल को तो नाना के हाँ ठिकाना मिल जाएगा मगर अयाज़ और शहज़ाद को यतीमखाने में डालना पड़ेगा ताकि क़ब्र में पड़ी हुई बतूल को वह इसी तरह लातें रसीद कर सके।

अम्माँ मर गईं...! बावर्चीख़ाने में अम्माँ की ख़ास चौकी पर बीबी को देखकर बार-बार ग़ज़ल को याद आ रहा था। बार-बार निवाला लौटकर हलक़ में आ जाता...आज न जाने क्यों मीठी पूरियों में ज़रा भी मज़ा न रहा था। अम्माँ कब आएँगी? मैं भी अम्माँ के पास जाऊँ...इस बात पर उसे ज़िद करने का पूरा हक़ है क्योंकि अम्माँ ने फिर बेईमानी की थी। यों ही चली गई थीं, जैसे ऐवाने ग़ज़ल जाते वक़्त उसे धोखा देकर सुला देती थीं। सुबह आँख खुलती तो वह ख़ूब शोर मचाती थी। यहाँ तक कि अब्बा उसे गोद में उठाकर अम्माँ के पास पटक आते थे।

"अब हम अम्माँ के पास जाएँगे।" पूरियों से नीयत भरने के बाद उसने सिसकियाँ भरना शुरू कीं कि आज फिर अब्बा की गोद में चढ़कर बीबी के यहाँ जाएगी।

"बीबी...!" हुमायूँ ने ग़ज़ल को ग़ुस्से से देखा।

"बीबी..! इस पोटी का रोना बन्द करवाइए, नहीं तो मैं सच्ची इसे भी इसकी माँ के पास भेज दूँगा! मुझसे ये कुतिया के पिल्ले अब नहीं पलेंगे।" यह सुनकर ग़ज़ल रोना-धोना फेंक-फाँक भाग खड़ी हुई।

रात को जब वह ज़बरदस्ती अकेले खटोले पर सुलवाई गई तो उसे शेख़ू मियाँ से सुनी जिन भूतों की कहानियाँ याद आने लगीं और वह डर के मारे उस तकिये से लिपट गई जो अम्माँ के पसीने की बू में बसा हुआ था।

अब सुबह के वक़्त घर में बड़ा हंगामा मचने लगा।

यों तो बदइन्तजामी अम्माँ के वक़्त से ही इस घर की रिवायत बन चुकी थी। यहाँ साया का राज था और बतूल अस्पताल में पड़ी रही थी। कभी ठीक होकर आती तो हुमायूँ फिर उसका कोई कल-पुरजा तोड़कर मायके भिजवा देता था। बाप के मरते ही हुमायूँ अलफ़लैला से निकाला गया तो वाहिद हुसैन ने अपने असर-रसूख़ से काम लेकर उसे किसी दफ़्तर में अहलकार लगवा

दिया था। धीरे-धीरे हुमायूँ को अहसास हुआ कि ज़िन्दगी ज़हर का घूँट है और बीबी सबसे बड़ी बला है। बच्चों का पालना और घर की ज़िम्मेदारी की ख़ातिर अपने ऊपर हर ऐश को हराम कर डालना—इससे बड़ी सज़ा और क्या होगी!

अलफ़लैला से निकलने के बाद ही उसने बहुत हाथ-पाँव मारे कि किसी तरह मार-पीटकर हमेशा के लिए बतूल और बच्चों से छुटकारा पा ले मगर बतूल तो उसके गले का हार बन चुकी थी। चाहे कितनी ही लातें मारो या ठोकरें लगाओ, वह कदमों में लौटे जाती। जब हुक्म दो फ़ौरन अपने बाप से सौ-दो सौ रुपए ला देती। बच्चों में हुमायूँ को अब कोई दिलचस्पी नहीं थी। ख़ासतौर पर ग़ज़ल से तो इन्तहाई नफ़रत थी। जैसे अलफ़लैला का जादुई चिराग़ चुरानेवाली यही मक्कार चुड़ैल थी जिसने हुमायूँ को महल से निकालकर झोंपड़ी में ला फेंका था।

बतूल के मरने के बाद अयाज़ और शहज़ाद के तो ख़ूब मज़े हो गए। अब्बा दिन-भर दफ़्तर में रहते थे। साया को वह ख़ातिर में न लाते। इसलिए अम्माँ की सुरमेदानी से लेकर अब्बा के पुराने जूते तक बेचकर उन्होंने सिनेमा देख डाला, अलबत्ता अयाज़ को कुछ पढ़ने में भी दिलचस्पी थी। अकसर किताब खोलकर किसी कोने में जा बैठता था।

सुबह वे तीनों सोए हुए फ़ितनों की तरह जागते थे। नाश्ते पर वह लूट-मार मचती कि अकसर हुमायूँ भूखा ही दफ़्तर चला जाता था, और ग़ज़ल नाश्ता न मिलने के ग़म में पछाड़े खाती थी लेकिन बतूल के मरने के बाद तो ग़ज़ल की चीख़ों पर कोई भी कान न धरता था। हुमायूँ ने तो ख़ैर उसी दिन उसके वजूद पर लानत भेज दी थी जिस दिन वह पैदा हुई मगर अयाज़ और शहज़ाद को भी उससे जन्म-जन्म का बैर था। इसलिए हर तरफ़ की दुत्कार के बाद उसे सिर्फ़ अम्माँ के सूखे सीने से लगकर सुकून मिलता था। हुमायूँ के बेरहम हाथों से बचाना भी सिर्फ़ बतूल ही का काम था, मगर बतूल के मरते ही हुमायूँ को तो ग़ज़ल को पीटने के सिवा और कोई दूसरा काम याद न रहा। बीबी ने कई बार उसे अपने साथ ले जाने के लिए कहा लेकिन हुमायूँ राजी न हुआ। वह कहता था, सिर्फ़ ग़ज़ल ही क्यों? ले जाना है तो तीनों बच्चों को ले जाओ ताकि मुझे छुटकारा मिले। अब ऐसे शैतान बच्चों की पलटन बीबी कैसे पाल सकती थीं और वह पाल भी लेतीं तो रज़िया कब राज़ी होती?

इसलिए ग़ज़ल बाज़ की पकड़ में आनेवाली फाख़्ता की तरह दिन-भर किसी कोने में दुबकी काँपा करती थी।

अब दुबली-पतली पंखिया-सी सूखी-मारी फूपी जान भी भाई का उजड़ा घर सँभालने आ गई थीं। वह बेचारी बग़दादी क़ायदेवाली तमाम नसीहतें निहायत साफ़-सुथरे अन्दाज़ में अयाज़ और शहज़ाद को सुनाती थीं कि बहन को मारना छोड़ो। फिर तंग आकर अपने घर चले जाने की धमकियाँ देती थीं जिसे सुनकर सब चन्द मिनट के लिए चुप हो जाते थे। अकसर ऐसा होता कि फूपी जान को अपनी बहू और बेटे में सुलह कराने के लिए घर जाना पड़ता तो यहाँ सब का पटरा हो जाता था। एक बात हो तो गिनाई जाए।

साया को हुमायूँ की नाज़-बरदारी से फ़ुरसत नहीं मिलती थी कि बच्चों के लिए खाना पकाए। अयाज़ का जूता खो गया। शहज़ाद ने अयाज़ की किताब फाड़ डाली। फिर दोनों लड़ पड़े और धींगामुश्ती में सुराही टूट गई। अचार का मर्तबान गिर गया। अयाज़ की नकसीर फूट गई। शहज़ाद का घूँसा बीच-बचाव करनेवाली ग़ज़ल के पेट में जा लगा।

जब दोनों भाई मनमानी शरारतें करके थक जाते थे तो ग़ज़ल से छेड़खानी करने बैठ जाते। बतूल को इसी हाय-हाय ने खा लिया था। यह तो फूपी जान की मोहब्बत थी कि दो महीने से वह टॉनिक पी-पीकर इस घर की बागडोर सँभाले हुए थीं। जिस दिन ग़ज़ल की रकाबी में से अयाज़ बोटी उठाकर खा लेता था तो वह घंटों एड़ियाँ रगड़-रगड़कर यों रोती जैसे दुश्मनों ने उसके दिल की बोटियाँ चबा डाली हों।

साया बाज़ार जाते-जाते उसे गूँगी भिखारिन की झोली में डालने की धमकी देती थी। उस गूँगी भिखारिन की फटी हुईं आँखों से ग़ज़ल को बेहद डर लगता था। फिर वह और ज़ोर-ज़ोर से रोना शुरू कर देती थी। बीबी कहती थीं कि ग़ज़ल के हर वक़्त के रोने ही से इतनी नहूसत फैली कि बतूल मर गई। ऐसे वक़्त हुमायूँ झुँझलाकर अयाज़ को चूल्हे में की जलती हुई लकड़ी लाने का हुक्म देता था। चुनाँचे कपड़ों से धूल झाड़ती, कलाई से बहती हुई नाक पोंछती हुई वह खड़ी हो जाती। इसी पर बात ख़त्म न होती। अचानक हुमायूँ को याद आता कि इस बे-माँ की बच्ची को पालने की ज़िम्मेदारी सिर्फ़ उसी पर है। लिहाज़ा उसे फ़ौरन स्कूल जाने का हुक्म देता और स्कूल जाने से पहले जूते ढूँढ़ने का और जूते ढूँढ़ने से पहले बालों में साया से कंघी करवाने का, और कंघी करवाने से पहले सबक़ याद करने का और ज़ाहिर है कि ये निहायत नामाकूल और फ़िज़ूल काम होते जो महज़ रोने की सज़ा के तौर पर करने थे। इसलिए वह अनसुनी करके निहायत लापरवाही के साथ दीवार का चूना नाख़ूनों से खुरचे जाती थी क्योंकि धौंस के साथ हुक्म बजा लाना उसे क़तई

पसन्द न था। कोई मोहब्बत से हुक्म के साथ चार घूँसे भी अम्माँ की तरह लगा देता तो वह मान लेती थी। अब्बा दिन-भर उसे मारते-पीटते और वह दिन-भर इन्तज़ार में रहती कि अबकी बार मारने के बाद अब्बा उसे कलेजे से लगाएँगे और उनकी गोद में मुँह छुपाकर वह रो पड़ेगी। दिन-रात रोने के बावजूद उसकी आँखें उन आँसुओं को सँभाले-सँभाले बोझिल हो गई थीं जो किसी के हमदर्दी के बोलों पर ही बहाए जा सकते थे।

वैसे तो अम्माँ को भी हज़ार फ़िक्रों ने कभी इतनी फ़ुरसत नहीं दी कि वह रज़िया की तरह अपनी बेटी के गालों पर प्यार करें मगर कभी-कभार अब्बा की मार खाने के बाद वह ग़ज़ल को सीने से लगाकर रोती थीं तो ग़ज़ल को बड़ा अच्छा लगता। जी चाहता कि अम्माँ यों ही रोती रहें और वह उनके सीने से लगी-लगी सोती रहे। लेकिन अब तो कोई ऐसा आदमी नहीं रहा था। अब्बा तो उसकी तरफ़ सिर्फ़ देख लेते थे तो ज़मीन-आसमान हिलने लगता था। ग़ज़ल का जी चाहता था, उन सब मारने-पीटनेवालों का क़ीमा बनाकर चील-कौओं को खिला दे, सिर्फ़ चाँद आपा रह जाएँ दुनिया में।

हर तरफ़ की दुत्कार सुनने के बाद वह मैले कपड़ों के ढेर पर जाकर लेट जाती थी। बतूल की मौत के बाद बतूल का हक़ जायदाद में से वसूल करने पर वाहिद हुसैन और हुमायूँ के दरम्यान एक ज़ोरदार झगड़ा हुआ था। इसलिए ग़ज़ल पर ऐवाने ग़ज़ल का फाटक बन्द हो चुका था। दिन-भर वह जले पाँव की बिल्ली की तरह सारे मुहल्ले की ख़ाक छानती फिरती। रात को ख़्वाब देखती कि जैसे वह भी चाँद आपा बन गई है और वह लम्बे-लम्बे बालोंवाला गवैया सआदत ज़मीन पर बैठा उसे सजदे कर रहा है। फिर वह भी चाँद आपा की तरह अपनी साड़ी का सुनहरा बॉर्डर उसके गन्दे हाथों से छुड़ा रही है और कह रही है—होश में आओ, सआदत! इतना मत पिया करो।

फिर एक लम्बी-सी स्याह मोटर आती है और उसे कोई तहखाने में ढकेल देता। फिर यों लगता जैसे वह राशिद मामूँ की गोद में बैठी चॉकलेट खा रही है और दुलहिन मुमानी उसे ख़ूब प्यार कर रही हैं, इतना कि वह रो पड़ी... रोते-रोते हिचकियाँ बँध जातीं। जब आँख खुलती तो उसका तकिया सचमुच भीगा होता और वह सिसकियाँ लेती होती।

फिर वह बड़ी देर तक सोचा करती थी कि चाँद आपा बनने के लिए सबसे पहले तो वायलिन बजाना सीखना होगा। उसे न तो किताबें पढ़ना आता था, और न ड्रामों में काम कर सकती है, अलबत्ता उसने चाँद आपा से सुने हुए गीत उसी ट्यून में याद कर लिए थे। उनकी तरह हँसना भी आ गया

था। जी चाहता, एक बार फिर चाँद आपा मिल जाएँ तो उनसे यों चिमटे कि कभी न छोड़े। एक बार वह अम्माँ के पास सोने लेटी थी तो उसने अम्माँ को झँझोड़ डाला था।

"अम्माँ, अम्माँ! चाँद आपा इतने ज़ोर से क्यों हँसती हैं?"

"ऊँह...!" अम्माँ ने करवट बदल ली।

"अम्माँ, मैं भी चाँद आपा की तरह हँसूँगी।"

"तू मुझे क़ब्र में भी चैन से मत सोने देना, अच्छा!" उन्होंने दाँत किचकिचाकर कहा और न जाने क्यों रोने लगीं।

ग़ज़ल सहम गई। अम्माँ तो साबुन का झाग बन गई थीं। ज़रा-सी ठेस लगी और फूटीं।

मगर चाँद बनने के लिए तो ख़ूब पढ़ना होगा...।

उस दिन से वह सुबह ही उठकर स्कूल भागने लगी और रात को बड़ी देर तक स्लेट पर थूक मल-मलकर होमवर्क करती।

हैदर अली ख़ाँ ने चाँद से ताल्लुक़ बिलकुल तोड़ लिया था क्योंकि उन्हें चाँद की सोशल सरगर्मियाँ क़तई पसन्द न थीं। कई बार बाप-बेटी में सख़्त तकरार हुई। इसके बाद चाँद के लिए सौ रुपए भेजना हैदर अली ख़ाँ ने ख़त्म कर दिया। यों भी हैदर अली ख़ाँ ने प्रैक्टिस छोड़ दी थी और कम्यूनिस्ट पार्टी में शामिल हो चुके थे। वह तेलंगाना के छापामार दस्तों के साथ साज़िशों में मसरूफ़ थे। लेकिन ज़ाहिर में सिर्फ़ तरक़्क़ीपसन्द मुसन्निफ़ीन (प्रगतिशील लेखकों) की मुक़ामी (स्थानीय) शाखा के सेक्रेटरी थे और उसी के ऑफ़िस में बैठे काम करते थे। चाँद अब अपने घर नहीं जाती थी। उसकी कम्यूनिस्ट वर्कर सौतेली माँ ने हैदर अली ख़ाँ को बिलकुल अपने रंग में रँग लिया था और वे दोनों अपने सारे फ़र्ज़ और दिलचस्पियाँ भूलकर पार्टी के कामों में खो चुके थे। उन दिनों तेलंगाने में छापामार दस्तों का बहुत ज़ोर था। वह बाक़ायदा फ़ौजी ट्रेनिंग लेकर निजाम की फ़ौज से लड़ते थे। कई जगह इन दस्तों की क़ियादत (नेतृत्व) नौजवान लड़कियाँ करती थीं। वे लोग सरकारी फ़ौज से हथियार छीनकर इकट्ठे करते और कहीं-कहीं तो पूरे ज़िले पर क़ब्ज़ा कर लेते थे। हुकूमत ने पार्टी पर पाबन्दी आयद कर दी थी। इसलिए अहम पार्टी वर्कर अंडरग्राउंड रहते। जो बाहर होते, वे अदबी सतह पर तरक़्क़ीपसन्द तहरीक के मेम्बर बनकर काम करते थे। यह वह ज़माना था जब गाँवों में देशमुखों और जागीरदारों ने लूट-खसूट को अपना हक़ बना लिया था। गाँव

में किसी किसान की न इज़्ज़त बची थी, न दौलत। वे दिन-दहाड़े खेतों पर काम करनेवाली लड़कियों को मोटर में डालकर ले जाते, खड़ी फ़सलें कटवा लेते। इसलिए पार्टी की मक़बूलियत (लोकप्रियता) बढ़ रही थी। ख़ासतौर पर मज़दूर और किसानों का तबक़ा पूरी तरह पार्टी के साथ था। वह पहाड़ियों के ऊँचे-ऊँचे रास्तों पर, जिन पर चढ़ना दुश्वार था, दलम की रहनुमाई करते थे और सरकारी फ़ौजों की मुखबिरी का काम अंजाम देते थे। निजाम ने इस तूफ़ान को रोकने के लिए बहुत-से बाँध बाँधे। किसानों के नौजवान लड़कों को उन्हीं के आँगन में खड़े पेड़ों पर लटकाकर फाँसियाँ दी गईं। नौजवान लड़कियों को सरकारी सिपाही सबके सामने उठाकर ले जाते थे। पूरे ख़ानदान के आगे बाग़ी लोगों को शूट किया जाता था लेकिन इन्हीं इबरतनाक सज़ाओं ने अवाम में ग़मों-ग़ुस्से की लहर दौड़ा दी थी। जागीरदार और देशमुख इस तूफ़ान से काँपने लगे थे।

वाहिद हुसैन का ब्लडप्रेशर भी बढ़ गया था। उनके लिए यह बात बड़ी परेशानकुन थी कि ख़ुद उन्हीं का दामाद और एक जागीरदार घर का मुअज़्ज़ज़ पढ़ा-लिखा लड़का उन गुंडों में जा मिला था और उनकी रहनुमाई कर रहा था। ग़ुस्से के मारे उनकी हैदर अली ख़ाँ से बातचीत बन्द थी क्योंकि कई बार सरकारी तौर पर पूछताछ हो चुकी थी कि वाहिद हुसैन का अपने दामाद से क्या ताल्लुक़ है। और हैदर अली ख़ाँ की बेटी ऐवाने ग़ज़ल में क्यों रहती है। हालाँकि चाँद अपने डैडी की सियासी सरगर्मियों के बारे में कुछ नहीं जानती थी। उसे मेकअप के नये-नये ढंग सीखने और पार्टियों में आशिक़ों के गिरोह से निबटने से फ़ुरसत न थी। उसने कभी भी इस बात पर ग़ौर नहीं किया था कि उसके बाप ने ऐशोआराम की ज़िन्दगी तजकर इन झमेलों में पड़ना क्यों क़ुबूल किया? और अख़बारों में नेहरू और गांधीजी क्या चिल्ला रहे हैं? अलबत्ता एक बार जब किसी ने उसकी नज़ाकत पर चोट करके कहा कि वह तो बड़े मज़बूत बाप की बेटी है तो उसे अहसास हुआ कि शायद उसे भी डैडी के कारनामों पर शान दिखाना चाहिए। सुना है, वह ग़रीबों की हिमायत कर रहे हैं।

इन्हीं दिनों मेडिकल कॉलेज की बिल्डिंग का उद्घाटन करने हुज़ूर तशरीफ़ लाए तो स्टूडेंट्स यूनियन की प्रेज़िडेंट बनकर चाँद एड्रेस पढ़ने खड़ी हुई। हुज़ूर दुनिया को बड़ी लापरवाही से बड़ी हिकारत से देखते थे, ख़ूबसूरत चेहरे को देखते ही रेशा-ख़तमी हो जाना उनके ख़मीर में शामिल था। बस फ़ौरन चाँद के बारे में पूछताछ शुरू हो गई थी और उन्होंने अपने एक मंज़ूरे-नज़र स्याह-फ़ाम साहबज़ादे के लिए चाँद को चुन लिया।

यह वह ज़माना था जब चाँद और भान साहब का इश्क़ पूरे शहर में मशहूर हो रहा था। इसलिए वाहिद हुसैन ने फ़ैसला कर लिया कि इस रिश्ते को क़ुबूल कर लें। भला इससे ज़्यादा इज़्ज़त-अफ़ज़ाई उनके ख़ानदान के लिए और क्या हो सकती है कि चाँद शाही ख़ानदान की बहू बन जाए! इस तरह चाँद के बाप की ख़ताएँ भी नज़रअन्दाज़ हो सकती थीं और वाहिद हुसैन के सोए हुए नसीब जाग उठेंगे। यों भी शाही रिश्ता कभी लौटाया नहीं गया। आला हज़रत की पसन्द तो वह मज़बूत बन्धन होता था जिसे वक़्त और जाती पसन्द की कोई तलवार नहीं काट सकती थी।

यह सब कुछ जानते हुए चाँद ने बड़ी लापरवाही से इस पैग़ाम पर थूक दिया, "आँख थू...मैं क्यों करने लगी ऐसी उजाड़-सूरतों से शादी?"

वाहिद हुसैन ने सुना तो थरथर काँपने लगे। अब न जाने उनके ख़ानदान पर कैसा इताब नाज़िल होगा!

एक दिन शाम को चाँद सज-बनकर कहीं जाने की तैयारी में मसरूफ़ थी कि एक काला-सा बड़े-बड़े बालोंवाला हिन्दू लड़का हैदर अली ख़ाँ का पैग़ाम लेकर आया चाँद के लिए। एक मुद्दत के बाद डैडी का ख़त पढ़कर चाँद उदास हो गई। उन्होंने कितने दुख से लिखा था कि अब चाँद बड़ी हो गई है। इसलिए अपना हुक्म बेटी पर लादने का उन्हें कोई हक़ नहीं है। इसके बावजूद वह यह नहीं चाहते कि चाँद की शादी शाही ख़ानदान में हो।

ख़त पढ़कर चाँद ने नज़रें उठाईं तो घबरा गई। वह स्याह-फ़ाम नौजवान उसे टकटकी बाँधे देखे जा रहा था। चन्द सैकेंड बाद चाँद ने घबराकर पूछा, "बाबा आजकल कहाँ हैं?"

"बहुत दूर...!" उसने जवाब दिया, उसकी आँखें उसी तरह उसे ताके जा रही थीं।

"क्या आप भी बाबा के साथी हैं?"

"हाँ! मैं एक मुजस्समासाज़ (मूर्तिकार) हूँ। अपना काम छोड़कर पार्टी में शरीक हो गया हूँ लेकिन अभी मुझे आपको देखकर ख़याल आया कि मुझे अपना काम नहीं छोड़ना चाहिए!"

"क्यों...?" चाँद हँस पड़ी। अजनबियों से ख़ुश-अख़लाक़ी बरतने में वह माहिर थी।

"क्योंकि मुझे ग़ाफ़िल पाकर ख़ुदा मुजस्समासाज़ी के फ़न में बहुत तरक़्क़ी कर रहा है। वह आप जैसी हसीन तसवीर बनाने लगा।"

चाँद का हँसते-हँसते बुरा हाल हो गया। ऐसी अनोखी तारीफ़ करनेवाला

यह लाउबाली-सा (अस्तव्यस्त), मस्त आँखोंवाला नौजवान न जाने क्यों उसे अचानक अच्छा लगने लगा।

"अच्छा, अब चलता हूँ।" वह अचानक उठ खड़ा हुआ।

"क्यों, थोड़ी देर बैठिए न! आप बाबा के साथी हैं तो चाय पिए बग़ैर नहीं जाएँगे।"

वह बैठ गया। फिर वह बड़े-से पुरानी तर्ज़ के ड्राइंग रूम में लगी हुई तसवीरें और क़ीमती सामान देखने लगा।

"बाहर से आपका मकान कितना ख़राब लगता है लेकिन अन्दर आकर मालूम हुआ कि यह ऐवान (महल) है और आप उसकी 'ग़ज़ल' हैं।"

चाँद को फिर हँसी का दौरा पड़ गया। (भान साहब कहते थे, हँसते वक़्त चाँद दुगनी ख़ूबसूरत लगती है। इसीलिए उसे ड्रामों में बार-बार हँसाया जाता था। और हर बार नौजवान ज़ोर-ज़ोर से तालियाँ पीटते वंस मोर वंस मोर का शोर मचाते थे।)

"आप फिर कभी आइए!" गेट तक आकर चाँद ने बड़े प्यार से देखा।

"सुना है, मैं अनक़रीब गिरफ़्तार होनेवाला हूँ। अगर बच गया तो फिर एक बार आऊँगा—ख़ुदा की मुजस्समासाज़ी का फ़न देखने।"

मगर चाँद उसे नहीं भूल सकी। न जाने कौन था वह? कैसा शोख, चंचल, बिलकुल कृष्ण-कन्हैया-सा लगता था। उसने नाम भी तो न पूछा।

एक बार किसी ने बताया कि हैदर अली ख़ाँ पर से मुक़दमा उठा लिया गया और वह घर वापस आ गए हैं तो चाँद उनसे मिलने अंजुमन के दफ़्तर गई। बाबा से मिलकर ख़ूब रोई। फिर उस ख़त का ज़िक्र आया। फिर उस नौजवान का।

"संजीवा?" हैदर अली ख़ाँ ने कहा। "आजकल पुलिस उसकी ताक में है। वह कहीं चला गया है।"

"यह क्या छोटे बच्चों की तरह रो रही हो?" हैदर अली ख़ाँ ने उसके सिर पर हाथ रखा, "वही करो जो अपने लिए बेहतर समझती हो। लोगों के जाल में मत फँस जाना। जाओ, घर जाओ! आइंदा मुझसे मिलने यहाँ मत आना!"

बाबा उसे छोड़ने नीचे आए।

"तो कभी-कभी संजीवा को भेज दिया कीजिए अपनी ख़ैरियत के लिए।" उसने बड़ी आजिज़ी के साथ कहा।

कई महीने बाद चाँद राशिद मामू के साथ किसी जलसे से बाहर जा रही थी कि संजीवा नज़र आया। वह हॉल के कॉरीडोर में किसी आदमी से बहस में मसरूफ़ था। उसने चाँद पर एक निगाह डाली और फिर अपनी बातों में

मसरूफ़ हो गया। चाँद आगे बढ़ी तो यों लगा जैसे पीछे कुछ रह गया है। उसे न जाने क्यों अपनी बेइज़्ज़ती का अहसास होने लगा। आज तक कभी ऐसा न हुआ था कि कोई उसे यों नज़रअन्दाज़ कर दे।

दूसरे दिन वह बाबा से मिलने अंजुमन के ऑफ़िस गई। बाबा नहीं थे कोई नहीं था। वह वापस जा रही थी तो गेट पर संजीवा नज़र आया।

"आपके बाबा की तबीयत ख़राब है। इसलिए वह यहाँ नहीं आ रहे हैं।"

"लेकिन आप क्यों नहीं आए? आपने मुझसे वायदा किया था।"

चाँद ने पहली बार किसी मर्द से इतने नरम लहजे में बात की थी।

उसने ग़ौर से संजीवा को देखा। उसके लम्बे-लम्बे, उलझे-उलझे घने बालों का टोकरा-सा बना सिर पर रखा था। उसके नाक-नक्श बड़े तीखे थे। बड़ी-बड़ी, मुँदी-मुँदी आँखों में न जाने कैसी कशिश थी कि चाँद उसे भूलती ही न थी। वह बहुत ही मामूली-सी पैंट-शर्ट पहने था। (बाबा ने उस दिन बताया था कि वह बड़े अमीर रेड्डी ख़ानदान का लड़का है और बहुत अच्छा मुजस्समासाज़ है।)

"वायदा तो किया था," उसने सिगरेट सुलगाते हुए कहा, "लेकिन ज़मीन पर पड़े हुए कामों से फ़ुरसत नहीं मिलती। आसमान पर चमकनेवाले चाँद को कैसे देखें?"

चाँद को हँसी आई। बड़ी अदा से, बड़ी नज़ाकत से उसने कहा, "आप आइए तो मैं ज़मीन पर ही हूँगी। मुझे आपसे आर्ट पर कुछ डिसकस करना है।"

"अरे, नहीं भई!" संजीवा ने लापरवाही से सिगरेट का कश लिया। "मैं आप जैसी नाज़ुक-ख़याल आर्टिस्टों से बहस नहीं करता। मैं ठहरा बिलकुल उजड्ड आदमी, पत्थर फोड़नेवाला!"

चाँद को संजीवा की बातें बहुत अच्छी लगीं और उसने दूसरे दिन अपनी आर्ट सोसाइटी के ऑफ़िस में संजीवा को बड़े इसरार से बुलवाया ताकि नये ड्रामे के मौज़ूअ (विषय) पर उससे मशवरा ले सके।

और फिर उसी दिन चाँद के इसरार पर भान साहब ने संजीवा को अपनी सोसाइटी का मेम्बर बना लिया। उस वक़्त तो भान साहब ने यही सोचा कि एक कम्यूनिस्ट को मेम्बर बना लेने से यह फ़ायदा होगा कि ज़रा नौजवान इस सोसाइटी की तरफ़ मुतवज्जे हो जाएँगे और ऐसे यूरोप-पलट नौजवान की बदौलत वाक़ई ड्रामों में नये-नये आइडिए पेश किये जा सकेंगे। उन्हें ज़रा भी अन्दाज़ा नहीं था कि उस काले मामूली हैसियत के लड़के के पीछे चाँद ऐसी दीवानी हो गई कि बात-बात पर उन्हें भी झिड़क देती।

चाँद का पैग़ाम वापस हुआ तो सचमुच शाही इताब नाज़िल हुआ मगर वाहिद हुसैन पर नहीं बल्कि हैदर अली ख़ाँ पर। उनकी गिरफ़्तारी के वारंट निकले और वह अपने ग्रुप समेत अंडरग्राउंड हो गए। लिहाज़ा चाँद तो इकतारा लेकर बैठ गई—बिलकुल मीराबाई के अन्दाज़ में उसने सफ़ेद साड़ी पहनकर बाल खोल लिए और संजीवा की याद में गाने लगी—'कौन गली गयो शाम बता रे कोई...!' चाँद को यों तो आए दिन नित नये स्वाँग भरते देखकर वाहिद हुसैन सोचते कि अब पानी सिर से ऊँचा हो गया है। उन्हें शुरू ही में उसकी जड़ उखाड़ देनी चाहिए थी। असल में चाँद के बिगड़ने में उसका भी क्या क़सूर है? वक़्त पर उसकी शादी हो जाती तो आज क्यों यह दिन आता? लेकिन राशिद को चाँद से इतने काम लेने थे, शादी कैसे करते!

आज ऐवाने ग़ज़ल में मुशायरा था। 'फ़ानी' बदायूनी शाही तलबी पर आए हुए थे। वाहिद हुसैन जानते थे कि उनके पाँव दकन में नहीं जमने दिये जाएँगे मगर इस मौक़े से फ़ायदा उठाकर उन्होंने एक मुशायरा आयोजित कर दिया था जिसमें 'हसरत' मोहानी, 'फ़ानी' बदायूनी, उस्ताद 'जलील' मानिकपुरी, अली 'अख़्तर' और 'हैरत' बदायूँनी आनेवाले थे।

मगर आज लाख सिर पटकने पर भी एक मिसरा मौजूँ न हो सका। और मुशायरे में ताज़ा ग़ज़ल सुनाना उनकी रिवायत रही है।

फिर उन्होंने बयाज़ एक तरफ़ सरकाकर रख दी। ऐनक उतारकर कुरते के दामन से साफ़ की और फिर लगाकर चारों तरफ़ यों देखा जैसे अब दुनिया का रंग और ही नज़र आएगा। पहली नज़र रज़िया पर गई जो दालान में कुरसी पर किसी गहरी सोच में डूबी हुई बैठी थी। फिर वह अपनी सास से कहने लगी, "बीबी, क़ैसर बेचारी का निकाह चचा पाशा से करवा दीजिए न! जहाँ इतनी मालिन बी वग़ैरा जैसी छोकरियाँ उजाला चची ने इकट्ठी कर ली हैं, उसकी भी रोटी का ठिकाना हो जाएगा।"

"हौ, हौ, कोशिश करके देखो, बेगम!" वाहिद हुसैन ने फ़ौरन उस बहस में शिरकत कर ली।

"ऊई! तुम लोगों के दिमाग़ को क्या हुआ है! कोई बात भी याद है?" बीबी के कुछ कहने से पहले हस्बे-आदत गौहर फूपो बीच में कूद पड़ीं, "यह बात तो एक साल पहले ख़ुद छोटे भाई ने उठाई थी। पिछले साल फ़ौज़िया की सालगिरह में उन्होंने क़ैसर को देखा था तो...!"

"अच्छा? तो फिर?" रज़िया मुँह उठाए छोटी बच्चियों की तरह हँसने लगी।

"होता क्या?" बीबी ने लँगड़ी फूपो से बात छीनी, "यों ही मज़ाक़ में है। हमारे सामने मत लाया करो, वरना हम किसी दिन पकड़के उससे निकाह-विकाह कर डालेंगे।" यह सुनकर फ़ातिमा बेगम तो चुप हो गईं मगर क़ैसर बड़े ग़ुस्से से आगे बढ़ी, "हाथ तो लगाके देखो मुझे? हाथ तोड़ डालूँगी। मेरे अब्बा को डरा-धमकाके अपना ग़ुलाम बना लिया होगा। मैं किसी के झाँसे में नहीं आऊँगी।" उसकी बातें सुनकर सब सन्नाटे में आ गए।

"वह तो कहो, छोटे भाई भाभी का लिहाज़ कर गए।" गौहर फूपो ने कहा। "वरना तुम तो जानते हो इन भाइयों का ग़ुस्सा। अगर फ़ातिमा बेगम के सामने ही उसे उठाकर ले जाते तो कोई क्या कर लेता?"

वाहिद हुसैन मुँह खोले पहली बार क़ैसर की ख़ुदसरी का क़िस्सा सुन रहे थे। उनका जी चाह रहा था कि एक बार उन्हें कहीं क़ैसर मिल जाए तो वह उसे ज़बानदराज़ी का मज़ा चखा दें।

"वह तो कहो, उजाला भाभी तक यह बात नहीं पहुँची, वरना वह तो सचमुच ही अहमद भाई से उस छोकरी का मुँह काला करवाके छोड़ती।"

"अल्लाह तौबा, कैसी मुरदार निकलीं ये दोनों माँ-बेटियाँ!" रज़िया का ग़ुस्से के मारे बुरा हाल था। उसने कभी इन नीच जात औरतों की इतनी ख़ुदसरी नहीं देखी थी।

"ये सब क़यामत के आसार हैं। काँ महबूब अली, काँ प्याज़ की डली!" गौहर फूपो ने आह भरकर कहा, "अब यह देखो कि चाँद की हिर्स में उसे भी कॉलेज में पढ़ाया जा रहा है। भला ऐसी छोकरियों को कॉलेज में दाख़िला मिल सकता था? बस नाम ले दिया होगा कि नवाब वाहिद हुसैन ख़ाँ मेरे मामूँ हैं और शराफ़त जंग मेरे दादा थे।"

"हा-हा-हा...!" रज़िया को हँसी आ गई लँगड़ी फूपो की बातों पर। फिर उठते-उठते उसने कहा, "मिट्टी डालो इन कमीनी औरतों पर, मेरे सामने इनका नाम नक्को लो।"

"हाँ भई, हमारे घर में इन आवारा औरतों का क्या ज़िक्र?" वाहिद हुसैन ने अचानक अपनी आवाज़ में चिन्ता भरकर कहा, "हालात वैसे ही ख़राब हो रहे हैं। तुम लोग क्या जानो, क्या हो रहा है?"

"क्यों क्या हुआ...?" बीबी के हाथ से सरौता छूट गिरा।

"होता क्या...!" वाहिद हुसैन ने इधर-उधर देखकर आहिस्ता से कहा, "सुना है, फ़लगंडा पर कम्यूनिस्टों का क़ब्ज़ा हो गया है और इस सारी कार्रवाई में आपके दामाद पेश-पेश हैं।"

"हाय, मेरी माँ?" बीबी ने दिल पर हाथ रखा। रज़िया और लँगड़ी फूपो भी साकित हो गईं।

"इधर ये हिन्दुस्तानी अंग्रेज़ों को निकालने पर तुले बैठे हैं। हिन्दुस्तान में कितने पुल तोड़ रहे हैं। रेलों को आग लगाई जा रही है। मेरे को तो यह कुछ अच्छे आसार नहीं लगते।"

"हौ, सुना है, क्रिप्स का प्लान नेहरू और जिन्ना ने वापस लौटा दिया?" राशिद न जाने कहाँ अन्दर कमरे में बैठा था मगर अपने अब्बा से बात करने के लिए बाहर आ बैठा, "मगर एक बात है अब्बाजान! अगर अंग्रेज़ चले गए तो ये कांग्रेसी और मुस्लिम लीगी नहीं जीने देंगे। देख लेना, नेहरू तो वही रूस की नक़ल में कम्यूनिस्टों का राज ले आएँगे यहाँ!"

"हटो मियाँ, कांग्रेसी और मुस्लिम लीगी कभी नहीं बोले कि जागीरें ख़त्म करो, मगर ये कम्यूनिस्टाँ तो अपने दुश्मन हैं।"

यह सुनकर राशिद अपना सिर खुजाने लगा।

"मैं होता अपनी फ़ौज का कमांडर-इन-चीफ़ तो एक दिन में सारे गुंडों का सिर कुचल डालता।" वाहिद हुसैन ने ग़ुस्से में मुट्ठियाँ भींचकर कहा। "आजकल के नौजवानों में अक्ल ही नहीं है। एक हम थे कि अंग्रेज़ रेज़िडेंट को हमेशा अपनी मुट्ठी में रखा। किसी की मजाल न हुई कि मुँह खोले।" वाहिद हुसैन कहते रहे। राशिद यों ही सिर झुकाए बैठा सुनता रहा।

थोड़ी देर बाद वह यों ही ख़ला में नज़रें जमाके कहने लगा, "संजीवा एक दिन कह रहा था कि फ़ौलाद से टकराने के लिए आदमी का क्या जोड़? न जाने कौन-से कमांडर-इन-चीफ़ की बातें लिए फिरते हैं आप! संजीवा कहता है कि देहातों में चट्टानें अपनी आगोश खोलकर हमें छुपा लेती हैं और पहाड़ियाँ तोप के दहाने बनकर उन्हें उछालती हैं। वह कहता है, सदियों से आराम करनेवाले हाथ इस ताक़त का मुक़ाबला नहीं कर सकते जो सदियों से काम करते आए हैं।"

"उफ़्फ़ोह! आप तो यों संजीवा की बात सुना रहे हैं जैसे ख़ुद भी हाथ में सुर्ख़ झंडा लेकर दलम में जानेवाले हैं।"

वाहिद हुसैन की बात पर रज़िया को हँसी आ गई। राशिद भी खिसियाना हो गया।

"मगर यह झूठ थोड़ी है, अब्बाजान!" राशिद ने बड़े दुख से कहा।

"पहले कभी सुना था कि किसी धीमड़ ने बन्दूक़ चलाई हो मगर आज वह पूरे एक ज़िले पर क़ब्ज़ा किये बैठे हैं। हुकूमत कर रहे हैं।" बात ख़त्म करके उसके चेहरे पर बड़ी तल्ख़ मायूसी छा गई।

"हम लोग गाँव जाते हैं किसी प्रोजेक्ट के सिलसिले में तो पत्थर तोड़नेवाली वडरनियाँ अकड़कर जवाब देने लगी हैं।"

राशिद की इस बात पर रज़िया को हँसी आ गई क्योंकि उसने सुन रखा था कि ये इंजीनियर लोग जब टूर पर जाते हैं तो हर रात एक वडरनी इनके लिए पकड़कर लाई जाती है।

लँगड़ी फूपो चूल्हे के पास रात के खाने के लिए अनाज तुलवाने में लगी थीं मगर उन्होंने वडरनियों की बात सुनी तो पलट आईं, "राशिद मियाँ, क्या बोल रहे कते! वडरनियाँ क्या कर रही हैं?"

"हुकूमत कर रही हैं फूपो, कलम हाथ में लेकर किताब लिख रही हैं।"

"चल हट!" लँगड़ी फूपो को हँसना आता तो इस वक़्त वह यक़ीनन हँसतीं, "वडरनियाँ न हुईं, उजाड़-सूरत बेगमाँ हो गईं।"

"हाँ फूपो, बेगमाँ बनकर पूरे गाँव पर राज कर रही हैं।"

"अच्छा तो फिर पत्थर कौन फोड़ रहा है?"

"हमारी तक़दीरें फोड़ रही हैं, गौहर बेगम!" वाहिद हुसैन अब रोने के क़रीब थे। शाम को मुशायरा था और एक मिसरा भी मौजूँ नहीं हुआ। फिर ऐवाने ग़ज़ल की सफ़ाई, फ़र्श करवाना, खाने और चाय का इन्तज़ाम।

"लो तुम्हारा ख़त है, रज़िया!" राशिद ने उलट-पुलटकर लिफ़ाफ़ा रज़िया के हाथ में थमा दिया।

"ख़ैरियत तो है? तुम्हारे अब्बा का क्या हाल है?" लँगड़ी फूपो को हर वक़्त रज़िया के बाप के मरने का इन्तज़ार रहता था कि जल्दी से इकलौता दामाद राशिद तमाम जायदाद का मालिक बने।

"हामिद भाई का है।" रज़िया न जाने क्यों मुसकराए जा रही थी।

"और तुम्हारे वालिद साहब का मिज़ाज कैसा है?"

"सुना आपने, वह जो हमारे एक होले-शोले से हामिद भाई हैं न, उनकी शादी हो रही है!" वह लँगड़ी फूपो को जवाब देने के बजाय राशिद से मुख़ातिब हुई।

"हा...हा...हा...!" राशिद को हँसी आ गई।

"सच?" ऊँघते हुए वाहिद हुसैन और मुँह में पान ले जाती हुईं बीबी ने भी सुनने के लिए कान लगा दिये।

"लिखा है, अकेले में कहीं बातचीत हो रही है। लड़कीवाले तीन हज़ार घोड़े-जोड़े का वायदा कर रहे हैं मगर हामिद भाई चाहते हैं कि हम लोग जाकर वहाँ के लोगों से मिलें और इस बात का अन्दाज़ा कर आएँ कि वे लोग वाक़ई तीन हज़ार देंगे या नहीं?"

"ठीक तो लिखा है।" लँगड़ी फूपो ने बीबी की तरफ़ देखकर नाक सिकोड़ी।

"क्या मालूम, कोई फ़क़ीर, चपरासी, अर्दली वग़ैरा हों और धोखे में आ जाएँ बेचारे हामिद मियाँ!"

"छोड़ो इस बात को!" वाहिद हुसैन खिसिया गए। "तो आख़िर हामिद मियाँ शादी पर पैसे ख़र्च करने और बीबी का ख़र्च बर्दाश्त करने पर तैयार हो ही गए।"

हामिद मियाँ दरअसल लावारिस माल थे और अपनी कंजूसी की वजह से पूरे ख़ानदान में मशहूर थे। ख़ानदान में कोई उन्हें अपना भाई बनाने को तैयार नहीं हुआ। मैट्रिक तक रज़िया के अब्बा ने पढ़ा दिया। उसके बाद फ़ीस मुआफ़ कराके आख़िर ग्रेजुएट हो ही गए। उसके बाद उन्हें क्लर्की दिलाने में सिर्फ़ वाहिद हुसैन की कोशिशों का दख़ल था। वह भी आबकारी जैसे महकमे में, जहाँ हामिद मियाँ को चाँदी बनाने के सिवा और कोई काम न था। लेकिन यतीमी के धक्कों और सदा की मुफ़लिसी के झटकों ने हामिद को इस हाल पर पहुँचा दिया था कि उनके लिए पैसा ही दुनिया की सबसे बड़ी सचाई था। पहले इसलिए वह भूखे सोए थे कि खाने को कुछ न मिलता और अब इसलिए भूखे सोए थे कि पैसा ख़र्च नहीं किया जाता था। सब उनका मज़ाक़ उड़ाते लेकिन वह हँसकर टाल जाते। ख़ानदान में उनकी कंजूसी के लतीफ़े सारे बच्चों को याद थे लेकिन वह मज़ाक़ करनेवालों को हँस-हँसकर देखते थे जैसे सोच रहे हों कि और थोड़े दिनों हँस लो। फिर जब मैं मोटर में बैठकर आऊँगा और तुम्हारा सगा भतीजा बन जाऊँगा तब सबके चेहरों से मुसकराहट ग़ायब हो जाएगी।

वैसे हामिद का कोई और काम आ पड़ता तो कोई पलटकर भी न देखता मगर यह तो शादी का मामला था और वह भी एक शरीफ़ कुमार, होनहार नौजवान की शादी जिसमें समधिनों को अपने नाज़-नख़रे दिखाने और दावतें उड़ाने का ख़ूब मौक़ा मिलता है। इधर तो लड़कीवाले आवभगत करेंगे, उधर हामिद मियाँ पर यह अहसान कि लो भई, तुम्हारे सारे फ़र्ज़ आखिर हमने ही अदा किये हैं।

एकदम घर में हलचल-सी मच गई।

बीबी ने एक दिन सेफ़ में से ज़ेवरों का सन्दूकचा निकालकर खोला। समधिन बनकर जाते वक़्त ज़ेवर पहनना जरूरी होता है न! चाँद ने भी इस शादी में दिलचस्पी ली क्योंकि हामिद भाई की कंजूसी की वजह से लुत्फ़ लेने की ख़ातिर वह भाई से ख़ूब हँसी-मज़ाक़ करती थीं और उन्होंने ख़त में

ख़ासतौर पर ताकीद की थी कि चाँद भी समधिनों में शामिल हो जाए तो ज़रा हामिद मियाँ के ख़ानदान का रोब पड़ जाएगा। इसलिए चाँद ने फ़ौरन दरज़ी को बुलाकर ब्लाउज़ का नया डिज़ाइन समझाया और रज़िया राशिद के साथ काँजीवरम की नई साड़ी लाने को बाज़ार गई।

एक हफ़्ता बाद दुलहिनवालों के यहाँ से उन लोगों को साथ ले जाने के लिए दुलहिन का छोटा भाई आया तो सब कील-काँटे से लैस हो चुके थे। आज तो लँगड़ी फूपो ने भी कलीदार कुरता और दुपट्टा उतारके वह गुलाबी बनारसी साड़ी पहन ली थी जो उनके जहेज़ के कपड़ों में रखी हुई थी। लँगड़ी फूपो क्वाँरी थीं, इसलिए वह क्वाँरियों का पाजामा और खड़ा दुपट्टा ही पहनती थीं लेकिन चालीस साल के क़रीब जा चुकी थीं इसलिए ख़ास-ख़ास मौक़ों पर साड़ी भी पहन लेती थीं। इस लिबास में बक़ौल बीबी के उनका हुस्न निखर आता था। आज तो उन्होंने रज़िया की सेफ़ में रखे हुए अपने कुछ ज़ेवर निकालकर पहन लिए थे और बार-बार अपने सफ़ेद और स्याह बाल मिले हुए सिर को साड़ी से ढाँप रही थीं। बीबी ने गहरी हरी कतान की साड़ी पहनी थी और बकौल किसी के धड़े की मिस्सी में उनका चेहरा कुंदन की तरह दमक रहा था। बीबी ने न जाने अपना हुस्न कहाँ महफ़ूज़ रखा था कि उनकी चमक-दमक माँद ही नहीं पड़ती थी, हालाँकि उन्होंने अपना हुस्न पहले बतूल और बशीर को बाँटा, फिर चाँद ने उसके हिस्से-बखरे किये मगर उनकी हँसी आज भी वाहिद हुसैन के लिए एक काफ़िर अदा का वह इल्तिफ़ात (कृपादृष्टि) था जो उनसे ग़ज़लों पर ग़ज़लें लिखवाए चला जाता।

फिर लँगड़ी फूपो आईं और उन्होंने मौक़े के लिहाज़ से बीबी को ज़रूरी ज़ेवर पहनाए। कहीं जाते वक़्त भावज का बनाव-सिंगार करना ननदों का हक़ होता है और लँगड़ी फूपो ने हमेशा इस फ़र्ज़ को ख़ुशी-ख़ुशी पूरा किया था। गले में सतलड़ा और चन्दनहार और ठस्सी। दसों उँगलियों में दस अँगूठियाँ और सफ़ेद रंगों के भर-भर कलाइयाँ जोड़े के पीछे कड़े और सामने कंगन। फिर भी ज़ेवरों की सन्दूकची ज्यों की त्यों भरी रही तो लँगड़ी फूपो रज़िया से कहती रहीं कि वह कुछ और ज़ेवर पहन ले क्योंकि रज़िया ने सिर्फ़ जुड़ावी लच्छे के साथ चाँद-बालियाँ पहनी थीं जो ऊदी कतान की साड़ी पर बड़ा ग़ज़ब ढा रही थीं और चाँद की हिदायत थी कि इसके अलावा और कोई बेजोड़ ज़ेवर मत लादना। लिहाजा रज़िया ने लाख इसरार पर भी कुछ न पहना।

"बीबी! आप यह ज़ेवरों की सन्दूकची भी हमारे साथ ले चलिए न! सबको दिखा देंगे।" ग़ज़ल की इस बात पर सबको हँसी आ गई और लँगड़ी फूपो

ने ग़ुस्से में कहा, "ऊई, क्या भोली बच्ची है माँ यह! क्या हम सबको दिखाने के लिए ज़ेवर पहन रहे हैं?"

अलबत्ता चाँद ने सख़्त इसरार के बाद किसी ज़ेवर को हाथ नहीं लगाया। आज उसने बेगम पारा की तरह नीचे गले और बग़ैर आस्तीनोंवाला सोने का ब्लाउज़ पहना था। यह ब्लाउज़ इतना ऊँचा था कि उसकी गोरी कमर गहरी नीली जार्जेट की साड़ी में ख़ूब चमक रही थी और जब किसी काम के लिए वह ज़रा-सा झुकती तो ग़ज़ल फ़ौरन इधर-उधर देखने लगती कि कहीं खुले में से झाँकते हुए चाँद आपा के नंगे बदन पर उसकी नज़र न पड़ जाए। आज चाँद पूरे दो घंटे तक हेयर ड्रेसर के यहाँ जाकर बैठी थी। उसके बाल सामने से ताज की तरह ऊपर चढ़ाई चढ़ते चले गए थे और फिर नीचे की तरफ़ लहरों और दायरों की शक्ल में गिर रहे थे, मचल रहे थे, चाँद के दहकते हुए गालों को छू लेने के इरादे से काँप रहे थे। सफ़ेद, नंगी कलाइयों पर सिर्फ़ स्याह स्ट्रैप की नन्ही-सी घड़ी थी और स्याह मख़मल की चप्पल! इस सादगी में चाँद ऐसी चमक रही थी कि रज़िया तो उछल पड़ी।

"अल्लाह! चाँद तो आज बड़ी लाइट मार रही है।" वह चाँद से लिपट गई और चाँद ने बड़ी मुश्किल से अपने गले और गालों को रज़िया के लिपस्टिकवाले होंठों से बचाया। चाँद बाहर आई तो लँगड़ी फूपो ने आँखें खोलकर पहले तो उसे देखा और फिर मुग्ध होकर बोलीं "ऊई अम्माँ! यह कौन-सा उजड़ा फ़ैशन है कि बाल सारे मुँह पर बिखरे हैं और लँडूरे हाथ लिए चली जा रही हैं!" लँगड़ी फूपो को भी चाँद इस वक़्त बेहद प्यारी लग रही थी मगर वह एतिराज़ करने की हद से ज़्यादा क़ायल थीं।

फ़ौज़िया की आया ने उसे बहुत देर हुई तैयार कर दिया था। उसने मख़मल का सुर्ख़ फ्रॉक पहन रखा था। सुर्ख़ रिबन बालों में बाँधी थी और सुर्ख़ जूतों के फुंदनों को उछालती इधर-उधर अकड़ती फिर रही थी। आज क्योंकि औरतों को जाना था, लिहाजा एक मर्द होने की हैसियत से शाहीन ने वहाँ जाना पसन्द नहीं किया। अलबत्ता ग़ज़ल बार-बार फ़ौज़िया को रश्क-भरी नज़रों से देख रही थी और फिर अपने उस पुराने फ्रॉक को देखती जो फ़ौज़िया का था और बीबी ने रज़िया से माँगकर उसे पहना दिया था। इसीलिए फ़ौज़िया आज ग़ज़ल की हर हरकत पर कड़ी नज़र रखे हुए थी और ग़ज़ल हस्बे-आदत जब फ्रॉक का कोना दाँतों से फाड़ती और दुलहिन के भाई को मारके भागती थी तो जता देती थी कि उसका फ्रॉक फट जाएगा।

मगर ग़ज़ल उस वक़्त दुलहिन के भाई को सताने पर तुली हुई थी। दुलहिन का भाई ग्यारह-बारह साल का दुबला-पतला-सा अहमक़ों की सूरत-जैसा लड़का था। वह बेचारा दालान में एक कुरसी पर बैठा ग़ज़ल के मुक्के और धक्के महज़ इसलिए बर्दाश्त कर रहा था कि यह लड़की शायद उसकी बहन की सबसे चहेती ननद बननेवाली है। इसलिए ग़ज़ल बार-बार टोपी छीनकर भागती तो वह कुछ न कहता।

बीबी ने दुलहिन के भाई को चाय के साथ गुलाबजामुन, पेस्टरी और बिस्कुट खिलाए तो वह बड़े खुलूस (निष्ठा) से बोला, "आप लोगों ने क्यों इतने पैसे ख़र्च कर डाले?"

उसकी बात पर रज़िया को हँसी आ गई और उसने आहिस्ता से बीबी से कहा, "बीबी, हामिद भाई का जोड़ अच्छा रहेगा। जब साला हर चीज़ की क़ीमत पर अभी से ग़ौर कर रहा है तो बीबी भी ऐसी ही मिलेगी।"

यह सुनकर बीबी उस लड़के के पास आ बैठी। उसके चेहरे पर ऐसी दुख भरी शराफ़त थी जैसे वह कभी जी भरके न हँसा हो, पेट भरके न खाया हो। इसके बावजूद इन्तहाई फ़रमाँबरदार और समझदार था। वह मामूली-से काटन की बग़ैर इस्तरीवाली शेरवानी पहने था। घर का धुला हुआ मैला-सा पाजामा और कैनवस के जूते। तुर्की टोपी का फुंदना नहीं था। आते ही उसने झुक-झुककर सबको सलाम किये। यहाँ तक बिस्मिल्लाह बी के बाद जब वह शाहीन को सलाम करने को खड़ा हुआ तो ग़ज़ल के साथ-साथ चाँद को भी हँसी आ गई।

उसने आते ही सबसे पहले बेतकल्लुफ़ी पैदा कर ली और हर एक को भाभी जान, ख़ाला जान और दादी जान के ख़िताब भी दे डाले। सब जाने की तैयारियों में लगे थे। इसलिए ग़ज़ल ने फ़ौरन मौक़े से फ़ायदा उठाया और कुरसियों पर से नीचे कूदकर दुलहिन के भाई को अपने कारनामे दिखाने लगी। फिर इस खेल से जी भर गया तो उसने मज़ाक़ ही मज़ाक़ में उस दीवाने लड़के को धौलें मारना शुरू कीं। उसकी टोपी छीनकर भागी। वह बेचारा निहायत अख़लाक़ से उसे समझाता रहा, "अजी, हमारी टोपी लेकर नक्को भागो... देखो, आपके अम्माँजान आ रईं।"

"हमारी अम्माँजान तो मर भी गए।" उसने निहायत ही बेफ़िक्री से कह दिया और बदस्तूर उसकी पीठ पर धप रसीद करती रही।

"अच्छा, आप कौन-से स्कूल जाएँ...?"

"अनू मेरी फ्रॉक पहने...," फ़ौज़िया ने दुलहिन के भाई को इत्तिला दी।

"हाएँ, बुरी बात है ऐसा नहीं बोलना।" दुलहिन के भाई ने फ़ौज़िया को समझाया।

"क्यों, क्यों नहीं बोलना?" फ़ौज़िया ने पूछा।

"ज़रा देर के लिए किसी के कपड़े माँग लिए तो क्या हुआ...?" उसने समझाया। इतनी देर में ग़ज़ल ने उसकी शेरवानी पर एक और बुकटा मारा और हँसती हुई पीछे की तरफ़ भागी तो सीढ़ियों पर से लुढ़कती आँगन में जा गिरी। पीछे-पीछे वह लड़का भागा और उसने जल्दी से रोती हुई ग़ज़ल को उठाकर अपने सीने से लगा लिया।

"नक्को...मेरी मुन्नी...रोना नईं...आपकी आँखाँ कितनी अच्छी हैं न... रोए तो ख़राब हो जाएँगी।"

ग़ज़ल को मनाकर वह बीबी के पास गया।

"अब जल्दी चलिए न! हमारी आपा ने दोपहर का खाना तैयार कर लिया होगा!"

"नहीं भाई, हम वहाँ खाना नहीं खाएँगे!" रज़िया ने कहा।

"आपको ज़रूर खाना है। हमारे पाँच रुपए ख़र्च हो गए हैं न!"

"अच्छा तो शाम को खा लेंगे।" बीबी ने जल्दी से कहा कि उसका जी न दुखे।

"लेकिन आप लोग शाम तक हमारे यहाँ रहे तो बरतन...!"

"बरतन क्या...?" रज़िया ने घबराकर पूछा।

"जी, हम जिनके यहाँ से बरतन लाए हैं, उन्होंने कहा है कि चार बजे तक वापस कर देना।"

"आपकी कितनी बहनें हैं?" अब रज़िया ने ज़रा संजीदगी से पूछा।

"जी दो हैं। बड़ी आपा स्कूल में टीचर हैं...।"

"उन्हीं की शादी हो रही है?"

"जी नहीं...!" वह लड़का घबरा गया। "बड़ी आपा कहती हैं, वह अब शादी नहीं करेंगी! अपनी सारी तनख़्वाह छोटी आपा के जहेज़ के लिए जमा कर रही हैं।"

"अच्छा, तो वही तीन हज़ार घोड़े-जोड़े के दे रही हैं?"

"जी हाँ। हमारे भाईजान ने भी सात सौ रुपए जमा किये हैं छोटी आपा के लिए।"

"अच्छा, तो इसीलिए आप लोग इतनी जल्दी शादी करनेवाले हैं। जहेज़ वग़ैरह सब तैयार है!"

"जी हाँ। हमारी अम्माँजान बोलते, छोटी आपा की शादी जल्द कर देना, नईं तो उनों भी बड़ी आपा की तरह बोलने लगेंगी कि मैं शादी नहीं करती।"

ख़ैर सब कारों में लदकर चले तो रज़िया का दिल इन लोगों से उचाट हो चुका था और उसे शक था कि ऐसे फटीचर लोग हरगिज़ तीन हज़ार नक़द नहीं दे सकते।

वहाँ जाकर ये लोग एक छोटे-से बेसरो-सामान साफ़-सुथरे घर में उतरे, जहाँ तपेदिक़ की-सी मरीज़ मिसकीन-सूरत दो औरतों ने उनका स्वागत किया। एक दुलहिन की माँ थीं और दूसरी बड़ी बहन। दोनों हद से ज़्यादा दुबली-पतली और कमज़ोर। इसलिए फ़ौज़िया और चाँद बहुत बोर हुईं कि उनका फ़ैशन और चमक-दमक सराहनेवाला कोई न था। एक दुलहिन की बड़ी बहन थीं तीस-पैंतीस बरस का सूखा काँटा। जब कभी इन्तहाई ज़रूरत पर मुसकराना चाहतीं तो यों लगता जैसे रोना चाहें और रो न सकें। दुलहिन की माँ थीं तो यों हाँफती-काँपती, लगातार लम्बी-लम्बी साँसें लिए जा रही थीं। इतनी संजीदा फ़िज़ा को देखकर ग़ज़ल तो फ़ौरन अड़ोस-पड़ोस की उस भीड़ में शामिल हो गईं जो ऐसी तड़क-भड़क के कपड़े पहने औरतों को देखकर इकट्ठी हो गई थीं। फिर आम के दरख़्त पर कैरियाँ देखकर वह फ़ौरन बन्दरिया की तरह दरख़्त पर चढ़ गई। यह देखकर फ़ौज़िया और दुलहिन का छोटा भाई सरवर चिल्लाने लगा। फ़ौज़िया को अपनी फ्रॉक फटने का डर था और सरवर को कैरियों का।

"अजी, ग़ज़ल बेगम! झाड़ से नीचे उतरो...ये आम हमने पारडी के हाथ बेच दिये। एक भी कम हुआ तो पैसे नहीं देगा।"

"छी...तुम लोग इतने कंजूस क्यों हो? ख़ुद क्यों नहीं खाते?"

ग़ज़ल को दरख़्त पर चढ़ता देखकर बीबी और रज़िया भी घबरा गईं।

"अरे बीबी, अभी कच्चे फल हैं, खाओगी तो खाँसी हो जाएगी।" दुलहिन की अम्माँ ने प्यार से समझाते हुए कहा।

"असल में हमारे यहाँ किसी को आम पसन्द नहीं हैं। इसलिए हमने इस दरख़्त की फ़सल बेच दी है। ज़ाया करने से क्या फ़ायदा?"

"जी हाँ...अच्छा किया।" बीबी ने ताईद की।

"अरी ग़ज़ल की बच्ची, जल्दी उतर आज तेरी टाँगें तोड़ दूँगी।" नीचे से लँगड़ी फूपो दाँत किटकिटा रही थीं।

नीचे उतरकर ग़ज़ल खाने पर टूटी और मुर्ग से लेकर शामी कबाब तक निगल डाले। खाने के दौरान दुलहिन की बहन ने महँगाई का मसला छेड़कर

बता दिया कि मुर्ग पूरे दो रुपए का था और खाने पर दस-बारह रुपए ख़र्च हो गए हैं।

फिर ग़ज़ल उन बन्द कमरों के मुआयने में मसरूफ़ हो गई जिनमें सारे घर का टूटा-फूटा सामान समेटकर उन पर मैली चादरें डाल दी थीं। इस खटराग में से वह एक तसवीरोंवाली किताब निकाल लाई और अच्छे-अच्छे फ़ोटो फाड़कर खाने बैठ गई। अभी दो-तीन फ़ोटो भी न चबाए थे कि सरवर आ गया और किताब की हालत देखकर जैसे उसे किसी ने आग में झोंक दिया, "यह क्या कर दिया! पूरे आठ आने की किताब थी!"

उसने किताब ग़ज़ल के हाथ से छीनी तो ग़ज़ल ने उसका मुँह चिढ़ा दिया, "कंजूस, मक्खीचूस!"

जब दुलहिन की अम्माँ और बहन दुलहिन को लाने अन्दर गईं तो लँगड़ी फूपो ने आहिस्ता से कहा कि "मुझे तो ये लोग तीन हज़ार नक़द देनेवाले नज़र नहीं आते। इसलिए उनसे जहेज़ और नक़द रक़म की फ़ेहरिस्त ले लेनी चाहिए। ताकि ऐसा न हो कि बाद में हीलो-हुज्जत करें और हामिद मियाँ बेचारे टापते रह जाएँ।" दुलहिन भी अपनी बहन की तरह हड्डी-चमड़े का ढेर थी। लम्बी ताड़ का झाड़, सूरत-शक्ल भी बस कामचलाऊ।

"जहेज़ में हम दस बरतन देंगे। ग्यारह जोड़े। जो साड़ी मैं पहने हूँ चालीस रुपए की है। यह भी जहेज़ में देंगे।" दुलहिन की बहन ने जहेज़ की फ़ेहरिस्त का रोब जमाना शुरू किया।

"अच्छा तो आप हमें जहेज़ की फ़ेहरिस्त अभी लिखवा दीजिए, और अगले जुम्मे को 'पाँव मलें' की रस्म करके घोड़े-जोड़े के तीन हज़ार भी दे दीजिए।" लँगड़ी फूपो ने बात साफ़ कर दी।

"अभी...? यह कैसे हो सकता है?" दुलहिन की अम्माँ हकलाने लगीं।

"हम थोड़ा-थोड़ा करके जहेज़ जमा कर रहे हैं लेकिन आप हमारी बात पर यक़ीन कीजिए। हम कोई ऐसे-वैसे लोग नहीं हैं। बच्चों के बाप का बेवक़्त इन्तिक़ाल न होता तो मैं आपको लाखों का जहेज़ देती!"

लँगड़ी फूपो ने मुँह बनाकर इधर-उधर देखा।

"ए, ज़रा पान लाना भई! पान न खाने से मुँह दुख रहा है!" बीबी ने जम्हाई लेकर कहा।

"अभी बाज़ार से मँगवाती हूँ।" दुलहिन की माँ ने साड़ी में उड़सी हुई मैली-सी कपड़े की थैली में पैसे तलाश किये।

"क्या बताऊँ ख़ाला जान, मैंने पान खाना छोड़ दिया है। जवान लड़कियाँ सामने हैं। कुछ आगे की भी सोचना है न!"

जब वे लोग जाने के लिए उठे तो दुलहिन की अम्माँ ने फिर जहेज़ की फ़ेहरिस्त दुहराई, "उनके चचा ने वायदा किया है कि वह मुँह दिखाई में दूल्हा को सोने की अँगूठी देंगे और उनकी फूपी लॉकेट देनेवाली हैं।"

"आपसे एक सच्ची-सच्ची बात कह दूँ...?" दुलहिन की बहन ने रुकते-रुकते बड़ी आजिज़ी के साथ कहा।

"डेढ़ हज़ार रुपए तो हम अभी दे सकते हैं और बाक़ी डेढ़ हज़ार रुपए मैं हर महीने सौ रुपए करके अदा कर दूँगी।"

"आप लोग हमारी ज़बान पर यक़ीन कर लीजिए। आख़िर बड़े लोगों की ज़बान ही सब कुछ होती है।" उनकी अम्माँ घिघियाईं।

यह सुनकर सब चौंक पड़े।

"उधार...? हाय अल्लाह! लोग सुनेंगे तो क्या कहेंगे? कहीं जोड़े की रक़म भी उधार होती है?" लँगड़ी फूपो ने तुनककर कहा।

"और भई आपकी बेटी की तनख़्वाह का क्या भरोसा? कल ही कहीं शादी हो गई तो उनके शौहर क्यों अदा करने लगे? आप हमें पक्के काग़ज़ पर लिखकर देंगी क्या?"

"मेरी शादी?" दुलहिन की बड़ी बहन कहीं ख़ला में घूरने लगी। "क्या आपको यक़ीन है कि मुझसे...? मेरा मतलब है, अब मेरी शादी...क्या मैं कहीं जा सकती हूँ...?"

उसने गरदन उठाकर रज़िया से पूछा। रज़िया ने उसके सिर पर खिलती हुई धूप-छाँव देखी। उसके चेहरे पर छाया हुआ शाम का अँधेरा देखा और लाजवाब-सी हो गई जैसे वाक़ई पक्के काग़ज़ पर लिखवाने की ज़रूरत न रही हो।

जाते वक़्त ग़ज़ल फिर सरवर के पास गई और उसे धक्का देकर बोली, "कंजूस, मक्खीचूस...उजाड़-सूरत, गधे...सूअर...उल्लू!" फिर उसने मारने को टाँग उठाई थी कि ऊपर से लँगड़ी फूपो की टूटी टाँग के धमाके और मुक्के बरसना शुरू हो गए।

"अजी नक्को मारो, ख़ाला! बे-माँ की बच्ची है!" दुलहिन की माँ को तरस आ गया। वह सारे चेहरे पर नाक और आँसू लेपकर रूँ-रूँ कर रही थी तो उसने देखा कि सरवर की नाक से ख़ून निकल रहा था और वह बड़े सब्र के साथ नल के नीचे बैठा ग़ज़ल को देख रहा था।

कार स्टार्ट होने लगी तो वह दौड़ता हुआ आया और ख़ुशामद-भरे लहजे में ग़ज़ल से पूछने लगा, "अब तो कभी मेरे को नहीं मारेंगे न?" जवाब में ग़ज़ल ने उसका मुँह चिढ़ा दिया।

जब कार आगे बढ़ी तो लँगड़ी फूपो ने कहा, "इनकी ज़िम्मेदारी कोई नक्को लो। यह लोग तो पाँच सौ देनेवाले भी नज़र नहीं आते।"

मगर आते ही रज़िया ने हामिद भाई को ख़त लिखा :

"आपकी ससुरालवाले बहुत बड़े आदमी हैं।

"वह तीन हज़ार ज़रूर देंगे। इसकी ज़िम्मेदारी मैं लेती हूँ।"

इतनी चकाचौंध उसने ज़िन्दगी में पहली बार देखी थी।

स्टेज के बीच में एक रोशनी के दायरे में घिरी वह मुमानी बेगम की चौथी का दुपट्टा ओढ़े, बाल खोले, एक ख़ास पोज़ बनाए बैठी थी। चाँद आपा ने जता दिया था कि पलक भी झपकाई तो सारा काम चौपट हो जाएगा। हालाँकि लिपस्टिक लगाने से उसके होंठों में सख़्त बेचैनी-सी थी, बड़ी-बड़ी मूँछोंवाले एक मर्द ने उसके चेहरे पर जाने कितने रंग थोप दिये थे। दुपट्टे की ठंडी-ठंडी किरन लगने से उसे हँसी-सी आ रही थी। अचानक स्टेज की रोशनियाँ बुझ गईं और सामनेवाला परदा आहिस्ता-आहिस्ता ऊपर उठने लगा। स्टेज के एक कोने में माइक के सामने खड़ी चाँद आपा बड़ी सुरीली आवाज़ में गा रही थीं :

तिरे सर्वे-क़ामत से इक क़द्दे-आदम
क़यामत के फ़ितने को कम देखते हैं

वह अँगड़ाई लेने के अन्दाज़ में जाने साकित हो चुकी थी या हवा में मिल गई थी। आँखों में पानी लानेवाली वह तेज़ रोशनी ऊपर से आ रही थी या पीछे से, उसे कुछ नज़र नहीं आ रहा था। नीचे हॉल में भरे हुए हुजूम से वह नावाक़िफ़ थी जो उसे देखकर चकित हो गया था। सिर्फ़ धुंध का एक बादल था या दिल पर लकीर डालती हुई चाँद आपा की आवाज़। स्टेज पर परदा गिर गया, रोशनियाँ बुझ गईं। चाँद आपा के क़हक़हे इतने शोर में साफ़ पहचाने जा रहे थे। वह जाने किस-किसकी ख़ुशबूदार गोदों में उछाली जा रही थी।

"आप तो वाक़ई क़यामत के फ़ितने को आज जाने कहाँ से ले आईं!"

"कमाल हो गया साहब! चाँद को आज मान गए!"

"थैंक यू, थैंक यू!" चाँद फूलों के गुलदस्ते लेते-लेते थकी जा रही थी।

मुमानी बेगम के ज़ेवर उतारते वक़्त उसका जी दुख रहा था। इतने लोगों ने प्यार किया मगर चाँद आपा ने नहीं। फिर उस वक़्त अल्लाह मियाँ ने चाँद आपा को हुक्म दिया कि ग़ज़ल से आकर लिपट जाए और उसे ख़ूब प्यार करे। उस वक़्त ग़ज़ल को ख़ूब अकड़ना चाहिए मगर चाँद आपा के प्यार ने उसकी प्यासी रूह को मदहोश-सा कर दिया।

दूर स्टेज के अँधेरे कोने में बैठे हुए हुमायूँ ने आज पहली बार ग़ौर किया कि ग़ज़ल काफ़ी ख़ूबसूरत है।

बाहर निकलने के बाद जब ग़ज़ल एक-एक से तारीफ़ और शाबासी वसूल कर रही थी तो अचानक किसी ने ऊपर उठा लिया और उसके गाल पर ज़ोर से प्यार लेकर कहा, "तुमने सुना, संजीवा...इस लड़की का नाम ग़ज़ल है, ग़ज़ल!"

"अब ख़ुदा रहम करे हैदराबाद के शायरों पर!" चाँद हँसी के मारे दोहरी हो गई।

"मुझे छोड़िए!" उसे जाने क्यों उस आदमी की गोद से वहशत हो रही थी।

"नहीं, अब तुम्हें नहीं छोड़ेंगे।" उसने अपने गालों के सख़्त बाल फिर ग़ज़ल के चेहरे से रगड़े।

"छोड़ दीजिए भान साहब इसे!" चाँद ने सचमुच बुरा मानकर कहा।

"बड़ी हसीन है तुम्हारी बहन! तुम तो उसके सामने एक मत्ला (ग़ज़ल का पहला शे'र) हो।" आर्टिस्ट सआदत ने चाँद से कहा।

"नहीं...मक्ता...(ग़ज़ल का आख़िरी शे'र)।" किसी ने कहा, और सब हँस पड़े।

"अच्छा तो ख़वातीन-ओ-हज़रात (देवियो और सज्जनो)!" चाँद संजीवा का हाथ पकड़े उसे ढकेलती हुई किसी तरफ़ लिए जा रही थी।

इतनी देर में भान साहब कुछ और ख़ूबसूरत ख़्वातीन को अपनी बाँहों में समेट चुके थे।

"आप चलिए।" भान साहब ने झुककर बड़े अदब के साथ ग़ज़ल से कहा।

"यह रात में कहाँ जाएगी, सो जाएगी।" राशिद ने कुछ खटास भरे लहजे में कहा।

कार में राशिद और रज़िया बेहद गुस्से में भरे हुए थे।

कई बार राशिद ने राहगीरों को टक्कर मार देनी चाही। पीछे की सीट पर बैठी ग़ज़ल को वे दोनों यों भूले बैठे थे जैसे ग़ज़ल आज उन्हें स्टेज पर नज़र न आई थी, न अब उनके पास कार में है। किसी के मुँह से तारीफ़ का एक लफ़्ज़ नहीं निकला। राशिद मामूँ तो बहुत ग़ुस्से में बड़बड़ाते जा रहे थे।

"सबके सामने मैं कैसे रोक लेता? मगर तुम तो समझा सकती थीं!"

"मैं कैसे रोक लेती? जब से संजीवा को देखा था, वह तो बेक़रार हुई जा रही थी। मुझसे कहने लगी, दुलहिन मुमानी, प्लीज़ इस वक़्त मुझे मत रोकिये!"

"बस, तुमने जाने दिया, यह सब तुम्हारा ही दुलार है।"

"ऊई, मेरा दुलार क्यों होता! अल्लाह उसके मामूँ और नाना को सलामत रखे!" रज़िया ने तुनककर कहा।

"वह तो देख लेना, उसी धीमड़ से शादी करेगी। आख़िर है किस बाप की बेटी...बाप ने भी तो एक हिन्दू औरत को डाल लिया है।" जाने रज़िया की बात में कितना ज़हर था कि राशिद ने जवाब तक न दिया। सिर्फ़ कार की स्पीड बढ़ा दी जैसे किसी दीवार से टकराके मर जाना चाहता है। "चाँद आपा संजीवा चाचा के साथ गई हैं।" ग़ज़ल अब समझ गई थी कि वह दोनों चाँद से ख़फ़ा हैं।

"तुझसे किसने कहा?" मामूँ ने पलटकर पूछा।

"कल संजीवा चाचा रूठे थे न कि चाँद आपा स्टेज पर क्यों आती हैं? जभी तो चाँद आपा दोपहर को रो रही थीं।"

"क्या संजीवा रोज़ सोसाइटी के ऑफ़िस में आता है?" मुमानी बेगम ने पूछा। अचानक ग़ज़ल को अहसास हुआ कि वह बड़ी अहम हस्ती बन गई थी। ज़िन्दगी में पहली बार मामूँ और मुमानी उसकी बात सुन रहे थे। उसका जी चाह रहा था कि संजीवा चाचा और चाँद आपा की सब बातें उन्हें सुना दे ताकि मामूँ चाँद आपा की शादी संजीवा चाचा से कर दें, वरना वह ज़हर खाके मर जाएँगी, और वह यह भी सुना दे कि एक दिन वायलिन बजानेवाले लुईस ने चाँद आपा से कुछ कह दिया था तो संजीवा से मार-कुटाई हुई थी उसकी, और एक दिन बहुत दिनों बाद संजीवा आया तो चाँद आपा मेकअप रूम में थीं और ड्रामा शुरू होनेवाला था मगर वह सब छोड़कर संजीवा के साथ चली गईं। फिर भान साहब बहुत ख़फ़ा हुए। उन्होंने चाँद का स्क्रिप्ट उठाकर ग़ज़ल पर पटक दिया तो ग़ज़ल के साथ वहाँ बैठे हुए तमाम आर्टिस्टों को हँसी आ गई थी। ग़ुस्से में भान साहब नाचे-नाचे फिर रहे थे और उनके चिकने सिर पर पसीना मोतियों की तरह चमक रहा था।

उसने ये सब बातें मुमानी बेगम को बता दीं। यह भी बता दिया कि चाँद आपा की हीरेवाली अँगूठी कहीं गिरी थोड़ी है। उन्होंने ज़बरदस्ती क़सम देकर वह अँगूठी संजीवा चाचा को दे दी है!

सुबह हुमायूँ ने देखा कि ग़ज़ल वही स्टेजवाली काली शामू की फ्रॉक पहने उचक-उचककर आईने में अपना अक्स देख रही थी।

"अब यह फ्रॉक वापस कर दे। मैं तुझे नई फ्रॉक बनवा दूँगा!"

हुमायूँ ने ज़िन्दगी में पहली बार अपनी आवाज़ में इन्तहाई मिठास घोलकर ग़ज़ल से कहा।

"भान साहब ने यह फ्रॉक मुझे दे दिया।" उसने ख़ुशख़बरी सुनाई और बड़े प्यार से फ्रॉक की चिकनी सतह पर हाथ फेरने लगी।

"आज तो मैं यही फ्रॉक पहनकर स्कूल जाऊँगी।"

वह उस फ्रॉक को जी भरके मैला करने के लिए बेक़रार थी। इसीलिए कमरे में जाकर उसने मैले फ़र्श पर ख़ूब लोटें लगाईं ताकि फ्रॉक पर अपनी मिल्कियत का अहसास मज़बूत हो जाए। फिर दाँतों में दबाकर ख़ूब खींचातानी की। उसके बाद नल के पास जाकर फ्रॉक पर गिरनेवाले पानी के क़तरों का तमाशा देखने लगी।

अब हुमायूँ को अहसास हुआ कि वह अपनी साली की उस तालीमयाफ़्ता ख़ूबसूरत बेटी से ख़्वाहमख़्वाह कुढ़ता रहता था। चलो, मान लिया कि वह ख़ालू पाशा को कोई लिफ्ट ही नहीं देती और कॉलेज के लफंगे लौंडों के पीछे घूमती है मगर दिल की इतनी बुरी नहीं है। अब यही देखो कि ग़ज़ल से थोड़ा-सा काम करवा लिया तो मुफ़्त में एक फ्रॉक मिल गई।

चुनाँचे एक बार फिर वह ऐवाने ग़ज़ल जाने लगा और घंटों चाँद के पास बैठा ग़ज़ल को अदाकारी सिखाने के मसले पर बातचीत करता था।

"ख़ालू पाशा, ग़ज़ल में अदाकारी के बेहतरीन टेलेंट हैं। हमारे ड्रामा क्लब के प्रेज़ीडेंट भान साहब तो कह रहे थे कि ग़ज़ल स्टेज ही के लिए पैदा हुई है। अब आप ग़ज़ल को मुझे दे दीजिए। मैं उसे ख़ूब परफ़ैक्ट कर दूँगी।"

"मगर हमारे मुर्शिदों में बच्चियों को स्टेज पर...।"

"बस, बस...रहने दीजिए ये पुरानी बातों! आप भी नाना हज़रत से कुछ कम नहीं हैं।" ग़ुस्से के मारे चाँद ने अपने बालों की लटें खसोट डालीं और डर के मारे हुमायूँ सहम गया। वाक़ई वह क्या जाने कि तालीमयाफ़्ता लोग क्या सोच रहे हैं!

सुबह भान साहब की कार में चाँद ग़ज़ल को लेने आई तो हुमायूँ का अँधेरा घर उसके वजूद से रौशन हो गया। हुमायूँ बदहवासी में इधर-उधर दौड़ने लगा। उसने अपने कुरते से कुरसियाँ साफ़ कीं। भान साहब की कार का दरवाज़ा खोलकर उन्हें अन्दर लाया और अयाज़ को दो-चार गालियाँ देकर दौड़ाया

कि होटल से दो कप चाय ले आए मगर दोनों प्यालियों पर रखे-रखे पपड़ी जमती रही और मक्खियाँ भिनकती रहीं क्योंकि चाँद इतनी गन्दी प्यालियों में बाज़ारी चाय नहीं पीती थी और भान साहब की चाय का वक़्त न था। वे खड़े रहे और बार-बार घड़ी देखे जा रहे थे। इसलिए अन्दर आकर सुस्ती से कपड़े बदलने पर हुमायूँ ने एक लात ग़ज़ल की पीठ पर जमाई और हाथ पकड़के कार में ला पटका। चोट लगने से ग़ज़ल देर तक रोती रही और बार-बार नाक सुड़-सुड़ करने पर चाँद ने उसे पलटकर डाँट दिया। शाम को वे सब वापस आए तो चाँद ने इकट्ठे पच्चीस रुपए हुमायूँ को दिये।

"यह ग़ज़ल के आने-जाने का किराया है।"

आज 29 तारीख़ थी और जब ठंडा चूल्हा सुलगाने के लिए बार-बार साया ने इसरार किया तो हुमायूँ ने उसे डाँट दिया था। हुमायूँ ने आँखें फाड़कर कभी रुपयों को देखा और कभी चाँद को।

ये वाक़ई रुपए थे।

अब ऑफ़िस से वापस आने के बाद साया के नखरे सहने के बजाय हुमायूँ का सारा वक़्त ऐवाने ग़ज़ल में गुज़रने लगा। जब ड्रामे में चाँद काम करती थी तो उसके सारे इन्तज़ाम वह सँभाल लेता। आर्टिस्टों के घर दौड़ा जा रहा है, उनके लिए चाय का इन्तज़ाम कर रहा है, ग़ज़ल को मार-मारके डायलाग याद करवा रहा है। हुमायूँ ने ज़िन्दगी में इतनी कड़वाहट पी थी कि उसके पास अपनी बात मनवाने का एक ही तरीक़ा रह गया था—मार। यह नुस्ख़ा उसने हर शख़्स पर आज़माया जैसे मारने की क़ुदरत अल्लाह मियाँ ने उसे ही अता की थी।

बहरहाल ग़ज़ल के तो नसीब जाग उठे थे। उसके पास दो-तीन नई फ़्रॉकें आ गई थीं। बिलकुल फ़ौज़िया की फ़्रॉकों की तरह चमकती हुईं। अम्माँ के मरते ही उसे हर तरफ़ से धक्के मिले थे मगर अब तो यह हाल था कि रज़िया अपनी सहेलियों को ग़ज़ल का गाना सुनवाती थी। चाँद के सारे दोस्त उसे उठाए-उठाए फिरते। वह चाँद आपा के साथ मोटर में बैठकर सोसाइटी के ऑफ़िस जाया करती थी। इसके अलावा भी कई लोग चाहते थे कि ग़ज़ल उनके ड्रामों में काम करे क्योंकि इतनी नन्ही-सी लड़की स्टेज के लिए कहीं नहीं मिलती थी।

सिर्फ़ एक हसद (ईर्ष्या) की मारी फ़ौज़िया थी जो अभी तक उसे वही नाक टपकाती भुक्खड़ ग़ज़ल समझती थी। रज़िया फ़ौज़िया के सामने से बचा हुआ अंडे का टुकड़ा और रोटी का निवाला दे दिया करती थी। उस रोटी के

इन्तज़ार में वह फ़ौज़िया को खाते देखकर उसके पास जा बैठती और किसी तरह नहीं हटती थी।

अब तो उसने मारे तहज़ीब के नाना से लेकर शाहीन तक को 'आप' से मुख़ातिब करना शुरू कर दिया था। वह बड़ी फ़ैयाज़ी के साथ शाहीन को अपने चॉकलेट खिलाती थी। तोहफ़ों का कोई शुमार थोड़ी था—टॉफ़ी के डिब्बे, खिलौने, फ्रॉकें और गुड़ियाँ।

अयाज़ और शहज़ाद हसद के मारे मरे जाते थे। अयाज़ भी फ़िल्मी गानों की बड़ी अच्छी कॉपी करता था, मगर उसे कोई भी न पूछता। ग़ज़ल शान के मारे अकड़ती फिरती।

"रात हमें चाँद आपा ने एक होटल में लाल लैमन पिलाया था।"

"परसों मेडिकल कॉलेज में यह बड़ी पेस्टरी मैंने खाई।"

"भान मामा ने कहा है कि वह मेरे लिए साड़ी लाएँगे।"

"साड़ी...!" अयाज़ ने ताज्जुब से पूछा। वह ग़ज़ल की बातों में बैठा थूक निगला करता था। जब से अब्बा की तवज्जो ग़ज़ल पर गई थी, वे दोनों भाई इधर-उधर आवारागर्दी करते फिरते।

"हाँ...चाँद आपा ने उनसे साड़ी की फ़रमाइश की। मैंने भी की। अब मैं भी नाडिया की तरह सचमुच के घोड़े पर बैठकर लड़ूँगी।"

"फिर तू भी नाडिया की तरह दोज़ख़ में जलेगी।" अयाज़ ने जलकर कहा।

"क्या...?" वह धक-से रह गई। प्लास्टिक की गुड़िया उसके हाथ से छूटकर गिर पड़ी और वह पलंग के बाँद खसोटने लगी।

अम्मा कहती थीं, नाडिया दोज़ख़ में जलेगी। ख़ौफ़ के मारे उसके बदन में कँपकँपी-सी आ गई मगर अयाज़ की वजह से ज़ब्त किये बैठी रही। एकदम ऐसा लगा जैसे चाँद आपा की मुहब्बत चील झपटकर ले गई है और वह अकेली रह गई थी। अब दोज़ख़ का दरोगा अब्बा की तरह बाँहें पकड़कर उसे आग में ढकेलने आएगा और साँप अपनी ज़बान खोले उसकी तरफ़ लपकेंगे। वह उठकर भागने लगी, मगर कोई रास्ता न मिला। फिर एक साँप फन खोलकर आगे बढ़ा और वह उछल पड़ी। अब्बा ने एक रुपया उसकी गोद में फेंका था जो अंगारे की तरह उसकी पिंडली को झुलस गया। फिर एक और...फिर एक और...अब्बा बड़े मूड में रुपए-पर-रुपया उछाल रहे थे और वह ज़ख़्मों की जलन से रो पड़ी।

"क्या हुआ...?" उसने पहली बार अब्बा के लहजे में इतनी मिठास महसूस की। उनके मेहरबान हाथों में कितनी गरमी थी! अपने सीने से लगाकर उन्होंने

इतनी मुहब्बत से पूछा कि अगर ग़ज़ल पहले से न रो रही होती तो अब्बा की इस इनायत पर रो पड़ती। अब्बा के बार-बार पूछने पर वह कुछ न कह सकी।

"तो फिर क्यों मौत आ रही है?" वह चिल्लाने लगे।

"मैं ड्रामों में काम नहीं करूँगी। फ़रिश्ते मुझे दोज़ख़ में डाल देंगे!"

"क्या...?" अब्बा की समझ में कुछ नहीं आया।

"अम्माँ कहती थीं कि नाडिया दोज़ख़ में जाएगी।"

"तुम्हारी और तुम्हारी अम्माँ की...!" अब्बा ने एक आम-सी गाली दी। "तुम दोनों ने हमेशा वही काम किया जिससे मुझे तकलीफ़ पहुँचे। बेचारी चाँद ने चार पैसे की सूरत पैदा कर दी है तो अब तेरे नखरे बढ़ने लगे... साली, फाँकें करा दूँगा, अगर कुछ चीं-मीं की तो!" जब दूसरे दिन रज़िया ने यह बात सुनी तो ख़ूब हँसी।

"अरी, तूने और कौन-से अच्छे काम किये हैं जो दोज़ख़ से बच जाएगी।" एक दिन उसने चाँद आपा से भी यह बात कहना चाही मगर वह अपने आपे में न थीं। न जाने किस बात पर उस दिन हुमायूँ और चाँद के दरम्यान चल गई थी।

"वह हुक्के की सूरत, बुड्ढा खूसट अपने-आपको क्या समझता है?" चाँद का ग़ुस्से के मारे बुरा हाल था और वह ख़्वाहमख़्वाह अलमारी में से कपड़े निकाल-निकालकर चारों तरफ़ फेंक रही थी।

"हुँह! मुझसे इज़हारे-इश्क़ करने चला है। पहले मुरकी नाले में मुँह धो आए!"

रज़िया बड़ी शर्मिंदा-सी होकर उसे चुप कराने में लगी हुई थी, "अब चुप बैठो जी! तुम्हारे मामूँ सुन लेंगे।"

दालान में खड़ी हुई ग़ज़ल आँखें फाड़े चाँद आपा को तक रही थी। उस वक़्त उनके कटे हुए बाल सारे चेहरे पर बिखर गए थे और मुँह चूल्हे में दबे हुए लोहे की तरह सुर्ख़ हो रहा था।

"चाँद आपा, हम आ गए!" ग़ज़ल ने बड़े नाज़ से इठलाकर अपनी आमद की ख़ुशख़बरी सुनाई ताकि वह ग़ुस्सा भूलकर मुसकराने लगे, मगर ग़ज़ल को देखकर तो चाँद को फिर किसी ने अंगारों में ढकेल दिया।

"इसी छोकरी को गले पर लगाकर आगे बढ़ रहा था। चल निकल। जा अपने बाप के पास!" उन्होंने बाँहें पकड़कर ग़ज़ल को बाहर ढकेल दिया, "ख़बरदार! फिर मेरे कमरे में पाँव रखा तो टाँगें तोड़ दूँगी।"

ग़ज़ल का कलेजा फट गया। उससे भी ज़्यादा कड़वे बोल वह हँस-हँसकर सह जाती थी। कमरे से ढकेलना भी कोई ऐसी बुरी बात न थी मगर

उस वक़्त ग़ज़ल को यों लगा जैसे चाँद आपा का ग़ुस्सा वह बिलकुल बर्दाश्त नहीं कर सकेगी। जैसे पहली बार उसकी ज़िल्लत हुई हो। छिछोरा शाहीन और चुगलखोर फ़ौज़िया, दोनों खड़े यह तमाशा देख रहे थे और खी-खी हँस रहे थे। दालान का सुतून थामे वह यों रो रही थी कि अम्माँ की मौत पर भी न रोई।

"जब से अब्बाजान ने इस फटीचर आर्टिस्ट से मिलने को मना किया न, इसकी यही हालत हो गई है।" अपने कमरे में रज़िया लँगड़ी फूपो से कह रही थी, "बीस बरस की हो गई। अब इसकी शादी कहीं-न-कहीं करो, नहीं तो ऐसे ही धीमड़ों-चमारों में जा मिलेगी।" लँगड़ी फूपो अपनी फटे ढोल जैसी आवाज़ को दबाकर कह रही थीं, "मैं भी तो यही कहती हूँ मगर ज़बरदस्ती कोई कैसे करेगा?"

"अल्लाह मियाँ! चाँद आपा को मर जाने दो। अम्माँ की तरह उनकी भी क़ब्र बने। अल्लाह मियाँ, कोई चाँद आपा से शादी नक्को करे।"

बहुत दिनों के बाद ग़ज़ल को आज कोसने का मौक़ा मिला था।

"चुप, चुप...उजाड़-सूरत! दोनों वक़्त मिलते क्यों काली ज़बान निकाल रही है!" बीबी ने नमाज़ की चौकी पर बैठते हुए कहा।

उसके बाद ग़ज़ल यतीमों की-सी सूरत लिए सबका मुँह तकती फिरती कि कोई उस पर तरस खाए मगर अपने-अपने कामों से किसे फ़ुरसत थी कि उसकी तनहाई पर ग़ौर करता! फ़ौज़िया अपने-आपको बेहद सुघड़ और अच्छी बच्ची समझती थी। इसलिए अलग-थलग अपनी सहेलियों के साथ खेलती और ग़ज़ल को किसी भी खेल में शरीक नहीं करती थी। शाहीन को तो उसके गन्दे कपड़े और गन्दी आदतों से बेहद नफ़रत थी। वह कभी शाहीन का गिलास उठा लेती तो शाहीन उसे साबुन से धोता था। एक दिन शाहीन सफ़ेद क़मीज़, सफ़ेद नेकर और सफ़ेद जूते पहनकर टेनिस खेलने जा रहा था तो ग़ज़ल ने उसकी क़मीज़ को हाथ लगा दिया। बस, ग़ुस्से के मारे वह सारे घर में नाचता फिरा और वह क़मीज़ बदलकर बाहर गया। ऐसे नकचढ़े लड़के से कौन बात करता।

हुमायूँ को उसकी सूरत से नफ़रत हो गई थी। साया को भी उससे जनम-जनम का बैर था। जब तक बतूल ज़िन्दा रही, ग़ज़ल ख़ूब मनमानी शरारतें करके साया को सताती थी मगर जबसे हुमायूँ ने साया को घर की नायब-सदारत सौंपी थी, वह साया के सीने पर मूँग दलती थी। घर की इस बदइन्तज़ामी ने अयाज़ और शहज़ाद को और शेर कर दिया था। कई बार शहज़ाद घर से चीज़ लेकर भागा और हुमायूँ उसे ढूँढ़-ढाँढ़कर वापस लाया। फिर एक बार

वह हुमायूँ की जेब से पूरी तनख़्वाह लेकर भागा और कई महीने के बाद उसका बम्बई के किसी पुलिस स्टेशन से ख़त आया कि अगर सौ रुपए फ़ौरन न भेजे तो वह पाँच महीने तक जेल में सड़ेगा।

"सड़ने दो साले को...वह इसी तरह ठीक होगा। दिमाग़ के सब कीड़े झड़ जाएँगे!" हुमायूँ ने लापरवाही से कहा।

शहज़ाद के ठीक होने की उम्मीद से ग़ज़ल भी ख़ुश हो गई क्योंकि लोगों को उसके भाइयों की फ़िक्र खाए जा रही थी। नाना हज़रत और राशिद मामूँ अकसर यही कहते थे कि अयाज़ और शहज़ाद आख़िर कैसे ठीक होंगे! अब सिर्फ़ अयाज़ रह गया था। वह भी सिर्फ़ खाने के वक़्त घर आता था और फिर अपने किसी दोस्त के यहाँ पढ़ने चला जाता था। कई बार बीबी ने उसे अपने पास रखने को बुलाया मगर वह राज़ी नहीं हुआ—"मैं क्यों किसी के घर में रहूँ? मैं तो ख़ूब पढ़-लिखकर बड़ा आदमी बनूँगा। तू जा, ऐवाने ग़ज़ल के जूठे टुकड़े खाने!" वह ग़ज़ल से कहता था।

अब उसने ग़ज़ल की रकाबी से बोटियाँ छीनना और उसे मारना भी छोड़ दिया था बल्कि वह तो उसकी हर बात का ख़याल रखता था। अब्बा की हर ज़्यादती ख़ामोशी से सह लेता था। यहाँ तक कि साया की गालियों पर उससे लड़ना भी अयाज़ ने छोड़ दिया था। एक दिन अयाज़ ने हुमायूँ से स्कूल की फ़ीस माँगी लेकिन हुमायूँ का मूड उस दिन ठीक न था। वह सुबह से अपनी ससुराल के हर-हर फ़र्द को गालियाँ दे रहा था लेकिन अयाज़ को ग़ज़ल की तरह वक़्त और मस्लहत का ज़रा भी अहसास न था। नतीजा यह हुआ कि हुमायूँ ने उसकी सब किताबें फाड़कर फेंक दीं और अयाज़ को मारते-मारते ख़ुद निढाल होकर पड़ गया। उस दिन ग़ज़ल को बड़ी हँसी आई। अब्बा ऑफिस चले गए, तो उसने अयाज़ को ख़ूब चिढ़ाया, "अज्जू भाई, और माँगो स्कूल की फ़ीस!"

"अगर इस वक़्त माँ होतीं तो तुझे मज़ा चखाता!"

"अज्जू भाई! बी.ए. पास करोगे?"

"अबी साली तुझे करके बता दूँगा!" उसने जान कावस के अन्दाज़ में हाथ हिलाकर कहा और फटी हुई किताबों के वरक़ जोड़ने लगा। अब ग़ज़ल बारहवें साल में आ गई थी और इस क़ाबिल हो गई थी कि अपने बालों में ख़ुद कंघी कर ले। सूई में धागा पिरोके अब्बा का फटा हुआ पाजामा सी दे। साया की मदद के बग़ैर चाय बना ले। चूल्हा सुलगा ले बल्कि उसका तो यह भी जी चाहता था कि साया से आटा छीनकर ख़ुद रोटी पकाने बैठ जाए और

फ़ौज़िया की नक़ल में फ्रेम पर कपड़ा चढ़ाकर फूल बनाए। फ़ौज़िया तो आफ़त की परकाला निकली। एक-से-एक ख़ूबसूरत फूल काढ़के राशिद और शाहीन के ग़िलाफ़ों पर सजा देती थी। लँगड़ी फूपो की सूई में धागा पिरो देती। इधर स्कूल की रिपोर्ट आती तो हमेशा शाहीन पढ़कर सुनाता कि फ़ौज़िया अपनी क्लास में फ़र्स्ट आई है। ज्यों-ज्यों फ़ौज़िया का क़द बढ़ता गया, रज़िया की देखरेख भी उसके ऊपर बढ़ रही थी। अब वह टाँगें खुली फ्रॉकें पहनने के बजाय तंग पाजामा, कारचोबी वास्कट और उसके ऊपर कामदानी की टोपी ओढ़ती थी। कभी टोपी की बजाय खड़ा दुपट्टा पहन लेती। रज़िया कहती थी कि मैं अपनी बेटी को आजकल के रंग में नहीं रँगूँगी। इसका मतलब साफ़-साफ़ यह होता कि वह अपनी ननदों की बेटियों जैसी आज़ादी अपनी बेटी को नहीं देना चाहती। रज़िया की इस बात पर बीबी सोचतीं, 'चाँद को यह आज़ादी किसलिए दी गई ताकि राशिद अपने दोस्तों का हलक़ा बढ़ा सके! मगर राशिद सख़्ती करता तो क्या चाँद इतनी जुरअत कर सकती थी? और अब जब घर में चाँद की बदौलत दौलत की रेलपेल थी, रज़िया अपनी बेटी को उस आज़ादी से बचाना चाहती है।'

फ़ौज़िया की दोस्ती अब ग़ज़ल से बराए नाम थी क्योंकि फ़ौज़िया बड़ी मग़रूर थी। उसे अपनी सूरत-शक्ल और दौलत के अलावा अपने चालचलन की बुलंदी का भी अभी से अहसास था। अगर उसे मज़ाक़ में भी कोई गन्दी बच्ची कह देता तो वह घंटों रोती। रज़िया ने चाँद और ग़ज़ल की मिसालें देकर उसे समझा दिया था कि बेपर्दगी और नाचना-गाना लड़कियों के लिए कितनी बुरी बात है। इसलिए वह बात-बात पर नाक सिकोड़कर अपनी माँ की तरह बड़े तंज़ (व्यंग्य) के साथ बात करती थी :

"उई, तुम अभी तक छठी क्लास में हो! मैं तो अब नाइंथ में आ जाऊँगी। मैं तो मिसेज़ रेड्डी के यहाँ जाकर कपड़ों की कटिंग सीख रही हूँ।"

"हाय अल्लाह! तुम्हें अभी तक चाय बनानी नहीं आती? मैंने तो परसों पुडिंग बनाई थी। डैडी ने मुझे दस रुपए इनाम दिया था।"

"मुझे तो 'बचपन के दिन भुला न देना' वाला गीत पूरा याद हो गया है।" ग़ज़ल इतराकर कहती।

"अम्मीं तो मुझे गाने नहीं देतीं। अम्मीं कहती हैं, जो लड़कियाँ गाना गाती हैं वे आवारा हो जाती हैं।"

"आवारा क्या?" ग़ज़ल ताज्जुब से पूछती।

"मैं क्या जानूँ...बस अम्मीं कहती हैं!"

"चल झूठी! तुझे गाना नहीं आता कि मुझसे जलती है तू?"

"अच्छा चल, अम्मीं से पूछेंगे!"

"नक्को, मैं नहीं जाती!" ग़ज़ल अपना हाथ छुड़ा लेती क्योंकि मुमानी बेगम के पास जब भी जाती, वह ज़रूर जली-कटी नसीहतों का एक पुलिंदा उसे थमा देती थीं।

इसलिए वह चाँद आपा के कमरे में जाकर रेडियो सुना करती थी। उस कमरे में आकर उसे बड़ा सुकून मिलता था। लोगों की बेमुरव्वती की तलवार उसके दिल से ग़ायब हो जाती थी, हालाँकि अब तो चाँद आपा भी उस पर कोई ख़ास तवज्जो न देती थीं। बीबी भी यही चाहतीं कि वह कम-से-कम यहाँ आए क्योंकि उन्हें रज़िया का नफ़रत-भरा बर्ताव ग़ज़ल के साथ पसन्द न था। इसलिए ग़ज़ल आती तो वह किसी-न-किसी बहाने उसे फिर घर लौटा देती थीं। यों भी आजकल घर का माहौल दरहम-बरहम था। राशिद को एक मिनट के लिए घर में टिकना मुहाल था। वाहिद हुसैन भी दिन-रात दोस्तों में घिरे बैठे सियासी हालात पर तब्सरा किये जाते थे।

सुना था कि अंग्रेज़ अपना बिस्तर-बोरिया समेट रहे थे। ऐसे वक़्त रियासतों में बड़ी खलबली मची हुई थी क्योंकि इत्तिहाद-उल-मुसलिमीन हैदराबाद के इलहाक़ के हक़ में न थी और निज़ाम को अपनी गद्दी नीचे से खिसकती नज़र आ रही थी। इधर नेहरू सोशलिज़्म के हामी थे। इसलिए क्या कांग्रेस राज में ज़मींदारी और जागीरदारी बाक़ी रह सकती थी? सब यही सोच रहे थे।

माउंटबेटन दिल्ली में था, इसके बावजूद उसने वाहिद हुसैन, राशिद और तमाम हिन्दुस्तान के नवाबों, जागीरदारों का चैन-ओ-सुकून जिन्ना और नेहरू को बाँटने का फ़ैसला कर लिया था।

ऐवाने ग़ज़ल के वसीअ हॉल में आरामकुरसी पर आँखें बन्द किये वाहिद हुसैन लेटे थे। उनके सामनेवाले दरवाज़े के ऊपर क़ुली क़ुतुबशाह का बड़ा-सा रंगीन फ़ोटो टँगा हुआ था। कमरे में और लोग बैठे थे मगर सब गुमसुम थे और रेडियो पर आचार्य कृपलानी, लियाक़त अली ख़ाँ, पंडित नेहरू और जिन्ना की वे तक़रीरें सुन रहे थे जो हिन्दुस्तान के चालीस करोड़ अवाम की क़िस्मत का फ़ैसला कर रही थीं।

वाहिद हुसैन ने आँखें खोलकर ऊपर लगे हुए क़ुली क़ुतुबशाह के फ़ोटो को देखा और उसके मुक़ाबिल सुनहरे फ्रेम में लगा हुआ क़द्दे-आदम फ़ोटो उस्मान अली ख़ाँ का था। वह सल्तनते-आसफ़िया को एक किताब की तरह सीने से लगाए खड़े थे। वाहिद हुसैन ने देखा, क़ुली क़ुतुबशाह की आँखों

में बड़ा सुकून था जैसे शायरी की सल्तनत का यह शहंशाह बड़े इत्मीनान से बैठा, किसी ग़ज़ल की तलाश में हो या मुमकिन है, वह कह रहा हो कि किस तरह उसने गोलकुंडे के ऊपर खड़े होकर चारों तरफ़ फैले हुए जंगल में एक हसीन शहर के ख़्वाब देखे और मूसा नदी के आसपास उसने अपने उस ख़्वाब के जाल बुनना शुरू कर दिये। उसने एक बाग़ की तरह भागमती के रहने के लिए एक शहर बसाया। उसमें कँवल के फूलों की तरह जगह-जगह ख़ूबसूरत इमारतें बनवाईं, जिनमें तहज़ीब और सक़ाफ़त (सभ्यता व संस्कृति) के चिराग जल रहे थे। उर्दू की कोंपलें फूट रही थीं और दीये से दीये रौशन होते जाते थे। या मुमकिन है, वह अपनी किसी महबूबा से कह रहा हो कि जल्दी से उठकर ख़ुशी के जश्न का इन्तिज़ाम करो क्योंकि वक़्त कम है। इधर चन्द सदियों की पहाड़ियों के पीछे से वक़्त के क़ाफ़िले बढ़ते चले आ रहे हैं, कुछ देर बार लुटेरे यहाँ टूट पड़ेंगे और फिर गोलकुंडे के मलबे तले लोग हमारी कहानियाँ ढूँढ़ने आएँगे और हमारी अज़मत के गिरे-पड़े ज़र्रों को नायाब हीरा समझकर ले जाएँगे। फिर यह हीरा किसी मालिक के ताज पर जगमगाकर हमेशा वहाँ सूरज की रोशनी क़ायम रखेगा।

यह सोचकर वाहिद हुसैन को बड़ा इत्मीनान हुआ कि कमरे में अब उस्मान अली ख़ाँ पूरी तरह शानो-शौकत के साथ मौजूद हैं। क़ुली क़ुतुबशाह ख़्वाहमख़्वाह अन्देशों में मुब्तला हैं। लुटेरों का क़ाफ़िला अब यहाँ से बहुत दूर चला गया है, सैकड़ों मील दूर। दिल्ली फिर एक बार अपना चोला बदल रही थी।

और उसके धड़कते हुए दिल की आवाज़ रेडियो हर तरफ़ फैला रहा था। सोफ़े पर लेटे-लेटे, आँखें बन्द किये वाहिद हुसैन ने सोचा कि अब वक़्त आ गया है जब हमारे ऊपर किसी रेज़िडेंट की मर्ज़ी नहीं चलेगी। अब सल्तनते-आसफ़िया अपना खोया हुआ वक़ार हासिल कर लेगी। जाने देहली का शहंशाह अब कौन होगा नेहरू या गांधी? और शहंशाह का लिबास तो यक़ीनन वही राम और कृष्णवाला होगा ही, तख़्ते-ताउस आगरे से उठा लाएँगे। शायद नेहरू अकबरे-आज़म के नक्शे-क़दम पर चलें, लेकिन सरदार पटेल तो रामराज्य के क़ायल थे। अल्लाह की शान, पूरे एक हज़ार साल बाद फिर आर्यों का ज़माना लौट रहा था, कौरवों और पांडवों में क़िस्मत आज़माई थी, जाने किसकी जीत होगी?

वाहिद हुसैन तो चाहते थे कि किसी तरह आला हज़रत इस वक़्त देहली पर चढ़ाई करके पूरे हिन्दुस्तान की बागडोर सँभाल लें और हर जगह ख़ानदाने-आसफ़िया का बोलबाला हो जाए।

बस यही एक रास्ता था जिसमें वाहिद हुसैन की इज़्ज़त, दौलत और उनके ख़ानदान का वक़ार महफ़ूज़ हो सकता था लेकिन मुश्किल यह थी कि वह जब भी इस बात का ज़िक्र करते, राशिद झुँझला जाता, "आप चुप बैठकर तमाशा देखो, अब्बाजान!"

"तो इस तरह हम सब का ख़ात्मा बा-ख़ैर होगा।"

ऐवाने ग़ज़ल में बैठा राशिद किसी से बहस में मसरूफ़ था, "अजी राजा! आपका क्या है, चित भी अपनी, पट भी अपनी! जागीरें गईं तो हुकूमत कोई बड़ा ओहदा दे देगी। अब आप देहली फ़ौरन जाएँ। सुना है, वहाँ ख़ूब मिनिस्टरियाँ बँट रही हैं।"

"क्या कहते हैं, राशिद नवाब!" मलेशम ने बेज़ारी से कहा।

"अजी हज़रत! आप बड़े आदमियों का क्या! जागीरें जाएँगी तो बड़े ओहदे मिल जाएँगे। मुसीबत तो हम नीच जात के हिन्दुओं की है। सुना है, देहली में रामराज्य क़ायम होगा!" मलेशम बड़ी उदासी के साथ कह रहा था।

"अजी नहीं! अब तो आप ही का राज होगा।" राशिद ने बड़े तंज़ के साथ कहा। "नेहरू तो सोशलिज़्म के क़ायल हैं। मज़हब-वज़हब सब ख़त्म। मेहतर, चमार, मुसलमान, ब्राह्मण—सब एक जात कहलाएँगे।"

अन्दर दालान में कुरसी पर लेटे हुए वाहिद हुसैन राशिद की बातें सुन रहे थे। उनके कानों में दिल धड़क रहा था और ब्लडप्रेशर अचानक हाई हो चुका था।

"जाइए जनाब! अब आप सब देहली तशरीफ़ ले जाइए!" राशिद मलेशम से कह रहा था, "आपके साथ सल्तनते-आसफ़िया हैं। इंसाफ़ नहीं हुआ... अब आप देहली के दरबार में नौ-रत्नों में शुमार होंगे। अब हम भी अपनी एक ख़ुदमुख़्तार हुकूमत बनाएँगे जिसमें दखल देने का हक़ किसी अंग्रेज़ के बच्चे को नहीं होगा।"

वाहिद हुसैन मुसकरा पड़े। जैसे सचमुच उनके बेटे ने सल्तनते-आसफ़िया का ताज उठाकर अपने सिर पर रख लिया हो।

अब देखना कि ये सारे 'हिन्दुस्तानियाँ' जो हैदराबाद को अशर्फ़ियों का पेड़ समझकर हिलाने आ जाते थे, रफ़्ता-रफ़्ता ग़ायब हो जाएँगे क्योंकि अब उनके यहाँ भी कोई अकबरे-आज़म देहली के तख़्त पर बैठकर हिन्दू और मुसलमानों को एक घाट पानी पिलाएगा। अब वहाँ आए दिन होनेवाले हिन्दू-मुस्लिम फ़साद ख़त्म हो जाएँगे।

हिन्दुस्तानियों के इस ठाठ के तसव्वुर ही से वाहिद हुसैन के मुँह में पानी भर आया। चलते-चलते अंग्रेज़ से एक तगड़ा असर डलवाया जाए कि राशिद को कहीं कोई बड़ा-सा ओहदा मिल जाए।

"भई, अपन को तो आम खाने से मतलब है...।"

"हाँ, ठीक है। वक़्त का इन्तज़ार करना चाहिए!"

अन्दर कमरे में राशिद और मलेशम अचानक चुप हो गए थे। जाने उन्हें कौन-सा ख़तरा सामने नज़र आ रहा था! और अन्दर कमरे में चाँद आहिस्ता-आहिस्ता गुनगुना रही थी :

झुटपुटा वक़्त है बहता हुआ दरिया ठहरा
सुबह से शाम हुई दिल न हमारा ठहरा।

"तो क्या शाम हो गई?"

वाहिद हुसैन ने चौंककर सोचा—'हाँ, ढलते सूरज का पीलापन उनके बालों पर बिखर चुका है। जवानी की वह गरमी ख़त्म हो चुकी है जिसकी हिद्दत में तपकर उन्होंने चौदह बयाज़ें स्याह कर डाली हैं। चाँद, ग़ज़ल और शाहीन...नन्हे-नन्हे सितारों की तरह हँस रहे हैं और उनसे कह रहे हैं...रात आ रही है...रात आ रही है...।'

सुबह हुई तो राशिद जाने किस ज़रूरी काम से वारंगल चला गया था। हामिद की शादी हो चुकी थी, इसलिए रज़िया बड़ी मसरूफ़ थी। बीबी के सामने चमकीले-रुपहले रंगीन कपड़े बिखरे हुए थे। नाश्ते से फ़ारिग होकर सर्दियों की धूप खानेवाले वाहिद हुसैन आँगन में क्रियापात तले कुरसी घसीट लाए तो पास ही लँगड़ी फूपो आ बैठीं। लँगड़ी फूपो का एक ज़माने से इसरार था कि घर में कुछ लौंडियाँ-छोकरियाँ होनी चाहिए ताकि घरवालों की अमीरी का अहसास हो, और फिर दिन-भर लँगड़ी फूपो गालियाँ दें, हुक्म चलाएँ। अब तो अल्लाह का दिया घर में सब कुछ था। राशिद ने भान साहब के साथ बीड़ी-सिगरेट का कारख़ाना क्या खोला कि ऐवाने ग़ज़ल के हिलते हुए दरो-बाम सँभल गए। देखते ही देखते उसने बंजारा हिल्ज़ पर एक बँगला बनवाकर किराए पर उठा दिया। नई कार ख़रीद ली। फ़ौज़िया की शादी के लिए पचास हज़ार बैंक में डलवा दिये।

"तो भाई मेरे को छोकरियाँ होना! अल्लाह सलामत रखे! मेरा शाहीन पाशा बड़ा हो रहा है। उसे तो मैं राशिद नवाब की तरह ख़ुश्कमिज़ाज नहीं बनाऊँगी। जैसा आपने अपनी तरह अपने बेटे को कर दिया है कि

बस जोरू का ग़ुलाम बनकर रह जाए। आप आज अहमद नवाब को ख़त लिख दो न!"

"अरे, अहमद नवाब के पास क्या लौंडियों की खेती होती है! अब ज़माना गया गौहर बेगम, जब तुम लौंडियाँ पालती थीं।" वाहिद हुसैन उकताहट से ख़िलाल करते हुए बोले।

"आप लिखो तो...उजाला भाभी दस लौंडियाँ भिजवा देंगी, नहीं तो उस क़ैसर मुरदार ही को भेज दे। मैं चप्पल के नीचे दबाकर उसे ठीक कर लूँगी।"

उसी वक़्त अहमद नवाब का ख़त लिए शाहीन अन्दर आया, और जल्दी से ख़त दादा हज़रत पर फेंककर बाहर भागा क्योंकि अंग्रेज़ी स्कूल में पढ़ने की वजह से अहमद नवाब का घसीट में लिखा ख़त शाहीन कभी ठीक तौर से नहीं पढ़ पाता था। इसलिए वाहिद हुसैन उसे हर-हर सतर पर जाहिल और गधा ठहराते जाते थे।

"अजी दुलहिन भाभी! जल्दी आओ। अहमद भाई का ख़त आया है।" लँगड़ी फूपो ने सिर पर यों साड़ी लपेटी जैसे नमाज़ पढ़नेवाली हों।

"अल्लाह फ़ज़्ल करे! छोटे नवाब तो हमेशा किसी ज़रूरत के लिए ही ख़त लिखते हैं।" बीबी पान की गिलौरी हाथ में थामे वाहिद हुसैन के पीछे आ खड़ी हुईं।

मगर वाहिद हुसैन जाने क्यों ख़त खोलते हुए घबरा रहे थे। इसलिए ख़त गोद में डाले पहले तो वह ख़िलाल करके दाँतों का कूड़ा-करकट साफ़ करते रहे। फिर जेब से रूमाल निकालकर चेहरे का पसीना पोंछा और रूमाल को उसी तरह तह करके जेब में रखा। उसके बाद ऐनक लगाकर उन्होंने लिफ़ाफ़े पर लिखा हुआ पता अच्छी तरह पढ़ा :

"बमुलाहिजा-ए-गरामी बिरादरे-मुअज्ज़म दामेबिल एहतिराम हज़रत क़िब्ला नवाब वाहिद हुसैन ख़ाँ साहब मदज़िल्लहू तआला दाम ज़िल्लकम।"

"लाहौल वला...कितना बदख़त हो गया है यह आदमी!" उन्होंने ऐनक को ठीक जाविये पर जमाकर कहा।

"अल्लाह तौबा...अब पढ़िए न जल्दी से...!" बीबी बेसब्री से बोलीं।

उन्होंने एहतियात से लिफ़ाफ़ा चाक करके ख़त निकाला और पढ़ने लगे, "हज़रत क़िब्ला-ओ-काबा...बाद सलाम-ओ-क़दमबोसी के अर्जे-ख़िदमत है कि यहाँ जमीअ-ए-अरकान-ए-ख़ानदान की ख़ैरियत रहकर वहाँ जुमला तमाम की ख़ैरियत नेक मतलूब। इस वक़्त यह अरीज़ा ख़िदमते-आली में इन्तहाई परेशानी के आलम में गुज़राना जा रहा है कि...।" रफ़्ता-रफ़्ता वाहिद हुसैन

की आवाज़ कम होती होती गुम हो गई। सिर्फ़ उनके होंठ काँप रहे थे और अहमद हुसैन की तहरीर को उनकी आँखें निगल रही थीं।

"चुप क्यों हो गए? ज़ोर-ज़ोर से पढ़िए न!" बीबी ने झुँझलाकर कहा।

"हुँह!" वाहिद हुसैन के चेहरे पर सलवटें गहरी हो गईं। कई बार उन्होंने ऐनक का ज़ाविया बदलकर कुछ और पढ़ना चाहा। छोटे नवाब काफ़ी बदख़त थे मगर आज उन्होंने एक भी लफ़्ज़ मशकूक नहीं लिखा था।

"अल्लाह मियाँ रहम करो...क्या बात है जी...?" बीबी का दिल धड़कने लगा और लँगड़ी फूपो के दिल में उम्मीद की एक किरन जागी कि छोटे नवाब की दौलत का वह हरामी वारिस ख़त्म हो गया, मगर अल्लाह की इतनी बड़ी इनायत का उन्हें यक़ीन न था।

"अजी कुछ तो बोलो, भाई! मेरा दम रुक रहा है।" लँगड़ी फूपो ने घबराकर कहा।

उन्होंने ख़त तह करके लिफ़ाफ़े में रखा और ऐनक उतारने लगे। जब घर में ख़ामोशी छा जाए तो पूरी कायनात ऊँघ के धुँधलके में सिमट जाती है, मगर वाहिद हुसैन को उस वक़्त पूरा घर जागता हुआ नज़र आ रहा था—कुछ सोचता हुआ—कुछ कहता हुआ।

"होता क्या, वही क़ैसर हरामज़ादी...।"

"क़ैसर...?" सब चौंक पड़े।

"क्या हुआ क़ैसर को...बताइए! आप ख़त मुझे दे दीजिए!" बीबी ने ख़त उठाना चाहा तो वाहिद हुसैन ने छीन लिया।

"वह छोकरी अब कम्यूनिस्टों में मिल गई है और वहाँ गुंडों के साथ मिलकर ख़ूब ऊधम मचा रही है।"

बीबी और लँगड़ी फूपो का मुँह हैरत के मारे खुला हुआ था।

"यह फ़ातिमा बेगम को क्या हो गया है कि जवान लड़की को कम्यूनिस्टों में भेज दिया!"

"और उजाड़-सूरत हमारी ही दुश्मन हो गई। छोटे नवाब ने लिखा है कि ग़ुलाम रसूल को रातोरात कहीं ले जाकर उसने छुपा दिया है। इतनी गुंडागर्दी बढ़ गई है कि हम लोगों की रातों की नीद हराम हो गई है। दो हफ़्ते से मैं गाँव नहीं जा सकता हूँ।"

बीबी जाने ख़ला में कहाँ घूर रही थीं! उनका मुँह ताज्जुब के मारे खुला हुआ था और उनके गले में पड़ा हुआ काले मोतियों का लच्छा साँस के उतार-चढ़ाव के साथ लरज़ रहा था।

रज़िया सुबह ही शादी के इन्तज़ाम के सिलसिले में कहीं चली गई थी। इसीलिए लँगड़ी फूपो हाँफती-काँपती चूल्हे के पास पहुँचीं और मसाला पीसती रक्को से बोलीं, "देखा वह पोटी कमनस्टान को रख ली कते! उजाड़-सूरत उसके मुँह को आँच आओ। छोटे नवाब को तो बेहद ग़ुस्से आरा कते। उनूँ लिखे हैं कि अब उसे पकड़वाके धेड़ों से जूते लगवाऊँगा।"

"कौन...कौन, बीबी...?" रक्को ने मसाले से हाथ उठा लिए और रुककर पूछा तो फूपो चौंक पड़ीं।

"तेरे को क्या करना है इन बातों से? चल, जल्दी मसाला उठा!"

उसके बाद दालान के तख़्त पर बैठे हुए उन्होंने सोचा कि यह कम्यूनस्टाँ कौन हैं आख़िर? और अहमद नवाब से काहे का बैर है? उन्होंने नाहक़ जल्दी की आँगन से यहाँ आने में। अभी तो बड़े भाई से आगे इस मसले पर तबादला-ए-ख़याल हो सकता था।

अचानक चाँद अन्दर आती नज़र आई। फ़ीरोजी जार्जेट की साड़ी में लिपटी, उदास सूरत, परेशान बाल। वह दो-तीन दिन से घर नहीं आई थी। इसलिए आज उसे डाँटने का न सिर्फ़ लँगड़ी फूपो को हक़ था बल्कि वह वाहिद हुसैन और राशिद हुसैन को भी उसके ख़िलाफ़ भड़काना चाहती थीं। इसलिए उन्होंने चाँदी के पानदान को अपनी तरफ़ घसीटकर बीबी को मुख़ातिब किया, "आज चार दिन बाद उस धेड़ आशिक़ ने इजाज़त दे दी आपकी नवासी को घर जाने की!"

बीबी ने बड़ी बेज़ारी के साथ लँगड़ी फूपो की तरफ़ देखा। फिर चाँद के कमरे की तरफ़। फिर राशिद की बातें सुनने में मग्न हो गईं।

लँगड़ी फूपो घबरा गईं। यक़ीनन इस वक़्त कोई अहम बात है। तभी तो चाँद के आने का नोटिस किसी ने नहीं लिया। इसलिए वह फिर लकड़ी के सहारे घिसटती हुई उनके क़रीब आईं, "क्या हुआ...क्या बात है?"

"कुछ नहीं जी!" राशिद ने उनका मैला हाथ शार्क स्किन की सफ़ेद शेरवानी पर से झटक दिया।

"गौहर बेगम, चार कप अच्छी चाय बनवाकर जल्दी से बाहर भिजवा दो।" बीबी ने उन्हें वहाँ से टालने के लिए कहा।

"मगर कौन आया है?" वह मालूम किये बग़ैर जाने को तैयार नहीं थीं।

"ब्यौपारी लोग आए हैं, गौहर बेगम! राशिद नवाब उनसे कपड़ा और दवाएँ ख़रीद रहे हैं।" वाहिद हुसैन ने रसान से समझाया।

"अच्छा, अच्छा!" गौहर बेगम चूल्हे की तरफ़ जाने लगीं तो उन्हें अहसास हो रहा था कि असल बात उनसे छुपाई गई है।

दो-तीन दिन में राशिद ने बंजारा हिल्ज़वाला मकान ख़ाली करवाकर पैट्रोल, दवाओं और हथियारों से भर दिया।

रात को जब सब फ़ुरसत से बैठे तो रज़िया अख़बार उठाकर बीबी और गौहर फूपो को हैबतनाक ख़बरें सुनाती थी। सबके दिल धड़कने लगे, इतना दंगा-फ़साद हर तरफ़ हो रहा था।

"अरे तो बीच-बचाव करनेवाले सब मर गए हैं क्या?" फूपो ने घबराकर पूछा।

"सुना है, गांधी बहुत समझा रहे हैं। वह तो फ़साद की जगह ख़ुद जाकर मुसलमानों को मरने से रोकते हैं।" रज़िया ने राशिद से सुनी हुई बातों को दुहराना शुरू किया।

"ऊँह! यहाँ तो सब चैन है। कहीं लड़नेवाले यहाँ न आ जाएँ!" बीबी ने घबराकर कहा। दिन-भर आँखें बन्द किये वाहिद हुसैन आरामकुरसी पर लेटे ख़बरें सुनते रहे थे। रेडियो बन्द करते तो अख़बार उठा लेते। सारे हिन्दुस्तान में फ़साद हो रहे थे। बहुत से लोग पनाह लेने के लिए हैदराबाद आ गए थे क्योंकि वे जानते थे कि हैदराबाद हर एक को मोहब्बत के साथ अपने दिल में जगह देता है। यह देहली के इज़्ज़तदार ख़ानदानों के लोग थे जो अपनी वज़ादारी और आन-बान लिए जान की परवाह नहीं करते थे मगर आज उनकी औरतें अपने बच्चों को बचाने के लिए दुपट्टे से मुँह ढाँपे, हाथ फैलाए, सड़कों पर मारी-मारी फिर रही थीं। शहर में जगह-जगह शरणार्थियों के कैम्प खुल गए थे। लोग बढ़-चढ़कर चन्दे देते, कपड़े और अनाज बाँटते थे।

रफ़्ता-रफ़्ता राशिद भी परेशान होने लगा क्योंकि इधर तो कम्यूनिस्टों ने ज़िलों में ज़ोर उठाया था, उधर इंडिया यूनियन रियासत के इलहाक़ पर ज़ोर दे रही थी और अब यह मरहला बातचीत से आगे बढ़कर तशद (हिंसा) की सूरत इख़्तियार करनेवाला था। क़ासिम रिज़वी हर तरफ़ ग़ज़बनाक और जोशीली तक़रीरें करके जज्बात को भड़का रहे थे। हर नौजवान के लिए फ़ौजी परेड ज़रूरी कर दी गई।

तेरह-चौदह बरस का शाहीन भी सुबह-सवेरे उठकर रज़ाकारों का ड्रेस पहने एन. सी. सी. की ट्रेनिंग के लिए जाने लगा।

वाहिद हुसैन शाहीन को रज़ाकारों की ड्रेस में देखते तो जाने क्यों उनका दिल धड़कने लगता। क्या अपनी इज़्ज़त बचाने का सिर्फ़ यही ज़रिया है? उन्होंने ज़िन्दगी में हर तरह की जद्दोजहद की थी मगर यह कभी नहीं सोचा

था कि एक दिन उनके बच्चों को कहीं पनाह नहीं मिलेगी। वह जिस तरफ़ जाएँगे, तलवारें उनका स्वागत करेंगी। मौत उनका रास्ता घेरेगी। आख़िर हम इस लड़ाई में क्यों शरीक हों? पाइप सुलगाते में वह सोचते, 'मेरे जैसे आम इनसान जो किसी सियासत में, किसी पार्टी में शरीक नहीं हैं, बस अपने घर में गुलज़ार सजाए, किसी पेड़ की छाँव तले बैठे ग़ज़लें लिखते रहे हैं, अपने बीबी-बच्चों के मसलों में खोए हुए हैं, हम इस लड़ाई में क्या रोल अदा करेंगे? किस तरफ़ से लड़ेंगे?' और फिर बड़ी मायूसी के साथ राशिद से पूछते, "क्या मियाँ! सचमुच सल्तनते-आसफ़िया बाक़ी नहीं रहेगी?"

राशिद जानता था कि उसके ख़ानदान की रगों में सल्तनते-आसफ़िया का वक़ार ख़ून बनकर दौड़ रहा है। इसलिए वह अपने अब्बा को तसल्ली देता, "घबराने की ज़रूरत नहीं, अब्बाजान! क़ासिम रिज़वी हरगिज़ अपनी शिकस्त तसलीम नहीं करेंगे।"

"लेकिन मियाँ, कांग्रेसवाले धमकी दे रहे हैं कि फ़ौजी कार्रवाही करेंगे। उन्होंने तो सरहदों पर फ़ौजें इकट्ठी करने का हुक्म दिया है। कल ऑल इंडिया रेडियो ने सुनाया।"

"ऊँह! सब डराने की बात हैं।" राशिद लापरवाही से कहता, और बाहर की तरफ़ भागता क्योंकि ख़बर गरम थी कि हैदराबाद का मुआशी मुक़ातअ (आर्थिक सम्बन्ध-विच्छेद) होनेवाला है।

"ऊई उजाड़-सूरत यह गुंडे लोगाँ तो यज़ीद की औलाद हैं। आप एक रुपए की मिठाई मँगवाओ, भाई पाशा! मैं एक वज़ीफ़ा पढूँगी।" लँगड़ी फूपो ने सुना तो बीबी से कहा, "मेरा वज़ीफ़ा बड़ा जलाली है। रातोरात सारी पाबन्दियाँ बरख़ास्त हो जाएँगी।"

फूपो की बात सुनकर राशिद निवाला हाथ में थामे दस्तरख़्वान से उठा, और उसने फूपो के आगे फ़र्श पर उकड़ूँ बैठकर कहा, "गौहर फूपो!...तुम्हारे और शाहीन के लिए बंजारा हिल्ज़ पर एक बँगला और बनवा दूँ?"

"अइयो! मगर आज मेरे से क्यों पूछ रहे हो, मियाँ?" फूपो का दिल ख़ुश हो गया भतीजे की इस सआदतमन्दी पर।

"और फ़ौज़िया के लिए पचास हज़ार रुपए और ला दूँ?"

फूपो को हँसी आ गई। आज कैसा मसखरापन कर रहा था राशिद!

"तो अगर आप यह चाहती हैं कि फ़ौज़िया जहेज़ में बँगला और कार लेकर जाए तो कोई वज़ीफ़ा वग़ैरा मत पढ़ना।"

"अय्यो!...क्यों मियाँ?" फूपो ने ताज्जुब से कहा।

"इसलिए कि अगर पैट्रोल, दवाएँ और दूसरी चीज़ें हिन्दुस्तान से आने लगीं तो इस सामान का क्या होगा जो हमने पहले से भरके रखा है?" राशिद ने निवाला मुँह में रखकर कहा।

"मगर दवाओं के बग़ैर बीमारों का क्या होगा?"

"अल्लाह की मर्ज़ी!" राशिद ने हाथ फैलाकर बड़ी अक़ीदत के साथ छत की तरफ़ देखा। "आप क्या समझती हैं कि मौत का वक़्त दवाओं से टल जाता है? यह तो सब दिल बहलाने की बात हैं।"

"अच्छा, अच्छा, मैं नहीं पढ़ूँगी वज़ीफ़ा! जा, तू रोटी खा ले!"

"मेरी एक बात सुनो, मियाँ! अगर यूनियन की फ़ौजें आ गईं तो शाहीन और अयाज़ को पकड़ लेंगी न! इनका रज़ाकारों वाला ड्रेस उतरवा दो।" बीबी ने दबे-दबे लहजे में कहा।

"अरे छोड़ो, अम्मी! यूनियन की फ़ौजाँ आएँ तो अपना क्या बिगाड़ेंगी? आप मुझ पर भरोसा रखो। मैं हर तरफ़ देख रहा हूँ।" और वाक़ई राशिद हर तरफ़ देख रहा था।

वह इत्तिहाद-उल-मुसलिमीन का मेम्बर था। हर तरफ़ जलसे करवाता, चन्दे जमा करता, उसके साथ ही कांग्रेस ऑफ़िस कमेटी का प्रेज़िडेंट भी था। इलहाक़ (विलय) के सिलसिले में जो वफ़द (प्रतिनिधि-मंडल) देहली बातचीत करने गया था राशिद उसमें शामिल था। और जब मुआशी मुक़ातअ हुआ तो उसने और मलेशम ने मिलकर ख़ूब हाथ रँगे। इत्तिहाद-उल-मुसलिमीन के हाथों उसने शराब के भाव पैट्रोल बेचा, सोने के भाव दवाएँ निकाली गईं। वाहिद हुसैन हर चीज़ देखते और रेडियो का स्विच इतनी ज़ोर से ऑन कर देते कि हर शोर, हर सोच उसमें दबकर रह जाए। उन्होंने बाहर आना-जाना बिलकुल ही बन्द कर दिया था क्योंकि फ़ौजी मोटरें, ट्रक और गड़बड़ की फ़िज़ा से उन्हें दहशत होती थी। हर तरफ़ लोगों में ख़ौफ़ और दहशत थी। ऐसे में किसी को न मुशायरे की याद थी, न कल्चरल-फ़ंक्शन की।

घर में दिन-भर अयाज़ और शाहीन हू-हक़ मचाए रखते। उन दोनों लड़कों को तो जैसे एक खेल मिल गया था। कहीं फ़ायरिंग की मश्क़ (अभ्यास) हो रही थी, कहीं तलवार चलाई जाती। दोनों दिन-भर चीख़-चीख़कर गाते :

ता अबद ख़ालिक़-आलम यह रियासत रखे

और

ग़ाज़ी हैं, मुजाहिद हैं, अलमदार हमीं हैं
सालार हैं, जर्रार हैं, कर्रार हमीं हैं

दकन रेडियो से इब्राहीम जलीस एक प्रोग्राम पेश करते और उसे सुनने के लिए सारा घर वाहिद हुसैन के इर्द-गिर्द इकट्ठा हो जाता था।

फिर रात को जब हैदराबाद के पनाहगज़ी (शरणार्थी) अपने-अपने घरों को रेडियो के ज़रिये पैग़ाम भिजवाते थे तो बीबी और लँगड़ी फूपो अपने आँसू पोंछने लगतीं। अल्लाह किसी पर यह वक़्त न लाए कि आदमी अपनों से बिछड़ के इतनी दूर जा पड़े! और फिर लँगड़ी फूपो शाहीन और अयाज़ को डाँटने लगतीं कि यह लड़ाई का क्या खेल निकाला है? मगर शाहीन भी अब घर के दूसरे अफ़राद की तरह लँगड़ी फूपो की बात पर ध्यान देना छोड़ चुका था। वह पन्द्रह-सोलह बरस का बाँका-तिरछा घुँघरियाले बालोंवाला निहायत अक्लमन्द इनसान बन चुका था। अब वह हाई स्कूल का इम्तहान देनेवाला था। अचानक उसकी सारी नेकरें और शेरवानियाँ छोटी हो गई थीं। अब वह अपनी गेंद और दो पहियोंवाली छोटी साइकिल छोड़कर, शाम को क्रिकेट का बल्ला लिए बाग़ में से गुज़रता था तो झुकी-झुकी कैरियों को हिट लगाता चलता। आजकल अयाज़ से उसकी ख़ूब घुट रही थी, हालाँकि अयाज़ को इस घर में शाहीन समेत कभी किसी ने लिफ्ट नहीं दी थी। मगर अयाज़ जहाँ रहता था, वहाँ इत्तिहाद-उल-मुसलिमीन का कैम्प था, जहाँ फ़ौजी ट्रेनिंग दी जाती थी। अयाज़ रज़ाकारों में शामिल हो चुका था और क़ासिम रिज़वी की तमाम जोशीली तक़रीरें उसे ज़बानी याद थीं। वह अपने मुहल्ले के तमाम लड़कों का लीडर था जो सल्तनते-आसफ़िया के लिए ख़ून का आख़िरी क़तरा बहाने को तैयार हो चुके थे। जिस वक़्त अयाज़ फ़ौजी लिबास पहने अपने कमरे से बाहर आता था तो ग़ज़ल काँप जाती थी। कहीं वह सचमुच लड़ने को न चला जाए!

कई हफ़्ते बाद एक दिन ग़ज़ल ऐवाने ग़ज़ल गई तो सारा घर गुमसुम था, हर तरफ़ ख़ामोशी। लँगड़ी फूपो तक चुपचाप बैठीं छालिया कतरती रहीं और किसी ने उसका नोटिस नहीं लिया।

फिर वह भी फ़ौज़िया के साथ बाग़ के एक कोने में जा बैठी और नीचे गिरी हुई रात की रानी की कलियाँ सूखे पत्तों में से चुनने लगी। बचपन से वे दोनों फ़ुरसत के वक़्त यह काम बड़े इन्हिमाक (तन्मयता) से करती थीं। फिर जब पूरी कलियाँ इकट्ठी हो जातीं तो उन्हें लापरवाही से किसी कोने में डाल देतीं ताकि लच्छमा कामाटन उन्हें झाड़ू में समेट ले जाए।

"चाँद आपा तो चली भी गईं!"

"कहाँ?" ग़ज़ल के हाथ सूखी मिट्टी पर जम गए।

"शादी करने। उन्होंने डैडी को ख़त लिखा था कि वह संजीवा से शादी कर रही हैं और उसी के साथ रहेंगी।"

"अल्लाह...सच्ची!" चाँद आपा की शादी के तसव्वुर से वह ख़ुशी के मारे पागल हो रही थी!

"हिश्त...! यह कोई ख़ुश होनेवाली बात है?" फ़ौज़िया ने नाक सिकोड़कर कहा। फ़ौज़िया में अब ख़ुदनुमाई (आत्मप्रदर्शन) उसकी सुतवाँ नाक की तरह उभर रही थी। बात-बात पर उसकी भौंहें खिंच जाती थीं।

"संजीवा तो अधेड़ है, उजाड़-सूरत! डैडी अब चाँद आपा को कभी घर में नहीं आने देंगे। याद है, उस दिन डैडी ने चाँद आपा को कैसे डाँटा था?"

ग़ज़ल को वह मंज़र याद आ गया कि किस तरह संजीवा आकर बैठा तो राशिद चाँद का हाथ पकड़कर लाया और तख़्त पर पटक दिया।

"उजाड़-सूरत छोकरी! हम सब की जानों के पीछे पड़ी है इस कम्यूनिस्ट छोकरे को यहाँ लाकर! अच्छी तरह सुन ले, अगर फिर कभी वह छोकरा यहाँ आया तो तुझे भी उसके साथ निकाल दूँगा।"

गम के मारे ग़ज़ल का कलेजा फट गया था। चाँद आपा से क्या इस तरह भी बात की जाती है? चाँद आपा न हुईं कि ग़ज़ल हो गई। आज मामूँ का यह बदला हुआ रूप उसकी समझ में न आया लेकिन एक दिन शाम को दस्तरख़्वान पर राशिद मामूँ ने ख़ुद समझाया, "भई, यह भान साहब हैं या इंदर लाल वग़ैरा, इनकी दूसरी बात है। बड़े आदमी हैं, जिनसे ताल्लुक़ात बढ़ाओ, सौ काम बनते हैं, मगर यह कम्यूनिस्ट छोकरा घर आने लगा तो क्या होगा?"

उस दिन जब चाँद आपा तख़्त पर से उठी हैं तो उनकी वह सारी अकड़फूँ और तुनकमिज़ाजी न जाने कहाँ चली गई थी! वह बिलख-बिलखकर रो रही थीं। चाँद आपा की ऐसी बेबसी पर ग़ज़ल को भी रोना आ गया था। राशिद मामूँ कैसे बेरहम हैं! बेचारे संजीवा अंकल तो बड़े अच्छे आदमी थे। चाँद के दूसरे दोस्तों की तरह उन्होंने कभी चाँद को न नोचा-खसोटा था, न वह ग़ुस्सा करते थे। ग़ज़ल ने कई बार देखा था कि वह कहीं जाना चाहते और चाँद आपा उनका हाथ पकड़के बैठ जातीं। उन्होंने जाने कितनी बार मना किया था कि मेरे साथ मत आओ मगर चाँद आपा ख़ुद ही न मानतीं तो फिर संजीवा का क्या कुसूर था? और भई, संजीवा तो क़तई अधेड़ नहीं लगता था। अच्छा-खासा था। शानदार ऊँचा-पूरा मगर चाँद आपा के उरूज ही को अब घर में गहन लग

चुका था। वह हर वक़्त उदास-सी बैठी जाने क्या लिखती रहती थीं! ग़ज़ल को अब उन्होंने यों नज़रअन्दाज़ कर दिया था जैसे वह उनकी पुरानी चप्पल हो और ख़ुद घरवालों ने भी उन्हें सिर से गिरे हुए बाल की तरह झटक दिया था।

उनके नाम पर नाना हज़रत के मुँह में कोई कड़वी-कसैली-सी चीज़ आ जाती थी जिसे वह खँखारके थूक देते थे। राशिद मामूँ उनके कमरे की तरफ़ कभी नहीं देखते थे। बीबी चाँद आपा के नाम पर ठंडी साँस भरके यों सिर पर पल्लू सँभालतीं जैसे अपनी मरहूम बेटियों के ज़िक्र पर करतीं। रज़िया जान-बूझकर चाँद से बात न करती। सिर्फ़ लँगड़ी फूपो थीं जो लाठी के बल उनके कमरे में घिसटती हुई जातीं तो सारी ज़िन्दगी के दिल में दबाए हुए तंज़ और गालियाँ उलट देती थीं। लँगड़ी फुपो की इतनी बकवास के जवाब में चाँद आपा की वह तेज़ हाज़िरजवाब ज़बान ज़रा भी नहीं हिलती। वह मुँह छुपाकर बिलकुल यों सिसकियाँ लेती थीं, जैसे मरने से पहले ग़ज़ल की अम्माँ रोती थीं। ऐसे वक़्त अकसर यह होता कि ग़ज़ल भी उनके कमरे में चली जाती और उन्हें देख-देखकर ख़ुद भी रोने बैठ जाती थी। वे दोनों घंटों रोए जातीं। इसके बावजूद न तो कभी उसने चाँद आपा से पूछा कि आख़िर वह क्यों रोती हैं और न कभी चाँद आपा ने उससे पूछा कि वह क्यों साथ देती है।

और जब आज फ़ौज़िया ने सुनाया कि चाँद आपा चली गई हैं तो उसे बड़ा सुकून मिला। वह फिर अन्दर आ गई।

दालान में तख़्त पर बैठी लँगड़ी फूपो कैरियाँ छील रही थीं और पास कुरसी पर बैठे राशिद मामूँ से बक-बक कर रही थीं।

"हमने धूप में बाल थोड़ी सफ़ेद किये हैं, मियाँ! पहले ही जताते थे कि छोकरी को इतनी आज़ादी मत दो!"

और उन्होंने कैरियों को छुरी के साथ सूप में रखकर अपने हाथ दबाते हुए कहा, "दस दिन हो गए। अब तक तो सत्यानास कर दिया होगा उस छोकरे ने!"

"बस करो, फूपो!" रज़िया तन-फन करती अपने कमरे से निकलकर उनके पास आ बैठी। "जैसे बड़ी क्वाँरी सीता-सावित्री थी तुम्हारी चाँद! ऐसे तो जाने कितने वह रोज़ करेगी। जब दिल भर जाएगा तो फिर आ जाएगी अपने मामूँ के पास!"

राशिद ने कुछ न कहा, सिर्फ़ कैरियों के छिलकों से खेलता रहा।

"आप संजीवा को गिरफ़्तार क्यों नहीं करा देते?" रज़िया ने पूछा।

"नक्को दुलहिन बेगम...ऐसा नक्को बोलो!" बीबी ने काँपती हुई आवाज़ में कहा, "अब तो वह चाँद का शौहर हो गया। उसी के साथ मरना-जीना है।

देखना, वह अब कभी नहीं आएगी। आख़िर है किस नाना की नवासी!" बीबी के ज़ख़्म जैसे हरे हो गए थे। जैसे वह आज भी वाहिद हुसैन की उस मज़बूत गिरफ़्त में पड़ी कसमसा रही थीं।

"हाँ! दोनों ने सिविल मैरिज कर ली होगी।" राशिद ने लापरवाही से कहा, "मगर चाँद ने बड़ा ग़लत चुनाव किया। इतनी शाह-ख़र्च फ़ैशनेबल लड़की को तो अपने लिए कोई नवाब या जागीरदार ढूँढ़ना चाहिए था कि ऐश करती। वह लौंडा तो पहाड़ों-जंगलों में छुपता फिरता है। चाँद को क्या खिलाएगा?"

"अरे, यह बात उसके ख़ानदान में किसी ने नहीं सोची। वह क्या सोचेगी?" लँगड़ी फूपो ने बड़ी मायूसी के साथ बीबी की तरफ़ देखकर कहा।

"लेकिन सारा कुसूर तो आप ही का है!" रज़िया हेर-फेर के फिर राशिद ही के सिर इल्ज़ाम थोपने लगी तो राशिद ने बिगड़कर अख़बार उठा लिया, जैसे अख़बार में वह ख़बर ढूँढ़ ही लेंगे जिससे उनकी बेगुनाही साबित होगी, हालाँकि उन्होंने कहीं ग़लती नहीं की थी। वह चाँद के साथ उस वक़्त तक रहे जब तक चाँद उनके मक़सद पूरी करती रही, और एक राशिद ही पर क्या मुनहसिर था, यह तो उस वक़्त का आम रिवाज था। एक ख़्वाजा नवाब थे। वह अपनी हसीन-ओ-जमील ईरान में जन्मी बीबी को ख़ुद आला ओहदेदारों के कमरे में पहुँचाने जाते थे और जब बीबी कमरे से बाहर आती तो सबसे पहले उसके हाथ में से वह काग़ज़ लेकर पढ़ते जिसमें उनकी तरक़्क़ी की ख़ुशख़बरी सुनाई जाती थी। इन दोनों मियाँ-बीबी में बड़ी मुहब्बत थी। भान साहब तो उस ख़ूबसूरत शानदार जोड़े पर रश्क़ करते थे मगर राशिद की रगों में शराफ़त का ख़ून था। इसलिए उसने कभी अपनी बीबी को किसी ओहदेदार से नहीं मिलाया, अलबत्ता चाँद को उसके साथ देखकर भान साहब जैसे सरमायादार ख़ुद ही खिंचे चले आए तो उसका क्या कुसूर! एक बार चाँद को देखकर किसी शायर ने कहा था, "यह ऐवाने ग़ज़ल की माशूक़ा है।"

राशिद यों अनजान बन गया जैसे उसने सुना ही न हो। थोड़ी देर बाद जब उस शायर से किसी ने राशिद की जान-पहचान कराई तो उसने कहा, "जी हाँ! हमारे यहाँ सौ पुश्तों से शायरी होती आई है लेकिन मैं शायर नहीं हूँ। मैं तो सिर्फ़ एक बिज़नेसमैन हूँ।" और उस शायर ने फ़ौरन अपने किसी दोस्त से कहा, "यारो, लोग औरत को किस-किस तरह एक्सप्लाइट करते हैं!" लेकिन कोई क्या जाने कि चाँद ख़ुद कमज़र्फ़ थी, नदीदों जिधर देखती, देखती ही रह जाती। पसन्द भी आया तो कौन? एक फटीचर आर्टिस्ट जिसने जाने क्या उलटी-सीधी बातें सुना दी थीं।

उस दिन ग़ज़ल बहुत ख़ुश रही। चाँद भी शहज़ादी आपा की तरह दुलहिन बनी होंगी और बाजेवालों ने 'छोड़ बाबुल का घर' बजाया होगा। न जाने उनके हाथों में मेहँदी किसने लगाई होगी? शहज़ादी आपा की बहनों ने तो अपने हाथों में भी ख़ूब मेहँदी रचा ली थी और एक-दूसरी के 'चकसा' मलकर ख़ूब गाने गाए थे।

हर तरफ़ से उकताकर ग़ज़ल भी स्कूल की सरगर्मियों में खो गई। अब वह आठवीं क्लास में थी और अपनी क्लास-टीचर रेड्डी की सबसे चहेती शागिर्द कहलाती थी। मिस रेड्डी चाँद आपा की तरह हसीन तो न थीं मगर चाँद आपा की तरह बात-बात पर कहकहे लगाया करती थीं। वह हर रोज़ एक नये रंग की साड़ी पहनतीं। उसी रंग का ब्लाउज़ होता और उसी रंग के फूलों की वेणी बालों में महकती लेकिन उनके कपड़ों की ख़ुशबू हमेशा एक ही होती थी। ग़ज़ल की आँखों पर पट्टी बाँधकर कोई हज़ार औरतों में छोड़ देता तो सूँघकर मिस रेड्डी को पहचान सकती थी। मिस रेड्डी ख़ूबसूरत चीज़ों पर जान देती थीं। इसलिए उन्हें ग़ज़ल का चमकीला-सा रंग और सोयी हुई खुमार-भरी आँखें बहुत पसन्द थीं, इसलिए मिस रेड्डी पर न्योछावर होना ग़ज़ल का फ़र्ज़ था। स्कूल में मिस रेड्डी के बारे में हमेशा सरगोशियाँ होती थीं। दूसरी सूखी चमरख़ टीचर्स उनके भरे-भरे बदन से बच-बचकर चलती थीं। बड़ी उम्र की लड़कियाँ उन्हें आते देखकर यों रुक जाती थीं जैसे बारात गुज़र रही हो। वह चली जातीं तो दबे-दबे क़हक़हे बुलंद हो जाते, "गरेबान देखा, स्कूल का फाटक है।"

"सुना है, हर एक को अन्दर जाने की इजाज़त है।"

बड़ी उम्र की लड़कियाँ उनसे बहुत जलती थीं लेकिन छोटी लड़कियों में वह बहुत ही महबूब टीचर थीं। स्कूल में जब भी आला हज़रत की सालगिरह पर कल्चरल प्रोग्राम होता था तो मिस रेड्डी ही 'सारे जहाँ से अच्छा हिन्दोस्ताँ हमारा' की धुन बनातीं जिसे ग़ज़ल लीड करती थी। वह ग़ज़ल को सब लड़कियों पर तरजीह देती थीं। वह हर गीत, हर नज़्म फ़ौरन याद कर लेती थी। मिस रेड्डी उसके ज़ेहन की बहुत तारीफ़ करती थीं कि ग़ज़ल हर बात याद रखती है, चाहे पहाड़े हों या सबक़...!

चाँद आपा का ग़ुस्सा हो या अब्बा की झिड़कियाँ—उसका दिल नफ़रत की आग से इतना भर चुका था कि अब किसी मुहब्बत, किसी चाहत के लिए अन्दर जाने का रास्ता न रहा था।

लेकिन जब कई महीने की छुट्टी के बाद मिस रेड्डी स्कूल आईं तो लोगों ने उन्हें मुश्किल से पहचाना। अब उनके बालों में न फूल थे, न कपड़ों

का कोई मैच! गरेबान गले तक बन्द। एक घंटे में वह एक बार मुसकराई होंगी। टीचरों ने लड़कियों को बताया कि वह अब मिसेज़ प्रकाशम बन गई हैं। शादी का यह इबरतनाक (शिक्षाप्रद) अंजाम ग़ज़ल को बिलकुल अच्छा न लगा। उसने एक बार फिर उन्हें बातों से रिझाना चाहा और गीतों से भी मगर उन्हें बिलकुल फ़ुरसत नहीं थी कि लड़कियों की सूरत पर ग़ौर करती फिरें।

एक बरस गुज़र गया।

ग़ज़ल तनहाई के इस कठिन रास्ते पर धक्के खाती फिरी। उस अन्धे की तरह जो साँप को रस्सी समझकर पकड़ ले। वह भी मुहब्बत की तलाश में जाने कितने ख़तरों में कूद गई।

स्कूल में टीचरें उसे लिफ्ट नहीं देती थीं क्योंकि वह गाने-नाचने और कूद-फाँद के अलावा कोई अच्छी बात नहीं करती थी। इसलिए वह टीचरों की नज़र में समाने की ख़ातिर किताबों में खोई रहती थी। इस तरह यह भी याद नहीं रहता था कि साया ने उसके साथ कितनी नाइंसाफ़ी की है और अब्बा ने कितने थप्पड़ लगाए। उसे तो सबसे बड़ा ग़म इस बात का था कि भान साहब की दी हुई फ्रॉक अब उसके बदन पर न चढ़ती थी। इसलिए वह मुस्तक़िल तौर पर फ़ौज़िया के पुराने कपड़ों में ज़िन्दगी गुज़ारती थी। एक बार सिर में जूँएँ देखने पर लँगड़ी फूपो ने उसे दो पैसे दिये तो उसने भी फ़ौज़िया की नक़ल में गोलक ख़रीद ली और दूसरा पैसा उसमें डाल दिया। उसने सोचा कि फ़ौज़िया की तरह एक-आध महीने बाद गोलक तोड़ेगी तो वह पैसों से भरी होगी मगर शाहीन ने उसका ख़ूब मज़ाक़ उड़ाया।

"अरी बावली! तूने अपने दोनों पैसे गँवा दिये न!"

यह सुनकर वह ख़ूब रोई। शायद सारा दिन रोती रहती, अगर शाहीन गोलक तोड़के उसका पैसा न निकाल देता।

एक दिन शाम को ग़ज़ल स्कूल से आई तो अयाज़ रज़ाकारों का ड्रेस उतारकर उसके पास आ बैठा, "आज साया ने कुछ नहीं पकाया है!"

"फिर तुमने क्या खाया?" ग़ज़ल ने बिलकुल अम्माँ के स्टाइल से पूछा।

"कुछ नहीं!" अयाज़ ने बड़ी मिसकीन सूरत बनाकर कहा।

ग़ज़ल का जी बैठ गया। जब से अयाज़ रज़ाकारों में शामिल हुआ था, उन दोनों की लड़ाइयाँ बहुत कम हो गई थीं। ख़ासतौर पर, जब से अयाज़ रात को एक पेंटर की दुकान पर काम करके अपनी और ग़ज़ल की फ़ीस जमा करने लगा था, ग़ज़ल को यों लगता जैसे उसके सिर पर अम्नो-हिफ़ाज़त का एक छप्पर आ गया था।

वह जल्दी से उठकर बिलकुल एक गृहस्थिन के अन्दाज़ में अन्दर गई और सारे कनस्तर और डिब्बे झटक डाले मगर सचमुच कहीं अनाज का एक दाना नहीं था।

"जाने दो। अब्बा आकर लाएँगे।" अयाज़ ने बड़ी मिसकीन सूरत बनाकर कहा, मगर इत्तफ़ाक से एक लिफ़ाफ़े में थोड़ी-सी सूजी मिल गई। डिब्बे में घी तो काफ़ी था और शक्कर का डिब्बा तो बिलकुल ही भरा हुआ था। अयाज़ का भी बहुत दिनों से हलवा खाने को जी चाह रहा था। इन तीनों चीज़ों को मिलाकर ही तो अम्माँ हलवा पकाया करती थीं।

धूप ढल रही थी। अब्बा और साया—दोनों के आने का वक़्त हो रहा था इसलिए ग़ज़ल ने जल्दी-जल्दी देगची में सूजी, शक्कर और घी डाला और ख़ूब बहुत-सा पानी डालकर बड़ी नफ़ासत के साथ बड़ी औरतों के अन्दाज़ में कफगीर चलाने लगी। अयाज़ उसके पास चौकी पर बैठा अपनी छोटी-सी बहन की समझ-बूझ का क़ायल हो चुका था। ग़ज़ल बिलकुल साया के अन्दाज़ में चौकी पर बैठी थी और चूल्हे में फूँकें मार-मारके उसने अपने बालों पर राख की तहें जमा ली थीं। अयाज़ बेचारा दोनों हाथों से धुएँ के बादलों को हटा रहा था।

"धुएँ, धुएँ, भाग, तेरे बच्चे को बिच्छू ने काटा!"

मगर इस वहशतअंगेज़ ख़बर ने भी धुएँ को कहीं नहीं भगाया।

थोड़ी देर तक तो ग़ज़ल बड़ी आसानी से देगची में कफगीर हिलाती रही मगर एकदम हलवे को जाने क्या सूझी कि ऐंठकर चाँद आपा बन गया और देगची में बीसियों छोटी-छोटी गेंदें फुदकने लगीं। ग़ज़ल उठकर खड़ी हो गई और जिस्म की पूरी ताक़त लगाकर कफगीर हिलाने लगी। वह चाहती थी कि अब्बा के आने से पहले ही हलवा तैयार हो जाए ताकि आज वह पहली बार एक चीज़ पकाने की शाबासी हासिल कर ले। इस गड़बड़ में अयाज़ धुन ने अपना हाथ बीच में लाकर जला लिया और उसे बचाने की ग़ज़ल ने लकड़ी के बजाय अँगारे को छू लिया। फिर कफगीर फेंक-फाँककर रोती-चिल्लाती वह नल के पास भागी और नल की धार तले अपना हाथ रख दिया। इतनी देर में अयाज़ ने हलवा उतारके एक रकाबी में निकाला और चमचे से उसमें पड़ी हुई गेंदों से बिलियर्ड खेलने लगा। हलवे को रकाबी में देखकर ग़ज़ल की जलन कुछ कम हो गई और फिर ये अहसास कि सफ़ेद-सफ़ेद मीठी-मीठी चीज़ उसने ख़ुद पकाई है, वह फूँक-फूँककर हलवा ठंडा करने लगी ताकि साया के आने से पहले ही उसे खा-पीकर क़िस्सा पाक। अयाज़ उसके लिए भी एक चमचा ले आया। वे दोनों फूँकें मारकर हलवा ठंडा कर रहे थे कि

साया अन्दर आई। उसके साथ उसकी जिगरी दोस्त अली बी भी थी। साया ने उस वक़्त अपनी ताक़त का मुज़ाहिरा करना ज़रूरी जाना, इसलिए उसने हलवे की रकाबी उठाकर दीवार पर पटकी और दोनों के एक-एक धप रसीद की।

"अइयो! अम्मा को खा लिए दोनों पोटे मिलकर। मैं कईं नईं देखा ई सोटी पुलल्ल (ऐसे बच्चे)!"

वह चिल्ला-चिल्लाकर अली बी की हमदर्दी बटोर रही थी। लेकिन अली बी ने तो ऐसे फ़ितनों को देखने से सफ़ा इनकार कर दिया।

अयाज़ तो किताबें समेटकर बाहर चला गया और ग़ज़ल मैले कपड़ों के ढेर पर बैठी सिसकियाँ लेती रही। उँगली की आग भड़ककर अब पूरे बदन को झुलसाए दे रही थी। सामने दीवार पर सफ़ेद कोढ़ के दाग़ों की तरह फैला हुआ हलवा उसके सीने पर छुरियाँ चला रहा था। अगर वह भी अयाज़ की तरह गरम-गरम हलवे के दो-चार चमचे खा लेती तो महरूमी का अहसास शायद उसे इतना तेज़ न होता।

"अयाज़...बाबू...अयाज़ अली शाह...।" बाहर शाहीन चिल्ला रहा था। ग़ज़ल आँसू पोंछकर उठ बैठी। वह बचपन का सूखा-दुबला बुद्धू शाहीन अब बड़ा फ़ैशनेबल और चालाक लड़का बन गया था। वह बात-बात पर अब ग़ज़ल को अहमक़ साबित करके मानता। अगर ग़ज़ल को रोता देखकर हलवे की कहानी सुनानी पड़ी तो शाहीन ख़ूब मज़ाक़ उड़ाएगा! इसलिए ग़ज़ल आँसू पोंछकर उठ खड़ी हुई।

"अयाज़ कहाँ है?" शाहीन साइकिल रखकर अन्दर आया।

"कहीं बाहर गया है!" ग़ज़ल ने सिसकियाँ रोककर जवाब दिया।

शाहीन ने बड़े ग़ौर से ग़ज़ल को देखा और बजाय इसके कि वह ग़ज़ल के रोने का मज़ाक़ उड़ाता उसने आहिस्ता से कहा, "लाहौल वला...जिधर जाओ आँसू, रोना-धोना, आज चाँद आपा आई हैं। बस वह भी रोए जा रही हैं।"

"क्या चाँद आपा आ गईं?" ग़ज़ल ख़ुशी के मारे उछल पड़ी और शाहीन की ख़ुशामद करने लगी कि वह अपनी साइकिल के पीछे बिठाकर ऐवाने ग़ज़ल पहुँचा दे। पहले तो शाहीन हस्बे-आदत टालता रहा। फिर कहा, "मगर एक शर्त है, तुम अपने गन्दे हाथ मेरी सफ़ेद क़मीज़ पर नहीं लगाओगी।"

"अल्लाह! मैं तुम्हें पकड़ूँगी नहीं तो गिर जाऊँगी।"

"वह सब हम नहीं जानते!" उसने लापरवाही से कहा।

"अच्छा चलो उजाड़-सूरत! हमें भाई भी मिले हैं तो कैसी सड़ी सूरतवाले!" वह बड़बड़ाने लगी।

"अबे ओ पोटी! सड़ी सूरत बोली तो रास्ते में पटक दूँगा।" शाहीन ने धमकी दी।

"हाँ, तू पटककर तो देख! तेरी सारी सफ़ेद क़मीज़ को हाथों से मैला कर दूँगी।" वह रास्ते भर शाहीन से लड़ती रही और ऐवाने ग़ज़ल पहुँचते ही यह ऐलान कर दिया कि शाहीन उसे ज़बरदस्ती लाया है ताकि खाने के वक़्त लँगड़ी फूपो सालन की कमी और महँगाई का रोना न शुरू कर दें। चाँद आपा चुपचाप अपने कमरे में बैठी कुछ लिख-लिखकर मिटा रही थीं। पहले तो ग़ज़ल को झिझक-सी हुई कि उन्हें चाँद आपा समझे या कोई टिमटिमाता हुआ तारा! उनके चेहरे पर झलकती हुई रंगों की लहरें जाने किसने पोंछ डाली थीं। वह लहरियेदार चमकीले बालों के घुँघरू अब मरे हुए साँपों की तरह सीधे-सीधे लटक रहे थे। चमकते हुए गालों पर स्याह धब्बे उभर आए थे। ऐसा लग रहा था, जैसे किसी ने चाँद आपा को ज़र्द रंग में गोता देकर छोड़ दिया हो। वह बड़ी देर तक चाँद आपा के सामने बैठी जम्हाइयाँ लेती रही और हाथ-पाँव पटकती रही मगर वह तो जैसे अपनी झुकी हुई गरदन को उठाना ही भूल चुकी थीं। वरांडे में तख़्त पर बैठी फ़ौज़िया बड़ी बेपरवाह शान से बीबी की साड़ी काढ़ रही थी। बीबी, रज़िया और लँगड़ी फूपो अपने-अपने कमरे में चुपचाप बैठे थे। ग़ज़ल भी फ़ौज़िया के पास जा बैठी।

"चाँद आपा के दूल्हा कहाँ हैं?" उसने आहिस्ता से कहा।

"दूल्हा?" फ़ौज़िया ने बिलकुल लँगड़ी फूपो के अन्दाज़ में नाक पर उँगली रखकर कहा, "चाँद आपा की शादी कब हुई?"

"अच्छा...क्यों?" ग़ज़ल दिल ही दिल में ख़ुश हुई कि चाँद आपा की शादी में चकसा लगाने, ढोलक बजाने और दूल्हा का जूता चुराने का अरमान पूरा हो सकता है।

"दादा हज़रत अब उनकी शादी किसी मोची से करेंगे।" फ़ौज़िया की बात पर ग़ज़ल को हँसी आ गई।

'तो फिर इतने दिनों सं चाँद आपा कहाँ थीं? उनकी ख़ूबसूरती कहाँ खो गई? वह गरदन झुकाए क्यों बैठी हैं?' ग़ज़ल सोचे जा रही थी।

"चाँद आपा जाने कहाँ-कहाँ संजीवा को ढूँढ़ती फिरीं! चाँद आपा ने उससे कहा कि पार्टी का काम छोड़ दो। वह भान साहब से कहकर संजीवा को नौकरी दिलवा देंगी मगर संजीवा नहीं माना। बाद में उसने चाँद आपा को ख़त लिख दिया कि किसी बड़े आदमी से शादी करके मज़े में रहो। यह सुनकर चाँद आपा बीमार पड़ गईं। उन्हें टी. बी. हो गई है। डैडी उन्हें बम्बई

के एक हॉस्पिटल से लाए हैं। डैडी के किसी दोस्त ने आकर बताया तो बीबी ने ज़बरदस्ती डैडी को भेजा था।"

फ़ौज़िया आहिस्ता-आहिस्ता कहे जा रही थी। उसके लहजे में चाँद आपा के लिए सख़्त नफ़रत और हिक़ारत थी। फ़ौज़िया की खुसर-फुसर सुनने के लिए ग़ज़ल उस पर झुक गई थी। उसका दिल ज़ोर-ज़ोर से धड़क रहा था और न जाने क्यों ख़ूब रोने को जी चाह रहा था।

"अगर चाँद आपा की शादी हुई तो मैं हरे मख़मल का सूट बनवाऊँगी।" फ़ौज़िया ने यों दुपट्टा सीने पर फैलाकर कहा, जैसे बहुत कुछ छुपाए बैठी। ग़ज़ल भी उसकी ताईद करनेवाली थी मगर हरे मख़मल का सूट उसे सौ बार मरने के बाद भी न मिलता। इसलिए वह बड़े चाव से बोली, "और अपन लोग ख़ूब मेहँदी लगाकर गाने गाएँगे न?"

आज जाने कैसे फ़ौज़िया इस बात पर राज़ी हो गई और साड़ी के ऊपर सूई-धागा फेंक-फाँककर दोनों भागीं, बाग़ में रात की रानी की कलियाँ चुनने। मगर आज जाने क्यों वे दोनों इस काम से बोर हो गईं और छत की तरफ़ भागीं। तेरह-चौदह बरस की फ़ौज़िया जब सीढ़ियाँ चढ़ती थी तो चोबी तख़्ते उसके बोझ से हिलने लगते थे। ग़ज़ल भी उससे कुछ कम न थी। दोनों किसी अदृश्य तार की तरह खिंचती चली जा रही थीं। वे दोनों एक-दूसरे से आगे निकल जाने की धुन में छत पर पहुँचीं तो ख़याल आया कि यहाँ क्यों आईं? फ़ौज़िया मुँडेर पर बैठकर नीचे नौकरों के क्वार्टरों का मुआयना करने लगी और ग़ज़ल ने मुँडेर पर से कौओं की बीट साफ़ करने का इरादा कर डाला। "जाने कब होगी चाँद आपा की शादी?" ग़ज़ल ने फैले हुए आसमान को दूर-दूर तक देखते हुए कहा। "हिश्त...कौन उजाड़-सूरत मुझे घूर-घूरके देख रहा है!" फ़ौज़िया ने बुरा-सा मुँह बनाकर सीने पर दुपट्टा सँभाला और ग़ज़ल के पास आ बैठी, "यह लँगड़ी फूपो हैं न, बड़ी ख़राब हैं माँ।"

"क्यों, क्या किये उनूँ?" ग़ज़ल आज फ़ौज़िया की हर बात पर चौंक पड़ती थी।

"उनूँ बोलते कते, अब चाँद आपा से कोई शादी नहीं करेगा!" फ़ौज़िया ने रुकते-रुकते कहा। "ऊँह! उनके बोलने से क्या होता! अल्लाह मियाँ उनकी शादी भी कभी नक्को हो।" ग़ज़ल ने यह कोसने ख़ुद लँगड़ी फूपो से ही सीखे थे। "उस दिन डैडी से बोली थीं कि अब फ़ौज़िया की शादी जल्दी से कर दो।" यह बात कहते वक़्त फ़ौज़िया का चेहरा सुर्ख़ मख़मल बन गया। "हा-हा-हा...!" ग़ज़ल जान-बूझकर ख़ूब ज़ोर से हँसी।

"दादा हज़रत भी बड़े वो हैं।" फ़ौज़िया रुके बग़ैर कहे गई, "कहने लगे, गौहर बेगम ठीक ही कहती हैं। लड़कियाँ तो साली पानी से निकली मछलियाँ हैं। एक दिन भी उठाकर रखो तो बदबू के मारे सारा घर गन्दा हो जाए।" फ़ौज़िया की बात सुनकर अचानक ग़ज़ल को चाँद आपा का सड़ी मछली का-सा चेहरा याद आया और चुप हो गई।

फिर फ़ौज़िया ग़ज़ल के और पास सरक आई और उसके दोनों हाथ अपने ठंडे हाथों में थामकर अपने होनेवाले दूल्हे की ख़ूबियाँ और ख़ामियाँ गिनाने लगी। उस वक़्त अपने दिल की भड़ास निकालने से फ़ौज़िया के सिर का मनों बोझ ग़ज़ल के दिल पर जा पड़ा था। फ़ौज़िया ग़ज़ल से सिर्फ़ दो महीने बड़ी थी। इसके बावजूद ग़ज़ल ने इस दुनिया के बारे में कुछ न सोचा था, जहाँ फ़ौज़िया जाने कब से सैर कर रही थी। फ़ौज़िया ने तो अपने घर, शौहर की मुहब्बत और बच्चों की तादाद के बारे में भी फ़ैसला कर लिया था। क्या मेरी भी शादी होगी? ग़ज़ल ने पहले कभी यह बात नहीं सोची थी। अब्बा भी यह बात तो अच्छी तरह जानते ही होंगे कि ज़्यादा सेंतकर रखने से लड़कियाँ मछलियों की तरह सड़ जाती हैं।

वे दोनों नीचे उतर आईं, तो ग़ज़ल की आँखों में नये-नये रंग भरने लगे। चाँद आपा की उदास सूरत वह भूल चुकी थी। आँगन में अनाज साफ़ करती हुई कामाटीन, खाती हुईं लँगड़ी फूपो, सारी दुनिया से बेख़बर चुपचाप तख़्त पर बैठी हुईं बीबी...हर चीज़ घूम रही थी। अपने केन्द्र से सरक चुकी थी, जैसे दरो-दीवार ने शराब पी ली हो।

"गज्जो, यहाँ आना...!" चाँद आपा उसे निहायत ही कमज़ोर आवाज़ में बुला रही थीं।

"हिश्त! उसके पास मत जाना। टी. बी. है।" लँगड़ी फूपो ने आहिस्ता से कहा मगर ग़ज़ल कुतिया की तरह दाँत निकोसे दौड़ती हुई उनके पास गई, इस एहतियात के साथ कि चाँद आपा के उदास चेहरे पर उसकी जिज्ञासा से कोई ख़राश न पड़ जाए।

"तुम कभी क्लब जाती हो?"

"ऊँ हूँ!" ग़ज़ल ने सिर के इशारे से मना किया। "बस आप ही के साथ एक-दो बार गई थी।"

"ख़ैर, आज चली जाओ मगर अकेली जाना। यह ख़त भान साहब को दे आओ। कहना, आज ही बाबा को भिजवा दें।" उन्होंने इधर-उधर देखकर ख़त ग़ज़ल की मुट्ठी में थमा दिया। फिर एक रुपए का नोट भी उसकी हथेली पर

रख दिया। चाँद आपा का हुक्म मानना ग़ज़ल की आदत में दाख़िल था मगर अकेली क्लब जाना कोई मामूली बात थोड़ी थी और फिर इस राज़ में शाहीन या अयाज़ को शरीक नहीं किया जा सकता था। अगर यह बात रज़िया मुमानी तक पहुँच गई तो वह चाँद आपा को और रुलाएँगी। ग़ज़ल समझ चुकी थी कि अब इस घर में किसी को चाँद आपा से मुहब्बत नहीं रही थी।

आख़िर बड़ी हिम्मत के बाद घर जाने के बहाने ग़ज़ल ने ताँगा मँगवाया और क्लब पहुँचकर सिर्फ़ पाँच मिनट के लिए रुकवाया। जाने कितने चपरासियों और क्लर्कों के दरम्यान से गुज़रने के बाद वह अन्दर पहुँची तो भान साहब उसे देखकर खड़े हो गए। बार-बार अपने गंजे सिर पर बाल तलाश करते हुए मुसकराते जा रहे थे।

"आप तो अब बड़ी हो गईं, बीबी! सचमुच ग़ज़ल बन गईं, एँ?" वह हँस रहे थे तो ग़ज़ल को भी हँसी आ गई, हालाँकि भान साहब की नज़रों से वह घबराई जा रही थी।

फिर उन्होंने आइसक्रीम मँगवाई, सैंडविच मँगवाए, बिस्कुट-दूध-पेस्टरी आई और पाँच मिनट की बजाय एक घंटा हो गया। चाँद आपा का वह ज़रूरी ख़त उन्होंने बग़ैर खोले मेज़ पर डाल दिया और ग़ज़ल को एक मुश्किल शे'र की तरह मुसकरा-मुसकराकर पढ़ते रहे। बड़ी देर की कोशिश के बाद जाते वक़्त उसने जवाब माँगा तो भान साहब ने पाइप सुलगाकर कहा, "चाँदनी से कहना कि संजीवा जेल में होता तो उसका ख़त पहुँचवाने की कोशिश करता, वह तो अंडरग्राउंड है।"

वह घर आई तो अब्बा और साया कमरा बन्द करके सो चुके थे। अयाज़ लालटेन सामने रखे ऊँघ रहा था। ग़ज़ल ने आते ही वुज़ू करके चार रकअत की नमाज़ पढ़ी कि उसका राज़ ज़ाहिर न हो और फिर धड़कते दिल को लिए पलंग पर जा लेटी। भान मामा का गंजा चमकदार सिर बार-बार उसके सामने जगमगा रहा था और आइसक्रीम की डकारें अभी तक आ रही थीं। आज वह याद कर रही थी कि अब्बा ने चाँद आपा की कौन-सी कल छू ली थी जो उस दिन से चाँद आपा उसे भी भूल बैठीं, वरना आज वह भी चाँद आपा की तरह सैकड़ों ड्रामों में काम कर चुकी होती।

दूसरे दिन वह कीचड़ में सनी हुई गुड़िया की चोटी बाँध रही थी कि दरवाज़े पर कार रुकने की आवाज़ आई।

"आज बीबी क्यों आई हैं?" वह बाहर जाते-जाते रुक गई और फिर झिरी में से अम्माँ की तरह बाहर झाँकने लगी।

भान साहब अब्बा से कह रहे थे कि "भारत कलामंडलवाले एक बार फिर ग़ज़ल को अपने ड्रामों में लेना चाहते हैं।" वह अब्बा को यक़ीन दिला रहे थे कि ग़ज़ल उनकी निगरानी में रहेगी।

एकदम वह जैसे सलाख़ों को तोड़के भागी। जी चाहा, भान मामा से लिपट जाए मगर अब्बा की मौजूदगी में वहीं ठिठककर रुक गई।

अन्धा क्या चाहे, दो आँखें। अब्बा भी अपनी ख़ुशी को दबाए मुसकराए जा रहे थे और साथ-ही-साथ यह एतिराज़ भी पेश करते थे कि "महज़ आपके हुक्म पर राज़ी हो रहा हूँ, वरना हम मुर्शिदज़ादों में लड़कियों को सख़्त परदे में रखा जाता है।"

भान साहब ने अपने कपड़ों में जाने कौन-सा इत्र लगाया था कि सारा कमरा गुलज़ार बन गया। भान साहब बैठे हुए थे तो कमरे की स्याह छत ग़ज़ल को उनकी शफ़्फ़ाफ़ चँदिया में नज़र आ रही थी।

चाँद आपा भान साहब के गंजे सिर का बहुत मज़ाक़ उड़ाया करती थीं। चाँद आपा बड़ी बेरहम थीं। 'रियाज़' तमन्नाई जब उनके हुस्न की तारीफ़ में नज़्म लिखकर सुनाता था तो उसका इतना मज़ाक़ उड़ातीं कि वह बेचारा रोने लगता था। जो आँख उन्हें देखती, वह उसे कुचलकर हँसे जाती थीं, और फिर क्लब के वे दिन भी ग़ज़ल को याद थे जब संजीवा अपने स्याह चेहरे पर स्याह बाल बिखेरे, लापरवाही से किसी कोने में बैठा सिगरेट-पर-सिगरेट सुलगाए जाता था और चाँद आपा तितली की तरह उसके आसपास मँडलाए जाती थीं। एक बार पीछे से आकर उन्होंने संजीवा के कन्धे पर ठोड़ी टिका दी थी तो उसने हाथ से हटाकर कहा था, "चाँद पहले सोच लो! तुम ऐसे कब तक मेरे साथ चलोगी?"

और चाँद ने ग़ज़ल की मौजूदगी को नज़रअन्दाज़ करके संजीवा के बालों को प्यार करते हुए कहा था, "तुम सामने हो तो मैं कुछ नहीं सोचती। जो होना है, हो जाए।"

जाने चाँद आपा को वह उजाड़-सूरत, काला-भुजंग क्यों पसन्द आ गया था जिसने उनकी ज़रा भी परवाह नहीं की। एक भान मामा हैं कि अभी तक कितने हैंडसम हैं—कितने ग्रेसफुल!

उनकी बड़ाई से तो ग़ज़ल और हुमायूँ बाद में वाक़िफ़ हुए जब उन्होंने ग़ज़ल को अपने क्लब का मेम्बर बनाकर चाँद को अँगारों पर लोटने का सामान कर दिया। इसके अलावा भान साहब ने मकान का किराया अदा न करने की कुर्की रुकवा दी। हुमायूँ को ऑफ़िस में तरक़्क़ी दिलवाने का वायदा

किया और फिर इस बात का भी इक़रार किया कि वह अलफ़लैला में हुमायूँ का हिस्सा उसके सौतेले भाइयों से दिलवा देंगे।

ग़ज़ल के तो ठाठ हो गए। वह हर जगह भान मामा के साथ कार में घूमने लगी। क्लब के सारे मेम्बर ग़ज़ल की तरफ़ देखने लगे।

बिलगरामी तक उसे देखकर मुसकराने लगा, हालाँकि बिलगरामी का ईरानी हुस्न उसे ख़वातीन में बेहद मक़बूल बनाए रखता था और हर ख़ातून का ख़याल था कि बिलगरामी पर जैसे ही किसी फ़िल्म डायरेक्टर की नज़र पड़ेगी, वह बम्बई उड़ जाएगा। इसलिए सबकी कोशिश होती कि कल के इस अशोक कुमार के साथ अपने सम्बन्धों को, जहाँ तक हो सके, आगे बढ़ाएँ। वैसे भी बिलगरामी के सुनहरे बाल, गोरे रंग और ख़ूबसूरत बदन को देखकर औरतें बेक़रार हो जाती थीं मगर ग़ज़ल कभी उसकी तरफ़ न देखती क्योंकि भान मामा ने एक बार उसे बताया था कि बिलगरामी के साए से भी बचकर रहना, वह बड़ा बदमाश है, और वह बिलगरामी के साए से भी बचने लगी। यों भी भान मामा का हुक्म मानना उस पर फ़र्ज़ था क्योंकि वह न सिर्फ़ उसके अब्बा पर अहसान किये जा रहे थे बल्कि उन्होंने ग़ज़ल को भी तोहफ़े देना शुरू कर दिये थे। शट्र्स के पीस, दुपट्टे, सोने का लॉकेट और नई-नई क़िस्म की चप्पलें!

फिर एक बार भान मामा ने उसे साड़ी पहनने का मशवरा दिया और फिर ख़ुद ही उसके लिए इकट्ठी पाँच साड़ियाँ ले आए। ऐसी क़ीमती और ख़ूबसूरत साड़ियाँ कि चाँद आपा की अलमारी में भी न होंगी। उसके साथ लिपस्टिक, पाउडर और जाने क्या-क्या मेकअप का सामान था। ग़ज़ल की समझ में नहीं आता था कि इन चीज़ों को कहाँ और कैसे इस्तेमाल करे!

जब कभी शाम के वक़्त भान मामा उसे पिक्चर ले जाने के लिए आते थे तो अब्बा डरते-डरते मना करते थे और फिर ख़ुद ही ग़ज़ल को जल्दी से तैयार करवा देते थे। एक दिन भान मामा उसे अपने घर ले गए।

उनका बँगला था कि किसी बादशाह का महल! ग़ज़ल ने ज़िन्दगी में कभी इतना ख़ूबसूरत मकान न देखा था मगर उस घर में नौकरों के सिवा और कोई न रहता था। एक बार चाँद आपा ने बताया था कि भान साहब की अपनी बीबी से नहीं बनती। इसलिए वह दो-तीन मकान बेचकर एक छोटे-से घर में अपने बच्चों के साथ अलग रहती थीं और चाँद आपा के कॉलेज में पढ़ाती थीं। एक लड़की थी जो चाँद आपा के साथ ही मेडिकल कॉलेज में पढ़ती थी और एक लड़का था जो अब शाहीन का बड़ा दोस्त बन गया था। रोज़ शाम

को वह ऐवाने ग़ज़ल आता था, शाहीन के साथ क्रिकेट खेलने। ग़ज़ल ने चाँद आपा से उनके बहुत-से क़िस्से सुने थे कि इतने अच्छे भान साहब से उनके बीबी-बच्चों को सख़्त नफ़रत थी। शाहीन ने एक बार कहा कि भान साहब चाँद आपा के साथ कहीं जा रहे थे तो उनकी बीबी ने ग़ुस्से से कहा, "बूढ़े बन्दर को कच्ची कैरियाँ खाने का बड़ा शौक़ है।"

ग़ज़ल का जी चाहता कि कभी भान मामा की बीबी से जाकर ख़ूब लड़े कि उन्होंने इतने अच्छे आदमी को क्यों छोड़ दिया है? ऐसा सख़ी इनसान, इतना अच्छा बँगला और क्या चाहिए उन्हें? बल्कि एक दिन तो उसने वहाँ जाने का पक्का इरादा कर लिया लेकिन भान मामा ने रोक दिया कि "नहीं, मेरी तरफ़दारी करते देखकर वह और जलेगी।"

अब ग़ज़ल का ज़्यादा वक़्त भान मामा के यहाँ गुज़रता था। शाम की चाय वहीं पीती। ऑफ़िस से हुमायूँ भी वहीं चला जाता था और बैठा भान साहब की चापलूसी करता। हुमायूँ के बाप के आगे लोग सजदा करते थे, उसके हाथों को आँखों से मलते और उनकी आँखें रौशन हो जाती थीं। हुमायूँ जानता था कि किसी चुड़ैल ने उस जादू को तोड़ दिया है और वह अलफ़लैला के ऐश-आराम से उठाकर उसे भूतों के डेरे में छोड़ गई है। अब यहाँ भी ख़ुदा की हुक्मरानी (राज्य) थी जिसके आगे सजदा करना था। उसके हाथों की करामात से हर मुराद पूरी हो सकती थी।

ग़ज़ल अब बड़ी सुघड़ हो गई थी। वह भान मामा के लिए चाय बनाती। उनके निहायत छिछोरे और बुड्ढे दोस्तों की ख़ातिर-तवाज़ो करती। एक बार उनके किसी दोस्त ने ग़ज़ल को देखकर भान साहब से कहा, "तो क्या नई कार आ गई आपके यहाँ?"

"अभी नहीं।" उन्होंने इत्मीनान से सिगरेट सुलगाकर कहा, "इस मामले में जल्दी नहीं करना है।"

"कौन-सी कार मामा?" ग़ज़ल ने बड़ी उत्सुकता से पूछा।

"और वह पहलेवाली?" उनके दोस्त ने ग़ज़ल की मौजूदगी को नज़रअन्दाज़ कर कहा।

"अरे, वह तो अब बहुत पुरानी हो गई है।"

"सुना है, बीमार है...?"

"हाँ, एक कम्यूनिस्ट छोकरे के इश्क़ में।"

भान मामा ने किसी काम से ग़ज़ल को अन्दर भेज दिया तो वह पलंग के कोने पर जा बैठी। यह सब चाँद आपा की बातें हो रही थीं...वह क्या इतनी

नासमझ है...यह भान साहब कैसे बेदर्द हैं! सामने तो चाँद आपा की कितनी तारीफ़ें करते थे और आज उन्हें पुरानी मोटर बना दिया! जाने अब कौन-सी नई मोटर ख़रीदने वाले हैं?

एक ग़ैर-महसूस-सा ख़ौफ़ उसे चारों तरफ़ से घेरने लगा। बीबी ठीक यही तो कहती हैं, यह ग़ैर लोग हमारे कौन हैं? मैं क्यों यहाँ आई हूँ? लोग समझते होंगे, ग़रीब लड़की है। यहाँ ख़ूब अच्छी-अच्छी चीज़ें खाने को मिलती हैं। इसलिए नदीदेपन में आ जाती है...अब बेचारे भान मामा इतनी मुहब्बत से बुलाते हैं तो इनकार कैसे किया जाए? उन्होंने अब्बा के इतने बिगड़े काम बना दिये। जाने कितने सौ रुपए तो उन्होंने अब्बा को अभी तक क़र्ज़ दिये थे। जभी तो वह ज़रूरत से ज़्यादा उन पर मेहरबान हुई जाती थी। भान मामा का हर हुक्म सिर-आँखों पर लेना पड़ता। उनकी निहायत बेतुकी बातों पर वह ज़बरदस्ती हँसती। जिस वक़्त वह लड़खड़ाते हुए जाने क्या औल-फ़ौल बकना शुरू करते थे तब भी ग़ज़ल उनके साथ हँसी-मज़ाक़ किये जाती, हालाँकि उसका जी चाहता था कि किसी तरह यहाँ से भाग जाए। मगर वह बार-बार ग़ज़ल को सताते, खाते-खाते उसकी प्लेट छीन लेते, पीछे से अचानक आँखें बन्द कर देते और फिर एक बार उन्होंने खेल में ग़ज़ल को दोनों हाथों में उठाया तो वह बहुत घबरा गई। उसने जाने कैसे मामा को ढकेल दिया, और एक अनजाने ख़ौफ़ से वह कमरे से बाहर जो भागी, तो गेट से बाहर थी।

जाने क्यों उस दिन भान मामा से बहुत डर लग रहा था, जैसे वह इतने अच्छे खुलूसवाले इनसान नहीं, कोई और आदमी बन गए हों। एक अजनबी... ख़ौफ़नाक सूरतवाले। और फिर कई दिन तक वह भान साहब के घर नहीं गई तो एक दिन उन्होंने आकर ख़ूब शिकायत की, "ग़ज़ल हमसे ख़फ़ा है। इसलिए अब हम भी खाना नहीं खाएँगे।"

"नहीं मामा, मैं क्यों ख़फ़ा होती आपसे!" दिल ही दिल में वह बेहद शर्मिंदा थी। कैसे अच्छे मामा तो हैं, उसका इतना ख़याल करनेवाले! ग़ज़ल उजाड़-सूरत! तुझे कभी किसी ने इतनी अहमियत नहीं दी थी! कोई तेरे ख़फ़ा होने से खाना छोड़ सकता है, और तू है कि इतराई जा रही है! देख ले चाँद आपा का हश्र! इतना ग़ुरूर नक्को कर, मनहूस सूरत पोटी!

वह बड़ी देर तक अपने-आपको ख़ुद ही गालियाँ देती रही। उसने कई बार दिल के ख़्वाहमख़्वाह के अन्देशे ज़ाहिर करने पर अपने-आपको ख़याल-ही-ख़याल में कई लातें मारीं कस-कसकर...और बस फिर वह हलकी-फुलकी हो गई जैसे अब्बा के जूते खाने के बाद हो जाया करती थी।

उसने तसव्वुर में अपने-आपको बहुत बड़ा देखा। चाँद आपा की तरह ऊँची-पूरी, सजी-बनी, अहम शख़्सीयत की मालिक...लोग उसके वजूद को अहमियत देते हैं...उसकी कमी को महसूस करते हैं...यह कैसी अज़ीम घटना थी...दुनिया का सबसे नाक़ाबिले-यक़ीन हादसा...और उन भान मामा का वह क्या करे? कैसे उनकी क़द्र करे? ऐसे इनसान की जो ग़ज़ल जैसी हक़ीर और ग़ैर-अहम हस्ती को इतनी अहमियत दे रहे थे।

अब उसे भी चाँद आपा की तरह सोसाइटी में बैठने के तौर-तरीक़े आ गए थे। फूँकें मार-मारकर चाय पीना अब उसने छोड़ दिया था। सामने चाहे कितनी ही मज़ेदार चीजें रखी हों मगर जब तक एक चीज़ ख़त्म न हो जाए दूसरी हरगिज न उठाए। जैसे ही सब खाना ख़त्म करके उठते थे, वह भी गूदे की हड्डी तोड़ने की कोशिश छोड़कर उठ जाती थी।

अब कई ड्रामों में उसे साड़ी बाँधनी पड़ी मगर साड़ी पहनना बड़ा जान-जोखों का काम था। कितने ही चक्करों में लपेटो, मगर फिर भी ढेरों कपड़ा बचा रह जाता था। यहाँ भी भान साहब काम आए क्योंकि वह सिर्फ़ एक बिज़नेसमैन ही नहीं थे बल्कि भारत कलामंडल के प्रेज़िडेंट भी थे। इसके अलावा ड्रामे लिखने के फ़न से लेकर मेकअप की कला से भी पूरी तरह वाक़िफ़ थे। ग़ज़ल को नई तरह से बदन के साथ लिपटी हुई साड़ी पहनना भी उन्होंने ही सिखाया। मरने से पहले अकसर अम्माँ कहा करती थीं, "अल्लाह जाने कहाँ है? मेरी क्यों नहीं सुनता?"

और अम्मा के बाद हर मुसीबत के वक़्त, हमेशा पिटते वक़्त वह भी आसमान की विशालताओं में अल्लाह मियाँ को ढूँढ़ती मगर कभी अल्लाह मियाँ उसे नज़र नहीं आए। जाने वह कितनी दूर हैं! कभी किसी की फ़रियाद नहीं सुनते मगर अब अल्लाह ने उसकी सुन ली थी। वह जो हर नमाज़ के बाद सचमुच सजदे में गिरकर जा-नमाज़ भिगो देती थी। जाने अल्लाह मियाँ से क्या माँगती? सिर्फ़ उसके होंठ लरजते रहते। हाथ फैले हुए और उसका चेहरा आँसुओं में डूब जाता। क्या अल्लाह मियाँ से भी कुछ कहने की ज़रूरत पड़ती है कि बाक़ायदा अपनी ख़्वाहिशों की लिस्ट उन्हें सुनाई जाए? फिर भी अकसर ग़ज़ल ने सोचा कि वह क्या चाहती है, तो वह ख़ुद भी अपनी किसी ख़्वाहिश को समझ न सकी। मगर एक बार जब अब्बा की बातों से दुखता हुआ बदन लिए वह अपने पलंग पर करवटें बदल रही थी तो उसे इस बात पर रोना आया था कि अपना दुख वह कैसे सुनाए? इस दुनिया में उसका कौन था? और फिर जाने किस डर से वह अचानक उठकर बैठ गई! अँधेरे

में उसने चारों तरफ़ देखा। अब्बा और साया दूसरे कमरे में थे। उसके पास दूसरे पलंग पर अयाज़ किसी गहरी नींद में मस्त पड़ा था, उसकी तरफ़ से करवट लिए हुए। सभी उसकी तरफ़ से मुँह फेरे हुए हैं। इस अँधेरे के जंगल में...ख़ामोशी के बेपनाह और अथाह समन्दर में मैं अकेली हूँ...उसके दिल पर जैसे कोई भारी पत्थर गिर पड़ा। यों लगा, जैसे उसे अकेला पाकर सामने से भूतों के काफ़िले आ रहे हैं। ख़ौफ़नाक दरिंदे उसकी ताक में खड़े हैं और फिर एक काला-भुजंग शैतान उसकी तरफ़ बढ़ा सुर्ख़-सुर्ख़ ज़बान निकाले! उसकी आँखों में शोले दहक रहे थे और नाख़ून ख़जरों की तरह मुड़े हुए थे। "नहीं, नहीं...अब्बा...अयाज़ भाई, मुझे बचाओ...बचाओ...!" वह चीख़ मारकर बेहोश हो गई। सब उठ गए। उस दिन एक नई मुसीबत ने आ घेरा... दूसरे-तीसरे दिन उसे चिल्लाने और डरने का दौरा पड़ने लगा। जैसे ही वह अकेली होती, ख़ौफ़नाक आँखोंवाले शैतान उसे चारों तरफ़ से घेर लेते।

"जुमेरात के दिन दोनों वक़्त मिलते हैं, नहाकर छत पर टहली होगी। कोई साया है।" बीबी ने बेहद विश्वास से कहा।

"मैं शाह साहब के पास ले जाऊँगी। एक तावीज़ में ठीक हो जाएगी।" लँगड़ी फूपो ने तसल्ली दी।

उसने जाने कितने फ़लीते घोलकर पी डाले लेकिन भूतों की तादाद बढ़ती ही गई।

इसीलिए वह भान मामा के यहाँ ज़्यादा वक़्त गुज़ारती लेकिन यह बात ऐवाने ग़ज़ल में किसी को पसन्द नहीं थी।

एक दिन फ़ौज़िया ने अपनी लम्बी नाक सिकोड़कर कहा, "छी! तुमने अपने लिए क्या सड़ी-सूरत बुड्ढा दूल्हा ढूँढ़ा है, ग़ज़ल!...उने तो डैडी से भी बड़ा है कते।"

फ़ौज़िया की इस ग़लतफ़हमी पर वह बहुत हँसी, ख़फ़ा भी हुई। भान साहब तो उसके मामा थे। अब अगर अपने मामा से हँसी-मजाक कर दिया, उनके घर चले गए तो क्या यह कोई बुरी बात हुई है? इन लोगों को क्या मालूम कि भान मामा उसके कौन थे। वह उसके मुश्किलकुशा थे, जिन्होंने उसके सिर पर अपनी मेहरबानियों और अहसानों का इतना बोझ रख दिया है।

मगर घर आने के बाद फ़ौज़िया की बात याद करके वह बहुत रोई। अल्लाह मियाँ! लोग कितने जलकुकड़े होते हैं! उसकी कोई ख़ुशी बर्दाशत नहीं कर सकते! उन दिनों नमाज़ के बाद उसने भान मामा की बीबी के वापस आने की दुआ माँगी ताकि सब लोग ऐसी गन्दी बातें करना छोड़ दें मगर घर

में भी जी लगता न था, हालाँकि अयाज़ के सिवा सभी उस पर मेहरबान हो गए थे। अब्बा तो जैसे ज़िन्दगी-भर अपनी औलाद की उपेक्षा का प्रायश्चित्त कर रहे थे। साया भी अब बग़ैर माँगे खाना देने लगी थी मगर अयाज़ को फ़ौज़िया और बीबी ने जाने क्या पट्टी पढ़ाई थी कि उसे ग़ज़ल का बाहर घूमना और भान के हाँ जाना क़तई पसन्द नहीं था। कई बार उसे रोका, मारा, तू-तू मैं-मैं हुई और फिर यह धमकी दी कि अगर फिर कभी भान मामा के साथ कहीं गई तो अयाज़ घर छोड़कर चला जाएगा। शहज़ाद इसी तरह घर छोड़कर जो गया तो फिर नहीं आया! इसलिए अयाज़ की इस धमकी पर वह सहम गई थी मगर वह जानती थी कि अयाज़ को फ़ौज़िया ने भड़काया है क्योंकि वह ग़ज़ल से बहुत जलती थी। सभी को उस पर ग़ुस्सा आता था। ख़ासतौर पर भान के यहाँ ग़ज़ल का जाना बिलकुल अच्छा नहीं लगता था। कई बार अपनी कमज़ोर आवाज़ में चाँद ने उसे डाँटा कि भान से मत मिलो। वह अच्छा आदमी नहीं है।

"अरे जाओ, चाँद आपा...!" उसने दिल ही दिल में कहा, "भान से अच्छा कौन आदमी है, हमें बताओ न! तुम तो ख़ुद ही झगड़ालू थीं। हर एक से लड़-झगड़कर आ गईं...अब मैं क्या करूँ? कहाँ जाऊँ? अगर भान मामा न होते तो अब तक अब्बा उसका क़ीमा बनाकर चील-कौओं को खिला देते!"

फिर एक दिन चाँद ने हुमायूँ को ख़त लिखा कि वह ग़ज़ल को भान के यहाँ न जाने दे। उसने भान के चाल-चलन के निहायत घिनौने पहलू दिखाए थे। वह ख़त हुमायूँ ने भान को दिखा दिया।

फिर एक बार हुमायूँ से लँगड़ी फूपो का झगड़ा हुआ। बाद में वाहिद हुसैन और राशिद भी एक बार समझाने आए।

हुमायूँ कहता था कि वह लोग चाहते हैं, ग़ज़ल हमेशा फ़ौज़िया की उतरन पहने! फ़क़ीर की तरह उनकी जूठन खाने को वहाँ पड़ी रहे। ये बातें ग़ज़ल को भी सच लगती थीं। हुमायूँ कहता था कि सारे ससुरालिए उसके दुश्मन हैं। बतूल की ज़िन्दगी में जब हुमायूँ अलफ़लैला से निकाला गया तो कभी नाना को बच्चों के मुस्तक़बिल की फ़िक्र न हुई। अब जब ग़ज़ल इतनी मेहनत के बाद आला सोसाइटी में पहुँच गई है तो सबके सीनों पर साँप लोट रहे हैं।

ग़ज़ल एक दिन भारत कलामंडल के ऑफ़िस में बैठी भान साहब का इन्तज़ार कर रही थी कि बिलगरामी आ गए। बिलगरामी भान साहब के दोस्त थे और भारत कलामंडल के हर ड्रामे में चाँद के साथ हीरो बनते थे। बहुत ही

ख़ूबसूरत, सेहतमन्द और ख़ुशमिज़ाज! जब ग़ज़ल छोटी-सी थी और चाँद आपा के साथ यहाँ आती तब भी वह बिलगरामी को देखे जाती, यों जैसे एक ख़ूबसूरत गुड्डे को देखती थी। सुना है, बिलगरामी की अदाकारी की धूम बम्बई तक मची हुई थी। जिस वक़्त वह स्टेज पर चाँद आपा के साथ आते तो यों लगता जैसे परी चेहरा नसीम और प्रेम अदीब की जोड़ी आ गई हो। इसलिए जिस दिन से चाँद भारत कलामंडल से निकली, बिलगरामी को किसी लड़की के साथ काम करना अच्छा नहीं लगता था। वैसे वह हर लड़की के साथ ख़ुशमिज़ाजी से मिलते थे। ख़ासतौर पर ग़ज़ल को तो छोटी बच्चियों की तरह गोद में उठा लेते थे।

एकाध बार उन्होंने भान साहब से कहा भी कि अब ग़ज़ल को ऊँची ऐड़ी का सैंडल पहनाकर उनके साथ हीरोइन बना दो लेकिन भान साहब ने यह बात नहीं मानी। हालाँकि भान साहब ने भी सुना था कि औरतों की तरह मर्द भी बिलगरामी पर मरते थे, और बिलगरामी के आशिक़ों में औरतों के अलावा बहुत से हुस्नपरस्त मर्द भी शामिल थे। फिर सुना है, चाँद ही के सिलसिले में एक बार बिलगरामी से भान साहब की कुछ खटपट हो गई। ग़ज़ल को यह बात ज़रा अच्छी नहीं लगती थी। यों तो कलामंडल में आए दिन जूतमपैज़ार हुआ करती थी। कल अतिया की वजह से वायलिन बजानेवाले रवि और मेकअपमैन सआदत में लड़ाई हो गई। फिर किसी ने बिलगरामी और भान साहब के रिश्ते पर हँसी-मज़ाक़ किया, और बिलगरामी मुँह सुजाए बैठा है। किसी दिन बिलगरामी ने चाँद के बारे में भान साहब से कुछ कह दिया और भान साहब एक-एक से निबटते फिर रहे थे। यों भी बिलगरामी तो सबकी आँखों में काँटा बनकर खटकता था। सभी उसकी ख़ूबसूरती और मक़बूलियत से जलते थे। वह अपने माँ-बाप का इकलौता लड़का था। बाप रॉयल फ़ैमिली से सम्बन्ध रखते थे। माँ ईरानी नस्ल की थी और किसी कॉलेज में फ़ारसी पढ़ाती थी। बिलगरामी में ईरान की ख़ूबसूरती थी और शाही ख़ून का ग़ुरूर और शानो-शौकत भी। माँ की ज़हानत और बाप की ऐशपसन्दी भी उसके ख़ून में शामिल थी। जागीरदार कॉलेज से बी. ए. में तीन बार फ़ेल होने के बाद उसने पढ़ना छोड़ दिया और गाने और एक्टिंग की तरफ़ निकल गया। हैदराबाद की संगीत की हर महफ़िल में वह ज़रूर शामिल होता। फिर जब उस्मानिया के तालिबे-इल्मों ने ड्रामे स्टेज करना शुरू किये तो इन ड्रामों का हीरो बिलगरामी ही होता था। उसकी सब्ज़ आँखों, सुनहरे बालों और चमकदार ईरानी रंगत की तरह उसकी आवाज़ में भी बड़ा जादू था जो क्वाँरी, ब्याही

सभी को उसके क़दमों में ला डालता था। अकसर जब वह ग़ज़ल के साथ कोई डुएट गाता था तो उसकी ताल-सुर से गरजदार आवाज़ में ग़ज़ल की बेसुरी बारीक़ आवाज़ भटकने लगती थी मगर फिर भी वह ग़ज़ल की बहुत तारीफ़ करता था। तो ख़ैर, आज भी बिलगरामी आए तो उन्होंने तनहा बैठी हुई ग़ज़ल की उदासी पढ़ ली।

"आजकल आप मुझे अकसर उदास-सी नज़र आती हैं?" बिलगरामी पहला आदमी था जो उसे 'तुम' की बजाय 'आप' से मुख़ातिब करता था और इस तरह ग़ज़ल को फ़ौरन अपने बड़ेपन का अहसास होता।

"नहीं तो!" मुद्दत से दबी हुई आह उसके गले से निकली और वह चौंक पड़ी। क्या उसकी उदासी इतनी अहमियत रखती है? लोग तो उसे रुलाकर, मारकर भूल जाते हैं। बिलगरामी ने उसे इतने ग़ौर से क्यों देखा? वह जैसे किसी गरमी से मोम की तरह पिघलने लगी।

"आप शायद अपने भविष्य के लिए फ़िक्रमन्द हैं? आप जैसी ख़ूबसूरत आर्टिस्ट का भविष्य वाक़ई शानदार होना चाहिए!"

वह ग़ज़ल के क़रीब आ बैठा। अब वह कैसे कहती कि अल्लाह के लिए इतनी इनायत मत करो! इतने मीठे लहजे में बात मत करो कि मिठास का ज़हर मेरी रग-रग को काट दे!

"होना ही चाहिए...।" वह ग़ज़ल को देखे जा रहा था।

"यह सब भान साहब की हिमाक़त है। आप जैसी आर्टिस्ट अगर मेरे साथ होती तो जाने कहाँ से कहाँ पहुँच जाती।" भान साहब को बुरा कहना उसे अच्छा न लगा मगर आज जाने मुँह को क्या हो गया था कि कोई बात न निकल सकी।

"सच पूछिए तो भान साहब को अपनी इश्क़बाज़ियों से फ़ुरसत ही नहीं है। इसलिए कलामंडल में कोई ढंग का काम नहीं हो रहा है।"

"अब मार्च में शौकत थानवी का ड्रामा...।" अब बड़ी मुश्किल से उसकी ज़बान हिली।

"नहीं जी, ये लोग अब कोई काम नहीं करेंगे सिवाए इश्क़बाज़ी के।" बिलगरामी ने ग़ज़ल की बात काटकर सिगरेट सुलगाया। ग़ज़ल सिर झुकाए अपने पर्स के सितारे नोच रही थी।

"बेचारी चाँद को भान साहब ने बरबाद करके छोड़ा। और अब आपकी बारी...।" फिर वह झट वह बात छोड़कर दूसरी बात ले बैठा, "हैदराबाद आर्ट सोसाइटीवाले तो इस साल का अपना ड्रामा लेकर बम्बई जा रहे हैं।"

मगर ग़ज़ल के सीने पर तो किसी ने खंजर मार दिया था। चाँद आपा को भान ने बरबाद किया और अब मेरी बारी है...! तो क्या सचमुच भान मुझसे इश्क़ करता है? हाय अल्ला, अब क्या होगा!

हुँह, जाने दो हमें क्या? उसका जी चाह रहा था, अब उठकर भाग जाए। बिलगरामी उसकी सारी हक़ीक़तों से वाक़िफ़ था।

"मैं भी सोच रहा हूँ कि अब हैदराबाद आर्ट सोसाइटी में चला जाऊँ और कलामंडल को छोड़ दूँ।" उसने अपने चेहरे पर अशोक कुमार की उदासी तारी करके कहा।

"क्यों?" ग़ज़ल को जैसे किसी ने धक्का दे दिया। अब भान साहब से भागकर वह कहाँ जाएगी? कौन उसे इतनी इज़्ज़त देगा?

"क्या करें?...यहाँ किसे हमारी परवाह है?"

उसने ग़ज़ल के चेहरे को ग़ौर से देखा।

"मगर सब लोग आपकी अदाकारी को बहुत पसन्द करते हैं।" उसने आहिस्ता से कहा।

"मुझे लोगों की राय की कोई परवाह नहीं। सच पूछिए तो मैं सिर्फ़ आपकी ख़ातिर यहाँ पड़ा हुआ हूँ।"

मेरी ख़ातिर...मेरी ख़ातिर...मेरी ख़ातिर...मेरे लिए...यह इतना ख़ूबसूरत आदमी...इतना बड़ा आदमी...इतना मशहूर...उसकी हर-हर अदा पर चाँद से लेकर रज़िया मुमानी तक मरती थीं! उसके पीछे औरतें ऑटोग्राफ़-बुक लिए फिरतीं...यह ख़ूबसूरत शहज़ादों की सूरत हीरो मेरे लिए...या अल्लाह...आज क्या हो रहा है? कहीं मैं मर न जाऊँ...बिलगरामी का वह जुमला जाने कितने रंगों में डूबा! कितने चाँद बनकर चमका! बारिश बनकर आसमान से आया और ग़ज़ल के सारे वजूद को सरशार कर गया। अब क्या रखा था उसमें जो वह सेंतकर रखती! उसने कई बार ज़ुकाम के बहाने अपने कमबख़्त ख़ुद-ब-ख़ुद टपकनेवाले आँसुओं को पोंछा, मगर बिलगरामी निहायत इत्मीनान से उसका हाथ देखने और अपने साथ होनेवाली नाइनसाफ़ियाँ गिनवाने में वक़्त जाया करता रहा। आज कलामंडल के वे सारे बदनसीब फ़नकार जाने कहाँ गए थे जो निगाहों से उड़ती चिड़ियों के पर गिन लेते थे, मगर आज ग़ज़ल का हाथ बिलगरामी के हाथ में था और वह अहमक़ बिलकुल नहीं जानता था कि नफ़रत के रेगिस्तान में भटकनेवाली प्यासी चिड़िया ने मुहब्बत के एक क़तरे की ख़ातिर उस पर सब कुछ न्योछावर कर डाला है। बिलगरामी उसके हाथ की लकीर पढ़ने के बहाने उसका हाथ थामे बैठा था और वह इन्तहाई गरमी

में यों काँप रही थी जैसे जाड़ा लग रहा हो। उसके हाथ पसीने में भीग गए थे और वह कोशिश के बावजूद कुछ न कह सकी। बिलगरामी अपनी पामिस्ट्री के बहुत-से हैरतअंगेज़ क़िस्से सुनाता रहा।

"आपका हाथ बड़ा टिपिकल है।" वह कुछ परेशान-सा होकर सँभल बैठा और ग़ौर से उसके हाथ को उलट-पुलटकर देखता रहा। फिर जब ग़ज़ल ने बहुत इसरार किया तो कुछ बातें रुक-रुककर बताईं।

"आप जिनसे अच्छाई की आस लगाए बैठी हैं, वह दरअसल बड़ा ख़ुदगर्ज़ है। आपको बचपन से कोई ख़ुशी नहीं मिली, अलबत्ता चन्द दिन बाद आपका भविष्य बड़ा शानदार होगा।"

ग़ज़ल ने बड़ी हिम्मत के बाद पहली बार बिलगरामी की तरफ़ देखा, और सिर से पाँव तक लरज़ गई। जाने बिलगरामी को ख़बर भी हुई या नहीं कि उसे क्या-क्या मिल गया!

"आपका दूल्हा बड़ा ख़ूबसूरत होगा।"

यह सुनकर हाथ छुड़ा लिया उसने और दोनों हाथों से मुँह छुपाकर बैठ गई।

"लेकिन आपके दिल में उसकी कोई क़द्र न होगी!" बिलगरामी ने उदासी से कहा और फिर उसके सामने हाथ फैला दिया, "लाइए, मेरी फ़ीस जल्दी निकालिए।"

ऐन उस वक़्त चुगलखोर रवि अन्दर आया और उन दोनों को बड़े उत्सुकता भरे अन्दाज़ में देखने लगा।

"कोई तुक है! एक घंटे से मुझे और ग़ज़ल सुलताना को बुलाकर भान साहब जाने कहाँ रंगरेलियों में गुम हैं!"

बिलगरामी ने बिगड़कर रवि से कहा और फिर लपककर जानेवाली ग़ज़ल का हाथ पकड़ लिया, "मेरी फ़ीस निकालिए जल्दी!"

"मेरे पास कुछ नहीं है।" उसने बड़ी बेबसी से कहा। सचमुच वह पर्स तो फ़ैशन के लिए उठाए-उठाए फिरती थी। अब्बा ने आज तक कभी एक रुपया भी नहीं दिया था कि वह अपने पास रखती।

"अच्छा तो बाद में वसूल कर लूँगा!" वह अपना सिगरेट-केस उठाकर गुनगुनाने लगा, "तक़रीब कुछ तो बहरे-मुलाक़ात चाहिए...सीखे हैं...अरे सीखे हैं...तक़रीब...अच्छा, चल दिये, टाटा!"

उस रात ग़ज़ल को नींद नहीं आई। यों लगता जैसे वह बहुत बड़े मेले में पहुँच गई है। चारों तरफ़ हवाई जहाज़ का शोर था, चरख़ों की घूँ-घूँ...कहीं

ज़ोर का मेंह पड़ रहा था। फिर किसी मोटर का टायर फटा...और अचानक सन्नाटे में बिलगरामी की गुनगुनाहट उभरी :

देख दिल की ज़मीं लरज़ती है
यादे-जानाँ क़दम सँभाल अपना

उसने कितनी बार बिलगरामी से वह बहुत ख़ूबसूरत ग़ज़ल उसकी मस्ती भरी आवाज़ में सुनी थी। लोग इस ग़ज़ल पर मदहोश हो जाते थे हर महफ़िल में, हर पार्टी में इस ग़ज़ल की फ़रमाइश होती। मगर कभी उसने यह नहीं सोचा था, इतना मक़बूल, इतना मशहूर गानेवाला उसके लिए...!

उसके दिल में जाने घबराहट का तूफ़ान था या ख़ुशी का? और जब उसने अपने आँसू पोंछे तो उसे भान साहब की आवारागर्दी पर ग़ुस्सा आ रहा था। उन्होंने चाँद आपा को तबाह किया...चाँद आपा बेचारी हल्दी की गिरह बनी अकेले कमरे में पड़ी रहती हैं और भान साहब कभी उन्हें पूछने नहीं आए...फिर उसे अपने दूल्हा की नाक़द्री करने पर ग़ुस्सा आया...जाने वह कौन होगा...कहाँ होगा...हर कमउम्र लड़की की तरह उसने भी अपने दूल्हा की तसवीर में रंग नहीं भरे थे। वह एक धुँधला-सा साया था। एक धुँधली-सी तसवीर की तरह हमेशा उसके सामने रहता और कभी नज़र नहीं आता था। जब भी वह किसी मर्द में कोई अहम बात देखती थी तो उसे अपने दूल्हा के तसव्वुर में टाँक लेती।

'आख़िर मैं इतने अच्छे आदमी की क़द्र क्यों नहीं करूँगी!' उसने परेशान होकर सोचा, 'उजाड़-सूरत! अब्बा ठीक ही तो कहते हैं कि मैं हमेशा हिमाक़तें करती हूँ तो क्या इन हिमाक़तों का सिलसिला कभी ख़त्म नहीं होगा?'

जी चाह रहा था, अपने ये सारे अन्देशे, सारे दुख किसी और के वजूद में उँडेल दे, मगर उसकी कोई सहेली ही नहीं थी जिसके साथ वह गुड़ियों का ब्याह और 'हंडकुलिया' के खेल खेल चुकी हो। उसे वक़्त ही कहाँ मिला इन चोंचलों का?

होश सँभालते ही चारों तरफ़ से लानत और जूते पड़ते रहे। बेचारी चाँद आपा अगर उसे स्टेज पर न लातीं तो आज बिलगरामी यह कहता, "मैं तो सिर्फ़ आपकी ख़ातिर...।" ले-देके एक फ़ौज़िया थी मगर अब रज़िया मुमानी उसे ग़ज़ल से बचाती थीं। वह ख़ुद भी बड़ी नकचढ़ी लड़की बन गई थी। कॉलेज के तक़रीरी मुक़ाबलों (भाषण प्रतियोगिता) में हिस्सा लेती और परदे लगी मोटर में कॉलेज जाती थी। क्या मजाल कि शाहीन के किसी दोस्त के

सामने निकलकर आए। सारे रिश्ते-नातों के भाइयों से भी उसका सख़्त परदा था क्योंकि चाँद के अंजाम ने रज़िया मुमानी को बड़ा मुहताज बना दिया था।

शाहीन अब डॉक्टरी पढ़ने अलीगढ़ चला गया था और अयाज़ को तो उससे नफ़रत ही हो चुकी थी। वह पढ़ना छोड़कर अब इत्तिहाद-उल-मुसलिमीन का बड़ा सरगर्म मेम्बर बन गया था। दिन-रात इन्हीं झमेलों में मसरूफ़ रहता। हुमायूँ और ग़ज़ल, दोनों में से किसी को इतनी फ़ुरसत नहीं थी कि अयाज़ के बारे में सोचे।

फिर उसने तय किया कि सुबह भान साहब आएँगे तो उनसे कहेगी, "अबके किसी ड्रामे में वह बिलगरामी के साथ हीरोइन बनेगी!" मगर भान साहब दौरे पर गए हुए थे।

शाम को बिलगरामी आया तो उसने यह बात बताई। वह कार में आया था। अपने फटीचर से कमरे में मैली दरी पर बिलगरामी को बिठाते हुए उसे बड़ी शरम आई।

अब वह ज़रूर सोचेगा कि ग़ज़ल कितनी मामूली-सी लड़की है। कितनी ग़रीब है...वह जो इतनी शानदार कार में घूमता है। इतने बड़े बाप का बेटा है—इतनी क़ाबिल माँ का पूत!

अल्लाह, वह क्यों घर आया है?

जब तक हुमायूँ लुंगी उतारकर धुला कुरता-पाजामा पहनकर बाहर आता, बिलगरामी ग़ज़ल को कार में बिठाकर कार स्टार्ट कर चुका था।

हुमायूँ को बड़ा ग़ुस्सा आया। यही तो फ़र्क़ है भान साहब और इन छिछोरे लौंडों में। भान साहब ने कभी हुमायूँ से इजाज़त लिए बग़ैर ग़ज़ल को अपने साथ ले जाने की हिम्मत नहीं की लेकिन हुमायूँ को मालूम था कि आज नये ड्रामे के अदाकारों की मीटिंग थी और अब तक उन्हें वहाँ पहुँच जाना चाहिए था। शायद इसीलिए जल्दी के मारे बिलगरामी कार से नहीं उतरा। इसीलिए जल्दी-जल्दी कपड़े बदलकर हुमायूँ ने अपनी पुरानी साइकिल उठाई और पहुँचा सोसाइटी के ऑफ़िस।

लेकिन वहाँ भान साहब बैठे कुछ काग़ज़ों पर दस्तख़त कर रहे थे। अभी चार नहीं बजे थे इसलिए कोई आर्टिस्ट नहीं आया था, अलबत्ता दुर्गिया हारमोनियम लिए एक कोने में बैठा रीं-रीं कर रहा था :

दिल को बढ़ती हुई उदासी ने
क्या अकेला समझके घेरा है
क्या अकेला...समझ...के...
उदासी ने...।

"ग़ज़ल कहाँ है?" हुमायूँ ने आदर के साथ सलाम पेश करने के बाद पूछा।

"ग़ज़ल?"

"हाँ, अभी बिलगरामी साहब ग़ज़ल को अपनी कार में लेकर आए हैं।"

"बिलगरामी...? अपनी कार में?" भान साहब खड़े हुए और फिर तेवराकर यों बैठ गए, जैसे उन्हें हार्ट-अटैक हुआ हो। फिर वह बेचैनी से हाथ-पाँव पटकने लगे। उनकी ख़ामोशी और परेशानी देखकर हुमायूँ भी घबरा गया।

"बस अब आते ही होंगे!" उसने भान साहब को तसल्ली देनी चाही।

"नहीं...आप घर जाइए...वे वहीं आएँगे!" भान साहब की आवाज़ किसी शदीद दुख से बैठी जा रही थी।

"साली...हरामज़ादी मुझसे कहे बग़ैर चली गई! आज उसे मार डालूँगा।" ज़ब्त के बावजूद हुमायूँ अपनी ज़बान पर क़ाबू न पा सका।

"उसे बिलगरामी मारेगा...।" भान साहब इतने दुखी थे कि उन्होंने हाथ से सिर थाम लिया।

"अब्बा, मुझे मार डालेंगे। उनसे इजाज़त तो लेने दीजिए!"

ग़ज़ल का हाथ पकड़कर बिलगरामी ने उसे अन्दर खींचा तो वह घबरा गई। फिर जब कार स्टार्ट हो गई तो बिलगरामी ने उसे बड़े ग़ौर से मुसकराके देखा, "आज हम भी आपको बहुत मारेंगे!"

"क्यों...?" वह अपने मैले-कुचैले कपड़ों को दुपट्टे से ढाँपने लगी और सचमुच घबरा गई।

"आप मुझे छह महीने से सता रही हैं!"

"मैं...?" सचमुच वह हैरानी से चौंक पड़ी।

"और नहीं तो कौन...?" बिलगरामी उसे तके जा रहा था। बार-बार सामने किसी दूसरी सवारी को आते देखकर उसे ब्रेक दबाना पड़ता।

"इतनी बेरुख़ी...इतनी लापरवाही...आपको अपने अलावा और कोई नज़र नहीं आता...?"

ग़ज़ल के हाथ-पाँव ढीले पड़ने लगे, जैसे किसी ने उसे बेहोशी का इंजेक्शन दे दिया हो। मैं कौन हूँ? मैंने तो अपने वजूद की अहमियत कभी महसूस नहीं की! क्या मेरी निगाहों की भी कोई निगरानी कर सकता है? "अच्छा और मेरी फ़ीस कहाँ है?" उसने ग़ज़ल को गुमसुम देखकर दूसरा सवाल किया।

फिर जाने कहाँ की दबी हुई हँसी ग़ज़ल के पास आ गई। वह हँसे जा रही थी।

चारमीनार गुज़र गया। फिर मुअज़्ज़ जाही मार्केट आया। पान की एक दुकान पर बहुत-से शायर और अदीब खड़े थे। ग़ज़ल की हँसी से उन्होंने चौंककर उधर देखा तो बिलगरामी ने हाथ हिलाकर सबको 'विश' किया।

फिर आबिद रोड आ गया...!

"भारत कलामंडल तो उधर है...," उसने हँसते-हँसते कहा और झुककर एक बारात देखने लगी। बड़ी धूमधाम की बारात थी। दुनिया भर का जहेज़। अल्लाह! इतना जहेज़ कहाँ से आएगा? ग़ज़ल ने घबराके सोचा...भीड़ की वजह से बिलगरामी को कार की रफ़्तार धीमी करनी पड़ी। दूल्हा घोड़े पर सवार था। मुँह सेहरे से ढँपा। उसके हाथ में सुर्ख़ रूमाल बँधा हुआ चाकू था जिससे वह बार-बार हुजूम को सलाम कर रहा था।

"जी चाहता है, इस साले की दुलहिन छीन लाऊँ।" बिलगरामी को सचमुच ग़ुस्सा आ रहा था। उसे हर दूल्हा पर ग़ुस्सा आता। उसकी दुलहिन ले भागने की तरक़ीबें सोचा करता था।

ग़ज़ल को और हँसी आई। फिर जब वे शहर की आबादी को काटते हुए गोलकुंडा रोड की तरफ़ सुनसान सड़क पर जा रहे थे तो ग़ज़ल ने इधर-उधर देखा...शाम की ठंडी हवाएँ उसके बालों को छू रही थीं। बैरक्स के फ़ौजी हॉकी और क्रिकेट बैट लिए ग्राउंड की तरफ़ जा रहे थे। दूर कहीं भागमती का महल नज़र आ रहा था। क़िले के सामने बना हुआ पहाड़ी महल था। यहाँ बैठकर वह गाती तो क़िले में सोता हुआ क़ुली क़ुतुबशाह उठ जाता था।

"ग़ज़ल, मैं अगर क़िले पर जाकर तुम्हें पुकारूँ तो तुम सुनोगी?" बिलगरामी ने बिलकुल उस पर झुककर पूछा।

"हटो...!" और फिर ग़ज़ल ने दिल में कहा—तुम न पुकारोगे, तब भी मैं तुम्हारी आवाज़ सुनती रहूँगी।

यों लग रहा था जैसे वे दोनों किसी फ़िल्म में काम कर रहे हैं। बिलकुल फ़िल्मी दृश्य था कि हीरो और हीरोइन कार में बैठे जंगलों में से चले जा रहे हैं कि अचानक पैट्रोल ख़त्म हो जाए या फिर टायर फट जाए या फिर हीरो को रास्ता याद न रहे मगर बिलगरामी इन सारे रास्तों पर कई बार आ चुका था इसलिए उसने उस्मान सागर के एक सुनसान से कोने पर कार रोक दी और फिर बिलकुल अशोक कुमार के अन्दाज़ में उसे पकड़कर नीचे उतारा।

"अल्लाह...कितना पानी...!" ग़ज़ल को यों लग रहा था जैसे यह पानी भी उसके दिल में हँसी की तरह बन्द था और आज ही निकल-निकलकर चारों तरफ़ फैल रहा था...उछल रहा था...झिलमिला रहा था...तह-ब-तह...

कभी पानी इतना चमकता है...कहीं सुनहरा, कहीं रुपहला...बहती हुई मौजों को देखने से उसे चक्कर-सा आ गया...कहीं यह ख़्वाब न हो...उसने घबराकर बिलगरामी को थाम लिया और उसे इस बात पर फिर हँसी आ रही थी कि वह ख़्वाब है या हक़ीक़त।

"अल्लाह, कितनी अच्छी जगह है यह...!" उसने आसमान की विशालता को पहली बार महसूस किया।

"पहले तो कुछ भी अच्छी नहीं थी। आज तुम्हारे आने से इतनी अच्छी हो गई है!" बिलगरामी उसके क़रीब आया तो उसके मुँह से वही पैट्रोल जैसी बदबू आई जो भान साहब के मुँह से आती थी। ग़ज़ल का उस बदबू से जी मचलता था, इसलिए वह दूर हट गई। बिलगरामी को यह बात बहुत नागवार गुज़री।

"भान साहब ठीक कहते हैं कि आपको मुझसे नफ़रत है।" वह बड़ी उदासी के साथ सिगरेट सुलगाते-सुलगाते एक पत्थर पर बैठ गया।

"नफ़रत...?" हँसते-हँसते वह अचानक रुक गई, "मुझे आपसे नफ़रत क्यों होती?" ज़िन्दगी भर नफ़रत का ज़हर पीनेवाली ग़ज़ल लरज़कर रह गई। इतनी बड़ी तकलीफ़ मैं किसी को नहीं दूँगी। अपने किसी दुश्मन को भी नहीं।

"अच्छा, नफ़रत नहीं है तो फिर निकालिए मेरी फ़ीस...।" वह फिर लड़खड़ाता हुआ उठा और उसके सामने हाथ फैलाकर खड़ा हो गया है। "यह लो...!" उसने बिलगरामी के ख़ाली हाथ पर थप्पड़ मारा और भागी पत्थरों की तरफ़। बिलकुल छोटे बच्चों की तरह वह बेतहाशा हँस रही थी। बिलगरामी उसके पीछे भाग रहा था और वह ऊँचे-ऊँचे पत्थरों पर, काँटेदार ज़मीन पर भागती फिर रही थी। फिर उसने घबराके पानी में डूबे हुए काई-लगे पत्थरों पर पाँव टेक दिये और चुल्लुओं में पानी भर-भरकर बिलगरामी पर फेंकने लगी। बस, इससे आगे और कोई बचाव न था...क्योंकि आगे पानी-ही-पानी था...शाम के धुँधले सुरमई आसमान की सरहद उस पानी से जा मिली थी। दूर तालाब के आख़िरी सिरे पर मछेरे का लड़का पानी में जाल डाले बैठा था। इतने विशाल दृश्य में वह बिलकुल नन्हा-सा धब्बा लग रहा था। उसने सुर्ख़ी-भरी स्याह होती हुई शाम की रोशनी में बहुत दूर दो इनसानी सायों को एक-दूसरे का पीछा करते हुए देखा...और फिर वह दोनों जो एक पत्थर की आड़ में छुपे तो निकलते ही न थे...रात आ रही है। वे दोनों सामने आएँ तो मैं जाल समेटूँ...मछेरे के लड़के को यों लग रहा था जैसे आज उसके जाल में यही दोनों साए फँसे हैं...।

रात को अब्बा ने उसके दुखते हुए बदन पर और चार लातें रसीद कीं तब भी वह हँसे जा रही थी, जैसे आज अब्बा की लातें फूल बनकर उसे लग रही हों। आज वह हलकी-फुलकी हो गई थी, जैसे बिलगरामी के सारे अहसानों का बदला चुका दिया हो। उसने अपने दूल्हा की क़द्र करने का पहला सबूत दे दिया। कल भान साहब से कहूँगी कि वह पूरी बात अब्बा को बता दें। इस बात पर अब्बा भी बहुत ख़ुश होंगे कि उन्हें इतना मशहूर अमीर दामाद मिल गया।

बस, बहुत सह लिए सबके जूते...अब मैं यहाँ नहीं रहूँगी। कल भान साहब से कहूँगी, वह शादी का इन्तज़ाम जल्दी करवा दें। मगर भान साहब दूसरे दिन भी नहीं आए लेकिन ग़ज़ल को अपनी ख़ुशी में उनका इन्तज़ार करना भी याद न रहा, अलबत्ता भान साहब के यहाँ उसकी दो भारी साड़ियाँ पड़ी थीं और पाउडर का डिब्बा...मुमकिन है, बिलगरामी आज फिर...।

चौथे दिन भी भान साहब न आए तो वह डर गई। कहीं रवि ने कुछ लगाई-बुझाई न की हो कि उस दिन बिलगरामी भान साहब को ग़ज़ल के सामने बुरा-भला कह रहा था और वह चुपकी बैठी सुनती रही। एक हफ़्ते बाद भान साहब का ड्राइवर एक बन्द लिफ़ाफ़ा हुमायूँ को दे गया जिसमें दस-दस के दस नोट थे, जो उन्हें ग़ज़ल को अदा करने थे और एक परचा था कि मसरूफ़ियत की वजह से वह अब ग़ज़ल और हुमायूँ की कोई मदद नहीं कर सकेंगे। इसलिए वह ख़ुद अब उनके यहाँ आने की तकलीफ़ न करें।

ग़ज़ल का कोई ज़िक्र ही नहीं था। हुमायूँ तो ख़ैर सिर्फ़ घबरा गया, मगर वह रोने लगी। भान साहब की मेहरबानियाँ याद आने लगीं। अब हुमायूँ की तरक़्क़ी का क्या होगा? अलफ़लैला का हिस्सा कैसे मिलेगा? क़र्ज़ कैसे अदा होगा? उसका जिल्लत के मारे वही हाल हुआ जैसे आज फिर चाँद आपा ने हाथ पकड़कर उसे कमरे से बाहर पटक दिया हो। अगर भान साहब सामने होते तो वह किसी दीवार से सिर टकराकर मर जाती। उसे तीव्र यातना से छुटकारा मिल जाता।

फिर वह इन्तज़ार करने लगी कि बिलगरामी आए तो उसके साथ जाकर भान मामा से माफ़ी माँग लेगी।

हुमायूँ ने भी भान साहब के ख़त को लापरवाही से पलंग पर फेंक दिया क्योंकि ऊँची सोसाइटी देखने के बाद यह हक़ीक़त उस पर ज़ाहिर हो चुकी थी कि ग़ज़ल जैसी ख़ूबसूरत लड़कियों का भाव बहुत बढ़ा हुआ था और भान साहब जैसे अहमक़ गली-गली मिल जाते हैं। अब वह लोगों के सामने अपना बहुत ऊँचा स्तर पेश करता था। मिसकीन अली शाह का बेटा होने की

वजह से उसने सिर्फ़ दस-पाँच हिन्दुस्तानी फ़िल्में देखी थीं। उसने न कभी अख़बार की ख़बरों को अहमियत दी और न दुनिया के बदलते हुए हालात पर ग़ौर किया था। अलफ़लैला से निकलने के बाद दिन-भर वह ऑफ़िस की फाइलों में सिर खपाता था। इसलिए जब पार्टियों में लोग हिन्दुस्तान के तश्वीशनाक (चिन्ताजनक) सियासी हालात पर बहस करते, मैरिलिन मेनरो की टाँगों और पिकासो के आर्ट पर बातें होतीं तो हुमायूँ कुरसी पीछे सरकाकर सिगरेट के सूटे-पर-सूटे लगाए जाता। पहले-पहल तो यह हुआ कि हुमायूँ को कोई घास ही न डालता। ग़ज़ल चाँद और भान साहब के साथ पार्टी में चली जाती और वह चपरासियों और बैरा लोगों के साथ बाहर लॉन में टहलता था, क्योंकि वह ग़ज़ल को कहीं अकेले भेजने पर तैयार न होता था और अन्दर के लोगों में फ़िट न होता। फिर कभी भान साहब की नज़र उस पर पड़ गई तो वह किसी से जान-पहचान करा देते, "आप ग़ज़ल बीबी के फ़ादर हैं हुमायूँ अली शाह साहब!"

और फ़ादर...एक आर्टिस्ट के वालिद होने के नाते फ़ौरन अपनी जानकारी का इज़हार करना शुरू कर देते थे। अच्छे आर्टिस्टों की कमी का रोना। एक्टिंग की खुसूसियात और स्टेज की ज़रूरियात के बारे में वह तमाम सुनी-सुनाई बातें जो उसके कानों में पड़ती रहती थीं। उस वक़्त यों लगता था जैसे मिसकीन अली शाह के ख़ानदान में पीरी-मुरीदी की बजाय स्टेज ड्रामे की ट्रेनिंग दी जाती थी।

लिहाजा हुमायूँ ने सोचा कि उस गंजे बुड्ढे के चंगुल से ग़ज़ल को निकाल लेना चाहिए। बिलगरामी भी बुरा नहीं है। बंजारा हिल्ज़ के ऊँचे लोगों में तो उसी की पहुँच है। ग़ज़ल कहीं से कहीं पहुँच जाएगी। बस फिर क्या था... धूप अभी आँगन से ऊपर भी न जाती थी कि बिलगरामी का हॉर्न दरवाज़े पर उसी की तरह बेक़रारी से पुकारने लगता। ग़ज़ल गरम चाय की प्याली पटक देती। कभी दुपट्टा ओढ़ना भूल जाती, कभी चोटी बाँधना...मछेरे का छोटा-सा लड़का पानी में जाल फैलाए रोज़ दूर उधर आख़िरी सिरे पर दो सायों को देखता, जो पत्थरों के पीछे जाने कहाँ गुम हो जाते हैं!

वह रोज़ उनका इन्तज़ार करते-करते थका जा रहा था—बिलगरामी की तरह जो रोज़ एक ही रास्ते पर चलते-चलते अब बोर होने लगा। मगर ग़ज़ल तो हवा की तरह चारों तरफ़ से घेरे हुए थी। इतनी मासूम लड़की इतनी ख़ूबसूरत कि बिलगरामी यह सोचते हुए भी डरने लगा था कि इस लड़की को कोई कैसे धोखा देगा! उन्हीं दिनों मिस्टर चड्ढा हैदराबाद आए। वह यहाँ फ़िल्मों के लिए नये चेहरे तलाश करने आए थे। उनके लेटरपैड पर 'मिलीभगत प्रोडक्शन' का

नाम लिखा हुआ था। उस कम्पनी के प्रोड्यूसर, डायरेक्टर और स्टोरी-राइटर वह ख़ुद थे। सिर्फ़ म्यूज़िक-डायरेक्टर का नाम पैड पर नहीं था लेकिन उन्होंने हैदराबाद की मुख़्तलिफ़ मूसीक़ी की महफ़िलों में अपनी मूसीक़ी का वह रोब जमाया कि लोग दंग रह गए। फिर उन्होंने अपनी अहमियत के हैरतअंगेज़ वाक़ेआत सुनाए, मसलन—मामूली से 'पेटी-मास्टर' नौशाद की सारी मक़बूल धुनें दरअसल उन्हीं की बनाई हुई थीं। बर्मन उन्हीं का शार्गिद है और लता नये कट्रैक्ट्स हासिल करने के लिए उनके घर के चक्कर लगाया करती है।

अपने बिज़नेस के सिलसिले में हर घड़ी वह कहीं-न-कहीं ट्रंककाल करते थे। उनकी नोटबुक में दिन-रात के एक-एक लम्हे का प्रोग्राम लिखा हुआ था।

तो इन मिस्टर चड्ढा को अपनी नई फ़िल्म के लिए हीरो और हीरोइन की ज़रूरत थी। मद्रास, देहली और कलकत्ते में वह हज़ारों लड़कियों को रिजेक्ट कर आए थे।

लेकिन बिलगरामी ने उन्हें आते ही यों हाथोहाथ लिया कि सब मुँह देखते रह गए। भान साहब तो बहुत ही जले। सुना था कि अब भान साहब ने भारत कलामंडल आना-जाना छोड़ दिया था और एक इंजीनियर की लड़की को खाना पकाने का आर्ट सिखाने में मशगूल थे।

बिलगरामी की देखा-देखी शहर के और भी बहुत-से ऊँचे घराने के लोगों, कल्चरल अंजुमनों और आर्टिस्टों ने मिस्टर चड्ढा को दावतें दीं। उन्हें एक-से-एक परी-जमाल चेहरे दिखाए गए। इस तरह चड्ढा के लिए हीरोइन का चुनाव और भी मुश्किल हो गया। आए तो थे दो दिन के लिए मगर दो हफ़्ते गुज़र गए और लोग उन्हें हिलने ही न देते थे।

आख़िर उन्होंने बिलगरामी को हीरो के लिए चुन लिया। एग्रीमेंट के मुताबिक़ उसकी ग्यारह सौ रुपए महीना तनख़्वाह मुक़र्रर हो गई। इसके अलावा उसकी अदाकारी के सभी अधिकार 'मिलीभगत प्रोडक्शन' के लिए महफ़ूज हो गए और इस ख़ुशी में जब बिलगरामी ने सिकन्दराबाद के एक होटल में पार्टी दी तो ग़ज़ल घर पर पड़ी ज़ार-ज़ार रो रही थी। उसने चड्ढा की नज़रों में चढ़ने की हज़ार कोशिश की मगर वह तो बिलगरामी की महबूबा जमाल पर रीझा हुआ था और बिलगरामी को अपने साथ लिए जा रहा था। बिलगरामी तो चींटियों-भरा कबाब निकला। हर ख़ूबसूरत औरत उसकी तरफ़ यों बढ़ती थी जैसे अपने क़ाबू में न रही हो। एक बार रवि ने ग़ज़ल को बताया था कि बंजारा हिल्ज़ पर जितने शौहर अपनी बीबियों को तलाक़ देते हैं, उनमें नब्बे फ़ीसदी औरतें बिलगरामी की महबूबाएँ हैं। कितनी बार ग़ज़ल उसके साथ होती और

वह किसी ख़ूबसूरत औरत को देखकर बेक़रार हो उठता। बाद में वह ग़ज़ल के सामने सफ़ाई पेश करता कि ख़ूबसूरत औरतों को देखना अच्छा लगता है। वैसे उसकी नीयत ठीक है। ग़ज़ल सब्र करती ख़ुद बिलगरामी ने ही जो पेशीनगोई की थी कि उसका ख़ूबसूरत दूल्हा उसकी क़द्र न कर सकेगा, सो वह क़िस्मत का लिखा भुगत रही थी कि एकाध महीने में शादी हो जाए, तब वह मुमानी बेगम की तरह उस पर धौंस जमाया करेगी...और आज बिलगरामी बम्बई जा रहा था। यों भी शादी की बात पर वह कोई ध्यान नहीं देता था। कभी कहता, मेरी मम्मी बड़ी सख़्त-मिज़ाज हैं, उन्हें मनाने में देर लगेगी। कभी सुनाता कि मुझे एक्टर बनने दो, वरना बाबा ख़र्च बन्द कर देंगे तो क्या होगा?

दूसरे दिन बिलगरामी दौड़ा हुआ आया और यह ख़बर सुनाई कि चड्ढा ने ग़ज़ल को हीरोइन के लिए मुंतख़ब कर लिया है। यह फ़ैसला दरअसल उसने उसी वक़्त किया था जब पहली बार उस हिरनी की आँखोंवाली लड़की को देखा था।

हुमायूँ की बाछें खिल उठीं और ग़ज़ल ख़ुशी के मारे हँसना भी भूल गई लेकिन बिलगरामी को यह बात ज़्यादा अच्छी नहीं लगी क्योंकि चड्ढा हर लड़की से यही कह रहा था कि उसी का इन्तख़ाब होगा और सबको अपने साथ बम्बई लिए जा रहा था।

वह कहता था कि इनमें से हर लड़की को वह किसी-न-किसी डायरेक्टर के सुपुर्द कर देगा।

इसलिए बिलगरामी कहता था कि चड्ढा के साथ वह फ़िलहाल अकेला जाएगा और ग़ज़ल को बाद में बुलवाएगा। उस दिन पहली बार ग़ज़ल बिलगरामी से ख़ूब लड़ी, बिलकुल बीबियों के अन्दाज़ में जैसे अभी घड़ी-भर बाद मन जाएगी, और उसने बिलगरामी की परवाह किये बग़ैर मुआहदे पर दस्तख़त कर दिये, जिसके लिए एक हज़ार रुपए की ज़रूरत पड़ी क्योंकि मुआहदे की ख़िलाफ़वर्ज़ी करनेवालों के लिए यह डिपॉजिट रखवाना ज़रूरी था। मुमकिन है, हुमायूँ यहाँ पर हिम्मत हार जाता लेकिन उसने बतूल से छीनकर जो ज़ेवर साया को पहना दिये थे, वे आज काम आए।

चड्ढा इतना दिलचस्प आदमी था कि जितनी देर बैठता, सब उसी की बातें सुनते। उसी के दिमाग़ से सोचते थे। इतना बाअख़लाक़ (सभ्य व शिष्ट) कि उसने चन्द मुलाक़ातों में हुमायूँ को भी अपनी क़ाबिलियत और अहमियत का क़ायल कर दिया। उसने बड़ी तफ़सील से ग़ज़ल की ख़ूबियों पर बहस की। क्योंकि वह अभी बहुत कमउम्र थी इसलिए चड्ढा को कई महीने उसे ट्रेनिंग देना होगी।

लेकिन ऐन रवानगी के दिन बिलगरामी से चड्ढा का किसी बात पर सख़्त झगड़ा उठ खड़ा हुआ और बिलगरामी ने उसके साथ बम्बई न जाने का फ़ैसला कर लिया। इधर लाख दौड़-धूप करने के बावजूद ग़ज़ल और, हुमायूँ के किराए का बन्दोबस्त न हो सका। इसलिए चड्ढा बाक़ी लड़कियों को समेटकर रवाना हुआ कि ग़ज़ल भी बहुत जल्दी बम्बई पहुँच जाएगी। ग़ज़ल के जाने की ख़बर से हैदराबाद आर्ट सोसाइटी और भारत कलामंडल में सभी लोग सोग में डूब गए। सुना है, भान साहब भी, जो अब ग़ज़ल के हर मामले से ताल्लुक़ तोड़ चुके थे, इस ख़बर से निहायत उदास हुए। इसके बावजूद ग़ज़ल के चाहनेवालों की तरफ़ से उसे एक शानदार अलविदाई पार्टी दी गई, और ऐन उसी वक़्त किसी ने अख़बार में यह ख़बर पढ़कर सुनाई कि बंगाल का एक मशहूर धोखेबाज़ हैदराबाद से बम्बई जाते वक़्त प्लेन में गिरफ़्तार कर लिया गया। वह लड़कियों की ख़रीद-फरोख्त का कारोबार करता था।

लीजिए जितनी तेज़ी से यह आँधी उठी थी, उतनी ही तेज़ी से बैठ गई। साथ ही बिलगरामी और हैदराबाद आर्ट सोसाइटी को भी ले उड़ी।

बिलगरामी ने तो साफ़-साफ़ कह दिया कि ग़ज़ल ने उसकी मर्ज़ी के ख़िलाफ़ मुआहदे पर दस्तख़त किये थे, लिहाज़ा वह किसी और तरफ़ मुड़ गया।

इधर बिलगरामी गया और उधर हुमायूँ ने फिर जूता सँभाल लिया। बस, फिर क्या था, अल्लाह दे और बन्दा ले। ग़ज़ल की ठुकाई करने के सिवा हुमायूँ की और कोई मसरूफ़ियत ही न रही थी। सब्र का ऐसा ज़हर ग़ज़ल ने पहले कभी नहीं पिया था।

उसका दिमाग़ किसी धमाके से पाश-पाश हो चुका था। हुमायूँ की लानत-मलामत अब जाने किस पर पड़ती थी! वह तो चुपचाप बैठी ख़ला में घूरे जाती थी। उसने अपनी ज़िन्दगी का कैसा ख़ूबसूरत प्रोग्राम बनाया था। जब वह बिलगरामी की दुलहिन बनकर बंजारा हिल्ज़ की औरतों को अंगारों पर सुला देगी। जब वह बिलगरामी के जैसे सुनहरी बालों और नीली आँखोंवाले बच्चों में घिरकर ड्रामे और अदाकारी, सब कुछ भूल जाएगी। दिन-भर मुमानी बेगम की तरह मसहरी पर बैठा करेगी। बच्चों की ख़ातिर बिलगरामी से लड़ाइयाँ हुआ करेंगी क्योंकि वह अब्बा की तरह बात-बात पर बच्चों को पीटा करेगा। ग़ज़ल काँप उठती। अपनी रूह के सारे घाव याद आ जाते और वह घबराकर बिलगरामी को पुकारने लगती। बच्चों पर कभी हाथ न उठाने का पक्का वायदा लेती। उसने जब भी कभी अपने-आपको एक शादीशुदा औरत के रूप में देखा तो रज़िया मुमानी सामने आ जाती थीं...सास की आँखों का तारा...ससुर की

राजदुलारी बहू...जब देखो, राशिद मामूँ से चुहलें हो रही हैं। बच्चे घड़ी-घड़ी आकर उनसे लिपट जाते थे।

फिर एक दिन वह भी थक-हारकर बीबी की तरह क़ालीन बिछे हुए तख़्त पर लेट जाएगी और बिलगरामी पेंशन लेकर नाना हज़रत की तरह गाजर का मुरब्बा बनाया करेगा। उसकी बला से, वह मुरब्बे में किशमिश डाले या खोपरा...वह तो बीबी की तरह हर बात से बेपरवाह पड़ी रहेगी।

अगर उसने बिलगरामी के साथ शादी के ख़्वाब न देखे होते तो भान साहब की तरह उसे भी भूल जाती मगर अब तो बाक़ायदा रंडापे का सोग मनाने के लिए उसने दुनिया त्यागने का इरादा कर लिया था क्योंकि आज...सिर्फ़ चौदह बरस की उम्र में उसका सुहाग उजड़ गया था।

आईने में बड़े ग़ौर से उसने अपनी सूरत देखी। रोने की वजह से गाल सुर्ख़ अँगारा बन गए थे, बाल चुड़ैलों की तरह बिखरे हुए। ग़ज़ल को ऐसा लगा जैसे उसके दाँत भी टूट गए हैं और बाल सफ़ेद हो चुके हैं। बेवाएँ तो ऐसी ही होती हैं। फिर उसके हाथों की चूड़ियाँ बज उठीं। उसने पत्थर से अपनी चूड़ियाँ तोड़ डालीं और बड़ी देर तक ढूँढ़ने के बाद अम्माँ के सन्दूक में एक सफ़ेद साड़ी और स्याह ब्लाउज़ मिल गया।

उस रूप में जब उसने आईना देखा तो रो पड़ी, हाय अल्लाह! कोई बेदर्द उसे पुरसा देने भी तो न आया...उस पर हँसनेवाले सब कहाँ चले गए... अम्माँ...अम्माँ होतीं तो उसके ग़म में छाती पीट लेतीं। सिर्फ़ चौद्रह बरस की उम्र में बेवा हो गई...!

न जाने उसके रोने में कितना दर्द था कि साया अन्दर आई और उसे गले से लगाकर समझाने लगी, “रो-रोकर मर जाएगी क्या? तेरा अब्बा तो हमेशा ही मारा करता है!”

साया के मुहब्बत-भरे अलफ़ाज़ ने उसके सुलगते हुए सीने पर ठंडा पानी डाल दिया। वह जाने कब तक साया के सीने से लगी बैठी रही। जाने कब उसके हाथ-पाँव ठंडे होने लगे और वह लाश की तरह पलंग से नीचे लुढ़क गई।

बीबी के यहाँ ख़बर पहुँची तो वाहिद हुसैन घबराए हुए आए।

उन्हें ग़ज़ल से शदीद नफ़रत हो चुकी थी मगर उसको मरते हुए भी न देख सके। डॉक्टर आया...साया ने दवा पिलाई। वह होश में आई तो बीबी और फ़ौज़िया उसे देखने आईं।

दुनिया मुँह मोड़ ले मगर बीबी के तो पेट की आग थी। मरी बेटी की

निशानी! उनकी दोनों बेटियाँ एक-एक साँप जनकर उनके लिए छोड़ मरी थीं। ग़ज़ल को उन्होंने यों देखा, जैसे पहली बार क़ब्र पर फूल चढ़ाने आई हों।

फ़ौज़िया जितनी देर बैठी रही, बात-बात पर क़हक़हे लगाती रही।

उसकी ख़ूबसूरत आँखें, सेहतमन्द जिस्म और बेचैन हाथ हँसी के मारे खिले जा रहे थे जैसे वह रोना ही न जानती हो।

बीबी उस घड़ी को कोसने लगीं, जब यह सब्ज़-क़दम दामाद उनके घर आया था। अल्लाह जाने किस रंडी की कोख से पैदा हुआ था कि बेटी की कमाई खाता था। उस दिन बीबी और हुमायूँ में फिर एक ज़बरदस्त लड़ाई हुई। बीबी ने अपनी बेटी की कमाई खाने के ताने दिये और उसने बेटी के जहेज़ में धोखा देने का इल्ज़ाम लगाया, और फिर वाहिद हुसैन और अहमद हुसैन की ऐयाशियों के बखान किये कि ऐवाने ग़ज़ल में जितने शायर गुज़रे, सब रंडियों की औलाद थे, जिन्होंने सिवाए इश्क़बाज़ी के दूसरा कोई काम नहीं किया।

इस तू-तू मैं-मैं के बाद ग़ज़ल के लिए फिर ऐवाने ग़ज़ल के दरवाज़े खुल गए क्योंकि उस वक़्त वह नानी से लिपटकर ख़ूब रोई और बाद में लँगड़ी फूपो और मुमानी बेगम के सामने रो-रोकर अपनी मज़लूमी की कहानी सुनाई कि सारा क़सूर अब्बा का है जो ज़बरदस्ती उसे हर जगह भेजा करते थे। फिर उसने बिलगरामी का क़िस्सा सुनाया, जिस पर लँगड़ी फूपो ने उसके एक धमोका रसीद करके चुप कराया। और मुमानी बेगम ने रो-रोकर बीबी से कहा, "बीबी, ख़ुदा के लिए ग़ज़ल की ज़बान बन्द करवाइए। अभी फ़ौज़िया को उठाना है।"

और उस दिन से बीबी की हिदायत पर न सिर्फ़ वह इन क़िस्सों को ज़बान पर न लाई बल्कि भूल जाने की कोशिश भी करती रही।

फिर जब बाद में फ़ौज़िया ने मैट्रिक पास किया तो बीबी के यहाँ बड़ी शानदार दावत हुई। ग़ज़ल तो बिलगरामी के सोग में पड़ी थी मगर लोगों को यह बात थोड़ी बताना थी।

मजबूरन उसने एक सादा साड़ी पहनी और लँडूरे हाथ-कान लिए चली गई। बहुत-सी औरतों के हुजूम में उसे वहशत होती थी। चीख़-पुकार, लड़ाइयाँ, फ़जीते और एक-दूसरे से जलने का अन्दाज़। वह मर्दों की महफ़िलों का खुलूस और ख़ुशदिली यहाँ बिलकुल न मिलती। वहाँ ग़ज़ल कैसे हाथोहाथ ली जाती थी लेकिन शादी-ब्याह की महफ़िलों में औरतें उसे यों देखती थीं जैसे वह भी नुमाइश में रखे हुए बच्चे की तरह दस सिर और बारह हाथ लेकर पैदा हुई है।

चाँद आपा दो महीने तक अनन्तगिरी सैनीटोरियम में रहकर आई थीं मगर उन्होंने अभी तक संजीवा का इन्तज़ार नहीं छोड़ा था। ग़ज़ल सोचती, ऐसे-ऐसे

ख़ूबसूरत मर्दों को नज़रअन्दाज़ कर देनेवाली चाँद आपा ने कैसे संजीवा के लिए ख़ुद को मिटा दिया!

यह कौन-सा जज़्बा होता है?

ग़ज़ल को भी भान मामा अच्छे लगते थे। बिलगरामी को उसने अपना सब कुछ सौंप दिया। इसके बावजूद बिलगरामी की याद उसके सीने में कभी धमोके न लगाती थी बल्कि अब तो उसका जी चाहता था कि बिलगरामी आए तो उसके मुँह पर थूक दे।

अभी मेहमान आना शुरू नहीं हुए थे। चाँद आपा अपने कमरे में आरामकुरसी पर लेटी हुईं कोई अंग्रेज़ी नाविल पढ़ रही थीं। उनकी सूरत कितनी बदल गई थी! वह छोटा-सा तंग ब्लाउज़, जिसके अन्दर से उनका सीना उबला पड़ता था और गोलाई ग़ज़ब ढाती थी, अब उनकी सूखी बाँहों में लटक रहा था। वह अपने हुस्न का एक साया-सी बनकर रह गई थीं। सूखे ख़ुश्क बालों की एक मरी चुहिया जैसी चोटी लटक रही थी। गालों में गड्ढे पड़ गए थे और सुनहरी सेब जैसी रंगत ज़र्द हो चुकी थी।

आनेवाली बीबियाँ सख़्त हैरानी से कभी चाँद का बे-मेकअप वाला बदरौनक़ चेहरा देखतीं, कभी रंग और शादाबी में डूबी हुई ग़ज़ल को देखकर साथ वाली के कान में झुक जातीं, "अजी, याँ का तो आवे का आवा ही बिगड़ा हुआ है।"

"ऐवाने ग़ज़ल में हमेशा ही ऐसे खेल खेले गए।"

"इतनी कमाई आती है, जभी तो ऐसी शानदार दावतें होती हैं!"

चाँद आपा तो थककर एक जगह बैठ गई थीं इसलिए उन्होंने कुछ न सुना मगर ग़ज़ल को तो बहुत-से कामों के लिए इधर-उधर आना-जाना पड़ा। बीबियाँ बड़े इश्तियाक़ से उसे पास बुलाकर देखतीं, "यही है मिसकीन अली शाह की पोती...ग़ज़ल...?"

"हाँ, यही है मशहूर स्टेज-अदाकारा बेबी ग़ज़ाला!"

"अब तो शायद मिस ग़ज़ाला हो गई हैं।"

"मुमकिन है, मिसेज़ ग़ज़ाला भी हों!" फिर सब हँसने लगीं।

"अजी बीबी, ये हाथ-कान नंगे करके क्यों आई हैं आप?...यह भी कोई फ़ैशन निकला है क्या?"

"तो क्या शरीफ़ बीबियों में भी मुँह पर चूना लगाकर मटकने का इरादा है?"

ग़ज़ल का जी चाहा कि वह चाँद आपा की तरह टी.बी. के सारे स्टेज एक छलाँग में पार कर जाए। छत गिर पड़े या क़यामत आ जाए, मगर कुछ न हुआ।

उकताकर वह ख़ुद भागी चाँद आपा की पनाह में...जी चाहा, उनसे लिपटकर ख़ूब रोए जैसे सारे ख़ानदान के जनाज़े सामने रखे हों।

आज बहुत दिनों बाद चाँद आपा ने उससे बातें कीं। भारत कलामंडल का हाल पूछती रहीं। ग़ज़ल ने उनसे कुछ न छुपाया। भान साहब की दस्त-दराज़ियों से लेकर बिलगरामी की बेवफ़ाई तक सब हाल सुना डाला।

"जी चाहता है चाँद आपा, बिलगरामी मिल जाए तो उसकी बोटियाँ कर डालूँ," उसने बेहद ग़ुस्से से कहा।

"हूँ...," चाँद आपा ने किसी गहरी सोच में डूबकर कहा, "यह अच्छा हुआ कि तुमने बिलगरामी के हवाले सिर्फ़ अपना बदन ही किया था और कुछ न दिया...।"

ग़ज़ल की समझ में ख़ाक न आया कि वह क्या कह रही हैं!

"वरना मेरी तरह दोहरी आग में जलतीं..." वह कहे गईं। "मैंने कितनी बार इल्तिजाएँ कीं मगर उसने मुझे कभी न छुआ...और फिर भी वह मेरा सब कुछ ले गया...!"

"क्या सचमुच...?" ग़ज़ल सख़्त हैरान थी कि कोई ऐसा भी मर्द हो सकता है जो चाँद आपा जैसी ख़ूबसूरत औरत को छुए बग़ैर चला गया!

"हाँ!...जाने वह कैसा था...उसे मुझ पर भरोसा ही न था...।"

आज उलटी बात हुई। चाँद आपा ख़ुश्क आँखें लिए बैठी थीं और ग़ज़ल सिसक-सिसककर रो रही थी। चाँद आपा समझीं, वह अपनी महरूमियों पर रो रही है।

"मैं तो सिर्फ़ छब्बीस बरस में मौत के किनारे खड़ी हूँ लेकिन ग़ज़ल तू भी ख़ुद चलना छोड़ दे। अपनी तक़दीर ख़ुद बनाने का हौसला हर औरत में नहीं होता। इसलिए अपनी बागें बीबी के हाथों में थमा दे, वरना राशिद मामूँ और ख़ाला पाशा तुझसे अपनी कामयाबियों के ताले खोलेंगे और तुझे फेंक देंगे।"

ग़ज़ल की समझ में कुछ न आया। वह चाँद के काँपते हुए होंठ देखती रही। उनका चेहरा सफ़ेद कपड़े की तरह सिलवटों-भरा हो गया था और बड़ी-बड़ी सुनहरी आँखें स्याह हलक़ों में यों चमकती थीं जैसे डूब रही हों।

घर आकर ग़ज़ल ने पहला काम यह किया कि बिलगरामी का सोग झटककर रंगीन भड़कदार कपड़े पहन लिए।

बीबी के यहाँ बड़ा हंगामा मच रहा था। चाँद और ग़ज़ल का हश्र देखने के बाद रज़िया और बीबी के लिए फ़ौज़िया सीने का पत्थर बन गई थी और वह किसी तरह जल्दी से उसकी शादी करना चाहती थीं। जब देखो, रज़िया,

राशिद और वाहिद हुसैन बैठे खुसर-फुसर कर रहे हैं। एक तो फ़िज़ा बहुत ख़राब हो रही थी। सुना है, रज़ाकारों से इंडियन यूनियन की फ़ौजों की झड़पें होने लगी थीं।

और क़ासिम रिज़वी ने ऐलान कर दिया था कि वह मैदानों में लड़ने को तैयार हैं। आला हज़रत इत्तिहाद-उल-मुसलिमीन की ताक़त से घबराकर कोई समझौता करना चाहते थे। इधर तो राशिद को बाहर की हज़ार परेशानियाँ लगी थीं और उधर लड़कों के पैग़ामोंवाले सुर्ख़ लिफ़ाफ़े इधर से उधर सरकाए जाते थे और फिर एक दिन फ़ौज़िया की क़िस्मत का फ़ैसला हो गया। सुना था कि लड़का लंदन से डॉक्टरी की डिग्री लेकर बस अभी-अभी प्लेन से उतरा था और फिर बाप की ख़ानदानी जायदाद थी। बहुत बड़े लोग थे। सिर्फ़ पचास हज़ार घोड़े-जोड़े और एक मकान और चालीस तोले सोने पर बात पक्की हो गई थी।

रज़िया और राशिद बैठे ख़ुद ही अपनी क़िस्मत पर रश्क़ कर रहे थे।

मंगनी की रस्म के लिए लँगड़ी फूपो ने कोई सौ ख़त तो रिश्तेदारों को लिखवाए। ये सब वे लोग थे जो इस ख़ानदान की लड़कियों पर नाम धरते थे। अब उसी ख़ानदान की एक सावित्री कैसी ऊँची जगह ब्याही जा रही थी, लँगड़ी फूपो यह ऐलान करना चाहती थीं।

वाहिद हुसैन अपनी शायरी छोड़छाड़ इन ख़तों को लिखते और फिर वह घर की पूरी मजलिस में पढ़कर सुनाया जाता। फिर मजलिस ख़ुद ही फ़ैसला करती कि कौन-सा जुमला किस रिश्तेदार के लिए ग़ैर-ज़रूरी था, किस तरह ख़िताब करना चाहिए! मुहब्बत और दावत का इज़हार किस अन्दाज़ में हो।

लँगड़ी फूपो चाहती थीं कि इस मौक़े पर उजाला बेगम भी अहमद हुसैन और नसीर के साथ आ जाए ताकि नसीर की पैदाइश से जो दूरी चली आ रही है, वह अब ख़त्म हो जाए। सुना था कि वह हरामी लौंडा तो अब बी. ए. पास जवान मर्द बन चुका था लेकिन उजाला बेगम ने क़सम खाई थी कि वह ऐवाने ग़ज़ल की चौखट नहीं उलाँघेगी क्योंकि वहाँ उसके दुश्मन बसते थे। यह बात पर से कौआ बनकर जब वाहिद हुसैन के कानों तक आई तो बस उन्होंने भी तय कर लिया कि अहमद हुसैन के यहाँ नहीं जाएँगे। अब सिर्फ़ बीमारी और मौत और किसी ख़ुशी के मौक़े पर रस्मी ख़तो-किताबत बाक़ी थी लेकिन लँगड़ी फूपो रत्ती-रत्ती की ख़बर रखती थीं कि अहमद हुसैन ने नसीर को भी हुकूमत करने के सब दाँव-पेच सिखा दिये हैं और उजाला बेगम ने उसके लिए बहुत-सी छोकरियाँ पाली थीं। इन छोकरियों की फ़ौज के बीच वह साँड बना शे'र कहता था। उजाला बेगम ने उसे ख़ासतौर पर शायरी का

शौक़ दिलाया था ताकि वह अपने ख़ानदान का फ़र्द लगे और राशिद की तरह ख़ानदानी रिवायतों को तोड़कर हरामी न कहलाए।

और जब यह ख़त औरंगाबाद गया तो उजाला बेगम ने जाने किस मक़सद से वह नसीर को भेज दिया।

अब फ़ौज़िया की रस्म में कोई और रिश्तेदार आए या न आए लेकिन सारा घर नसीर की आवभगत में लग गया क्योंकि वह पहली बार ताया अब्बा से मिलने अपने ख़ानदानी घर में आया था।

रज़िया का बस चलता तो उसका गला घोंटकर फेंक देती लेकिन ज़ाहिरी तौर पर बड़ी लल्लो-पत्तो करना पड़ी। इसलिए जब हुमायूँ ने ग़ज़ल को घर बुलवाया तो बीबी ने मना करवा दिया, "इतना काम-काज कैसे होगा? कम-से-कम ग़ज़ल ही घर में रहे।"

दिमाग़ में कोई रोशनी धक से कौंध गई और फैलने लगी। फिर सुर्ख़ रंग का एक दरिया-सा फूट बहा।

उसके झुके हुए रसीले होंठों को एक जगह क़रार ही न था। बैकग्राउंड में पाउडर लगे चेहरे की दिलकशी और उसके पीछे स्याह बालों की पहाड़ियाँ जिनके नीचे सुनहरे मोतियों के टॉप्स, झरनों की तरह रोशनी की धारियाँ टपका रहे थे और आँखें...आँखें...वहशी ग़ज़ाली आँखें...जादू-भरी मासूम...बेरहम और लापरवाह आँखें...सिर्फ़ आँखें ही नसीर के तसव्वुर में न आती थीं... वह बेहद ख़ूबसूरत तो न थी...मगर उसके बादामी रंग में कशिश थी या तनी हुई भौंहों में...आँखें तो कटे हुए चाँद की तरह अधखुली रहती थीं—उभरे हुए पपोटों तले दबी-दबी। पहली नज़र में यों लगता जैसे वह आँसू पोंछकर आई हो, मगर उसके मुसकराते हुए लबों ने हमेशा उसकी आँखों को झूठा ठहराया।

अन्दर कमरे में चीनी के बरतन से टूट रहे थे।

क़ालीन पर बैठी वे सब जाने किन-किन बातों पर हँस रही थीं। शायद-बातचीत उसी मौज़ूअ पर हो रही होगी।

जिस दिन से वह यहाँ आया था तो शाहीन ने ख़बरदार कर दिया था कि शहर की सड़कों पर साइकिल मत चलाना और ग़ज़ल से दोस्ती मत बढ़ाना क्योंकि सड़क पर साइकिल चलाने और ग़ज़ल से दोस्ती की चन्द हदें हैं और दोनों को न जानने की सूरत में जान की ख़ैर नहीं।

नसीर, भाई तो राशिद का था लेकिन वह एक ही दिन में न सिर्फ़ शाहीन का भाई बन गया बल्कि दोनों में बेहद दोस्ती भी हो गई। नोंक-झोंक और

नौजवान लड़कों के पुरअसरार राज़-भरे मज़ाक़। सब ही मरहले उन्होंने तय कर डाले। शाहीन ने दो-तीन दिन ही में उसे उस्मानिया यूनिवर्सिटी से लेकर गुंडीपेट तक दिखा डाला था और वे लोग रोज़ाना बम्बई टाकीज़ की 'क़िस्मत' में बुड्ढी मुमताज़ शांति को देखते-देखते तंग आ चुके थे। इसलिए नसीर ने उन चीज़ों को छूने का फ़ैसला कर लिया था जिनकी मनाही थी। वैसे भी उसे यक़ीन था कि इन बातों में कोई अहमियत नहीं है। शाहीन उसे बिलकुल ही गाँव का गँवार समझकर बनाने की कोशिश करता है। बेचारा समझता होगा कि नसीर ने कभी हैदराबाद नहीं देखा तो दुनिया ही नहीं देखी। अब वह शाहीन को क्या बताता कि उसने दुनिया में क्या-क्या देख डाला है! दुनिया का हर मज़ा चख चुका है। वह तो हर छुट्टी में बम्बई जाता था—मौज मनाने क्योंकि अब्बाजान यह चाहते थे कि वह ऐश करना सीखे। ख़ुद अम्माँजान भी उसकी रंगरेलियों पर ख़ुशी के मारे हँस पड़तीं। और फिर बनावटी ग़ुस्से से भौंहें सिकोड़कर कहतीं, "उजाड़-सूरत, आख़िर गया न बाप की चालों पर!"

मगर अम्माँजान को उसका बाहर घूमना पसन्द नहीं था क्योंकि उन्हें अपनी ख़ानदानी रिवायतों से प्यार था। उन्हें मर्दाना हिस्सा हू-हक़ नाच-रंग की महफ़िलों से आबाद बहुत अच्छा लगता था। इसलिए उन्होंने लौंडियों-छोकरियों की पलटनें ड्योढ़ी में हर तरफ़ खड़ी कर दी थीं नसीर के लिए।

यह ड्योढ़ी औरंगाबाद के एक क़स्बे में थी, जहाँ रेल का एक छोटा-सा स्टेशन था। वहाँ से पटरियाँ ग़ज़ल के शहर तक आती थीं मगर नसीर उन पर कभी नहीं चला था, लेकिन अब उसने बी. ए. पास कर लिया था। अपने अब्बा के साथ शहर के मुशायरों में जाता था। अपनी जागीर का दौरा करता और गेहूँ के अकवे से लेकर औरत तक की असलियत से वाक़िफ़ हो चला था। यहाँ तक कि आज अम्माँजान और अब्बाजान को क़ायल-माकूल करके वह हैदराबाद भी आ गया था। मशहूर शायरों के शेरों में पैबन्द लगा-लगाकर उसने अपने शहर में काफ़ी शोहरत हासिल कर ली थी। उसके अब्बा इस बात पर निहाल थे, बल्कि एक ज़माने से उनका यह डर कि नसीर उनके बजाय ग़ुलाम रसूल का बेटा न हो, नसीर के शायराना शौक़ ने दूर भगा दिया था क्योंकि शायरी से अहमद हुसैन की नस्लों का ख़मीर उठा था। अब क्या शक है कि नसीर उनकी औलाद नहीं है!

और आज उसका शायराना मूड ज़ोरों पर था। वह ग़ज़ल के झुके हुए रसीले होंठों की तारीफ़ करना चाहता था। उसने पचासों लड़कियाँ देखी थीं, मगर यह लड़की उन सारी लड़कियों से अलग थी जो उजाला बेगम घेर-घारकर

उसके लिए इकट्ठी करती थीं। न जाने क्यों बिजली की तरह कौंधनेवाली इस लड़की से उसे डर भी लग रहा था और कोई कशिश उसकी तरफ़ खींचे भी लिए जा रही थी।

आज राशिद उससे बेतकल्लुफ़ी पैदा करने पर तुले हुए थे। बड़े-बुज़ुर्गों के अन्दाज़ में उससे मुस्तक़बिल के बारे में बातें कीं। फिर कुछ हँसी-मज़ाक़ भी हुए और एकाध बार उन्होंने हाथ पकड़के उसे धौल भी रसीद कर दी। बज़ाहिर तो वह राशिद भाई से मार-कुटाई में मसरूफ़ था लेकिन उसने तय कर लिया था कि आज ज़रूर वह ग़ज़ल से भी बेतकल्लुफ़ी बढ़ाएगा।

वरांडे में बैठे हुए राशिद भाई अपनी हाँके जा रहे थे और वह लगातार दो घंटे से बैठा इन्तहाई दिलचस्पी के साथ कभी सीमेंट के मुनाफ़े का हाल सुन रहा था, कभी पैट्रोल में घाटे का।

और फिर एकदम मुसकरा पड़ा जैसे दवाओं के कारोबार में अचानक पौ-बारह हो गए हों...सामने खड़ी ग़ज़ल को देखकर उसका जी चाह रहा था कि हाथ पकड़कर कह दे—आज तुम मुझे बहुत अच्छी लग रही हो!

और वह सचमुच घबराकर खड़ा हो गया।

"क्या हुआ?" दवाओं के ढेर तले से हाँफते हुए राशिद भाई ने घबराकर पूछा।

"कुछ नहीं...।" इस तरह अचानक खड़े हो जाने पर वह शर्मिंदा-सा हो गया और ख़्वाहमख़्वाह कपड़े झटकने लगा, "शायद किसी मकोड़े-वकोड़े ने काट लिया!"

"क्या हुआ...? क्या हुआ" एकदम जाने कहाँ से लोग निकल पड़े। हँसती-मुसकराती लड़कियों का हुजूम दालान में इकट्ठा हो गया। एक-दूसरे को ढकेलती वे सब कपड़े झाड़ते हुए नसीर को यों देख रही थीं जैसे उसकी आस्तीन से साँप निकलनेवाला हो। फिर उन सबके दरम्यान दो झुके हुए होंठ खुले, "क्या हुआ?"

"आज तुम बहुत अच्छी लग रही हो।" मगर वह यह बात फिर न कह सका।

"तो ख़ैर, फ़र्ज़ करो कि हमारा मुआशी मुक़ातआ (आर्थिक सम्बन्ध-विच्छेद) न हो, तब भी एक साल तक मैं सीमेंट का घाटा बर्दाश्त कर सकता हूँ।" राशिद भाई ने नया सिगरेट सुलगाकर फिर बातों का सिलसिला जोड़ा।

लेकिन मैं अब एक मिनट के लिए भी कोई घाटा बर्दाश्त नहीं कर सकता—नसीर ने सोचा।

अभी-अभी जहाँ लड़कियाँ खड़ी थीं, वहाँ रंगीन धब्बे नाच रहे थे और नीले फूलोंवाले परदे को क़रार ही न था। कभी-कभी जब हवा का झोंका परदे को ज़रा-सा हिला जाता था तो गोरे-गोरे नरमो-नाज़ुक पाँव इधर-उधर दौड़ते नज़र आते। जिसे देखो, उसी कमरे में खिंचा जा रहा है। किसी नौकर के हाथ में फूलों की टोकरियाँ हैं, कहीं कपड़ों पर इस्तरी होकर आ रही है। बीबी एक तरफ़ बैठी नारियल, मिस्री और पानों के बीड़े कश्तियों में सजा रही थीं। लँगड़ी फूपो मर्दाने की तरफ़ लाठी थामे बावर्चियों की निगरानी में मसरूफ़ थीं। अभी मेहमानों के आने में बहुत देर थी। इसके बावजूद मुहल्ले के बच्चे गेट पर बजती हुई नौबत को सुनने इकट्ठे हो चुके थे और किवाड़ों-खिड़कियों में खड़े बड़ी दिलचस्पी से अन्दर का तमाशा देख रहे थे।

नसीर का जी चाह रहा था—बार-बार कमरे में दौड़नेवाली उस छोटी-सी बच्ची को गोद में उठा ले जिसकी नाक बह रही थी और उसके गन्दे कपड़े कीचड़ में सने हुए थे। फिर जब वह उस मुन्नी-सी बच्ची को पकड़ने लपका तो जाने कैसे परदा उसके सिर में उलझ गया और उसकी निगाह ख़ुद-ब-ख़ुद उधर उठ गई, जहाँ फ़र्श पर वह लड़कियों के दरम्यान बैठी थी और कान के पास एक झुमका रखकर पूछ रही थी, "मैं कैसी लग रही हूँ?"

"आज तुम बहुत अच्छी लग रही हो!" मगर यों सबके सामने कैसे कह देता।

"अजी बीबी...फ़ौज़िया को सुर्ख़ कतान की साड़ी पहना दूँ?" रज़िया हैरान-परेशान-सी सास के पास खड़ी पूछ रही थी।

"ग़ज़ल कह रही है, गुलाबी जार्जेट की साड़ी पहनाओ।"

फ़ौज़िया को देखने समधिनें आ रही थीं। इसलिए उसे सजाने-सँवारने का मसला बड़ी अहमियत रखता था। ग़ज़ल ने उसे सँवारने का ज़िम्मा लिया था। वह हर-हर जाविये से फ़ौज़िया को सजा रही थी। साथ ही लड़कियों में कहकहे भी बाँटती जाती।

लड़कियों को सजाना भी कितनी हिमाक़त है, जैसे जलती हुई शमा पर गिलाफ़ चढ़ा दिया जाए, और फिर फ़ौज़िया इतने बनाव-सिंगार के बावजूद ग़ज़ल के सामने यों टिमटिमा रही थी जैसे दोपहर के वक़्त चिराग जल रहा हो। कहीं वे लोग फ़ौज़िया के बजाय ग़ज़ल का इन्तख़ाब न कर लें! नसीर ने इस ख़तरे से ग़ज़ल को आगाह करना चाहा। उस एक लम्हे में वह कितनी ज़ोर-ज़ोर से चिल्लाया—हैलो...हैलो...!

और फिर उसने सारी दुनिया के टेलीग्राफ़ ऑफ़िस खटखटा डाले। सब रेडियो-स्टेशनों ने यह ख़बर ब्रॉडकास्ट की मगर ग़ज़ल ने फिर भी न सुनी।

जब लड़कियाँ हँस रही हों तो रोशनी की क्या ज़रूरत है! इसके बावजूद रज़िया ने ऐन उनके सिरों के ऊपर आज वह फ़ानूस जलाया था जो वह जहेज़ में लाई थी। नीचे क़ालीन पर ज़ेवरों के डिब्बे, चूड़ियाँ और तरह-तरह की साड़ियाँ खुली पड़ी थीं। इन रंगीनियों के बीच में बैठी वह हँसे जा रही थी। कितने दिनों के बाद आज ग़ज़ल को हँसने का मौक़ा मिला था। वह चाहती थी कि आज अपने-आपको भूल जाए। बस, फ़ौज़िया ही को देखे जाए।

नसीर ने सोचा कि किस जाहिल ने उसका नाम ग़ज़ल रखा है? वह तो ख़य्याम के पूरे दीवान में भी नहीं समा सकती। उसके जिस्म का हर-हर अंग इतना ख़ूबसूरत और कटा-तराशा है कि हरेक पर शायरी की जा सकती है।

और फिर वह सोचने लगा कि आज से हज़ारों साल पहले जब किसी शायर ने पहला शे'र कहा होगा तो उसने ग़ज़ल ही का तसव्वुर किया होगा! ऐवाने ग़ज़ल की दीवारों से लगे सारे बूढ़े शायर जैसे ग़ज़ल ही का इन्तज़ार करते-करते मर गए थे। आज तक शायरी सिर्फ़ उसी की तलाश का नाम है। वह बैठे-बैठे थक गया। इस लम्बे सफ़र को याद करके उसके हाथ-पाँव दुखने लगे। बेशुमार शायरों के दीवान उसके सामने खुले पड़े थे। जंगल-जंगल भटकने से अपनी शौक़ पर उसे ख़ुद हैरानी हो रही थी जैसे वह ख़ुद ही था, जिसने सदियों की दूरी इन जुल्फ़ों की ठंडी छाँव के इन्तज़ार में ही गुज़ार दी थी। ग़ज़ल की एक निगाह की ख़ातिर सैकड़ों जून बदले। उम्मीद का दीया पकड़े नगर-नगर उसे ढूँढ़ता फिरा और सदियों का सफ़र तय करके उस कमरे के सामने आ बैठा है जो ग़ज़ल से सिर्फ़ तीन ग़ज़ के फ़ासिले पर था।

चुनाँचे इतनी देर में एक ज़ोरदार ग़ज़ल तैयार हो गई जिसे पेंसिल से सिगरेट की डिबिया पर लिखकर वह राशिद भाई को सुनाने पर तुल गया। उन्होंने भी तो ईंट-पत्थर के ब्यौपार में उसकी हमदर्दियाँ बटोरी थीं मगर इससे क्या होता, वह लाख चीख़-चीख़कर उसकी तारीफ़ करता रहा। राशिद भाई ने भी कड़क-कड़ककर दाद दी। इसके बावजूद अन्दर कमरे में किसी को फ़ुरसत न मिली कि उसके शेरों पर दाद देता। वह तो एक-एक ज़ेवर अपने चेहरे पर रखकर देखती और फिर फ़ौज़िया के चेहरे पर लगाती।

लड़कियाँ इसलिए खूबसूरत होती हैं कि वे हँसती रहती हैं। इसके ख़िलाफ़ मर्दों को हँसने के लिए कितनी जुस्तजू करना पड़ती है। लतीफ़ों और ताज्जुबखेज़ ख़बरों का कुआँ खोदना पड़ता है। तब कहीं कोई क़हक़हा उबलता है। इधर लड़कियाँ हैं कि एक अँगूठी की डिबिया खोलकर इतनी ज़ोर-ज़ोर से हँसती हैं कि शायर अपनी ग़ज़ल सुनाना भूल जाए। राशिद भाई ब्लैक में ख़रीदी हुई

दवाओं की वैगनें लिए खड़े थे मगर नसीर को होश ही कहाँ था कि उनके सिर से यह बोझ उतारता! ख़ुद उसके ऊपर कोई सैकड़ों मन वज़नी पत्थर औंधा गया था।

लड़कियों की हँसी और बढ़ गई, जैसे धीमे-धीमे बरसते-बरसते मूसलाधर बारिश होने लगे। आदमी चाहे तो एक अँगूठी को देखकर तसव्वुर में एक बारात ले आए। उस वक़्त फ़ौज़िया के आसपास बैठी हुई लड़कियाँ भी उन लम्हों में खो गई थीं जब कोई अँगूठी लेकर उनका हाथ थामेगा और बचाव के तमाम रास्ते बन्द हो जाएँगे।

नसीर ने एक बार फिर सीमेंट के थैलों और दवाओं की पेटियों को हटाकर परदे के पीछे देखना चाहा।

अब तक वह यक़ीनन झुमके पहन चुकी होगी!

और जब वह सुराहियों के पास खड़ा आँखें फाड़े उसे देख रहा था तो वह जाते-जाते रुक गई।

"आपको क्या चाहिए?" उसने नसीर को इतना परेशान देखकर पूछा और वह जाने क्यों घबरा गया। उसकी बदहवासी पर ग़ज़ल को इतने ज़ोर की हँसी आई कि इधर-उधर जाते हुए लोग ठहर गए और वह घबराके शाहीन का कमरा ढूँढ़ने लगा।

आधी रात को वह शाहीन के कमरे से सोते-सोते उठा और बाग़ की सीढ़ियों पर बैठ सिगरेट पीने लगा।

आधी रात का चाँद बीच आसमान पर चमक रहा था। हवा बिलकुल बन्द थी। गरमी के मारे साँस घुटी जाती थी। आँगन सूना पड़ा था, बच्चे सो चुके थे। बिरियानी और बघारे बैगन और मुर्ग के डोंगे फ़र्श पर से उठा लिए गए थे। अब सारे घर की औरतें उस कमरे में घुसी हुई थीं, जहाँ फ़ौज़िया की होनेवाली सास-ननदें उसकी रग-रग टटोलकर देख रही थीं। लेन-देन पर भाव-ताव हो रहा था। राशिद, वाहिद हुसैन और शाहीन शायद सो चुके थे। "आप उठ गए...मैं उस वक़्त से तीन बार कमरे में आ चुकी हूँ।" नसीर ने चौंककर देखा। सामने ग़ज़ल खड़ी थी। बनी-सँवरी, आँखों में नींद का खुमार लिए।

"आप...आप मेरे कमरे में आई थीं...? सच...?"

"हाँ...आपने खाना जो नहीं खाया...मुमानी बेगम ने कह दिया है कि जब तक आप खाना न खा लें, मैं आज नहीं सो सकती।"

"तो फिर आइए—यहाँ बैठकर जागेंगे आज की रात!" उसे हँसी आ गई।

"क्यों...! आप खाना नहीं खाएँगे?" ग़ज़ल घबरा गई।

"क्यों खाऊँ मैं खाना...यहाँ किसे परवाह है मेरी?" उसने बनावटी ग़ुस्से से कहा।

"क्यों...? क्या हुआ?" ग़ज़ल चौंक पड़ी। वह उजाला बेगम और वाहिद हुसैन के सारे इख़तिलाफ़ात से वाक़िफ़ थी। (नसीर के आने से पहले घर में एक बाक़ायदा मीटिंग हुई थी जिसमें तय किया गया था कि नसीर की बेहद आवभगत की जाएगी और बहुत इज़्ज़त और शानो-शौकत के साथ रखा जाएगा।)

"अब यही देखिए कि मुझे आए आज चार दिन हो गए, लेकिन आपने मुझसे बात तक नहीं की।"

'हाँ, यह तो सही है।' ग़ज़ल ने सोचा। उसने जान-बूझकर नसीर को नज़रअन्दाज़ किया था क्योंकि वह अपनी सामाजिक हैसियत से वाक़िफ़ हो चुकी थी। इसलिए ख़ानदानवालों के आगे वह जितनी कम आए, उतना ही अच्छा था। सुना है, उजाला बेगम तो बात का बतंगड़ बनाने में उस्ताद हैं।

"मैं?" उसने ताज्जुब से कहा। "मेरा क्या है? आपकी ख़ातिर-तवाज़ो करनेवाले तो राशिद मामूँ हैं, मुमानी बेगम हैं, शाहीन हैं! हम ग़रीब लोग अपने घर आपको क्या बुलाएँ...क्या दिखाएँ?" उसने बड़ी उदासी के साथ कहा।

"आप ग़रीब हैं?" नसीर ने चौंककर ताज्जुब से पूछा।

"मैंने तो आप जैसी अमीर लड़की पहले कभी नहीं देखी जिसके पास इतना रूप हो, इतना हुस्न, ऐसी बेपनाह कशिश!" वह सचमुच कहते-कहते सरशार हो गया।

दीवार को थामे हुए ग़ज़ल के हाथ ख़ुद-ब-ख़ुद नीचे गिर पड़े और वह जैसे किसी जादू से बेसुध होकर बोली, "मुझसे शायरी मत कीजिए। आज जाने कितनी नींद-सी आ रही है।"

"ऐसी की तैसी शायरी की...!" नसीर ने चिढ़कर कहा। "जाइए, आप सो जाइए...। जब आप होश में होंगी, तब मेरी बात सुन लेना।"

उसके पाँव पत्थर बन चुके थे मगर वह जाने किस तरह चलकर एक अँधेरे कमरे तक आई, जहाँ बचे हुए खाने की देगें, मीठे की जूठी प्लेटें और लुकमियों के टोकरे रखे थे। वहीं जूठे दस्तरख़्वानों के ढेर पर वह गिर पड़ी और कलेजा पकड़कर रोने लगी।

जाने क्यों अपनी तारीफ़ सुनते ही उस पर एक जादू-सा छा जाता था। कहनेवाले की आवाज़ पहले तो दिल में शहद घोलती और फिर अभी तक

प्यासी रहनेवाली ख़्वाहिशों का ज़हर उसकी रग-रग को जलाने लगता। पिछली हिक़ारतों और नफ़रतों की क़तार-सी सामने आ खड़ी होती और इतनी नफ़रत, इतने अँधेरे को देखकर वह रो पड़ती थी...अब क्या होगा?...अब वह मुझसे क्या कहेगा?

दूसरी रात फिर नसीर बाग़ की सीढ़ियों पर आ बैठा, मगर आज चाँद उसके बहुत पास सरक आया था और उसके कान में झुककर पूछ रहा था, "अब क्या इरादे हैं, नसीर मियाँ?"

अभी-अभी ग़ज़ल उसके पास से उठकर गई थी और नसीर को यक़ीन था कि बाग़ की तरफ़ से आनेवाली यह भीनी-भीनी मोतिया की ख़ुशबू दरअसल ग़ज़ल के तसव्वुर से आ रही थी। इन तीन घंटों में उसने ग़ज़ल से कितनी ही बातें कर डालीं। ग़ज़ल ने अपनी माँ की बेवक़्त मौत और बाप की बेरुख़ी से लेकर उन मर्दों तक का हाल सुनाया था जो उसे धोखा दे गए थे। इसके बावजूद नसीर ने उसका हाथ न छोड़ा और उसके साथ अपनी ज़िन्दगी का तमाम प्रोग्राम बना डाला। उसने ग़ज़ल को हर-हर रूप में देखा—उजाला बेगम की बहू के रूप में देखा, अपनी महबूबा के रूप में देखा, अपने बच्चों को गोद में लिए देखा। और फिर उसने वह अँगूठी उँगली से उतारकर ग़ज़ल को पहना दी जो उजाला बेगम के यहाँ ख़ानदान की बहू के हाथ में पहनाई जाती थी।

यह हीरे की अँगूठी उनके यहाँ सात पुश्तों से लड़के मुँह दिखाई में अपनी दुलहिन को पहनाते आए थे लेकिन वह एक बार भी अपनी जल्दबाज़ी पर न घबराया, अलबत्ता जब उसने अँगूठीवाले हाथ को अपने होंठों से लगाना चाहा, तो ग़ज़ल ने घबराकर हाथ खींच लिया, "मेरे पास मत आना!"

"क्यों?" उसने ज़बरदस्ती हाथ पकड़ लिया।

"क्योंकि तुम आग हो आग...मैं जल जाऊँगी।" उसने वाक़ई घबराकर कहा।

"तुम्हें इस आग में जलना अच्छा नहीं लगता?" उसने ग़ज़ल की आँखों पर झुककर कहा।

"तुमने कभी चरके खाए हों, तो मालूम हो कि जलना किसे कहते हैं!" उसने घबराकर मुँह दूसरी तरफ़ फेर लिया।

दूसरे दिन सुबह-ही-सुबह अज़ान से पहले वह नसीर के कमरे में आई। नसीर ख़ुशी के मारे उठ बैठा। शायद रात को वह हाथ छुड़ाके चली जाने पर पछताई हो, सारी रात सो न सकी हो।

"नसीर, मैंने सारी रात सोचा। बहुत ग़ौर किया...ऐसा लगा कि यह अँगूठी मुझे सचमुच तुम्हारा बना देगी...वह जैसा कहानियों में लिखा है न...!"

"नसीर को यों लगा जैसे वह ख़्वाब में बड़बड़ा रही हो।"

"क्या लिखा है कहानियों में...?"

"कि अँगूठी में किसी शहज़ादी की जान होती थी...और वह अँगूठी किसी दूसरे के पास चली जाती तो शहज़ादी मर जाती थी।"

"तो क्या हुआ?" उसने ग़ज़ल की कमर में हाथ डालकर अपने पास बैठा लिया, "तू क्यों घबरा रही है, पगली?"

"नहीं, अँगूठी तुम वापस ले लो, वरना बात बहुत आगे बढ़ जाएगी!" वह अँगूठी उतारने लगी।

"बात तो आगे बढ़ चुकी है। इस अँगूठी की क्या अहमियत है! मेरी तो जान पर बन आई है।"

ग़ज़ल घबरा गई। नसीर ने उसके कन्धे से अपना चेहरा रगड़ते हुए कहा, "अगर तुम मुझे न मिलीं तो मैं मर जाऊँगा। तू मुझे धोखा तो नहीं देगी न?"

और ग़ज़ल, जो मुहब्बत की ज़रा-सी नमी पाकर मिस्त्री की तरह पिघल जाती थी, पिघलने लगी। उसका अपना वजूद आहिस्ता-आहिस्ता मिटता गया और वह नसीर में समा गई।

नसीर की आँख खुली तो ज़िन्दगी की एक हसीन सुबह उसका स्वागत कर रही थी। न जाने कब ग़ज़ल उसके पास से उठकर जा चुकी थी, मगर तकिये पर उसके वजूद की गरमी बाक़ी थी। ख़ुशबू से बिस्तर महक रहा था, और उस ख़ुशबू ने नसीर के अंग-अंग में जाने कैसी मस्ती भर दी थी। वह उस अनोखी सरशारी से अभी तक वाक़िफ़ न था। उसे अपने ऊपर रश्क़ आ रहा था और शक भी हो रहा था। चूल्हे के पास दीवार को थामे ग़ज़ल खड़ी थी—बेहद थकी हुई, खोई-खोई। उसके परेशान बाल चेहरे पर उड़ रहे थे। आँखें सूजी हुई-सी थीं जैसे वह सारी रात रोती रही हो। वह उबलती हुई हाँडी पर नज़रें जमाए जाने क्या सोच रही थी। उफ़! कैसी बेपनाह कशिश थी उस लड़की में! मटियाले, बदरंगे कपड़ों में भी वह सोने की मूरत बनी दमकती थी...उसकी तरफ़ नज़र भरके देखते ही जाने नसीर को क्या हो जाता था। वह चौंककर सँभल गया। कहीं ऐसा न हो, वह सारे घर की मौजूदगी भूलकर ग़ज़ल की सारी उदासियाँ अपने होंठों से समेटने पहुँच जाए।

आज घर में सभी चुप-चुप थे। रात से चाँद की तबीयत बहुत ख़राब थी। फ़ौज़िया से लेकर वाहिद हुसैन तक उनके कमरे में डॉक्टर के साथ बैठे थे।

नसीर भी थोड़ी देर वहाँ बैठा लेकिन आज उसके दिल में ख़ुशियों के सोते-से फूट रहे थे इसलिए कमरे के तकलीफ़देह माहौल में वह ज़्यादा देर नहीं बैठ सका।

फिर अपने कमरे में आकर उस तकिये को सीने से लगाकर लेट गया जिस पर रात में ग़ज़ल ने सिर रखा था। क़िस्मत उसके लिए कैसा अनमोल हीरा लिए बैठी थी। इस बात की ख़बर कल शाम तक ख़ुद उसे भी न थी लेकिन अब इस राज़ को कैसे छुपाया जाए? ग़ज़ल तो हीरे की वह अँगूठी अपनी उँगली में चमचमाती फिर रही थी जैसे उसे किसी का डर ही न हो।

दोपहर में हुमायूँ ने आकर कहा कि आज ग़ज़ल को एक ड्रामे की रिहर्सल के लिए जाना है तो ग़ज़ल ने हुमायूँ के सामने नसीर से भी कहा कि वह भी रिहर्सल देखने ज़रूर आए। शाम को उसने नसीर के लिए ख़ुद शेरवानी पसन्द करके बक्स में से निकाली। उसके जूतों पर पालिश की और बड़ा इसरार किया कि वह ग़ज़ल का घर देख ले, जहाँ वह कप और शील्डें रखी थीं, जो उसने अदाकारी पर जीती थीं।

दूसरा दिन नसीर ने ग़ज़ल के यहाँ गुज़ारा। वे दोनों दिन-भर जाने किस-किस बात पर हँसते रहे और दोपहर को 'नजमा' देखने गए।

ज़मर्रुद महल की बालकनी में बैठे-बैठे ग़ज़ल को यों लगा, जैसे नसीर के साथ रहते हुए ज़माने बीत गए हों। नसीर के प्यार की गरमी उसके लिए बहुत पुरानी-सी बात हो चुकी थी। वह बिलकुल गृहस्थ बीबियों के अन्दाज़ में अपना आप उसके हवाले कर देती थी। उस बदन में क्या था जिसे बचाए-बचाए फिरती? उसने तो अपनी रूह पहली बार मर्द को सौंपी थी और उसके बाद हर चीज़ भूल जाना चाहती थी।

वे घर आए तो नसीर परेशान-सा था कि हुमायूँ उस पर कितना शक करेगा, मगर कुछ न हुआ। ग़ज़ल के हाथ में एक नई अँगूठी सबने यों नज़रअन्दाज़ कर दी जैसे यह कोई नई बात न हो।

दूसरे दिन जब वह उठकर दालान में आया तो शाहीन ने शेव करते-करते पलटकर उससे कहा, "अब तो आप एकाध महीना और ठहरेंगे?"

वह ख़िसियाकर हँसने लगा क्योंकि परसों शाम जब शाहीन ने बड़े इसरार से एक हफ़्ता और रुकने पर इसरार किया था तो उसने इनकार कर दिया था कि जाना बहुत ज़रूरी है लेकिन आज शाहीन जान चुका था कि वह किस चक्कर में फँस चुका है।

उसे शाहीन की चालाकी पर रश्क़ आ रहा था। शाहीन उसी की उम्र का होगा मगर यह शहरी लौंडे उड़ती चिड़िया के पर गिन लेते हैं।

"क्यों पक्की है न बात...? मिलाओ हाथ, यार!" शाहीन ने हँसकर हाथ बढ़ाया तो वे दोनों ख़ूब हँसने लगे।

राशिद और रज़िया फ़ौज़िया का जहेज़ ख़रीदने गए थे। चाँद अपने कमरे में पड़ी कराह रही थी। दालान के तख़्त पर फ़ौज़िया और लँगड़ी फूपो बैठी कपड़े काट रही थीं। नसीर की समझ में नहीं आ रहा था कि वहाँ कहाँ बैठे...अपने पास खड़ा देखकर लँगड़ी फूपो ने अपनी ऐनक ठीक की और वह घबरा गया।

अब उसके इश्क़ का नशा उतारा जाएगा। लँगड़ी फूपो अपनी नसीहतों का पिटारा खोलने ही वाली हैं।

"अजी नसीर बाबा, आप क्या खा रहे हैं? यहाँ आपको कुछ भी आराम नहीं मिल पा रहा है।"

"जी नहीं, फूपो। मैं तो मज़े में हूँ।"

"अजी फूपो! यह तो ज़रूरत से ज़्यादा ही मज़े में हैं...," शाहीन ने शेव करते-करते मुड़के कहा तो उसे फिर हँसी आ गई और मारने दौड़ा शाहीन को।

"क्या है की माँ! हम लोगाँ तो चाँद की वजह से परेशान हैं। मैं ग़ज़ल को बोली थी कि ज़रा नसीर बाबा के खाने-पीने का ख़याल रखो!" लँगड़ी फूपो ने कपड़ा तख़्त पर फैलाकर कहा।

"बस, यही आपने अच्छा किया!" शाहीन ने नसीर की तरफ़ देखकर कहा।

"ग़ज़ल ने इनकी बहुत ख़ातिर-तवाज़ो की है। क्या-क्या खिलाया है अब तक? अजी ज़रा फूपो को बताओ न, हज़रत।" और अपनी बात पर शाहीन ख़ुद भी नसीर के साथ हँसने लगा।

"चल, यह एक छिछोरा बच्चा है!" लँगड़ी फूपो ने हँसकर कहा।

"आपको क्या पसन्द है बोलो, मैं वही पकवाऊँगी?" लँगड़ी फूपो ने फिर कैंची हाथ में उठा ली।

"आहा...आहा...क्या अच्छी बात पूछी है फूपो आपने...," शाहीन उछल पड़ा। "देखो नसीर मियाँ, ऐसा मौक़ा फिर नहीं मिलेगा। हाँ, जल्दी बताओ, आपको क्या पसन्द है?"

"आप ख़ामोश बैठते हैं कि मैं आऊँ...?" नसीर शाहीन को मारने भागा और वे दोनों लड़ते-झगड़ते बाहर की तरफ़ भागे।

फिर नसीर ने एक महीना हैदराबाद में यों गुज़ारा कि दिन पर लगाके उड़ गए। उसने बाप की चोरी-छुपे अम्माँजान से एक हज़ार रुपए मँगवाए।

यों तो उजाला बेगम दमड़ी-दमड़ी पर जान देती थीं मगर उनका बेटा पहली बार हैदराबाद गया था, और वह चाहती थीं कि वाहिद हुसैन के सामने वह अपने ख़ूब ठाठ-बाट दिखाए। उसने ग़ज़ल के साथ टैक्सियों में ख़ूब सैरें कीं। उसके लिए तोहफ़े ख़रीदे। हुमायूँ कभी ज़्यादा दिनों तक ग़ज़ल को बीबी के यहाँ छोड़ने पर तैयार नहीं था लेकिन नसीर रोज़ शाम को हुमायूँ के यहाँ इतने तोहफ़े लेकर जाने लगा कि हुमायूँ ने ग़ज़ल पर सख़्ती छोड़ दी।

अब ग़ज़ल को अहसास होने लगा कि नसीर के साथ हैदराबाद में नहीं रह सकती। हर तरफ़ उसे जानी-पहचानी नज़रें दिखाई देतीं। लोग उसे नसीर के साथ देखते तो मुसकराने लगते। इसलिए उसने नसीर से कह दिया कि मैं कभी हैदराबाद नहीं आया करूँगी, बस वहीं कहीं अजन्ता के गारों की तरह वे भी एक कुटिया बनाकर रहा करेंगे। लेकिन नसीर अपना हाल सुनाना शुरू कर देता। एक छोटे-से क़स्बे का हाल, जहाँ पुराने ज़माने की एक अज़ीमुश्शान ड्योढ़ी है। उसमें नसीर की सख़्त-मिज़ाज अम्माँजान रहती हैं। उनकी इजाज़त के बग़ैर नसीर तिनका भी नहीं तोड़ सकता। वहाँ नसीर के खेत हैं जिनमें वह ग़ज़ल के साथ ट्रैक्टर चलाया करेगा। वहाँ के गाँवों में लोगों ने कभी पेस्ट्री नहीं खाई, स्टेज ड्रामे नहीं देखे। वहाँ बोट क्लब नहीं है और न बिलगरामी और भान जैसे सोशल वर्कर।

ग़ज़ल ने ये बातें सुनीं तो ख़ुशी से झूम उठी। ऐसी ख़ूबसूरत फ़िज़ा...! इतने सादा-मिज़ाज लोग! बोट क्लब और भारत कलामंडल की गन्दी फ़िज़ा से वह जगह कितनी मुख़्तलिफ़ होगी! वहाँ वह किसी के ऊपर बोझ बनकर नहीं रहेगी। उस घर में सब इज़्ज़त करेंगे...वह भी फ़ौज़िया की तरह दुलहिन बनकर वहाँ चली जाएगी।

एक दिन नसीर ने ग़ज़ल को लम्बे-लम्बे नाखूनों पर पालिश लगाते देखा तो हँसकर कहा, "औरंगाबाद जाने से पहले तुमको ये नाख़ून काटने होंगे! अम्माँजान को बड़ी घिन आती है लम्बे नाखूनों से!"

यह सुनकर ग़ज़ल को बड़ी हँसी आई। नाना हज़रत और बीबी को भी उसके और फ़ौज़िया के लम्बे नाखूनों से बड़ी चिढ़ थी।

"और वहाँ औरतें बेपरदा नहीं फिरतीं, न लिपस्टिक लगाती हैं।"

फिर एक दिन खाना खाते में नसीर ने पूछा, "तुम्हें बिरियानी पकाना आता है?" उस वक़्त नसीर को वह ख़ूबसूरत-सी दुबली-पतली लड़की याद आ रही थी जिसे बहू बनाने का ऐलान करते वक़्त अम्माँजान बार-बार यही कहती थीं कि "अजी, मेरा तो दिल नफ़ीस की सलीक़ामन्दी पर आ गया

है। क्या बताऊँ चची माँ, उस दिन मुर्ग की बिरियानी तो ऐसी पकाई थी कि उजाड़-सूरत बावर्ची शरमा जाएँ। ख़ुद नसीर को भी यह गोरी-गोरी बेवक़ूफ़-सी लड़की ख़ासी पसन्द थी लेकिन अच्छा हुआ कि अम्माँजान ने अभी वहाँ बाक़ायदा पैग़ाम नहीं भेजा था।"

"मेरे को तो कुछ भी पकाना नहीं आता।" ग़ज़ल ने बड़ी शान से कहा। चाँद आपा की सुहबत में वह इस बात को जान चुकी थी कि उसके ख़ूबसूरत हाथ रोटी पकाने और चूल्हा जलाने के लिए नहीं बने हैं।

"फिर तो हमारी अम्माँजान आपके औरत होने पर शक करेंगी।"

इस पर ग़ज़ल को भी हँसी आ गई।

नसीर के जाते वक़्त वे दोनों ख़ूब रोए। ग़ज़ल ने उससे बेशुमार वायदे लिए और उसने ग़ज़ल को ताकीद कर दी कि वह आइंदा किसी ड्रामे में काम न करे और बाक़ायदा परदा करने की आदत डाले क्योंकि उसकी अम्माँजान बेपरदा औरतों को रंडी समझती हैं।

जाने से पहले नसीर थोड़ी देर के लिए बीबी के पास आ बैठा और बीबी को सुना दिया कि अनक़रीब उजाला बेगम ग़ज़ल का पैग़ाम यहाँ भेजनेवाली हैं। बीबी ताज्जुब के मारे उछल पड़ीं! राशिद और रज़िया का ग़ुस्से और जलन के मारे बुरा हाल हो गया।

बिल्ली के भागों छींका टूटा! यहाँ तो किसी ने ख़्वाब में यह बात न सोची थी कि यह आवारा छोकरी उजाला बेगम की बहू बनकर राज करेगी। इस बात पर सबसे पहले इक़रार करनेवाले वाहिद हुसैन थे और सबसे बाद में रज़िया तैयार हुई। उसका जी चाह रहा था कि एक बार फिर नये सिरे से नसीर आए और वह ग़ज़ल को धक्का देकर फ़ौज़िया को उसके कमरे में भेज दे। हद हो गई...फ़ौज़िया के लिए कहाँ-कहाँ बड़ा घर ढूँढ़ा और मिला भी तो नौबढ़ा डॉक्टर जिसके मुतालबे कम ही न होते थे। इधर यह दुनिया-भर की ख़्वार-ख़राब छोकरी और उसने रज़िया ही के घर में बैठकर नसीर को छीन लिया!

दूसरे दिन ग़ज़ल अन्दर बैठी नसीर को याद करके रो रही थी तो जाने कैसे डगमगाते क़दमों से चलकर चाँद आपा आ बैठीं और अपना सूखा-मारा हाथ उसके कन्धे पर रखा, "नसीर को याद करना छोड़ दे गज्जो! बच्चों को चाँद किसने लाकर दिया है?"

ग़ज़ल चाँद की बात सुनकर चौंक पड़ी और उसने बड़े ग़ौर से चाँद को देखा।

"तुम मुझे पागल समझती हो...? लेकिन मेरा कलेजा दहल जाता है, जब सोचती हूँ कि तुम इतनी यादों को लेकर कैसे जियोगी?" उन्होंने थके हुए लहजे में कहा और उसके पास तख़्त पर आँखें बन्द करके लेट गईं।

यह चाँद आपा कैसी बदशगुनी की बातें करती हैं! ग़ज़ल को अब चाँद आपा से कोई हमदर्दी न रही थी। यह भी शायद मुमानी बेगम की तरह उसके नसीब जागने पर जल रही हैं।

"चाँद आपा, उन्होंने मुझसे वायदा किया है कि अपना कोई शे'र मेरे ज़िक्र के बग़ैर पूरा नहीं करेंगे।"

"हौली दीवानी!" चाँद आपा की मुसकराहट में नीम के पत्ते घुले हुए थे, "उनके शेरों की तकमील से क्या तेरी ज़िन्दगी सँवर जाएगी?" वह अपनी साँस ठीक करने के लिए रुक गईं। "ये आर्टिस्ट ऐसे ही लोग होते हैं, गज्जो! इन्हें किसी की दोस्ती या साथ नहीं चाहिए। ज़िन्दगी को ख़ूबसूरत बनानेवाली यादें चाहिए।"

ख़ैर, चाँद आपा कुछ भी बकती रहें लेकिन नसीर का ख़याल तो उसकी रूह में रच गया था और उसे यक़ीन था कि नसीर बिलगरामी नहीं है। यह तो उसकी क़िस्मत थी कि उसका दूल्हा इतनी बड़ी जायदाद का मालिक है, वरना वह तो ग़रीब नसीर को भी उसी तरह क़ुबूल कर लेती। नसीर ने कह दिया था कि उसे जहेज़ नहीं चाहिए...एक फ़ौज़िया थी कि उसका मियाँ छह-सात सौ रुपए कमानेवाला डॉक्टर था। इस पर ससुरालवालों की नाक सीधी न होती थी। मुमानी बेगम जहेज़ की फ़ेहरिस्त बढ़ाते-बढ़ाते थकी जा रही थीं। अभी उन्होंने डॉक्टरी की आला तालीम के लिए शाहीन को भी यूरोप भेजा था। अब वह बेटी की शादी पर ज़्यादा पैसा उठाने को तैयार नहीं थीं। फ़ौज़िया की सास कह गई थीं कि ज़ेवर चढ़ाना और वलीमा (विवाह-भोज) करना उन लोगों को रास नहीं है। इसलिए सिर्फ़ दुलहिन के कपड़े लाएँगी।

फ़ौज़िया ने अभी तक अपने होनेवाले दूल्हे की शक्ल नहीं देखी थी। इसके बावजूद सुनी-सुनाई बातों पर उसने न सिर्फ़ अपने दूल्हा की सूरत का तसव्वुर कर लिया था बल्कि उसकी आदत से भी पूरी तरह वाक़िफ़ हो चुकी थी।

"उन्हें मिस्सी पसन्द नहीं है। कह दिया है कि जलवे के दिन मेरे मिस्सी मत लगाना।"

"सुना है, गोश्त बड़े शौक़ से खाते हैं...फ़िज़ूलख़र्ची से बड़ी चिढ़ है... बड़े सफ़ाई पसन्द हैं...।"

वह ग़ज़ल को चुपके-चुपके सुनाती और फिर ख़ुद हँसने लगती थी।

फ़ौज़िया की बातें सुन-सुनकर ग़ज़ल अपने ख़यालों में डूब जाती।

"खाने-पीने का तो कुछ शौक़ ही नहीं है...बस मैं सामने बैठी रहूँ और वे शायरी करते रहें...कहते हैं, मेरी आँखों पर तो वह एक हज़ार साल तक शे'र कहते रहेंगे। उन्हें कंजूसी से बड़ी चिढ़ है।...वह कह गए हैं कि मैं अब कभी ड्रामे में काम न करूँ...।"

लेकिन हुमायूँ क्यों मानता! और सच्ची बात तो यह थी कि हुमायूँ भी कोशिश नहीं करता था। लोग ख़ुद ही चले आते थे, हुमायूँ की ख़ुशामद करने। वे लोग अपनी मजबूरियों को इस तरह ज़ाहिर करते कि ग़ज़ल का दिल भी पसीज जाता था।

ख़ुरदाद का महीना आ गया।

हलकी-हलकी बदलियाँ छाई रहती थीं और बदलते मौसम के उतार-चढ़ाव दिलों में भी खलबली मचाए हुए थे।

हैदराबाद की सरहदों पर इंडियन यूनियन की फ़ौजें आ चुकी थीं। हर तरफ़ घबराहट-बेचैनी फैली हुई थी क्योंकि आला हज़रत ने सर वाल्टर मांकटन के ज़रिये देहली जो तजवीज़ें भेजी थीं, नामंजूर हो चुकी थीं। इधर क़ासिम रिज़वी जिन्ना से बड़ी-बड़ी उम्मीदें लगाए बैठे थे, लेकिन इस बात से नावाक़िफ़ थे कि हैदराबाद से जानेवाले ख़त, टेलीग्राम और ख़बरों का सारा रिकॉर्ड इंडिया के एजेंट के. एम. मुंशी के पास था, लेकिन क़ासिम रिज़वी ने अवाम को याद करा रखा था कि पाकिस्तानी हवाई जहाज़ फ़ौजी कुमुक लेकर बेगमपेट के हवाई अड्डे पर उतरनेवाले हैं, मगर मिस्टर जिन्ना जानते थे कि हैदराबाद के भविष्य का हल फ़ौजी कार्रवाई में नहीं है, इसलिए वह किसी भी तरह जारहाना (आक्रामक) ऐक्शन के ख़िलाफ़ थे। इस नाज़ुक मरहले पर भी क़ासिम रिज़वी मिशन वापस लेने को तैयार नहीं हुए।

क्योंकि अवाम में सल्तनते-आसफ़िया को बचाने के लिए बड़ा जोशोखरोश था इसलिए क़ासिम रिज़वी ने अपने तौर पर रज़ाकारों को सरहदों पर लड़ने का हुक्म दे दिया था।

'किंग कोठी' में बैठे हुए 'आला हज़रत' देहली के बदमाशों और रज़ाकार गुंडों का मुँह तोड़ने का हुक्म देते रहे लेकिन उस वक़्त तक निहत्थे नौजवान इंडियन यूनियन की फ़ौज का मुक़ाबला करने पहुँच गए और टैंकों के नीचे तिनकों की तरह पिसने लगे।

उस वक़्त राशिद बड़े ग़ौर से हालात का जायज़ा ले रहा था। वह चाहता था कि मुख़्तलिफ़ चीज़ों की तिजारत से इतना कमा ले कि ऐवाने ग़ज़ल का सारा क़र्ज़ बेबाक हो जाए। अब हैदराबाद का हर व्यापारी नफ़े-नुक़सान का तराजू थामे बैठा था और सोच रहा था कि उसका पलड़ा किस तरफ़ झुकना चाहिए।

हर तरफ़ हमा-हमी थी। सब फ़रार के रास्ते ढूँढ़ रहे थे। मफ़ादपरस्त ख़ुदसाख़्ता लीडर मासूम और निहत्थे नौजवानों को बहका रहे थे। फ़िज़ा नारों और तकबीरों से गूँज रही थी।

"आगे बढ़ो! वतन के लिए ख़ून का आख़िरी क़तरा भी बहा दो!" क़ासिम रिज़वी चिल्ला रहे थे।

"गुंडे, बदमाश...! इन सबको गिरफ़्तार करवा दो!" आला हज़रत ग़ुस्से और ग़म के मारे हुक्म देते रहे। उन्हें सख़्त ताज्जुब था कि आज उनके इताब (प्रकोप) से दरो-दीवार लरज़ क्यों नहीं जाते!

हर घर का एक-न-एक नौजवान जंगल की किसी झाड़ी में उलझा हमेशा की नींद सो रहा था। जुनून के आलम में उन्होंने बढ़ते हुए टैंकों को रोकने के लिए अपने हाथ फैला दिये थे क्योंकि उनके पास हथियार नहीं थे और उन्होंने अपनी हिफ़ाज़त की कोई तैयारी नहीं की थी। वह तो एक आज़ाद और ख़ुदमुख़्तार रियासत के बाशिंदे थे जो रियासत से बाहर के हर फ़र्द को हिक़ारत से देखते थे। उनकी बख़्शिश और सख़ावत के दूर-दूर तक चर्चे थे। जिसको यहाँ पनाह मिली, उसकी सात पुश्तों का ठिकाना हो गया। जो यहाँ से दुत्कारा गया, उसे कहीं आसरा नहीं मिला। हमारी तहज़ीब, हमारा मुल्क... हमारा वतन...हमारे हुज़ूर पर जान निसार करनेवाली उनकी वफ़ादार रिआया... जो तोपों के दहाने के आगे डटी हुई थी क्योंकि वह हुज़ूर-पुरनूर के वजूद के बिना जीने का तसव्वुर नहीं कर सकते थे...यह बड़ी अजीब-सी शहंशाही थी... अनोखी तानाशाही जहाँ बादशाह से प्यार और ताज़ीम (सम्मान) का जज़्बा हर जज़्बे से बढ़कर था...और इसका सबूत इंडियन यूनियन की फ़ौजों को पाँच दिन में हर-हर क़दम पर मिला।

अब सड़कें सुनसान पड़ी थीं। उन माँओं के दिलों की तरह जिन्होंने अपनी आँखों की जोत खो दी थी।

बग़ावत का जोश दिलानेवाले लोग तो रातोरात पाकिस्तान भाग गए थे। बाक़ी जो रह गए थे, वे भी कहीं-न-कहीं छुप गए।

ऐवाने ग़ज़ल के बाग़ में अंग्रेज़ी बोलनेवाली चिड़िया हैरान थी कि वाहिद हुसैन बाग़ में क्यों नहीं आ रहे हैं!

वह उनकी कुरसी के आसपास शँ-शूँ-शू...वू करती फिरती।

बाग़ की क्यारियों में लगे हुए फूल सिर उठाए उनकी आमद के इन्तज़ार में थे मगर उनके सिर काट देने का हुक्म देनेवाला हार्ट-अटैक से निढाल हो अपने कमरे में गुमसुम पड़ा था और उसकी तमाम बयाज़ें अलमारी में चुपचाप पड़ी थीं।

ऐवाने ग़ज़ल के बासी इतने सूझ-बूझवाले थे कि न सिर्फ़ उन्होंने आनेवाले ख़तरे को भाँप लिया था बल्कि अपने लिए पनाहगाहें भी तैयार कर ली थीं। राशिद की पाँचों उँगलियाँ घी में थीं क्योंकि वह एकाध महीना पहले इत्तिहाद-उल-मुसलिमीन का सरगर्म रुक्न बन गया था। उसने बड़े-बड़े सरमाएदारों और ताज़िरों से चन्दे इकट्ठे किये और क़ासिम रिज़वी के सामने लाकर डालता रहा क्योंकि वह चाहता था कि बात सिर्फ़ समझौते से ख़त्म न हो जाए। ऐसी सूरत में उसे कई लाख का घाटा होता।

और जब मालूम हुआ कि यूनियन की फ़ौजें आ रही हैं तो वह सियासत-वियासत छोड़कर सिर्फ़ बिज़नेसमैन बन गया।

"अपन सियासत के चक्करों में नहीं पड़ेंगे।" उसने अपने दोस्तों से कहा, "हम तो बिज़नेसमैन हैं...हमें क्या लेना-देना?"

वह शोलापुर और अहमदाबाद के रास्ते चीज़ें स्मगल करता रहा।

लेकिन बेटे की इन सरगर्मियों से वाहिद हुसैन के दिल में कोई उमंग न जागी और उनका दिल बुझता ही गया। वह जो पिछली शानो-शौकत के वापस आने की एक धुँधली उम्मीद थी, वह पूरी तरह डूब रही थी। इसलिए हर जागीरदार घराने में सोग मनाया जा रहा था।

ये वो लोग थे जो बिलकुल नहीं जानते थे कि ऐशो-इशरत की ज़िन्दगी गुज़ारने के लिए मौक़ापरस्त ज़ेहन, हर बात बर्दाश्त करनेवाले दिल और हर एक की तारीफ़ करनेवाली ज़बान की भी ज़रूरत होगी। वे तो यह जानते थे कि जागीरदार का बेटा भी जागीरदार होगा। अमीर आदमियों की क़िस्मत अल्लाह मियाँ एक बार सोने के क़लम से लिख डालें तो फिर उसे कोई नहीं मिटा सकता।

वाहिद हुसैन के दादा पायेगाह (जागीर) से ताल्लुक रखते थे और उन साहबे-इक़्तिदार (सत्ताधारी) लोगों में से थे, जिनकी अपनी फ़ौज और पुलिस तक थी।

यही वे लोग थे जो सल्तनते-आसफ़िया की असल में हिफ़ाज़त करनेवाले कहलाते। उस वक़्त तक न तो रेज़िडेंट का डंडा सिर पर आया था और न

ख़ुद हुज़ूर को इतना इख़्तियार था कि पायेगाहवालों से कोई पूछताछ होती। ऐसे में मौज उड़ाना सिर्फ़ वाहिद हुसैन के बाप-दादा की विरासत थी। इसीलिए उन्होंने ऐवाने ग़ज़ल बनाया और उसमें हर ज़माने के मुताबिक़ एक नया माशूक़ उभरता रहा। इन हसीनाओं का महज़ तसव्वुर ही बड़े-बड़े जागीरदारों को बेचैन किये रखता था। ख़ुद हुज़ूर की नज़रें भी हमेशा ऐवाने ग़ज़ल की सरमस्तियों पर लगी रहीं क्योंकि अम्बरी बाग़ में अगरचे सारे हिन्दुस्तान के हीरे-जवाहरात इकट्ठे किये जाते थे मगर ऐवाने ग़ज़ल में चमकनेवाले चाँद के आगे उनकी कोई हक़ीक़त न होती। उसकी कशिश दूर-दूर से लोगों को खींच लाती थी। नसीर भी ऐवाने ग़ज़ल में किसी ऐसे ही महबूब का तसव्वुर करके आया था और जाते वक़्त वह हुस्न के जादू से पत्थर की मूरत बन गया था। इसी सरमस्ती में आकर वाहिद हुसैन के बाप-दादा ने खेत-के-खेत चबा डाले, ड्योढ़ियाँ निगल लीं। बीबियों के ज़ेवर फाँक गए और कूल्हे से हाथ पोंछकर क़ब्र में जा सोए। रह गई औलाद, तो वह सज़ा भुगत रही थी।

दिन में दो-दो बार डॉक्टर आता था मगर वाहिद हुसैन को दवा पिलाने के बजाय दो-चार ख़ुशख़बरियों के इंजेक्शन देकर चला जाता। शाम को राशिद अख़बार सामने रखकर बैठ जाता था और एक छोटा-सा काग़ज़ का पुरज़ा उसके ऊपर रखता जिसमें से वाहिद हुसैन को अच्छी-अच्छी ख़बरें पढ़कर सुनाई जातीं। अब रह गए लँगड़ी फूपो और शेख़ू मियाँ तो बक़ौल राशिद, ये दोनों बड़े झूठे गप्पबाज़ थे। रेडियो की ख़बरें भी वह ख़ूब बढ़ा-चढ़ाकर और नमक-मिर्च लगाकर सुनाता था ताकि लोगों में ख़ौफ़ और दहशत फैले।

लेकिन लँगड़ी फूपो उस ज़माने में अख़बारों पर क़तई एतिबार नहीं करती थीं बल्कि उन्हें ख़बरें लाकर देनेवालों में, ख़ास-ख़ास लें तो धोबी मामा, भूई और सबसे बढ़कर शेख़ू मियाँ थे। शेख़ू मियाँ रज़ाकारों में शामिल हो गए थे लेकिन डर के मारे घर से बाहर क़दम नहीं रखते थे, अलबत्ता भूई और करीम की सुनाई हुई ख़बरों की बुनियाद पर रज़ाकारों की जीत और कामयाबी की जो कहानी वह गढ़ते थे, उसके हीरो वह ख़ुद होते और यह कहानी उनकी बहादुरी के कारनामों से भरी होती।

इसलिए राशिद ने वाहिद हुसैन के कमरे पर सख़्त पहरा लगा दिया था कि सिवाए बीबी और डॉक्टर के कोई न जाए मगर वाहिद हुसैन की बीमारी ने बीबी को ऐसी चुप लगाई थी कि वह न वाहिद हुसैन से बातें करतीं, न किसी और से। दिन-रात चुपचाप बैठी दरो-दीवार को घूरे जातीं। यह वक़्त ही

ऐसा था, सभी ख़ौफ़ज़दा थे। कोई किसी से बात न करता। दिन-रात सजदों में गिरे तौबा-तिल्ला किया करते।

वाहिद हुसैन अपने कमरे में पड़े कड़वी-कसैली दवाएँ पिए जाते मगर उनका दिलो-दिमाग़ औरंगाबाद में था, जहाँ उनका भाई जाने कितनी परेशानियों में घिरा होगा! वैसे तो राशिद ने उन्हें इत्मीनान दिला दिया था कि उसने अपने दोस्त से सबकी ख़ैरियत मँगवा ली है और वे लोग बिलकुल महफ़ूज़ हैं लेकिन दरअसल औरंगाबाद के बारे में बड़ी परेशानकुन ख़बरें आती थीं। ख़ासतौर पर अहमद हुसैन की जागीर के बारे में इत्तिला मिली थी कि बमबारी से तहस-नहस हो चुकी है। जाने उजाला बेगम, अहमद हुसैन और नसीर कहाँ होंगे! होंगे भी या नहीं? बाज़ वक़्त बीबी को उजाला बेगम की बातें और मुहब्बतें याद आती थीं तो वह चुपके-चुपके रोने लगतीं। वह दुनिया की पहली जेठानी थीं जो अपनी देवरानी की तबाही पर रोई थीं। उनके आँसू देखकर रज़िया को बहुत ग़ुस्सा आया। यह कैसी औरत है कि अपने बेटे की तक़दीर जागने पर ख़ुश होने के बजाय रो रही है! अरे, बला से गुंडे ड्योढ़ी ही लूटकर ले जाएँ, मगर ढाई लाख की जायदाद को तो उठाकर नहीं ले गए होंगे। आज नहीं, तो कल...आख़िर वे चीज़ें अपनी ही होंगी।

और एक ग़ज़ल थी कि रोते-रोते पागल हुई जा रही थी। जबसे नसीर गया था उसने लौटकर कोई ख़बर न ली थी, हालाँकि ग़ज़ल ने एक दिन में चार-चार ख़त लिखे थे। फ़ौज़िया कहती थी कि नसीर की अम्माँजान बड़ी जल्लाद हैं। वह यक़ीनन ग़ज़ल के सारे ख़त हासिल करके फेंक देती होंगी। अब देखना, वह एक दिन अचानक बारात ही लेकर आनेवाला है। और ग़ज़ल बेचारी हर वक़्त दरवाज़े पर कान लगाए बैठी रहती। आजकल ड्रामों का भी किसी को होश नहीं था। जगह-जगह अमन-कमेटियाँ बन रही थीं। मसजिदों में जाकर लोग दुआएँ माँगते और दरगाहों में औरतें मन्नतें लेकर जातीं कि उनके शौहर और भाई ख़ैरियत के साथ वापस आ जाएँ तो फूलों की चादरें चढ़ाएँगी, मगर उन दरगाहवालों को शायद हज़ारों इनसानों के बदन से कपड़े उतरते देखकर अब फूलों की चादरों में कोई दिलचस्पी नहीं रही थी।

एक दिन सड़क पर शोर सुनकर ग़ज़ल खिड़की से भागी। उसके पीछे-पीछे बीबी, रज़िया और लँगड़ी फूपो भी आ गईं।

सड़क पर से रज़ाकारों के दस्ते लड़ाई पर जा रहे थे। पैदल मार्च-पास्ट करते हुए पच्चीस-तीस बरस से लेकर सोलह-सत्रह बरस के नौउम्र लड़के भी थे जिनके आगे-आगे मौत चल रही थी। वे नहीं जानते थे कि उनकी राह

कौन-सी है, मगर इसके बावजूद इज़्ज़त और वतन-दोस्ती के नाम पर कट मरने को तैयार हो गए थे। सारे मुहल्ले के लोग उन पर फूल फेंक रहे थे, नारे लगा रहे थे, जगह-जगह पर उन्हें रोककर फूल पहनाए जाते।

ग़ज़ल ने ग़ौर से देखा। उस दस्ते के कमांडर शेख़ू मियाँ थे। उनकी पतली कमर पर पतलून किसी तरह टिक नहीं रही थी। वह सिर्फ़ आधे मील चलकर बुरी तरह हाँफ रहे थे।

"ऊई...शेख़ू भाई इतने जवान छोकरों को कहाँ लिए जा रहे हैं?" लँगड़ी फूपो ने घबराकर पूछा।

"फूपो...फूपो उन्हें रोकिये!" ग़ज़ल ने रोते हुए लँगड़ी फूपो को झँझोड़कर कहा।

फिर राशिद भी फाटक से बाहर आया और उन लोगों को रोककर सबसे हाथ मिलाए। मुबारकबाद दी और उन्हें पहनाने के लिए फूल मँगवाए। अचानक फ़ौज़िया चिल्लाई, "अयाज़ भाई...ग़ज़ल देख, अयाज़ भाई भी जा रहे हैं।"

ग़ज़ल ने घबराकर देखा, सचमुच अयाज़ था ख़ाक़ी वरदी पहने, कन्धे पर बन्दूक़ रखे। सबके साथ चल रहा था और चाहता था कि ऐवाने ग़ज़ल के सामने से जल्दी से निकल जाए। उस पर किसी की नज़र न पड़े।

"अयाज़ भाई...मेरा भाई...!" ग़ज़ल चिल्लाई तो वह सफ़ तोड़कर चला आया और बीबी के सामने क़दमबोसी के लिए झुका। सब ज़ोर-ज़ोर से रो रहे थे।

"गज्जो! मैं भी फ्रंट पर जा रहा हूँ। तू घबराना मत। मैं जल्दी आ जाऊँगा!" अयाज़ सबको रोते देखकर ख़ुद भी ख़ौफ़ज़दा-सा हो गया था।

"नहीं...नहीं...हरगिज़ नहीं...मैं नहीं जाने दूँगी!" ग़ज़ल उसे दोनों हाथों से पकड़के रोने लगी।

बीबी और लँगड़ी फूपो ने भी मना किया।

"गज्जो, मुझे मैट्रिक पास करने के बाद भी कहीं नौकरी नहीं मिल रही है। मैं वहाँ से वापस आऊँगा तो फ़ौज में मुझे बहुत बड़ी पोस्ट मिल जाएगी। क़ासिम रिज़वी ने हमसे वायदा किया है। फिर हमारे घर की सब मुसीबतें दूर हो जाएँगी। तेरा रोना ख़त्म हो जाएगा...मुझे जाने दीजिए, बीबी...!" अयाज़ ने रो-रोकर सबसे कहा और सबके सामने अयाज़ का उज्ज्वल भविष्य आ गया। सचमुच इन बच्चों को कुछ-न-कुछ तो करना ही पड़ेगा!

"मगर अयाज़ भाई, तुम लड़ना क्या जानो? एक बन्दूक़ से कैसे लड़ोगे?" फ़ौज़िया ने पूछा।

फिर राशिद अन्दर आया और सबको डाँटने लगा, "यह क्या हाय-बावेला मचाई है। ख़्वाहमख़्वाह अयाज़ को परेशान कर रही हो। आख़िर हमारे ख़ानदान

से एक आदमी भी लड़ने नहीं जाएगा तो बदनामी नहीं होगी? जाओ बाबा, अल्लाह को सौंपा तुम्हें। ख़ैरियत से घर वापस आना!"

उधर लँगड़ी फूपो शेख़ भाई को किसी तरह नहीं जाने दे रही थीं और रोते-रोते उनका बुरा हाल था। आख़िर राशिद ने सबको ज़बरदस्ती अन्दर किया और फिर सब वाहिद हुसैन के डर से ख़ामोश हो गए कि अयाज़ के जाने की ख़बर से उनकी तबीयत और ख़राब हो जाएगी।

उस दिन किसी ने खाना नहीं खाया। सारे घर पर मौत की-सी ख़ामोशी छाई हुई थी, सिवाए उस चिड़िया के जो दालान की अलगनी पर बैठी बार-बार घरवालों से पूछती थी—शूँ...शूँ...शू...वू वू...!

सड़कों पर जीपें, कारें और टैंक चिल्लाते फिरते। रात को ब्लैक-आउट में सारा शहर क़ब्रिस्तान लगता था।

लँगड़ी फूपो और ग़ज़ल सारी रात जानमाज़ पर बैठीं महाज़ पर जानेवालों की ख़ैरियत की दुआएँ माँगती थीं।

उसके साथ ही लँगड़ी फूपो आजकल इतने ग़ुरूर से बात करती थीं, जैसे वह शहीद भगतसिंह की बहन हों।

"बहन, मैंने तो शेख़ू भाई से कह दिया है कि दुश्मनों को पीठ न दिखाना। आख़िर पठान का ख़ून है...मेरा भाई तो रण में बिजली कि तरह चमकेगा।"

लेकिन दूसरे दिन देखिए तो शेख़ू मियाँ लॉन की सीढ़ियों पर बैठे सेंधी के नशे में मस्त बीड़ी पी रहे थे। पूछने पर बड़ी शान से बोले कि "फ़िलहाल तो उन छोकरों को भिजवा दिया है। मैं चन्द दिन बाद जाऊँगा।"

उसी दिन दोपहर को जब सब नौकर चले गए तो रज़िया और बीबी ने मिलकर आँगन में गढ़ा खोद उसमें सब ज़ेवर, रुपया-पैसा रख दिया क्योंकि राशिद कहता था कि अगर लूटमार मची तो हमारे घर पर सबकी नज़र जाएगी। लँगड़ी फूपो ने गढ़े की मिट्टी बराबर करके एक क्रोटन का गमला लाकर उस गढ़े पर रख दिया। फिर उन्होंने खड़े होने के लिए लाठी उठाई तो लरज़कर रह गईं।

सामने एक अजनबी औरत खड़ी थी—लम्बी-दुबली, ख़ूबसूरत-सी, बड़ी-बड़ी आँखोंवाली। सफ़ेद साड़ी पर स्याह बुर्क़ा ओढ़े। उसके साथ दो-तीन बरस की एक साँवली-सी बच्ची थी।

"कौन हो तुम?" रज़िया ने घबराकर पूछा क्योंकि सब नौकर जा चुके थे। राशिद भी घर में नहीं था और आजकल सुना था कि सी. आई. डी. वाले सब पर नज़र रखे हुए थे।

"मैं क़ैसर हूँ...क़दमबोसी मुमानी जान। अदाब अर्ज़, गौहर फूपो।" क़ैसर...? सब चौंक पड़े। बीबी भी कमरे से बाहर निकल आईं। ग़ज़ल ग़ौर से उसे देखने लगी।

यह क़ैसर थी। वही लम्बे बालोंवाली लड़की जिसकी लम्बी चोटी काटकर बशीर बेगम ने आँगन में फेंक दी थी। रज़िया तो उसे देखकर काँप उठी। इलाही ख़ैर...सुना है, यह तो कम्यूनिस्टों की सरगना है...क्या पता, यहाँ क्या लूटमार करने आई है! जाने उसके साथ कितने गुंडे बाहर खड़े होंगे! लँगड़ी फूपो ने भी शायद यही बात सोची। इसलिए झट से बढ़कर उसे गले लगाया, "अरे क़ैसर है! इतनी बड़ी हो गई तू...रंग क्यों इतना जल गया...अरी, तू बड़ी बेमुरव्वत है...हम सब तुझे इतना याद करते हैं।"

"अच्छी तो है, क़ैसर?" बीबी ने भी धड़कते दिल से कहा।

"फ़ातिमा बेगम कहाँ हैं?"

"जी, मैं ज़रा चाँद से मिलने आई हूँ...एक ज़रूरी काम है!" उसने सबको नज़रअन्दाज़ करके कहा।

चाँद से...? अब तो सब और भी घबराए। चाँद की तो उससे हमेशा पक्की दुश्मनी रही है। जाने आज क्यों मिलना चाहती है?

"हमने तो सुना है कि तुमने किसी हिन्दू से शादी कर ली है। जंगलों में बन्दूक़ लिये घूमती हो...! कम्यूनिस्टों से मिल गई हो।" रज़िया ने अब ज़रा हिम्मत के साथ कहा।

"जी हाँ! आपने सही सुना है।" वह आकर दालान में बिछे हुए तख़्त पर बैठ गई। बच्ची को अपने पास बिठा लिया।

"आप चाहें तो मुझे अभी गिरफ़्तार करा सकती हैं।" उसने मुसकराकर कहा, "आपके चाचा ने तो मेरे सिर की क़ीमत एक हज़ार मुक़र्रर की है।" यह सुनकर सब थरथर काँपने लगे कि वह चुड़ैल उनके घर पर मुसीबत न छोड़ जाए।

"तो फिर क्यों आई है यहाँ? हमसे तुम्हारा क्या रिश्ता है?"

"हाँ, मैं जा रही हूँ, अपनी बच्ची चाँद के पास छोड़ने आई हूँ क्योंकि मेरा कोई ठिकाना नहीं है। क्रान्ति के बाप ने मुझसे कहा है कि उसे मैं चाँद को दे आऊँ।"

"कौन है उसका बाप?" लँगड़ी फूपो ने ग़ुस्से से पूछा।

"संजीवा!"

"संजीवा?" जैसे सब आग में जा पड़े।

लँगड़ी फूपो को यों लगा जैसे बशीर बेगम ने अभी-अभी क़ैसर की चोटी काटकर आँगन में फेंकी है और क़ैसर ने बिफरकर चाँद का कलेजा दबा डाला है।

"हुँह! नवाब वाहिद हुसैन ने अपनी हर्राफ़ा नवासियों को पनाह देकर इस घर को बदनाम कर दिया है लेकिन अब मैं हरामी बच्चे यहाँ पालकर ऐवाने ग़ज़ल को क़हबाख़ाना (वेश्यालय) नहीं बनाऊँगी।"

लँगड़ी फूपो की आवाज़ में इस वक़्त बड़ा दबदबा था। वह बड़ी ऊँची आवाज़ में बोल रही थीं।

"कहाँ है संजीवा की लड़की?...यहाँ लाओ...इधर आओ, क़ैसर!"

अपने कमरे के दरवाज़े में चाँद परछाईं की तरह खड़ी लरज़ रही थी।

क़ैसर अन्दर आ गई तो चाँद ने दोनों हाथों से उसे समेटकर ख़ूब प्यार किया जैसे आज वह पुरानी दुश्मनी भुलाकर क़ैसर से नये रिश्ते क़ायम कर रही हो और उसने काँपते हाथों से बच्ची को उठाकर सीने से लगाया तो किसी तरह आँसू नहीं रोक सकी। चाँद की हालत देखकर क़ैसर भी रो रही थी और उसके सफ़ेद हाथों को अपने हाथों में चुपचाप थामे बैठी थी।

जब चाँद ने बच्ची को उठाकर सीने से लगाया तो क़ैसर खड़ी हो गई।

"तो मैं जाऊँ चाँद? हम दोनों को क्रान्ति की बड़ी फ़िक्र थी लेकिन संजीवा ने कहा कि उसे सिर्फ़ तुम बचा सकोगी!" क़ैसर अपने आँसू पोंछने लगी।

"हाँ, सिर्फ़ मैं ही उसको बचा सकूँगी।" चाँद ने आँखें बन्द करके कहा, "क्योंकि यही तो वह ख़्वाब है जो मैंने देखा था।"

क़ैसर जाने लगी। चाँद ने आँखें बन्द किये किये उसके पाँव की आहट सुनकर कहा, "फिर कब आओगी?"

"कभी नहीं!" क़ैसर ने धीमी आवाज़ में कहा, "मैं अंडरग्राउंड हूँ। गिरफ़्तार होने पर मुझे फाँसी दी जाएगी...क्रान्ति को बार-बार सर्दी लग जाती है। उसे ज़रा-सी चाय...।" और फिर क़ैसर जल्दी से बाहर आई तो उसने बीबी, लँगड़ी फूपो और रज़िया के इन्तज़ार कर रहे चेहरों को बिलकुल न देखा। अलबत्ता फाटक के पास ग़ज़ल ने उसे रोक लिया, "आपकी लड़की इस घर में कैसे रहेगी?"

"हाँ, मैं जानती हूँ। चाँद बेचारी तो बस अब मरनेवाली ही है लेकिन क्रान्ति को मैं तुम्हारे हवाले कर रही हूँ। तुम ग़ज़ल हो न?"

ग़ज़ल घबरा गई। क्रान्ति को वह कैसे सँभालेगी!

"तुम भी उसी ख़ानदान की रिवायतों में रँग चुकी हो...!" क़ैसर ने ग़ज़ल को ग़ौर से देखा।

"मेरा भाई महाज़ पर चला गया है!" ग़ज़ल फूट-फूटकर रोने लगी, "आप उसे किसी तरह बचाकर ले आइए।"

"नहीं, हम कुछ नहीं कर सकते ग़ज़ल बीबी!" उसने बड़ी बेरहमी से कहा, "हवसपरस्तों ने अपने मफ़ाद के लिए तुम्हारे भाई को मौत की आग में झोंक दिया है। अब तुम उसके लिए सब्र करना!"

"नहीं...नहीं!" ग़ज़ल और ज़ोर से रोने लगी।

"रोना छोड़ो ग़ज़ल...बल्कि अपनी यह रविश भी बदलो।" क़ैसर ने उसे गले लगाकर कहा, "चाँद की तरह मर्दों से खेलना छोड़ दो। जिस्म के अलावा दिमाग़ भी तो है तुम्हारे पास! वह क्यों नहीं बेचतीं?"

क़ैसर से इतनी साफ़-साफ़ बातें सुनकर ग़ज़ल को बहुत ग़ुस्सा आया मगर वह रोने के सिवा कोई जवाब न दे सकी।

"अच्छा तो ग़ज़ल, मैं जाती हूँ। मेरी बच्ची को ऐवाने ग़ज़ल की रिवायतों से बचाए रखना और उसे यह ज़रूर बता देना कि उसकी माँ कौन थी, बाप कौन था।" क़ैसर ने जल्दी से, चेहरे पर नक़ाब डाली और बाहर चली गई।

"तुम उससे क्या बातें कर रही थीं?" रज़िया ने ग़ज़ल के पास आकर पूछा।

"अयाज़ भाई को वापस लाने के लिए कहा मगर वह कुछ नहीं कर सकतीं।"

ग़ज़ल अभी तक सिसकियाँ ले रही थी।

चाँद आपा के कमरे में गई तो क्रान्ति उनके कन्धे से लगी लगी सो चुकी थी।

"क़ैसर तुमसे क्या कह रही थी?" चाँद ने बड़े कौतूहल से पूछा। शायद उसे उम्मीद थी कि क़ैसर ने संजीवा की बातें की होंगी।

"संजीवा मामा आपको बहुत याद करते हैं। उन्होंने क्रान्ति को भेजा है। वह भी जल्दी आएँगे।" अपने झूठ पर ग़ज़ल को ख़ुद ताज्जुब हो रहा था।

"नहीं, अब वह नहीं आएगा!" चाँद ने बिस्तर पर लेटकर क्रान्ति को अपने क़रीब कर लिया। "और अब मैं उसका इन्तज़ार नहीं करूँगी...।"

फिर उन्होंने बड़े ग़ौर से सोती हुई बच्ची को देखा। उसके साँवले हाथ अपने हाथों में लिये, उसके घुँघरियाले बालों को समेटकर चूमा और आँखें बन्द कर लीं।

"चाँद आपा!" ग़ज़ल चिल्लाने लगी।

यों ज़िन्दों में चाँद आपा का शुमार दो बरस से न था मगर उसकी मौत पर बीबी यों रोईं जैसे आज फिर उनकी एक जवान बेटी मर गई हो। उन्हें बार-बार ग़शी के दौरे पड़ रहे थे और वह पत्थर की मूरत बन गई थीं।

"कहाँ है चाँद...? कहाँ है चाँद...? वाहिद हुसैन अपने कमरे से लड़खड़ाते हुए आए और उन्हें चाँद की सफ़ेद चादर से ढकी हुई लाश नज़र न आई।

"कहाँ गई वह...मेरा चाँद...मेरा बेटा?" वह सिर पीट-पीटकर रो रहे थे। सारा घर गुमसुम था।

रज़िया ने छब्बीस बरस की चाँद को देखा तो रोने की बजाय सिर पर पल्लू सँभालकर तौबा करने लगी। लँगड़ी फूपो आनेवाली औरतों के बीच बैठी बैन कर रही थीं कि उनकी नवासी कैसे सती-सावित्री क्वाँरी उठ गई। लोगों ने उसे बदनाम करके कलेजा छलनी कर दिया था।

फ़ौज़िया पछाड़ें खानेवाली ग़ज़ल को सँभाल रही थी। ग़ज़ल को यों लगा, जैसे आज उसकी माँ फिर मर गई। चाँद आपा को उसने सबसे ज़्यादा चाहा था। वह उसका सूरज थीं, उसकी ज़िन्दगी। उस वक़्त चाँद के चेहरे पर उसकी वह मशहूर रिवायती ख़ूबसूरती फिर लौट आई थी जिसने उसे सारे हैदराबाद में मशहूर कर दिया था। उसके चमकते हुए चेहरे पर पन्द्रह-सोलह बरसवाली लड़कियों की मासूमियत और शादाबी थी। उसके गुलाबी होंठ कँवल की क़च्ची कलियों की तरह पाक लग रहे थे और उसके नाज़ुक से बदन पर क्वाँरेपन का निखार था। सफ़ेद कफ़न में उसके स्याह बालों की लहरियेदार लटें काँप-काँपकर उसकी ज़िन्दगी का यक़ीन दिला रही थीं और ग़ज़ल सोच रही थी—ऐसी मोहनी सूरत को लोग कैसे मिट्‌टी में मिला देते हैं?

आख़िरी दीदार के लिए चाँद की मय्यत जब ऐवाने ग़ज़ल के बड़े हॉल में रखी गई तो वहाँ दीवारों पर फ्रेम में लगे हुए तमाम शायर सख़्त बेचैन नज़र आने लगे, जैसे इश्क़ का यह अंजाम उनकी शायरी में कभी न आया हो।

दो घंटे के अन्दर-अन्दर राशिद चाँद को यों दफ़नाकर आ गया, जैसे सारा इन्तज़ाम पहले से कर रखा था और रज़िया ने फ़िनाइल छिड़ककर चाँद का कमरा ख़ूब धुलवाया। उसके तमाम कपड़े, मेकअप का सामान, वायलिन और फ़ोटो का एलबम निकालकर कबाड़िए को दे दिया था। इस सामान से सारा घर यों नाक पर कपड़ा रखकर बचता फिरा जैसे चाँद प्लेग की चुहिया थी।

क्रान्ति को ग़ज़ल ने अपने कमरे में छुपा दिया।

चाँद के सोयम (तीसरे दिन) के दिन जब घर मेहमान-बीबियों से भरा हुआ था, राशिद ने अहमद हुसैन का ख़त लाकर सुनाया। क़ैसर ने गाँव के कई जागीरदारों का क़त्ल कर दिया था। उसने अहमद हुसैन की दौलत और ड्योढ़ी का भी पता दिखाया था। इसलिए वे सब जान बचाकर औरंगाबाद आ

गए हैं। हालात ठीक होते ही नसीर की मँगनी की रस्म होगी जिसमें हैदराबाद से सबको आना पड़ेगा।

"हरामज़ादी...चुड़ैल!" रज़िया ने दाँत कटकटाकर कहा।

"हाय! कैसी हाथों से निकल गई?" लँगड़ी फूपो ने हाथ मलकर कहा।

"अरे, वह तो ख़ुद ही कह रही थी कि मैं गिरफ़्तार होनेवाली हूँ।"

"अच्छा, तो क्या चचीजान राज़ी हो गईं ग़ज़ल से रस्म करने पर?" फ़ौज़िया ने पूछा।

"हाँ, मगर रस्म उनकी भानजी नफ़ीस से होनेवाली है।" राशिद ने ख़त तह करते हुए कहा।

अभी ख़त रखकर राशिद बाहर गया था कि ख़बर आई कि औरंगाबाद में इंडियन यूनियन की फ़ौजें दाखिल हो गई हैं और बड़ी भयंकर तबाही आ गई है।

अब किसी से ज़ब्त न हो सका। लँगड़ी फूपो तो छाती पीटकर चिल्लाने लगीं, "हाय मेरा भाई...अरे, कैसा शानदार महल था! हाय, मैं लुट गई, लोगो!"

और उनकी आवाज़ में आवाज़ मिलाकर बीबी, रज़िया, ग़ज़ल और फ़ौज़िया भी रो रही थीं। ग़ज़ल तो ग़म के मारे दीवानी हुई जा रही थी। वाहिद हुसैन तकिये पर झुके सिर हाथों में थामे बैठे थे।

शाम तक उनका ब्लडप्रेशर दो सौ से ऊपर था और उनकी हिचकियाँ किसी तरह न थमती थीं। डॉक्टर परेशान थे। राशिद बेचैनी से टहल रहा था। सारा घर उन्हें तसल्ली दे रहा था और सब कह रहे थे कि यह ख़बर उन्हें क्यों सुनाई?

फिर राशिद उनके पास आ बैठा और इधर-उधर की बातों से दिल बहलाने लगा, "ज़रा आपकी तबीयत ठीक हो जाए तो मैं औरंगाबाद हो आऊँगा। आप मुझे सब तफ़सील से बताइए कि चचाजान की जायदाद कहाँ-कहाँ थी और कितनी है...ड्योढ़ी में कितनी मालियत का सामान था। जो भी बचा हो, वह ज़रा अमन हो जाए तो हैदराबाद ले आऊँगा।"

वाहिद हुसैन की हिचकियाँ थम गईं और उन्होंने गरदन उठाकर राशिद को देखा।

"चचाजान की जायदाद तो बहुत है लेकिन सुना है, क़ैसर ने किसानों को बड़ा बाग़ी बना दिया है। मुझसे तो यह झगड़े नहीं सँभलेंगे! आप ही उन्हें ठीक कर सकेंगे।"

वाहिद हुसैन ने सिरहाने से रूमाल टटोलकर आँखें पोंछ लीं और राशिद का हाथ थामकर बोले, "अहमद मियाँ की जायदाद का काम अब तुम्हें करना

है!" और फिर वह उठकर बैठ गए। "उसकी तो लाखों की जायदाद है। उजाला बेगम के पास हज़ारों रुपए के जवाहरात थे। अमीनगढ़ की ज़मीन और दौलताबाद के बाग़ात!" फिर वह ख़ुद उठकर अलमारी में से पुराने कागज़ात निकाल लाए और राशिद बहुत आहिस्ता से उठकर कमरे से बाहर चला गया।

शाम तक वाहिद हुसैन का ब्लडप्रेशर नॉर्मल हो चुका था।

"अरे कमबख़्तो...किसी ने मेरे भाई की रूह को दो पैसे की मिठाई का सवाब न पहुँचाया!" वह घरवालों पर बिगड़ने लगे और ख़ुद क़ुरान शरीफ़ लेकर बैठ गए।

"अल्लाह रखे, क्या उनके वारिस नहीं हैं? ख़ूब धूम से फ़ातिहा कराऊँगी।" रज़िया ने बड़ी शान से कहा।

इन कामों से निबटकर राशिद को क्रान्ति याद आई, "वह कुतिया...हरामी औलाद...उसे अभी घर से निकालो...वरना कहीं हुकूमत को ख़बर हो गई तो सबको फाँसी चढ़ा दिया जाएगा।"

सबने उसे ढूँढ़ा। देखा तो बीबी क्रान्ति को सीने से लगाए बैठी रो रही थीं जैसे वही चाँद की यादगार हो। लेकिन रज़िया ने जल्दी से क्रान्ति को बीबी की गोद से लेकर करीम को दे दिया कि इस छोकरी को कहीं फेंक आओ।

ग़ज़ल रो पड़ी, जैसे आज फिर चाँद का जनाज़ा उठ रहा हो। उसने मुड़कर देखा। बीबी होंठ बन्द किये चुपचाप बैठी थीं। ग़ज़ल को ग़ुस्सा आने। लगा। आख़िर बीबी कब तक चुप रहेंगी? वह राशिद और रज़िया को क्यों नहीं डाँटतीं? वह कब तक इस घर में अजनबी बनी रहेंगी?

फिर वह गेट की तरफ़ भागी। क्रान्ति सड़क पर खड़ी रो रही थी। उसने जल्दी से क्रान्ति को गोद में उठा लिया। कुछ देर बाद वह रंगम्मा की झोंपड़ी में गई।

"यह मेरी बच्ची है, इसे तुम अपने पास रख लो। मैं थोड़े दिनों बाद आकर ले जाऊँगी।"

"तुम्हारी बच्ची है?" रंगम्मा ने ताज्जुब से पूछा। रंगम्मा उनके यहाँ की कमाटन थी। इसलिए वह ग़ज़ल के बारे में सब कुछ जानती थी।

"मगर मैं इसे क्या खिलाऊँगी बीबी...यह तो दूध पीती होगी!"

"इसका इन्तज़ाम मैं कर दूँगी।...तुम फ़िक्र मत करो...।" वह जल्दी से बच्ची को वहाँ बिठाकर घर की तरफ़ आई।

बाहर मलेशम राशिद की ख़ुशामद कर रहा था, "रात भर के लिए मेरी बीबी और बहन को अपने हाँ रख लो। हमारी जानों का ख़तरा है।"

"मैं अब्बाजान से पूछूँगा।" राशिद ने रूखेपन से कहा।

"हमारे घर पर ही कहीं गुंडे चढ़ाई न कर दें!"

फिर अचानक रेडियो एक सिसकी लेकर ख़ामोश हो गया।

जंग की ख़बरों के बीच में यह धमाका गूंजने लगा कि इंडियन यूनियन की फ़ौजें आ रही हैं।

और सारा हैदराबाद ख़ौफ़ से काँपने लगा।

"मेरा भाई...मेरा बेटा...मेरा शौहर...!"

हर घर से चीख़ें बुलंद हो रही थीं। औरतें अपनी छतों पर खड़ीं उन नन्हें सिपाहियों को पुकार रही थीं जो बन्दूक़ें थामना नहीं जानते थे मगर चन्द ख़ुदगर्ज़ों ने उनके हाथ में जज़्बात की लाठी थमा दी थी। हज़ारों नौजवानों की लाशें पेड़ों में उलझी हुई थीं, चट्टानों पर बिखरी पड़ी थीं, नदियों में तैर रही थीं। उनकी खुली हुई निश्चल आँखें पूछ रही थीं, "हम किसके लिए लड़े?"

होटल और बाज़ार सुनसान पड़े थे। दकन रेडियो रुक-रुककर पूछ रहा था, "यह कैसा अन्याय दाता?"

रज़िया ने छत के ऊपर चढ़कर देखा, सारे शहर में मौत का सन्नाटा छाया हुआ था। फिर सामने ख़ादिम अली बेग के बँगले पर एक ट्रक आकर रुका और उसमें घर का क़ीमती सामान रखा जाने लगा।

लोग कह रहे थे कि ख़ादिम अली बेग ने बम्बई से एक डेकोटा हासिल कर लिया था जो उन्हें हिफ़ाज़त के साथ पाकिस्तान ले जाएगा।

यह वही ख़ादिम अली बेग थे जिन्होंने इत्तिहाद-उल-मुसलिमीन के जलसों में क़ौम को अपने ख़ून का आख़िरी क़तरा बहाने की तालीम दी थी। माँओं और बीबियों के आगे गिड़गिड़ाए थे कि मादरे वतन उनसे क़ुर्बानी चाहती है।

"आज आप सब लोग हमारे हाँ आ जाइए!" अपनी छत पर से मलेशम ने रज़िया से कहा। "वैसे घबराने की कोई बात नहीं है, भाभी! हम तो आपके पड़ोस में हैं!" रज़िया आँसू पोंछती हुई नीचे उतर आई।

शुक्र है, आजकल शाहीन लंदन में था मगर जवान फ़ौज़िया की वजह से रज़िया के होशो-हवाश ग़ायब थे।

"सुना है, घरों की ख़ाना-तलाशी भी होगी।" राशिद सारे घर में घबराया हुआ फिर रहा था।

"हाय, हाय! सौ बरस की ख़ुदमुख़्तारी आज ख़त्म हो गई!" लँगड़ी फूपो यों मातम कर रहीं थीं जैसे आज उनके सिर से ताज उतर गया।

कोई उनसे पूछे कि इस ख़ुदमुख़्तारी में उन्होंने कितने ऐश किये? ग़ज़ल ने सोचा, वह बार-बार याद करती कि अयाज़ इस वक़्त कहाँ होगा? उसे पक्का यक़ीन था कि इतनी कमउम्री में अयाज़ नहीं मर सकता। वह यक़ीनन किसी पहाड़ी में छुप गया होगा या फिर किसी कैम्प में अपने साथियों के साथ बैठा होगा...मुमकिन है कि अस्पताल में हो...या फिर...और...या...।

और फिर ख़ुद ही रोने लगी। आजकल आँसुओं की इतनी बहुतायत थी कि कोई किसी को तसल्ली देने नहीं बैठता था। लँगड़ी फूपो शेख़ू भाई के लिए रो रही थीं। रज़िया अपने भाइयों के लिए। सुना है, फ़ौज़िया का होनेवाला दूल्हा भी किसी महाज़ पर गया था।

अब रहा राशिद! उसका परेशानी के मारे बुरा हाल था, जैसे आज उसी के सिर से ताज उतर रहा था। अब जाने क्या होगा? और फिर हरिश्चन्द्र, भान, मलेशम और बरुआ पता नहीं कौन-कौन उसकी घात में बैठे हैं। ख़ौफ़नाक अजगरों की तरह वे उसके सामने आ खड़े हुए थे...ऐसे में उसे क्या करना चाहिए? नुदरत जंग के पोते और वाहिद हुसैन के लड़के के लिए क्या मुनासिब है? ख़ुदकुशी या कुत्ते की मौत?

वह पागलों की तरह सिर थामे सोच रहा था।

"क्या शेख़ू मियाँ ने कोई इत्तिला भेजी? वह मेरे बेटे को भी ले गए थे।" बाहर कोई औरत पूछ रही थी।

"अम्माँ कह रही हैं, अब्बा को किस पते पर ख़त लिखा जाए?" एक छोटी-सी लड़की दरवाज़े पर खड़ी राशिद से पूछ रही थी।

किस पते पर...? वह क्या जवाब दे! ये औरतें कैसी आशावान होती हैं! जानती हैं कि उनके शौहर बादल की तरह फ़िज़ाओं में बिखर चुके हैं लेकिन ख़त भेजने की आस नहीं तोड़तीं और फिर बहुत सोच-समझकर राशिद फूलों के हार लेकर सिकन्दराबाद दौड़ा। यूनियन की फ़ौजों का स्वागत करने...और वहाँ जाने से पहले उसने आली जनाब जे. एन. चौधरी के नाम एक दरख़्वास्त लिखी जिसमें निज़ाम के अहद में बिज़नेस करनेवालों के साथ ज़ुल्म और ज़्यादती और उनसे ज़बरन इत्तिहाद-उल-मुसलिमीन में शिरकत करवाने का हवाला देकर मौजूदा दौर में इंसाफ़ करने की दरख़्वास्त की गई थी।

शाम को वह थका-हारा पसीने से शराबोर घर लौटा तो आला हज़रत रेडियो से तक़रीर कर रहे थे। उन्होंने हैदराबाद के इलहाक़ (विलय) की इत्तिला दी और अवाम को सब्रो-शुक्र के साथ नये हालात से समझौता करने का मशवरा दिया।

आला हज़रत की आवाज़ पहली बार ऐवाने ग़ज़ल में गूँज रही थी, हैदराबाद के गली-कूचों में सुनाई दे रही थी। लोग चलते-चलते रुक गए थे वाहिद हुसैन सिर झुकाए अदब के साथ खड़े थे और सारे घर के साथ उनकी आँखों से आँसू बह रहे थे।

मगर आज जब दकन रेडियो ख़ामोश हुआ तो न एम. ए. रऊफ़ ने हमेशा-हमेशा इस रियासत के क़ायम रखने की दुआ माँगी और न उस्मान अली ख़ाँ की सलामती के लिए अल्लाह मियाँ से कुछ कहा।

सुबह हुई तो घर में अहमद हुसैन, उजाला बेगम और नसीर के दसवें की फ़ातिहा कराई गई। यह तो ठीक से कोई नहीं जानता था कि वह सब कब और कहाँ मरे मगर वाहिद हुसैन किसी बात में कमी करने को तैयार न थे।

अब ग़ज़ल सुबह से रो-रोकर दीवानी हुई जा रही थी। वह जानती थी कि नसीर उससे शादी नहीं करेगा अब, मगर इसके बावजूद नसीर की मौत उसे किसी भी तरह मंजूर न थी।

"मेरा भाई दिल का बादशाह था! उसके यहाँ हर काम शानदार होता था।" लँगड़ी फूपो आँसू पोंछकर बावर्चियों से निबट रही थीं। पाँच सौ लोगों का खाना था आज! आख़िर अहमद हुसैन इतनी जायदाद छोड़ गए तो उनकी मौत-मिट्टी धूमधाम से होनी चाहिए।

ग़ज़ल ने सोच लिया, आज की रात वह भी ज़हर खाकर ख़त्म हो जाएगी।

"हाय उजाला भाभी! मैं तुझे अपने हाथ से कफ़न भी न पहना सकी।" लँगड़ी फूपो ने नौहे का पहला बोल उठाया और रिश्तेदार औरतों में पिट्टस पड़ गई।

"अरे, ज़ालिम नामुरादो! हम पर कैसा ज़ुल्म तोड़ गए! हाय, हाय लाख का घर ख़ाक हुआ!" लँगड़ी फूपो सीना कूट रही थीं और उनके साथ फ़ौज़िया, बीबी और रज़िया दहाड़ें मारकर रो रही थीं।

अन्दर ग़ज़ल चुपचाप लेटी थी। नसीर से अब उसकी शादी नहीं होगी मगर फिर भी वह सारी ज़िन्दगी नसीर की याद में गुज़ारने का फ़ैसला कर चुकी थी लेकिन किसे मालूम था कि इतनी जल्दी आज ही वह नसीर का दसवाँ करेगी!

वह बाहर की खिड़की खोलकर दूर रंगम्मा की झोंपड़ी के पास खेलनेवाली क्रान्ति को देखने लगी। आजकल सड़कें सुनसान थीं। हर घर से रोने-पीटने की आवाज़ें आ रही थीं। ग़ज़ल को बाज़ वक़्त ऐसा लगता जैसे वह एक लम्बा भयानक ख़्वाब देख रही हो। अभी आँख खुलेगी तो यों ही चाँद आपा

स्याह जार्जेट की साड़ी में क़यामत ढाती, वायलिन पर अपनी सफ़ेद उँगलियाँ रखे गुनगुना रही होंगी :

शमा जलती है तो उसमें से धुआँ उठता है
शोला-ए-इश्क़ सियह-पोश हुआ मेरे बाद

अम्माँ नाक न साफ़ करने पर उसकी पीठ पर एक घूँसा मारेंगी और वह अपनी नन्ही-सी पजमिया ऊपर खिसकाकर फ़ौज़िया से पूछेगी, "तुम इतना क्यों हँसती हो?"

फिर किसी ने उसके कमरे का दरवाज़ा पीटना शुरू किया तो "अरी ग़ज़ल! गज़ब हो गया। बाहर तो आ!" फ़ौज़िया बदहवासी में अन्दर आकर ग़ज़ल पर गिर पड़ी।

फिर दोनों बाहर दालान में आईं।

राशिद मामूँ बेहोश पड़े थे। बीबी उन पर पानी छिड़क रही थीं। रज़िया दीवार से लगी बिलकुल साकित हो चुकी थी और लँगड़ी फूपो फीरनी के कटोरों पर चाँदनी के वरक़ लगाती हुईं एक ख़त को दीवानावार चूमे जा रही थीं। बाहर कोई चिल्ला रहा था :

"ज़रा वाहिद नवाब के लिए ठंडा पानी भिजवा दीजिए, और डॉक्टर साहब से फ़ोन पर कहिए कि वाहिद नवाब की तकलीफ़ बढ़ गई है।"

और मेहमान बीबियाँ यों टुकुर-टुकुर देख रही थीं जैसे किसी जादू उन्हें पत्थर कर दिया हो।

"क्या हुआ, बीबी?" ग़ज़ल डर के मारे बीबी से लिपट गई। बीबी ने ग़ौर से ग़ज़ल को देखा और वह भी उससे चिमट गईं।

फिर उन्होंने लँगड़ी फूपो से वह ख़त छीनकर ग़ज़ल को थमा दिया।

बिरादरम मोहतराम दाम बिलएहतराम!

बाद क़दमबोसी के अर्ज़ है कि हम सब ख़ुदा के फ़ज़ल से बख़ैर रहकर आपकी ख़ैरियत नेक मतलूब! दीगर अहवाल यह है कि आपकी दुआओं से हम सब औरंगाबाद में बिलकुल महफ़ूज़ हैं। गुंडों की चढ़ाई की सुन-गुन पाकर मैं घर का क़ीमती सामान यहाँ ले आया था और अब आज ही शाम मैं, वालिदा-नसीर और नसीर नवाब समेत बज़रिया हवाई जहाज़ पाकिस्तान जा रहे हैं। जायदाद का तसफ़िया हालात पुरसुकून होने पर कर दिया जाएगा।

आपसे दूर हो जाने का अज़हद अफ़सोस है लेकिन अल्लाह का शुक्र है कि हम दिल से दूर नहीं हुए। जनाबा भावज साहिबा की ख़िदमत में क़दमबोसी और तमाम खुर्द-ओ-कलाँ को दुआ मुतालआ फ़रमावें। जुमला तमाम की ख़ैरियत मालूम करो।

फ़क़त

अहक़र (विनीत)

नवाब अहमद हुसैन ख़ाँ ग़नी अनहो

ख़त पढ़कर ग़ज़ल ने नज़रें उठाईं तो चाँदी के वरक़ फूलों की तरह चारों तरफ़ उड़ रहे थे। वह जल्दी से कमरे में गई और जा-नमाज़ बिछाकर सजदे में गिर पड़ी। उसने दोनों बाँहें फैलाकर यों ज़मीन को थाम लिया जैसे नसीर की बाँहों में सिमट गई हो। आँसुओं से धुँधलाई हुई निगाहों से उसने देखा कि नसीर हवाई जहाज़ के दरवाज़े पर खड़ा था। वह हर लम्हा उससे दूर हट रहा था। फिर भी जाने क्यों ग़ज़ल के दिल में सुकून का एक चिराग़ जलने लगा क्योंकि नसीर की वह अँगूठी उसकी उँगली में थी जिसमें उसकी जान है। इससे पहले भी उसकी ज़िन्दगी में कई मर्द आए थे मगर नसीर की तरह दिल की धड़कन कोई नहीं बना। वह तो चार दिन के बाद हर सूरत भूल जाती थी। अपनी हँसी में ख़ुद अपने वायदे भुला बैठती थी मगर नसीर की याद कँवल की तरह कभी न डूबती थी, हालाँकि उससे मिलने की हर आस टूटती जा रही थी।

फिर वाहिद हुसैन को देखनेवाला डॉक्टर राशिद की नब्ज़ देखने लगा लेकिन उसने क़सम खा ली थी कि वह दवा नहीं पिएगा, जैसे वह अब जीने से मायूस हो चुका था। उसे एक ही रट लगी थी कि शाहीन को यूरोप से जल्द बुलाना चाहिए। फिर उसने रज़िया से कहा, "हमें भी अपना रुपया पाकिस्तान ट्रांसफ़र कर देना चाहिए। क्या पता हालात कैसे हो जाएँ! शाहीन वापस आ जाए तो हर बात का फ़ैसला करना होगा।"

राशिद अभी बिस्तर पर ही लेटा था कि वाहिद हुसैन को रात में फिर हार्ट-अटैक हुआ। यह दूसरा अटैक था। राशिद ने डॉक्टरों का पूरा बोर्ड बिठाया। ख़ुशख़बरियों और उम्मीदों के सैकड़ों इंजेक्शन लगाए मगर शाम होते-होते उन ग्यारह बयाज़ों के अशआर धुँधले पड़ने लगे जिनमें वाहिद हुसैन की दनदनाती, इश्क़ो-हवस में डूबती, झूमती, गाती शायरी बन्द थी। वह इतनी ख़ामोशी से मर गए कि राशिद को यक़ीन न आया। डॉक्टर आक्सीजन की नली निकालकर

सामान समेटने लगा मगर राशिद अभी तक उन पर झुका दिल की धड़कन गिन रहा था। यह कैसे हो सकता है कि वह आदमी मर जाए जिसने ज़िन्दगी को अपने पैरों तले रौंद डाला था! उसका तो ज़िन्दगी से जी कभी नहीं भरता था। उसने फूलों को हँसना सिखाया था, पौधों को झूमना। वह ज़िन्दगी-भर अपनी ज़ात में खोया रहा। अपने आसपास मुहब्बत के पौधे उगाता रहा। वह, जो एक फ़र्द न था, ऐवाने ग़ज़ल का निगहबान था; एक तहज़ीब, एक ऐसे दौर को अपने साथ समेट ले गया जिसकी कहानियाँ ऐवाने ग़ज़ल में सुनाई जाएँगी। वह दौर, जो आज ख़त्म हो रहा था, अपना फ़र्ज़ अदा कर चुका था। सारे घर में कुहराम मचा हुआ था। नौकर और मामाएँ अपनी वफ़ादारी जताने के लिए सबसे ज़्यादा चिल्ला रहे थे।

बीबी अस्र (अपराह्न) की नमाज़ पढ़ रही थीं, जब उन्होंने वाहिद हुसैन के कमरे से राशिद और फ़ौज़िया की चीख़ें सुनीं। ग़ज़ल लपककर उनके पास पहुँची कि उन्हें सहारा दे मगर बीबी ने बड़े इत्मीनान के साथ जा-नमाज़ तह करके रखी और आहिस्ता-आहिस्ता रोते हुए लोगों को हटाकर वाहिद हुसैन के सिरहाने आईं।

सब दम-बख़ुद थे। चालीस बरस का साथ था। जाने बीबी आज कितना रोएँगी मगर उन्होंने मुड़कर निहायत इत्मीनान से राशिद को थामा, "क्यों रोता है तू...वह नहीं मरेंगे...वह मुझे नहीं छोड़ सकते!" और चुपचाप दीवार से लगकर बैठ गईं।

सुबह तक उन्हें रुलाने की हर मुमकिन कोशिश की गई, मगर जब उन्होंने अपने हाथ देखे तो अचानक रोने लगीं।

"मेरे हाथ ख़ाली हो गए! मैं अब यहाँ से भाग जाऊँगी। मेरी रस्सी टूट गई।"

उसके बाद वह बिस्तर से न उठीं, न कोई बात की। किसी ने कहा, "पागल हो गई हैं।"

किसी डॉक्टर ने बताया, "ब्रेन हेमरेज हो गया है।"

दिन गुज़रते रहे। एक हफ़्ता...दो हफ़्ते...दो महीने...बीबी मरती न थीं... ज़िन्दा भी न थीं। ज़िन्दगी और मौत के दरम्यान एक साँस का डोरा बाक़ी था। कोई कहाँ तक डॉक्टरों को बुलाए, कितनी आक्सीजन दे, कब तक नलियों से खुराक पहुँचाए!

घर में उन हादसों की ख़बर सुनकर शाहीन वापस आ गया—बड़ी भारी-भारी डॉक्टरी की डिग्रियाँ लिए। एकदम वह छह फुट का ऐसा नौजवान बन चुका था कि रज़िया उसे देखकर घबराई जा रही थी।

शाहीन ने बीबी को उलट-पुलटकर देखा। वह चार साल तक यूरोप में इनसानी दिल पर तजुर्बे करता रहा था। उसने सैकड़ों इनसानों के दिल चीरके देखे थे मगर अपनी दादी का केस उसे अजीब सा लगा। उसे परेशान देखकर लँगड़ी फूपो लाठी टेकती पास आ खड़ी हुईं, "बेटा! यह कोई नया मर्ज़ थोड़ी है, यह औरत तो हमेशा ही आँखें बन्द किये जिए गई।"

आख़िरकार वह दिन भी आ गया जब शाहीन ने राशिद को यक़ीन दिला दिया कि अब बीबी ज़िन्दा नहीं रहीं। शायद रात सोते ही में किसी वक़्त इन्तकाल हो गया था!

अब तो ऐवाने ग़ज़ल वाले जैसे क़ब्र तक मुरदे को पहुँचाने के माहिर हो चुके थे। जुहर (दूसरा पहर) की नमाज़ तक बीबी का वजूद ऐवाने ग़ज़ल से मिट चुका था और ऐवाने ग़ज़ल के दरम्यानी हॉल में लगी हुई वाहिद हुसैन की बड़ी-सी तसवीर आँखें खोले यह बात किसी तरह मानने को तैयार न थी।

बीबी का जनाज़ा ले गए तो ग़ज़ल को अहसास हुआ कि वह कितनी बेकार है। हुमायूँ ने जबसे साया को मुसलमान करके उससे निकाह किया था, अपने घर से ग़ज़ल का ताल्लुक़ टूट चुका था। फिर भी बीबी के दफ़न में हुमायूँ आया तो ज़बरदस्ती उसे घर ले गया।

आज तीसरा दिन था स्टेज पर 'राम बनवास' का।

तीन दिन से ग़ज़ल रोज़ाना सबके सामने एक गढ़े में दफ़न होती। फिर स्टेज का परदा खींचकर लोग उसे बाहर निकाल लाते। उसे कुछ ख़बर न होती, स्टेज पर क्या बक रही है! वह तो बस इस बात के इन्तज़ार में रहती थी कि वह ज़मीन में समानेवाला सती-सावित्री का दृश्य आए और उसे कोई बाहर न निकाले। यह कैसी धरती माता थी जो उसे अपनी छाती में भी पनाह देने को तैयार न थी!

लोग उसकी अदाकारी पर दीवाने हुए जा रहे थे। तालियाँ पीटते-पीटते राशिद के हाथ दुखे जा रहे थे।

जैसे ही हालात बदले, राशिद ने भी अपना चोला बदल लिया था। अब शरणार्थियों की इमदाद के लिए हर सियासी पार्टी ने लम्बे-चौड़े प्रोग्राम बनाए। कम्यूनिस्ट पार्टी की तरफ़ से भी कई इमदादी स्कीमें शुरू हुईं। इस सिलसिले में कुछ कल्चरल प्रोग्राम भी रखे गए मगर सरवर को क्या मालूम था कि वह सौ रुपए लगाकर जो 'राम बनवास' स्टेज कर रहे हैं वह हज़ारों रुपए खींच लाएगा! सारा कमाल तो ग़ज़ल का था जो सीता के किरदार में गुम हो

गई थी। जब बड़ी बेबसी से वह धरती की गोद में समाने की दुआ माँगती तो सरवर जैसा सख़्त-मिज़ाज इनसान भी काँप उठता था, हालाँकि उसे मज़हबी कहानियाँ, ख़ासतौर पर औरत की मज़लूमी की कहानियों से बड़ी नफ़रत थी। इसलिए जब ड्रामे के सिलसिले में कोई पहली बार ग़ज़ल को लाया था, तो उसका जागता हुआ अपने-आपसे बाख़बर हुस्न, बेबाक़ लहजा और हर एक से बेतकल्लुफ़ी का अन्दाज़ सरवर को ज़रा अच्छा न लगा था। अगरचे ख़ुर्शीद आपा ने हस्बे-आदत उसे भी एक आला ख़ानदान की लड़की साबित किया था लेकिन जब एक दिन एक बड़ी मूँछोंवाले, दुबले-पतले शख़्स ने ग़ज़ल का बाप बनकर उसकी एक्टिंग का भाव-ताव किया तो सरवर को यक़ीन हो गया था कि वह लड़कियाँ सप्लाई करनेवाला कोई दलाल है। कहीं शरीफ़ बाप बेटियों के दाम लगाते फिरते हैं? तीसरे दिन जब आख़िरी बार ग़ज़ल ज़मीन में समाई तो ड्रामे का सारा क्लाइमेक्स गारत हो गया और उस दर्दनाक सीन पर रोनेवाले लोग हँसने लगे, जब ग़ज़ल ने ज़मीन से मुँह निकालकर चिल्लाना शुरू किया, "मेरे ऊपर सब पत्थर बरसाओ। अल्लाह के लिए मुझे अब कोई मत निकालना। मेरे ऊपर मिट्टी फेंको। मुझे संगसार कर दो।"

बड़ी अफ़रा-तफ़री में परदा गिराया गया। रमेश सिन्हा, जो उस ड्रामे के डायरेक्टर थे, दौड़े हुए आए। सरवर भी अपने दोस्तों के दरम्यान से उठकर ऊपर डाइस पर भागा।

"मुझे मार डालो...मेरे ऊपर पत्थर रख दो। तुममें से कोई इनसान है?" गढ़े के अन्दर से ग़ज़ल चिल्ला रही थी।

"क्या बात है, मुझे बताओ?" सरवर ने पसीने से शराबोर ग़ज़ल को एक कुरसी पर बिठाकर पूछा।

दो बजे रात को जब सरवर ग़ज़ल को उसके घर पहुँचाने आया तो हुमायूँ कहीं गया हुआ था। साया ने बड़ी बेज़ारी के साथ दरवाज़ा खोला और बड़बड़ाती हुई लेट गई।

"ऐ लो, अब ये मर्द रातों को भी घर आने लगे!"

ग़ज़ल होश में आ चुकी थी मगर अभी तक उसकी आँखें बन्द थीं। जिस्म बिलकुल ठंडा था और वह सिसकियों के मारे घुल रही थी। सरवर को रोनेवाली औरतों से बड़ी चिढ़ थी मगर उस वक़्त वह ग़ज़ल की सिसकियों से सख़्त परेशान था। गढ़े से उसे निकालते वक़्त अचानक उसने महसूस किया था कि इस लड़की में कोई ख़ास बात थी, एक बेनाम-सी कशिश जो सात बजे से रात के दो बजे तक उसे ग़ज़ल के साथ लिए-लिए फिर रही थी।

"अब मुझे बताइए, असल क़िस्सा क्या है?" ग़ज़ल के यहाँ आकर कमरे में बैठ गए तो सरवर ने सिगरेट सुलगाकर पूछा। उसे यक़ीन था कि यह लड़की कहीं से अगवा करके लाई गई है और वह ख़ौफ़नाक मूँछोंवाला आदमी ज़बरदस्ती उससे पेशा करवा रहा है।

"क़िस्सा कुछ नहीं है, मुझे यह बताइए कि ज़मीन में समाने का हक़ सिर्फ़ सीता को था, मैं क्यों नहीं मर सकती?"

"आप क्यों मरना चाहती हैं?" सरवर ने बड़े इत्मीनान से पूछा, "आप अभी बहुत कमसिन हैं, अभी आपकी शादी होगी, बच्चे होंगे। औरत तो ग़ज़ल का एक मतला (ग़ज़ल का पहला शे'र) है। इस पर पचासों शे'र लिखे जाते हैं। हज़ार ख़ूबसूरत ख़यालों का इज़ाफ़ा होता है।"

शायरी के नाम पर ग़ज़ल को नसीर याद आ गया और वह फूट-फूटकर रोने लगी, "मेरी शादी अब कभी न होगी। मैं जब तक ज़िन्दा रहूँगी, मुझे इसी तरह हर रोज़ क़ब्र में सोना पड़ेगा।"

"आपकी फ़ीस के लिए उस दिन जो साहब झगड़ा कर रहे थे, वह वाक़ई आपके अब्बा हैं?" सरवर ने सरगोशी में पूछा।

और ग़ज़ल भी सोचने लगी कि क्या वाक़ई वह उसके अब्बा हैं? "आप इतनी मायूस क्यों हैं?" सरवर ने ग़ज़ल की नशीली आँखों के जादू से बचते हुए कहा।

उसने उठकर ग़ज़ल के आँसू अपने रूमाल से पोंछे, "बाज़ वक़्त इनसान हालात के हाथों वह कर बैठता है जो करना नहीं चाहता मगर अब ऐसा नहीं होगा। आपके लिए कुछ सोचूँगा। जब कभी आपका दिल चाहे, मुझसे ऑफ़िस में मिल लीजिएगा।"

वह ग़ज़ल के सारे आँसू, सब सिसकियाँ अपने रूमाल में समेटकर चला गया।

पलंग पर सोने को लेटी तो ग़ज़ल ने सोचा वह बाईस-तेईस बरस का होगा मगर उसका अन्दाज़ क्या है, जैसे वह बड़ाई के कुतुबमीनार पर खड़ा हो और ग़ज़ल नन्ही-सी बच्चियों की तरह उसके सामने बेवक़ूफ़-सी लगती थी। इतनी रात गए उसने एक बार भी तो ग़ज़ल के बेसुध जिस्म को न टटोला! एक बार भी उसके दमकते हुए सुर्ख़ गालों को न छुआ। यह कैसा अनोखा मर्द था। ग़ज़ल ने आज पहली बार एक अजनबी मर्द ऐसा देखा था जो उसकी जवानी को बिलकुल राशिद मामूँ की तरह नज़रअन्दाज़ कर रहा था, हालाँकि उसे तो देखते ही मर्द अपनी अक्ल और सब्र—दोनों खो बैठते थे।

अब जाने वह क्या सोचनेवाला है? क्या करनेवाला है?

सुबह वह उठी तो जैसी कि उम्मीद थी, अब्बा ने पहले तो ड्रामा ख़राब करने पर ख़ूब डाँटें सुनाईं और फिर ऑफ़िस जाते-जाते हुक्म दिया, "कल मैंने ख़ुर्शीद आपा से कहा है, वह तेरे फ़िल्म स्टार बनने के लिए कुछ करेंगी। आज उनके पास हो आना।"

चुनाँचे अपनी उदासी को मेकअप में छुपाकर वह ख़ुर्शीद आपा के घर गई। ख़ुर्शीद आपा भारत कलामंडल की संचालक थीं। उम्र पचास से ऊपर होगी मगर उनकी शाने-लापरवाही और मोटापा देखकर उम्र की भी हिम्मत न पड़ी कि उन पर वार करती। वह अपने डाई किये हुए बालों की लटें गालों पर बिखराए रखतीं। सिगरेट पीने की वजह से स्याह होंठों को लिपस्टिक से चमकाए रखतीं। और नुकीली पतली भौंहों की कमानें खिंची हुईं और बनावटी पलकों के तीर चारों तरफ़ शिकार ढूँढ़ते हुए। उनके भारी-भरकम बदन पर ब्लाउज़ सिर्फ़ इतनी जगह ढाँपता था कि पुलिस उन्हें बरहनगी (नग्नता) का इल्ज़ाम लगाकर पकड़ न ले, वरना सब कुछ हर एक के देखने के लिए खुला पड़ा रहता। जवानी जाने कौन-से जंगल की स्याही में लुटा चुकी थीं। जब दौड़ते हुए हाँफने लगीं तो अपने से एक दस बरस कम उम्र के अहमक़ क्लर्क से ब्याह रचा लिया। लोग इस घटना के बड़े दिलचस्प लतीफ़े बनाकर सुनाते थे कि किस तरह एक दिन अचानक ख़ुर्शीद आपा ने रिक्शा रोककर लतीफ़ साहब को पुकारा जो साइकिल पर ऑफ़िस जा रहे थे और उन्हें हुक्म दिया कि फ़ौरन मुझसे निकाह कर लो।

भरे बाज़ार का मामला था और फिर ख़ुर्शीद आपा की धौंस। बेचारे सीधे भागे क़ाज़ी की तलाश में। अब उन लतीफ़ साहब का सिर्फ़ एक काम था कि ख़ुर्शीद आपा के यहाँ शाम को जमा होनेवाले दोस्तों के लिए सिगरेट, शराब और पान का इन्तज़ाम कर दें और जब ख़ुर्शीद आपा को कहीं जाना होता तो रिक्शा ला दें। इसके अलावा और कोई काम करते लतीफ़ साहब को किसी ने कभी नहीं देखा था।

कभी किसी ड्रामे में माँ का किरदार अदा करते वक़्त उन्हें रात हो जाती तो वह उठते वक़्त कहतीं, "अरे उजाड़-सूरतो, तुमको ज़रा तो शरम हो। मेरा मर्द मेरा इन्तज़ार कर रहा होगा।"

तब याद आता कि हाँ, ख़ुर्शीद आपा तो 'मर्दवाली' हैं।

स्टेज के अलावा रेडियो-ड्रामों में भी लड़ाका सास और माँ का किरदार इस ख़ूबी से करतीं कि लोग हँसते-हँसते लोट जाते लेकिन रेडियो-ड्रामों में बड़े

ठस्से के साथ काम करतीं। क्या मजाल कि रिहर्सल के वक़्त कोई डायरेक्टर का बच्चा चूँ बोल जाए! गालियों से उसका सिर मूँडकर रख देतीं। ऐसी गन्दी गालियों की बौछार करतीं कि ढीठ-से-ढीठ मर्द भी शरमा जाए। यों भी ख़ुर्शीद आपा को अदाकारी कोई क्या खाकर सिखाएगा! बड़े-बड़े बूझ-बुझक्कड़ उनके सामने झख मारते थे। अच्छे-अच्छों को चुटकियों में उड़ातीं। एक दिन देखिए तो हँसी के मारे लोट-पोट हुई जा रही हैं। लोग सोचते, आज जाने कौन-सा हँसी ज़ाफ़रान का खेत देखकर आई हैं, मगर मालूम हुआ अभी बहन के देहान्त का टेलीग्राम मिला है। इस ग़म को छुपा रही हैं। यह सुनकर ख़ुर्शीद आपा का एहतिराम बढ़ जाता।

उनका बहुत बड़ा और बेहद ख़ूबसूरत सजा-बना घर दरअसल एक छोटा-सा क्लब था। हर शाम ऊँचे तबके के आर्टिस्टनुमा लोग और उनमें दिलचस्पी रखनेवाले बेफ़िक्रे यहाँ जमा होते थे। जिसका जी चाहे, शराब पिए, रंडियाँ नचा ले, क़त्ल कर दे या क़त्ल हो जाए। वह किसी को न रोकतीं, अलबत्ता रोती सूरतें उन्हें ज़रा न भातीं। सचमुच कान पकड़के निकाल देती थीं। मुहब्बत करनेवालों के लिए सहूलत मुहैया कराने का तो उन्होंने ठेका ले रखा था। कोई कितना ही अजनबी हो, मगर मुहब्बत के नाम पर वह उसकी हर तरह से मदद करने को तैयार हो जातीं। वह कहती थीं कि औरत का पढ़ाया हुआ निकाह क़ानून नहीं मानता, वरना बहुत से लोग उनके सामने रोनी सूरतें लिए न फिरते।

वैसे लोगों का बयान है कि उन्होंने एक क़ाज़ी को मुस्तक़िल मुलाज़िम रखा था जो हैदराबाद की हर भगाई हुई लड़की का निकाह उनके यहाँ पढ़ाता था। वैसे ख़ुर्शीद आपा निकाह-विकाह की कायल नहीं थीं और उन्हें उम्र भर के लिए गले पड़नेवाली औरतों से बड़ी वहशत होती थी। मुहब्बत करनेवालों के लिए इतनी भाग-दौड़ करते देखकर बिलगरामी कहता था कि ख़ुर्शीद आपा तो अच्छी-ख़ासी हकीम अजमल ख़ाँ हैं। जहाँ दो हज़ार के कुश्ते से काम न बने, वहाँ दो पैसे का चुटकुला भी आज़मातीं। इलाज के बारे में उन्होंने कभी तअस्सुब (पक्षपात) से काम नहीं लिया। यही वजह है कि जब कभी किसी शामत के मारे पुलिसवाले ने उनके मकान पर बदकारी का इल्ज़ाम लगाते हुए उन्हें घेरना चाहा तो ख़ुर्शीद आपा ने फ़ौरन उसे कहीं-न-कहीं फँसवा दिया। इस तरह कि चन्द दिन बाद ही वह ख़ुद भी उन ज़िन्दादिलों में बैठा ख़ुर्शीद आपा की ख़ुशामद करता नज़र आता। कोई मज़ाक़ था ख़ुर्शीद आपा को छेड़ना

ये सारे ऊँची नाकवाले ऑफ़िसर और कारों में घूमनेवाले अकड़ते हुए बिज़नेसमैन उन्हें देखकर खड़े हो जाते थे मगर वह गाली के बग़ैर किसी से बात न करतीं। जिधर से गुज़रतीं, हँसी के फूल बिखर जाते।

ग़ज़ल उनके पास बड़ा अच्छा मूड लेकर गई थी, मगर जाते ही ख़ुर्शीद आपा ने नक़ाब नोच फेंका। उन्हें किस लड़की के किस स्कैंडल की ख़बर न थी कि भान और बिलगरामी वाली बात छुपी रहती?

"अब ख़ैरियत इसी में है कि तुम बम्बई जाकर किसी फ़िल्म के लिए काम ढूँढ़ो, वरना ये मरदुए तुम्हें दो कौड़ी का करके छोड़ेंगे।"

"मगर मैं कैसे जाऊँ वहाँ?" ग़ज़ल चौंक पड़ी।

"मैं भिजवा दूँगी।" उन्होंने बड़े इत्मीनान से पान की एक गिलौरी मुँह में रखकर कहा।

ग़ज़ल चुप हो गई। ख़ुर्शीद आपा से ज़्यादा बातें करने की हिम्मत न थी। वह भान साहब तक को बच्चा कह देतीं और बच्चा साबित करके रहती थीं। फिर आगे की बात भी उन्होंने सुनाई, "वह अपना बच्चा शिवराज है न! वह तुम पर बुरी तरह मरता है। कई बार मेरे पास आया मगर तुम बिलगरामी के चक्कर में फँसी हुई थीं।"

ग़ज़ल झेंप गई। ख़ुर्शीद आपा बात करतीं तो बात के सारे कपड़े नोच फेंकती थीं। उन्हें शायरी करने से बड़ी चिढ़ थी।

"तो शिवराज का बम्बई में बड़ा असर-रसूख है। उसने कई लाख रुपया फ़िल्मी बिज़नेस में लगा रखा है। तुम चन्द दिन उसके साथ रह लो तो शायद कोई चांस मिल ही जाएगा।"

"चन्द दिन रह लूँ?" ग़ज़ल ने ताज्जुब से पूछा।

ख़ुर्शीद आपा के लिए किसी मर्द के साथ चन्द दिन रहना कोई अहम बात नहीं थी और वह भी ग़ज़ल जैसी लड़की के लिए जिसके बारे में वह सब कुछ जानती थीं।

"और क्या जी, गू खाओ तो हाथी का कि पेट भी भरे। इधर-उधर धक्के खाने से अच्छा है कि फ़िल्मी हीरोइन बन जाओ। तुम्हारा चेहरा तो बहुत अच्छा है।"

मगर यह कैसे हो सकता है? ग़ज़ल का जी चाहा कि ख़ुर्शीद आपा को ख़ूब खरी-खोटी सुना दे, क्या उन्होंने उसे बिलकुल ही तवायफ़ समझ रखा है कि जहाँ जी चाहे चली जाए?

ग़ज़ल ने शिवराज की सूरत याद की। अकसर ड्रामे ख़त्म होने के बाद वह भी फूलों का हार लेकर स्टेज पर आता था।

वह किसी बहुत बड़े ऑफ़िस का डायरेक्टर था और बहुत बड़ी जायदाद का मालिक। वह आता तो लोग राजा साहब, राजा साहब कहकर खड़े हो जाते थे। शहर में जितने कल्चरल फंक्शन होते, सब उसी की सदारत में। जब रुपए की कमी पड़ती, सब उसी की तरफ़ दौड़ते। इल्मो-अदब की सरपरस्ती उसके ख़ानदान की रिवायत बन चुकी थी। ठिंगने से क़द का...गोल-मटोल। हर वक़्त बच्चों की तरह मुसकरानेवाला बेवक़ूफ़-सा आदमी, चूड़ीदार पाजामा, ट्वीड की स्याह शेरवानी, मख़मल की टोपी और कामदार सीलमशाही जूते पहने, ख़ुशबूदार क्रीम लगाता था कि ग़ज़ल की नज़रें सबसे पहले उसके चमकीले बालों पर जाती थीं। औरतों से सम्बन्ध बढ़ाने और उनका सम्मान करने में मशहूर था। बड़े धीमे सुरों में बेहद तहज़ीब के साथ बातें करता और हर एक की बात पर गरदन हिलाकर "जी हाँ", "बजा इर्शाद", "फ़रमाइए" कहे जाता था। अब औरतें उसके गिर्द न मँडलातीं तो क्या करतीं? सुना है, चाँद पर उसने हज़ारों ख़र्च डाले थे और कई बरसों साथ रहा।

ख़ुर्शीद आपा के घर हुमायूँ ने हज़ारों फेरे कर डाले। आख़िर उसकी कोशिशें काम आईं और ग़ज़ल के लाख इनकार करने पर और लिफ्ट न देने के बावजूद शिवराज ने उसका पीछा न छोड़ा। वह रोज़ ग़ज़ल के यहाँ आ धमकता। उसके लिए तोहफ़े लाता। उसे पार्टियों में, सिनेमा के लिए ले जाना चाहता। जब ग़ज़ल किसी बात पर तैयार न हुई तो एक दिन उसने हुमायूँ से कहा कि वह ग़ज़ल को बम्बई ले जाएगा फ़िल्मी हीरोइन बनाने। उसने चार तारीख़ के लिए प्लेन में सीटें भी रिज़र्व करवा लीं। रोती-पीटती और हुमायूँ की लातें-मुक्के खाती हुई ग़ज़ल एरोड्रम पहुँची तो बुरी तरह काँप रही थी। बात हुमायूँ ने ऐवाने ग़ज़ल वालों से पूरी तरह छुपाई थी कि अचानक एक दिन ग़ज़ल का नाम सिनेमा के परदे पर म्यूज़िक की झंकार के साथ देखकर सब हैरान रह जाएँ। जाते वक़्त हुमायूँ ने उसे एक बार फिर रास्ते में ख़ुश रहने की नसीहत की। फिर जब राजा साहब के सेक्रेटरी ने ग़ज़ल के सामान में से हुमायूँ का सामान छाँट-छाँटकर अलग रख दिया तो हुमायूँ एरोड्रम की कैंटीन में जा घुसा।

"राजा साहब, क्या मेरे लिए सीट रिज़र्व नहीं करवाई है?"

"जी नहीं!" उन्होंने सिगरेट की राख झाड़कर बड़े इत्मीनान से कहा।

"फिर ग़ज़ल कैसे जाएगी?"

"मैं जो हूँ।"

हुमायूँ को ज़रा-सी भी अक्ल होती तो यह जवाब सुनकर चुप हो जाता, आख़िर राजाओं के मुँह लगना हँसी-खेल थोड़ी है। मगर ग़ज़ल और उसकी

माँ को गालियाँ देते-देते हुमायूँ की ज़बान धार पर चढ़ गई थी। एकदम ग़ुस्से में आपे से बाहर हो गया, "मैं ग़ज़ल को अकेला नहीं भेज सकता। मैं भी चलूँगा।"

यह सुनकर शिवराज ने बड़े इत्मीनान से सेक्रेटरी को बुलाने के लिए घंटी बजाई। उससे अंग्रेज़ी में कुछ कहा और अख़बार पढ़ने लगे। फिर हवाई जहाज़ आने का ऐलान हुआ तो वह कैंटीन से निकलकर बाहर जाने लगे और ग़ज़ल उनके पीछे-पीछे लपकी, "राजा साहब! राजा साहब!" मगर वह आनन-फानन प्लेन की तरफ़ बढ़ गए। बाद में नौकर ने बताया कि उन्होंने ग़ज़ल की सीट कैंसल करवा दी थी। यह सुनकर ग़ज़ल वहीं कुरसी पर बैठ गई। थोड़ी देर तक हुमायूँ चुपचाप खड़ा बालों में उँगलियों से कंघी करता रहा। फिर उसने ग़ज़ल पर लातों और घूँसों की बौछार शुरू कर दी। बाद में वह रोती हुई ग़ज़ल को छोड़कर बाहर आया और अपना सामान टैक्सी में रखवाकर घर चला गया।

थोड़ी देर तक ग़ज़ल को दर्द की शिद्दत में कुछ याद न आया। उसके दाँतों से ख़ून बह रहा था और गाल सूज गए थे। अब वह कैंटीन में अकेली बैठी थी। शिवराज के अधजले सिगरेट से अभी तक धुआँ निकल रहा था और उसका पर्स मेज़ पर पड़ा हुआ था। उसके आसपास जानेवाले मुसाफ़िरों की आवाज़ें गूँज रही थीं। बैरे इधर-उधर घूम रहे थे और एरोड्रम की जगमगाती रोशनियों की परवाह किये बग़ैर रात तेज़ी से नीचे आ रही थी।

ग़ज़ल की समझ में नहीं आ रहा था कि कहाँ जाए। उसने शिवराज का पर्स खोला। उसमें सौ-सौ के कई नोट थे। हवाई जहाज़ के टिकट थे। टेलीफ़ोन नम्बरवाली एक छोटी-सी डायरी थी और एक चैक। जल्दी से वह बटुआ उसने अपने पर्स में रखा और लाउंज की तरफ़ दौड़ी, "क्या बम्बई का हवाई जहाज चला गया?"

"जी हाँ।"

वह फिर धीरे-धीरे बड़े हॉल की एक कुरसी पर आ बैठी।

टैक्सी में सामान रखवाने के बाद वह बड़ी देर तक सड़कों पर घूमती रही। फिर उसने सरवर के ऑफ़िस के पास टैक्सी रुकवाई मगर वह ऑफ़िस में नहीं था, अलबत्ता उसके किसी दोस्त ने सरवर का घर बताया जो सामने ही था।

यह सरवर का घर था, टूटा-फूटा। पुराना दरवाज़ा जिस पर फटा हुआ टाट का परदा लटक रहा था। सामने आँगन की मद्धिम-सी रोशनी में तीन-चार बच्चियाँ आँख-मिचौनी खेल रही थीं :

आँख-मिचौली, कड़वा तेल
राजा, रानी का घोड़ा छोड़ना!

अब इस घर के अन्दर जाऊँगी तो वहाँ जाने कितने बखेड़े फैले होंगे! बाहर से चुपचाप नज़र आनेवाले हर घर के अन्दर कितने आँसू छुपे होते हैं। कितनी सिसकियाँ...अब फिर एक कहानी शुरू हो जाएगी...सरवर की ग़रीबी और इश्क़ का टंटा...और इन क़िस्सों से उसे अब वहशत होती थी। इसलिए न तो वह शायरी सुनती, न नाविल पढ़ती। उसे तो वह फ़िल्म भी अच्छी नहीं लगती थी जिसमें हीरो-हीरोइन को इश्क़ के सिवा और कोई काम ही नहीं होता। इसके बावजूद हर-हर क़दम पर उसे कोई-न-कोई मर्द मिल जाता, अपना दिल हथेली पर लिए। उसके साथ ग़ज़ल को भी मजबूरन रोना पड़ता।

"सरवर साहब हैं?"

"जी हाँ?" एक बच्ची ने भागते हुए कहा, "आँख-मिचौली!"

"ज़रा उन्हें बुलाइए!" ग़ज़ल ने खेलती हुई लड़कियों से कहा।

"उनूँ सो रईं...आप अन्दर जाओ न...भिडू छोड़ दो...छोड़ दो।"

उसने अन्दर क़दम रखा ही था कि दो भागती हुई लड़कियाँ उससे उलझ गईं—चोर...चोर...!

आँगन में पहुँचकर वह ठिठक गई। पुराने ज़माने का खपरैलवाला मकान था। बीच में आँगन और दोनों तरफ़ दालान, कोठरियाँ। दालान में तोते का पिंजरा लटक रहा था। आँगन में मुर्ग़ियों का झाँबा था। एक टूटे हुए झिलंगे पलंग पर छोटा-सा बच्चा सो रहा था और तमाम घर को एक पुराने बड़े आम के पेड़ ने अपने साए में छुपा रखा था, जो कच्ची कैरियों से लदा हुआ था।

अल्लाह!...यहाँ तो एक दुनिया आबाद थी। वह समझी थी, सरवर क्वाँरा है। किसी कमरे में अकेला रहता होगा।

"कौन है?...अरे ग़ज़ल...कैसे आ गईं?" एक अधेड़ उम्र के लम्बे से दुबले-पतले साहब उठ खड़े हुए। तहमद बाँधे, मैला बनियान पहने वह दरी पर बैठे बच्चों को पढ़ा रहे थे।

अब ग़ज़ल और घबराई। यों आवारा लड़कियाँ क्वाँरे लड़कों से मिलने ऐसे घरों में चली आएँ तो क़यामत आ जाती है। फिर धुएँ-भरे स्याह कमरे से एक लम्बी-दुबली-सी औरत भी बाहर आई। मैली साड़ी से हाथ पोंछती हुई नंगे पाँव!

"कौन हो तुम?...किससे मिलने आई हो?" ग़ज़ल को यों लग रहा था जैसे यह सवाल हर तरफ़ गूँज रहा है ज़मीन से, आसमान से, सारे घर पर साया करनेवाले आम के पेड़ से, मुर्ग़ियों के दरबे से, तोते के पिंजरे से।

"अरे, यह ग़ज़ल हैं भई, रज़िया आपा की ननद की लड़की, मिसकीन अली शाह की पोती। हमें नहीं पहचानतीं...मैं हामिद हूँ...रज़िया का भाई।"

"हामिद भाई!" ग़ज़ल की जान में जान आई। यह वही हामिद भाई थे, जिनकी मँगनी की रस्म में वह रज़िया मुमानी के साथ गई थी और वहाँ दुलहिन के भाई से ख़ूब मार-कुटाई हुई थी।

"सरवर साहब यहाँ रहते हैं?"

"जी हाँ, वह मेरा भाई है।" हामिद की बीबी ने अबकी बार बहुत ख़ुश होकर कहा।

"आप सरवर को भूल गईं? जब मेरी रस्म करने के लिए रज़िया आपा के साथ आई थीं तो सरवर को आपने ख़ूब मारा था।"

फिर वह सब हँस पड़े।

"अजी, दालान में क्या खड़े हैं, अन्दर आओ न!"

सारे घर में हलचल मच गई। यों जैसे आज ग़ज़ल फिर इस घर के नसीब जगाने आई है। एक बच्ची ने जल्दी-जल्दी फ़र्श पर बिखरे हुए मैले कपड़े, किताबें और चप्पलें हटाईं। हामिद भाई की बीबी ने एक सफ़ेद चादर मैली दरी पर बिछा दी, और हामिद भाई कहीं से टूटा हुआ पंखा ढूँढ़ लाए, मगर ग़ज़ल ठिठक गई। यों जैसे वह किसी दरगाह में दाख़िल हो रही हो। इतनी पाक जगह अपने गुनाहगार पाँव रखते हुए वह काँप गई।

"आप कपड़े पहनिए...," ग़ज़ल को ज़बरदस्ती चादर पर बिठाकर हामिद भाई की बीबी ने उनसे कहा, "ऑफ़िस से आने के बाद गरमी की वजह से क़मीज़ नहीं पहनते।"

"ऊँ हूँ, अब इस्तरी की क़मीज़ क्यों ख़राब करूँ? ग़ज़ल बेगम कोई ग़ैर थोड़ी हैं। अपने घर की बच्ची हैं।"

"भिड़ो आना...भिड़ो आ जाऊँ?" बाहर अभी तक बच्चियाँ आँख-मिचौली खेल रही थीं।

हामिद भाई अपने बच्चों से कह रहे थे, "यह तुम्हारी बहिन हैं, बहुत बड़ी आर्टिस्ट हैं। कभी तुम सबको ले जाएँगे इनका ड्रामा दिखलाने। हाँ, तो अब कौन-सा ड्रामा होनेवाला है?" हामिद भाई ने उसके क़रीब बैठते हुए पूछा।

"अल्लाह जाने...!" उसने घबराकर सामने देखा।

सरवर नींद से बोझल बदन लिए, मुँह पर बाल बिखराए, बनियान और पैंट पहने कमरे से बाहर निकला और उसकी तरफ़ देखकर खिल उठा। 'लो, शुरू हो गया पहला सीन...' उसने काँपकर सोचा। आख़िर सरवर के घर आने की क्या तुक थी? उजाड़-सूरत...वह अपने-आपको कोसने लगी।

"ओहो...आज हम पर इतनी इनायत...! आपा, इस ख़ुशी में दो प्याली चाय तो बना दो।" वह भी आकर हामिद भाई के क़रीब बैठ गया।

"हाँ, हाँ! मगर पहले ग़ज़ल से पूछ लो, इतनी गरमी में चाय पिएँगी या नहीं। ख़्वाहमख़्वाह दूध-शक्कर जाया हो।" हामिद भाई ने जल्दी से कहा।

"नहीं, मैं चाय नहीं पीऊँगी। आज मेरी तबीयत ठीक नहीं है।"

"मैं अभी आया!" हामिद भाई उठे और चूल्हे के पास जाकर बीबी से कुछ खुसर-फुसर करने लगे।

"आपको मकान कैसे मिल गया हमारा?" सरवर ने पूछा, और फिर वह कुछ झेंपकर, घबराकर बोला, "अच्छा हुआ, आपने मेरा घर भी देख लिया। हम लोग बहुत ही मामूली-सी ज़िन्दगी गुजारते हैं। हामिद भाई को एक हज़ार तनख़्वाह मिलती है मगर वह अपना मुस्तक़बिल सँवारना चाहते हैं, इसलिए बड़ी किफ़ायत-शिआरी से काम लेते हैं। मुझे पार्टी में काम करने की वजह से सरकारी नौकरी नहीं मिलती। इसलिए एक अख़बार में काम करता हूँ। अम्माँ और बड़ी आपा का इन्तक़ाल हो गया। भाईजान पाकिस्तान चले गए। इसलिए छोटी आपा के साथ ही रहता हूँ।"

ऊँह! ग़ज़ल बाहर खेलती हुई बच्चियों का खेल देखने लगी। सरवर की कहानी में कोई बात नई नहीं थी। यह तो वही कहानी थी जो सरवर की माँ ने हामिद भाई की रस्म के दिन सुनाई थी। बेचारे हामिद भाई कितनी मुसीबत उठा रहे हैं। कितनी ख़्वाहिशों का गला घोंट रहे हैं। एक अच्छे मुस्तक़बिल के लिए, जो न जाने कब आएगा।

"ग़ज़ल, तुम्हारी भाभी कह रही हैं, आज हमारे साथ खाना खा लो।" हामिद भाई ने बड़ी देर के बाद अपना फ़ैसला सुनाया।

"सिर्फ़ थोड़ी देर भी हमारे साथ नहीं रह सकतीं?" सरवर ने बड़े दुख से कहा, और फिर ग़ज़ल का जवाब सुने बग़ैर कहा, "मैं अभी कुछ फल और मिठाई ले आता हूँ।"

"नहीं हामिद भाई, अब मुझे इजाज़त दीजिए।" वह घबराहट के मारे अपनी साड़ी के पल्लू से पंखा झलने लगी।

फिर भाभी ने चटाई से बना हुआ एक गोल दस्तरख़्वान लाकर बिछाया। तमाम चीनी की टूटी-फूटी रक़ाबियाँ आईं। खट्टी दाल और ख़ुश्का, बघारे बैगन। खाना देखते ही सारे बच्चे भी अपनी-अपनी रकाबियाँ लेकर आ बैठे, मगर भाभी ने सबको बाहर कर दिया।

"पहले मेहमान को खा लेने दो, तुम्हें बाद में मिलेगा।"

ग़ज़ल को अपना बचपन याद आ गया। जब भी घर में कोई मेहमान आता तो उसका यही हश्र होता था।

सरवर ने ख़रबूज़े की फाँक काटकर उसकी तरफ़ बढ़ाई, "लो...।"

'बस, यह काफ़ी है...।' उसने सोचा। यह छोटा-सा क़ब्र जैसा घर... धुएँ से भरा स्याह बावर्चीख़ाना जहाँ दाल-चावल के अलावा कुछ नहीं पक सकता। सारा दिन वहीं बैठे बुझती चिंगारियों को भड़काते रहो, चाहे बाहर कैसे ही ख़ूबसूरत बादल झूमकर आएँ। उस्मान सागर के पानी में कितने ही सुनहरे-रुपहले रंग घुल जाएँ। ऐवाने ग़ज़ल में मेज़ के ऊपर सालिम मुर्ग रखे हों। पत्थरगटी की दुकानों पर कतान की, काँजीवरम की साड़ियाँ झिलमिला रही हों। भान साहब की मेज़ पर जाने मेकअप का कितना सामान पड़ा होगा। निशात टॉकीज़ के मेकअप रूम में सीता, नूरजहाँ और क्लियोपेट्रा बनने का सारा सामान रखा है। पैलेस टॉकीज़ के हॉल में लोग परदा उठने के इन्तज़ार में हैं। उसका इन्तज़ार करते-करते थक जाएँ, मगर वह सोएगी नहीं, सारी रात सरवर का इन्तज़ार किये जाएगी जो शराब के नशे में धुत किसी मुशायरे में ग़ज़ल पढ़ रहा होगा। आधी रात को किसी अख़बार के दफ़्तर में बैठा ख़बरों का तर्जुमा कर रहा होगा।

"और क्या चाहिए?" सरवर ने झुककर उसका चेहरा देखा।

"बस...और कुछ नहीं!"

बाहर निकलकर उसे झटके में बिठाने के बाद सरवर ने कहा, "आज मुझे मालूम हुआ कि तुम कौन हो।"

'यह और भी बुरा हुआ!' उसने ठंडी साँस ली।

"ख़ैर, मैं कल आऊँगा। तुम ऐवाने ग़ज़ल जा रही हो न?"

"हाँ...," ग़ज़ल ने बग़ैर किसी इरादे के कहा और ऐवाने ग़ज़ल पहुँच गई।

दूसरे दिन उसने अपने तमाम गुनाहों की माफ़ी माँगकर, जो उसने किये भी न थे, अब्बा से घर आने की इजाज़त माँगी तो उन्होंने उसी परचे के दूसरी तरफ़ लिखकर भेज दिया कि वह ग़ज़ल को एरोड्रम पर गाड़ आए। इधर ऐवाने ग़ज़ल में कोई उसे न पूछता था। सिर्फ़ बीबी एक ख़ामोश

तरफ़दार थीं या नाना हज़रत के डर से सब उसे बर्दाश्त करते थे मगर अब घर में रज़िया की शहंशाही थी, जहाँ वह अपने किसी ससुराल के अज़ीज़ को बर्दाश्त नहीं करती थी। लेकिन राशिद मामूँ ने जाने किस वजह से रोती हुई ग़ज़ल के सिर पर हाथ रखा और अपनी मरहूम बहनों को याद कर बोले, "बस, आज से तुम हुमायूँ के यहाँ नहीं जाओगी। रोना-धोना छोड़ो और आराम से रहो।"

ऊँघते को ठेलते का सहारा! वह जाती भी कहाँ? इधर क्रान्ति की फ़िक्र अलग खाए जा रही थी क्योंकि रंगम्मा अब उसे मुफ़्त में खिलाने को तैयार न थी। ख़ैर, उसने शिवराज के पर्स वाले दो नोट रंगम्मा को थमाकर उसका मुँह बन्द कर दिया, और सरवर का इन्तज़ार करती रही कि वह किसी अख़बार में उसे भी नौकरी दिलाएगा मगर सरवर नहीं आया। ग़ज़ल जानती थी कि उस दिन उसके आने के बाद हामिद भाई के यहाँ बड़ा हंगामा हुआ होगा। ऐसी आवारा छोकरियों से दोस्ती बढ़ाने पर भाभी ने उसे ख़ूब डाँटा होगा। मुमकिन है, सरवर ख़ुद भी पछताया हो कि उसने ग़ज़ल को क्यों मुँह लगाया? चलो, अच्छा हुआ, यह ड्रामा इतनी जल्दी ख़त्म हो गया। फिर एक दिन राशिद यह ख़बर लिए हुए आया कि हामिद भाई का इन्तक़ाल हो गया। सड़क पार करते वक़्त किसी बस की चपेट में आ गए थे। "नहीं, नहीं!" ग़ज़ल चिल्ला पड़ी, "हामिद भाई से ज़िन्दगी मत छीनो। उन्होंने अपने मुस्तक़बिल के बड़े ख़ूबसूरत ख़्वाब सजाए हैं। ज़िन्दगी का हर दुख, हर कड़वाहट निगल ली है, मुस्तक़बिल में ऐश करने के लिए।"

फिर एक दिन सरवर भी आ गया और उसने बड़ी देर तक हामिद भाई के बारे में बातें करने के बाद जैसे उस तकलीफ़देह मौज़ूअ को बदलते हुए कहा, "मैं सोच रहा हूँ कि तुम्हारे लिए भी करना है।"

"मेरे लिए...?...क्या?"

अभी उस दिन लँगड़ी फूपो कह रही थीं कि अमन कमेटियोंवाले सरकार के साथ मिलकर आवारा लड़कियों को पकड़ रहे हैं। उन्हें जेल में डाल रहे हैं।

"अभी तुम्हारी उम्र ही क्या है? तुम्हारी उम्र की लड़कियाँ तो हँस भी नहीं सकतीं, मगर हालात ने तुम्हें आँसुओं में नहला दिया है।"

"आपको मेरे बारे में क्या-क्या मालूम है?"

"छोड़ो इस ज़िक्र को!" उसने सिगरेट सुलगाया और ऐवाने ग़ज़ल के उस शानदार हॉल को देखने लगा।

ऐवाने ग़ज़ल में औरत का सिर्फ़ एक मसरफ़ रहा है : मर्द की जिन्सी तिसकीन का ज़रिया। "मैंने इस ड्योढ़ी के बारे में बहुत-सी कहानियाँ सुनी हैं।" वह हॉल में लगे हुए फ़ोटो देख रहा था।

"मगर ऐवाने ग़ज़ल ने मुझे कोई दुख नहीं दिया। यह तो मेरी आख़िरी पनाहगाह है।" ग़ज़ल इत्मीनान से कुरसी पर सिर रखकर बैठ गई।

"हर मजबूर औरत की आख़िरी पनाहगाह यही होती है।" उसने सिगरेट का धुआँ बाहर उगला। "ख़ैर, यह मैं नहीं कहूँगा कि तुम इतने लतीफ़ अहसासात (कोमल भावनाओं) की मालिक होते हुए क्यों इस गन्दगी में फँस गईं?"

"सुनना चाहते हैं क्या आप?" ग़ज़ल उठकर बैठ गई।

"नहीं!" सरवर ने हाथ के इशारे से रोक दिया। "मैंने अभी तय किया है कि आज हम जो बातें करेंगे, वे बिलकुल साफ़ और सच्ची होंगी क्योंकि तुम्हारे आगे मैं झूठ नहीं बोल सकता।"

ग़ज़ल को जैसे किसी ने पीछे की तरफ़ धक्का दे दिया। साफ़ और सच्ची बातें? मुझसे...? तो क्या कह दूँ, मैं नसीर के लिए जी रही हूँ? जब तक यह अँगूठी मेरे हाथ में है, सच बोलने पर मजबूर हूँ।

"मैंने बहुत-सी ख़ूबसूरत औरतों को मुख़ातिब करके शायरी की है, मगर अब मुझे यों लगता है जैसे मेरी वह शायरी झूठी है। दुनिया का सबसे बड़ा सच, नाक़ाबिले-फ़रामोश (अविस्मरणीय) हक़ीक़त सिर्फ़ तुम्हारे वजूद में है।"

फिर किसी ज़ेहनी बेचैनी से वह उठकर खड़ा हो गया। उसने सिगरेट को मसलकर फेंक दिया और मेज़ पर जमी हुई गर्द को अपनी उँगली से साफ़ करने लगा, "जाने क्यों ग़ज़ल, तुमसे बात करते वक़्त मेरी ज़बान लड़खड़ा जाती है...यों लगता है, मेरा दम घुट जाएगा।" वह सचमुच अपनी उखड़ी-उखड़ी साँसों को ठीक करने के लिए रुका। फिर ग़ज़ल के क़रीब आया जो कुरसी के तकिये पर सिर रखे उसे देख रही थी।

"क्या तुम इजाज़त दोगी? मैं कह दूँ कि..."

"नहीं, नहीं...।" ग़ज़ल कानों पर हाथ रखकर खड़ी हो गई, "यह सच नहीं होगा...तुमने तो कहा था कि आज सिर्फ़ सच बोलोगे...।"

वह ख़ौफ़ज़दा होकर पीछे को हट गई। उसे सारे घर पर साया किये हुए आम का पेड़ याद आया। धुएँ से भरी स्याह कोठरी। पतली पानी जैसी दाल और नंगे पाँव दौड़नेवाली भाभी और नन्हे-नन्हे बच्चे जो ख़ाली रकाबियाँ थामे दरवाज़े में खड़े थे। ग़ज़ल किसी जादू से पिघलने लगी। आँगन में सोए

हुए बच्चे उठाने लपकी मगर सरवर की आवाज़ पर चौंक पड़ी, "मैं तुम्हें उस पुराने घर में नहीं ले जाऊँगा। तुम अलफ़लैला की शहज़ादी हो, मैं तुम्हें अपने तख़ैल (कल्पना) के सिंहासन पर बिठाए रखूँगा। कोई दुख...तकलीफ़ तुम तक नहीं पहुँचेगी...तुम...तुम...मेरी शायरी की जान होगी...मेरे ख़ूबसूरत ख़यालात का परतौ (प्रतिबिम्ब)।"

ग़ज़ल अचानक यों कुरसी पर बैठी जैसे किसी ने उसे शूट कर दिया हो—"जाने ग़ज़ल...? महबूबा...? शायरी की तकमील करनेवाली...?"

ग़ज़ल को यों मायूसी के साथ बैठते देखकर वह अचानक संजीदा हो गया, "मैं जानता हूँ कि तुम्हें मर्दों ने इतने धोखे दिये हैं कि अब तुम्हें किसी पर एतिबार नहीं रहा...लेकिन मेरी शायरी में तुम हमेशा ज़िन्दा...।"

"हाँ! मुझे तुम पर भी एतिबार नहीं है।"

बाद में ग़ज़ल सख़्त हैरान हुई कि यह बात उसने इतनी जल्दी सरवर से कह दी! उसकी तो यही सबसे बड़ी कमज़ोरी रही थी कि वह किसी मर्द को मायूस नहीं कर सकी। उसने दूसरों को ज़ेहनी सदमे से बचाने के लिए हमेशा अपनी झोली ख़ाली की मगर वह महबूबा बनने के खेल से उकता चुकी थी। वह तो यह समझे बैठी थी कि सरवर अपने टूटे-फूटे घर में पनाह देने के ख़्वाब दिखाएगा। उस पेड़ की ठंडी छाँव का लालच देगा जो उसके घर पर फैली हुई है। मगर वह तो आज सच बोलने पर तुला हुआ है।

"ग़ज़ल...!" ग़ज़ल ने मुड़कर देखा। सरवर सिर झुकाए रो रहा था—बिलकुल उस अहमक़ लड़के की तरह जिसे बचपन में उसने ख़ूब ठोंका था। ग़ज़ल को यों लगा जैसे सरवर अभी तक वही छोटा-सा लड़का है—मैली शेरवानी पहने, बग़ैर फुंदनेवाली तुर्की टोपी ओढ़े।

"हाँ...आज तुमने कहा था कि हम दोनों सिर्फ़ सच बोलेंगे, और इस सच की बदौलत तुम बाल-बाल बच गए...जाओ, अब जाकर इस हादसे पर एक नज़्म लिख डालो, और इस चोट को हमेशा अपने दिल में महसूस करते रहो। मेरी तरह...।"

ग़म और ग़ुस्से के मारे सरवर से कुछ न कहा गया। वह सिर झुकाए बिलकुल लड़कियों की तरह सिसकियाँ भर रहा था।

"फिर कभी ऐवाने ग़ज़ल आओ तो एक बार फिर मुझे सुनाना...जाने-ग़ज़ल...तख़ैयुल की मलिका...फ़न की ज़िन्दगी...!"

और अबकी बार ग़ज़ल रो पड़ी। दोनों हाथों में मुँह छुपाकर वह कमरे से बाहर निकल गई।

राशिद ने दो-एक बार सरवर को घर आते देखा तो उसकी बड़ी ख़ातिर-तवाज़ो की। वैसे भी मशहूर और बड़े आदमियों से दोस्ती बढ़ाने में वह हमेशा पहल करता। सरवर की शायरी की भी आजकल धूम मची हुई थी। हर रिसाले में उसका नाम नज़र आता। हर मुशायरे में वह मौजूद। सुना है, कम्यूनिस्ट अदीबों ने जो अदबी अंजुमन क़ायम किया था, सरवर ही उसका सेक्रेटरी था। आजकल तो कम्यूनिस्टों का ज़ोर था, इसलिए एकाध शायर से बनाए रखने में ही फ़ायदा था। इसलिए ग़ज़ल से सरवर की बढ़ती हुई दोस्ती पर राशिद ने कोई एतिराज़ नहीं किया। रज़िया और लँगड़ी फूपो भी यही समझती रहीं कि सरवर सिर्फ़ राशिद से ही मिलने आता है।

मगर आज सरवर के आने से दो हफ़्ते पहले हामिद भाई राशिद के हाँ बाक़ायदा सरवर का पैग़ाम भिजवा चुके थे। सुर्ख़ काग़ज़ पर लिखी हुई इस्मनवीसी (जीवनवृत्त) और उसके साथ सरवर का एक फ़ोटो जिसमें वह बी.ए. की सनद लिये गाउन पहने खड़ा था। सरवर को इस बात की बिलकुल ख़बर न थी, बल्कि ग़ज़ल को भी आज फ़ौज़िया ने बताया कि घर में सब उस रिश्ते को पसन्द कर रहे हैं और अब बहुत जल्द ग़ज़ल भी दुलहिन बननेवाली है।

ग़ज़ल ने सुना तो थककर बैठ गई। उसकी समझ में नहीं आया कि फ़ौज़िया से क्या कहे? फिर उसे इतना परेशान देखकर फ़ौज़िया उसके पास सरक आई। फ़ौज़िया माँझो बैठ चुकी थी और उसके पीले कपड़े चकसे और हल्दी की ख़ुशबू में बसे हुए थे।

"तुम्हें क्या सरवर पसन्द नहीं है? सुना है, बहुत बड़ा शायर है!"

"नहीं...सरवर को मैं पसन्द नहीं हूँ। फ़ौज़िया, तुम राशिद मामूँ से कह दो कि आज सरवर इस रिश्ते से इनकार करने आया था। हामिद भाई ने अपनी मर्ज़ी से यह पैग़ाम भिजवाया था।"

"क्या...सरवर को तुम पसन्द नहीं हो?" फ़ौज़िया चौंक पड़ी। "कहीं तुम्हारे बारे में उसे कुछ मालूम हो गया होगा!"

"इसीलिए तो कह रही हूँ, मुमानी से कह दो, इस रिश्ते पर ग़ौर न करें।"

वहाँ फ़ुरसत भी किसे थी ग़ज़ल के बारे में सोचने की!

फ़ौज़िया दरज़ी से उलझ रही थी। रज़िया जहेज़ सँवारने में लगी हुई थी। राशिद शादी के दावतनामों पर नाम लिख रहा था। सारा घर मेहमानों से भरा हुआ था। फ़ौज़िया की सहेलियाँ दिन-रात उसे घेरे बैठी थीं। फाटक पर नौबत बज रही थी और दालान में लँगड़ी फूपो लड़कियों के साथ ढोल सँभाले बैठी थीं :

दुलहिन मेरी साज रही माँ सुनहरे जोड़े से
दुलहिन तेरा चाव करेंगे तेरे बाबा
रुपए-पैसे से...हीरे-मोती से...।

जाने क्यों गाते-गाते लँगड़ी फूपो की आवाज़ काँप जाती और वह अपने आँसू पोंछने लगती थीं।

फिर फ़ौज़िया का दूल्हा बरात लेकर ऐवाने ग़ज़ल के फाटक पर आया। अन्दर हड़बोंग मची हुई थी। चमकती-दमकती औरतें, हँसी-क़हक़हे, बिरियानी और मुर्ग की ख़ुशबुएँ और दिल पर लकीर डालनेवाली तेज़ आवाज़ें :

बाबुल मोरा नैहर छूटो जाए...!

सहेलियों के बीच में दुलहिन बनी फ़ौज़िया का हँसी के मारे बुरा हाल था। ग़ज़ल सामने सुहाग-पूड़ा खोले उसके मेहँदी लगे हाथों पर सिंदूर सजा रही थी। जेवर पहना रही थी। मेकअप कर रही थी।

"सुना है, सिगरेट बहुत पीते हैं, मेरा तो तम्बाकू की बू से दम उलटता है।" ज़रीना कह रही थी, "उन्हें सुर्ख़ कलर बहुत पसन्द है।"

और फिर उसने ग़ज़ल का हाथ थामकर कहा, "ये डॉक्टर लोग बड़े बेशरम होते हैं। मैं तो तीन दिन तक आँखें नहीं खोलूँगी।" वह शरम के मारे ग़ज़ल पर झुक गई।

ग़ज़ल ने सोचा, मैं तो अब किसी मर्द को देखकर कभी नहीं शरमाऊँगी। मुझे तो किसी बात पर घबराहट नहीं होगी।

और फिर जब शाहीन और राशिद मामूँ फ़ौज़िया से निकाह का इक़रार करवाने आए तो फ़ौज़िया का रोते-रोते बुरा हाल था। अब वह उसी के लिए जिएगी, उसी के लिए मरेगी। उसने अपनी बाक़ी ज़िन्दगी एक अजनबी को सौंप दी थी, फिर भी फ़ौज़िया रो रही थी, पागल—मैं होती तो इस ख़ुशी के मारे मर जाती...किसी एक की होकर मर जाने का सुख कैसा होता होगा! मुझे फ़ौज़िया की ज़िन्दगी का एक ही लम्हा मिल जाए तो...।

"बस करो, कितना रोओगी?" ग़ज़ल की किसी रिश्ते की ख़ाला ने उसके आँसू पोंछे।

"बचपन का साथ था दोनों का। रजिया बेगम, अब ग़ज़ल की शादी करो। बेचारी अकेली घबरा रही है।"

काश! मैं अकेली होती...फ़ौज़िया की तरह...फ़ौज़िया अपने दूल्हा के

घर जाएगी...बिलकुल अकेली...ख़ाली दिल...ख़ाली ज़ेहन लिए...मैं कहाँ जाऊँगी...क्या-क्या लेकर...?

फिर सबकी निगाहें ग़ज़ल पर जम गईं।

एक दिन नाहीद बाजी के साथ पिक्चर देखने गई तो मुमानी बेगम ने ख़ूब डाँटा।

"अब सैर-सपाटे बन्द करो। आज से सख़्त परदा करना होगा। घर में नया दामाद आ गया है। मैं अपने घर को बदनाम नहीं करूँगी। जी चाहे तो यहाँ रहो, वरना चली जाओ अपने बाप के यहाँ।"

बेटी की शादी करते ही मुमानी बेगम कितनी बदली हुई नज़र आ रही थीं। पंख काटने के बाद पंछी से कहो कि वह उड़ जाए तो कौन-सी डाल पर बैठेगा! ग़ज़ल ने ख़ामोशी से कपड़े बदले और झाड़ू उठाकर आँगन साफ़ करने लगी। यों भी बाहर कौन उसके इन्तज़ार में तारे गिन रहा था! उसने जान-बूझकर चारों तरफ़ के दरवाज़े बन्द कर लिए थे। इसके बावजूद फ़ौज़िया अपने दूल्हा के साथ आती तो मुमानी बेगम ग़ज़ल को अन्दर ढकेलकर बाहर से कुंडी लगा देती थीं।

ख़ैर, ग़ज़ल को यों भी फ़ौज़िया के दूल्हा से बड़ी नफ़रत थी। बेहद मगरूर था, नकचढ़ा। आते ही सारे घर को बीमार बना डाला ताकि अपनी डॉक्टरी का रोब डाले। उसे फ़ौज़िया की कोई अदा न भाती। हर कपड़े और ज़ेवर में मीन-मेख़ निकालता। फ़ौज़िया हर वक़्त उसका मूड ठीक करने में लगी रहती थी। घर आते ही वह अम्मी को जता देती, "अम्मी, मीठे में केवड़ा मत डालना...डालडा घी मत मँगवाना...मुर्ग रोस्ट करवाओ। लँगड़ी फूपो से कहिए, आहिस्ता बात करें, उन्हें शोरो-गुल पसन्द नहीं है।"

वह फिर भी फ़ौज़िया से शिकायत करता था कि ससुराल में उसकी कोई क़द्र ही नहीं करता।

इसलिए दो-चार महीने के बाद कभी दिन भर के लिए वे दोनों आते थे तो साथ ही फ़ौज़िया की सास का पर्चा भी आता कि पिछली बार ख़राब घी खाने से उनका बेटा बीमार हो गया था, इसलिए उसे खाना न खिलाया जाए!

चुनाँचे ग़ज़ल इन्तज़ार ही में रह जाती कि फ़ौज़िया से उसके दूल्हा के नाज़-नखरे सुने, मगर फ़ौज़िया को फ़ुरसत ही न मिलती।

एक दिन फ़ौज़िया को रुख़सत करके रज़िया उदास बैठी थी कि शेख़ू भाई उनके पास आ बैठे।

शेख़ू भाई अब इत्तिहाद-उल-मुसलिमीन से निकलकर कांग्रेस की अमन-कमेटी के सेक्रेटरी बन गए थे और जगह-जगह हिन्दू-मुस्लिम इत्तिहाद के जलसे करवाते थे और फिर उन्होंने फ़ौजी हुकूमत के आगे ग़द्दार और ज़ालिम मुसलमानों की फ़ेहरिस्त पेश की। बताया कि किस घर में कितने हथियार छुपे हुए हैं और किस ड्योढ़ी में कितना सोना गड़ा हुआ है? कौन-कौन अपनी दौलत पाकिस्तान भेज रहा है? इसलिए शेख़ू भाई के आजकल मज़े थे, ख़ूब ठाठ की नई शेरवानी और साबित चप्पलें पहने घूमते। रोज़ शाम को नशे में चूर, हाथ में चाट का दोना थामे, दालान की सीढ़ियों में आ बैठते थे। लँगड़ी फूपो ने उनके यह ठाठ-बाट देखे तो एक बार फिर शेख़ू भाई का घर बसाने की फ़िक्र में पड़ गईं।

मगर आज शेख़ू भाई दालान की सीढ़ियाँ चढ़कर ऊपर तख़्त तक आ गए तो ग़ज़ल को बड़ा ताज्जुब हुआ, क्योंकि उनके हदूद नौकरों के क्वार्टरों से लेकर दालान की सीढ़ियों तक मुक़र्रर थे। शायद वह वाहिद हुसैन और बीबी के बाद अब रज़िया की शख़्सीयत को नज़रअन्दाज़ कर रहे थे।

"हम तो यह जानते हैं दुलहिन बेगम, कि बेटी की शादी हमेशा वाँ करना जाँ उसकी ख़दर (क़द्र) करनेवाले लोगाँ हों।"

उन्होंने रज़िया का उदास चेहरा देखकर कहा और तख़्त के कोने पर टिक गए।

"यह तो क़िस्मत की बात है शेख़ू भाई! नसीबों का लिखा कैसे देखेंगे? अपन तो बहुत ढूँढ़े अच्छा बर!"

"मगर फिर भी औरत बेटी को हमेशा वाँ देना, जाँ उसकी ख़दर करनेवाले हों। अब जैसे मैं हूँ, अब आप मेरी शादी किसी जवान छोकरी से कर दो। देखो, उसका मुरीद बन जाता हूँ।"

शेख़ू भाई की बात पर रज़िया को हँसी आ गई और लँगड़ी फूपो मुँह बनाकर बड़बड़ाने लगीं, "छिछोरी बाताँ ही नहीं जाते उजाड़-सूरत के!" मगर ग़ज़ल ने देखा कि मुमानी बेगम आज बड़ी दिलचस्पी से शेख़ू भाई की बातें सुन रही थीं।

दोपहर को मुमानी बेगम फिर लँगड़ी फूपो के पास बैठीं, सिर जोड़े खुसर-फुसर कर रही थीं। उनके चेहरे पर वही संजीदगी थी जो आमतौर पर किसी अहम फ़ैसले के वक़्त औरतों पर छा जाती है

शाहीन ने हॉस्पिटल जाते वक़्त उन दोनों को यों चुपके-चुपके बातें करते देखा तो ज़ोर से हँसकर बोला, "मैंने सुन लिया है। आज ही शेख़ू भाई से कहता हूँ कि तुम्हारी बुराइयाँ हो रही थीं।"

"तुम्हारा क्या मतलब है जी हमारी बातों से?"

"मेरा हर बात से मतलब है। मुझे बताइए, आप क्या बातें कर रही थीं!" वह अपना ब्रीफ़केस रखकर उन दोनों के बीच में बैठ गया।

"जाओ बाबा, हस्पताल में मरीज़ इन्तज़ार कर रहे होंगे।" लँगड़ी फूपो ने उसे टालना चाहा।

"ऐसी की तैसी मरीज़ों की। मैं तो हरगिज़ नहीं जाऊँगा, चाहे शाम हो जाए।"

रज़िया शाहीन की ज़िद से वाकिफ़ थी। वह हमेशा अपनी बात मनवाकर छोड़ता।

"अच्छा तो सुन लो, ग़ज़ल की शादी के बारे में सोच रहे हैं हम लोग।"

"यह हुई कोई बात!" शाहीन ने ब्रीफ़केस उठाया और जाते हुए कहा, "मगर ग़ज़ल के लिए ऐसा ज़िद्दी, अड़ियल टट्टू मत ढूँढ़िएगा, जैसा वह नीम-हकीम ताहिर फ़ौज़िया के लिए चुना है।"

शाहीन को अपना बहनोई ज़रा भी पसन्द नहीं था। न तो उसकी आदतें और तौर-तरीक़े अच्छे लगते और न उसकी शेख़ी; और उसकी डॉक्टरी को वह कोई अहमियत न देता था। शाहीन कहता, ताहिर ने यूरोप में सिर्फ़ ऐश किये हैं। उसकी क़ाबिलियत सिफ़र है और ताहिर कहता था कि मैं अमरीका में सात बरस रहा हूँ, इसलिए शाहीन क़ाबिलियत में मेरा मुक़ाबला नहीं कर सकता।

ग़ज़ल ने उन लोगों की बातें सुनीं तो चौंक पड़ी। फ़र्नीचर साफ़ करते हुए उसने सोचा, कहीं भाभी के ज़रिये फिर सरवर ने तो बात शुरू नहीं की है? मैं उस पैग़ाम को उसके सिर पर मार दूँगी। क्या मैं इस खेल के लिए रह गई हूँ? सरवर मेरे बारे में शायद कुछ नहीं जानता! फिर उसने सोच-सोचकर सरवर को एक ख़त लिखा। अपने पिछले तमाम क़िस्से सुनाए और पूछा कि अब भी क्या तुम मुझे अपने घर में फैले हुए पेड़ की छाँव दोगे? क्या मैं ऐसे पाक घर में रह सकती हूँ, जहाँ ज़िन्दगी सिर्फ़ सब्रो-शुक्र का नाम हो?

शाम को वह ख़त बन्द करके पोस्ट करनेवाली थी कि मुमानी बेगम ने लँगड़ी फूपो से कहा, "मुझे तो ग़ज़ल और शेख़ू भाई का जोड़ बहुत ही ठीक लगता है। दोनों ठीक हो जाएँगे।"

ग़ज़ल के हाथ से लिफ़ाफ़ा छूट गिरा और वह उसी तरह पत्थर की मूरत बनी खड़ी रही। उसे यों गुमसुम देखकर राशिद मामूँ घबरा गए।

"मैं कहता हूँ रज़िया! ज़रा अच्छी तरह ग़ौर करो। ग़ज़ल और शेख़ू भाई का भी कोई जोड़ है! दोनों की उम्र में चालीस साल का तो फ़र्क़ होगा।"

"बस, बस, अब आप चुप बैठिए!" रज़िया को ग़ुस्सा आ गया।

"तो कोई जोड़वाला ढूँढ़ा होता न आपने। ऐसी करतूतों पर कौन क़बूलेगा? एक तो क़ब्र में जा सोई, और छूट दूँगी तो अब आपकी यह भानजी हमें क़ब्र में सुला देगी।"

"ख़ैर, ख़ैर, इन बातों को छोड़ो। लेकिन मैं कहता था कि कोई और लड़का...।" राशिद खिसिया गया।

"हाँ, लड़के तो सड़कों पर रुलते फिरते हैं। आप अपनी बेटी के लिए तो ढूँढ़ लाए होते कोई अच्छा लड़का!"

"अच्छा, अच्छा। आहिस्ता बोलो!" राशिद हार गया।

"बात यह है राशिद मियाँ," लँगड़ी फूपो ने फ़ौरन आकर मोरचा सँभाल लिया, "कि मर्द ज़रा सख़्त-मिज़ाज हो तो उसकी नकेल थामे, वरना यह तो ज़िन्दगी-भर ऐसे ही झगड़ों-टंटों में पड़ी रहेगी।"

राशिद ने अब कुछ न कहा। सिर्फ़ चावल साफ़ करती हुई ग़ज़ल को देखता रहा और ग़ज़ल की ख़ामोशी देखकर कुछ मुतमइन-सा हो गया।

मुमकिन है, ग़ज़ल ने ख़ुद ही शेख़ू भाई में कोई ख़ूबसूरत बात ढूँढ़ ली हो, वरना ये लड़कियाँ अपनी मर्ज़ी के बग़ैर तो कोई बात नहीं कर सकतीं।

"अब अपने लिए भी दुलहिन तलाश करो, राशिद मियाँ।" लँगड़ी फूपो ने फ़ौरन राशिद का मूड बदलने के लिए बात का रुख़ बदला, "मेरा शाहीन बाबा माशाअल्ला पढ़-लिखकर नौकर भी हो गया। फ़ौज़िया के बग़ैर मुझे तो अब घर काटने को दौड़ता है। दुलहिन आ जाए तो कुछ रौनक़ होगी।"

"अजी, उन्हें कहाँ फ़ुरसत है फूपो इन कामों की?" रज़िया बदस्तूर ग़ुस्से में थी। "बस यह तो एक ही बात जानते हैं कि रुपया कमाएँ। औलाद की ख़ुशियों से उन्हें क्या काम?"

"अजी, ग़ुस्सा नक्को करो बेगम साहब, वह काम भी कर रहा हूँ। ज़ी शान जाह की पोती के लिए रहीमू मियाँ से कहा है। सुना है, लड़की बी.ए. पास है। एक लाख तो सिर्फ़ नक़द देंगे!"

"सच्ची?" रज़िया चौंक पड़ी।

"अरे, उस उजाड़-सूरत रहीमू मियाँ का वास्ता छोड़ दो। मैं ख़ुद करामत आपा के पास जाऊँगी। आख़िर मेरे बेटे में क्या कमी है? सूरत-शक्ल और फिर यूरोप की इतनी डिग्रियाँ! सुना है, हॉस्पिटल में भी उसे सब पसन्द करते हैं।"

"मगर शाहीन से भी तो पहले पूछ लो।"

यह सुनकर सब चुप हो गए।

शाहीन बेहद सादामिज़ाज था। ख़ुदनुमाई (आत्मप्रदर्शन) और तकब्बुर (अभिमान) नाम को नहीं था, मगर यूरोप से ज़िद थोड़ी और समेट लाया था। बस, वही काम करता जो उसे पसन्द आता। आते ही उसकी राशिद से कई बार झड़प हुई। वह बदतमीज़ या मुँहफट न था लेकिन राशिद इन्तज़ार कर रहा था कि शाहीन आ जाएगा तो पाकिस्तान चले जाएँगे। यहाँ का पैसा वहाँ मुंतक़िल कर देंगे। शाहीन फिर यूरोप ही जाकर कमाएगा। यहाँ की नौकरियों में क्या रखा है, मगर शाहीन को पाकिस्तान जाना बिलकुल पसन्द नहीं था।

उसे यूरोप की तहज़ीब से नफ़रत थी। वह तो सिर्फ़ हैदराबाद ही में रहना चाहता था। उसे दौलत कमाने और जमा करने में कोई दिलचस्पी नहीं थी। बस, वह डॉक्टरी में ही आगे रिसर्च करने में वक़्त लगाना चाहता था। इकलौता बेटा और ऐसा ज़िद्दी!

राशिद ने रो-पीटकर सब्र कर लिया। जवान, क़ाबिल और ख़ुदसर बेटे के आगे वह क्या कर सकते थे!

ग़ज़ल को अकेला कमरे में बैठा देखकर रंगम्मा चुपके से अन्दर आ गई। "बीबी, मैं बच्ची को बाहर बाग़ में बिठाकर जा रही हूँ। मेरा मर्द अब उसे नहीं रहने दे रहा है।"

ग़ज़ल दौड़ी हुई गई। क्रान्ति बड़े इत्मीनान से बैठी सूखे हुए फूलों की पत्तियाँ चुन रही थी। इतने दिनों में वह सूखकर काँटा हो गई थी। उसके घने स्याह बाल रंगम्मा ने शायद जूँओं की वहज से मुँडवा दिये थे। इसलिए उसकी सूरत बिलकुल नहीं पहचानी जा रही थी।

ग़ज़ल ने उसे उठाकर सीने से लगाया तो वह बड़े ग़ौर से उसे देखने लगी। इसे अब कहाँ ले जाऊँ? ग़ज़ल घबराने लगी और फिर गेट के अन्दर कार को आते देखकर उसने क्रान्ति को मुर्ग़ियों के दरबे में बिठाकर कहा, "यहाँ चुपचाप बैठी रहना, तो मैं रोटी लाकर दूँगी।"

और फिर आठ दिन तक उसने क्रान्ति को मुर्ग़ी के ख़ाली कमरे में छुपाकर रखा क्योंकि मुर्ग़ियों का यह बड़ा-सा कमरानुमा दरबा ड्योढ़ी के उस हिस्से में था जहाँ लोगों का बहुत कम आना-जाना होता था। मगर बार-बार रोटी और रकाबी ले जाते देखकर लँगड़ी फूपो चौकन्नी हो गईं कि कहीं ग़ज़ल मुर्ग़ियों के अंडे तो नहीं चुरा रही है। हर बार जब ग़ज़ल क्रान्ति को रोटी देने जाती थी तो उसे या तो सड़क की तरफ़ हाँक देती कि बच्चों से खेलती रहो या फिर शाम होती तो मुर्ग़ियों के दरबे में बन्द करके कहती कि बाहर मत निकलना, वरना लोग तुझे मार डालेंगे।

चार बरस की क्रान्ति ऐसे ही ख़तरों में पैदा हुई थी। बन्दूक़ की आवाज़ें... भाग-दौड़...किसी गार में पनाह...रोटी और पानी के बग़ैर सब्र करना...उसे सब कुछ आता था...अब मुर्ग़ियों के साथ अँधेरे दरबे में रोते-रोते सो जाना भी उसने सीख लिया।

लेकिन लँगड़ी फूपो को जो चिन्ता हुई तो एक दिन उन्होंने लाठी के सहारे वहाँ पहुँचकर मुर्ग़ियों का झाँबा खोला कि कितने अंडे हैं, लेकिन वहाँ अंडों में से एक यह बड़ा बच्चा भी निकल आया था। डर के मारे उनकी घिग्घी बँध गई और फिर उनकी चीख़ें सुनकर सारा घर इकट्ठा हो गया।

रज़िया और राशिद सख़्त परेशान थे कि यह बला कहाँ से नाज़िल हो गई? जाने किसकी बच्ची है और किस मक़सद से उनके घर में छुपाई गई? फ़िज़ा ख़राब थी। कहीं ऐसा न हो, बच्ची के बहाने पुलिस घर पर छापा मारे और तहख़ाने के अन्दर छुपे हुए तमाम राज़ बाहर आ जाएँ।

सबकी चीख़ो-पुकार सुनकर वह बच्ची भी डर के मारे रोने लगी और ग़ज़ल से चिमट गई। उसमें से मुर्ग़ियों की गन्दगी की बदबू आ रही थी और वह तेज़ बुख़ार में काँप रही थी।

बच्ची को ग़ज़ल के पास जाते देखकर रज़िया को शुब्हा हुआ कि यह वही क़ैसर की बच्ची न हो, मगर ग़ज़ल ने ज़ोर-ज़ोर से मुख़ालफ़त की और उस बच्ची के अलग होने के हज़ारों सबूत दे डाले। यह तक कहा कि क़ैसर की बच्ची एक बरस की थी, बेहद गोरी-ख़ूबसूरत। अब उस गन्दगी में पड़ी हुई बच्ची की सूरत-शक्ल किसने याद रखी थी! इसलिए सब चुप हो गए।

शोर सुनकर शाहीन भी वहाँ आया। उसने बच्ची को छुआ, और अपने कपड़े बचाकर उसे हाथों में उठाकर अन्दर ले आया। रज़िया के क़ालीन बिछे हुए तख़्त पर उस गन्दी बच्ची को लिटाकर एक इंजेक्शन लगा दिया। ग़ज़ल ने इस मौक़े को ग़नीमत जाना और जल्दी से एक प्याली गरम दूध आई।

फिर उसने सभी लोगों को जो हाज़िर थे, मुख़ातिब करके एक बेहतरीन मुकालमा (संवाद) एक्टिंग के साथ शुरू किया, "मुमानी बेगम, एक बात सुनिए। रात जब मैं नमाज़ पढ़कर सोई न, तो मैंने सच्ची इस बच्ची को ख़्वाब में देखा। क्या देखती हूँ कि मैं हूँ और अकेली बैठी रो रही हूँ। इतने में नाना हज़रत आए और देखा उनकी गोद में यह बच्ची है। मुझसे कह रहे हैं कि ग़ज़ल हमारी अमानत ऐवाने ग़ज़ल में रखना। फिर तेरे मामूँ की सब फ़िक्रें-परेशानियाँ दूर हो जाएँगी तो फूपो, मैं सुबह से सोच रही थी कि इस ख़्वाब की ताबीर आपसे पूछूँ!"

शाहीन हॉस्पिटल जा चुका था। इसलिए ख़्वाब का बयान सुनते ही सबके सिर अक़ीदत से झुक गए और ग़ज़ल अपनी कामयाबी की ख़ुशी में अपने आँसू पोंछने लगी। यों भी अब ग़ज़ल लँगड़ी फूपो की भावज बननेवाली थी। इसलिए फूपो से लेकर रज़िया तक आजकल उस पर बड़े मेहरबान थे। लिहाज़ा लँगड़ी फूपो फ़ौरन अन्दर गईं और अपनी एक शॉल लाकर उसे ओढ़ा दी। "अजी दुलहिन बेगम, फिर तो पड़ा रहने दो इस छोकरी को, शाहीन बाबा के बच्चों का दिल बहलाएगी!"

रज़िया ने भी ख़्वाब सुनकर पल्लू सँभाल लिया, "जाने किस मजबूर माँ की बच्ची है? कोई हमारी सख़ावत और शोहरत का हाल सुनकर ऐवाने ग़ज़ल में डाल गया है। अब इसकी हिफ़ाज़त तो अल्लाह रसूल से हम पर फ़र्ज़ है।"

शाहीन को इस बात में क़तई दिलचस्पी नहीं थी कि वह किसकी बच्ची है और कहाँ से आई, लेकिन जब वह घर में थी तो दोनों वक़्त उसे दवा पिलाना, बिस्मिल्लाह बी या ग़ज़ल से उसकी सफ़ाई करवाना उसने अपने ज़िम्मे ले लिया था।

"तुम्हारा नाम क्या है?"

"काती...।" उसने तुतलाकर कहा।

"कनीज़, कनीज़ कह रही है!" ग़ज़ल ने जल्दी से कहा।

"अरे हाय! किसी मुसलमान की है! बाप बेचारा सरहद पर मारा गया होगा। माँ ने बेसहारा होकर यहाँ छोड़ दिया है।" रज़िया ने तरस खाकर कहा।

"बहरहाल पुलिस में इत्तिला दे देना चाहिए ताकि कोई गड़बड़ न हो।" राशिद ने कहा क्योंकि लावारिस छोकरियों को ड्योढ़ियों में पालना कोई नई बात न थी।

"बल्कि मेरा तो ख़याल है कि कल अख़बारों में एक न्यूज़ दे दूँ कि नवाब राशिद अली ख़ाँ ने बेसहारा बच्चों को पालने का कैम्प क़ायम किया है जहाँ हर मज़हब के बच्चों को पनाह दी जाएगी। सुना है, कांग्रेसी हुकूमत ऐसे कामों से बहुत ख़ुश होती है।"

"मैं भी आपके कैम्प में काम करूँगी, राशिद मामूँ।" ग़ज़ल ने बेहद ख़ुश होकर कहा।

"हाँ भई, तुम ही उनकी देखभाल करो। रात को उस निगोड़ी मारी को मेरे पलंग के नीचे सुला दिया करो।" लँगड़ी फूपो ने कहा।

"कहते हैं, यतीम बच्चों पर रहम खाओ तो अल्लाह सत्तर गुनाह बख़्श देता है।"

"गौहर फूपो, आपने भी कोई गुनाह किया है क्या?" शाहीन की इस बात पर सब हँसने लगे और लँगड़ी फूपो को जाने क्यों रोना आ गया।

"अरे, यह क्या कोई रोने की बात है? यह तो हँसने की बात है!"

शाहीन ने अब ग़ज़ल से कहा, "अच्छा भई, ग़ज़ल बेगम! अब आप बताइए कि इस बच्ची की ख़िदमत के बदले में आप कौन-सा मुनाफ़ा कमाएँगी?"

यह सुनकर ग़ज़ल भी अपने आँसू छुपाने अन्दर भागी मगर शाहीन एक ज़िद्दी ठहरा। थोड़ी देर में अन्दर आया तो ग़ज़ल कोने में बैठी सिसकियाँ ले रही थी। वह अपने तंग पैंट को समेटकर वहाँ उकड़ूँ बैठ गया।

"ग़ज़ल, एक सच्ची बात बताओ। क्या कनीज़ तुम्हारी किसी हिमाक़त का नतीजा है?"

"शाहीन भाई...!" वह शाहीन का हाथ पकड़कर रो पड़ी और फिर रोते-सिसकते क्रान्ति की पूरी कहानी शाहीन को सुना दी।

दूसरे दिन सब नाश्ते की मेज़ पर बैठे थे कि एक बन्द लिफ़ाफ़ा किसी ने खिड़की में से अन्दर फेंक दिया। राशिद सख़्त घबराया। आजकल शहर में डाकुओं का एक गिरोह आया हुआ था जो 'बंगाली' कहलाते थे। ये लोग पहले एक ख़त भेजते थे कि इतनी रक़म फ़लाँ जगह रख दो, वरना जान की ख़ैर नहीं, और फिर सचमुच मार डालते थे।

इसलिए सभी खाना छोड़-छाड़ खड़े हो गए। रज़िया ने सबको मना किया कि लिफ़ाफ़ा मत खोलना। क्या पता अन्दर बम छुपा हो, मगर क्रान्ति दौड़ती हुई गई और वह लिफ़ाफ़ा उठाकर उसे प्यार करने लगी।

"पप्पो...पप्पो लो जी...!" वह ग़ज़ल को लिफ़ाफ़ा थमाने लगी।

ग़ज़ल डर रही थी कि उसके किसी पुराने आशिक को फिर तरंग न आई हो। इसलिए उसने क्रान्ति से लिफ़ाफ़ा ले लिया, मगर राशिद ने लिफ़ाफ़ा खोला और सबको ज़ोर-ज़ोर से सुनाने लगा। ख़त संजीवा का था, चाँद के नाम :

सिर्फ़ चाँद,

आज सात बरस बाद मेरा ख़त देखकर उस पर थूक मत देना। मैंने सोचा था कि तुम्हारी मुहब्बत से भी ऊँचा मेरा मक़सद है जो मुझे अपनी तरफ़ बुला रहा है क्योंकि मैं समझता था कि मैं पूरी तरह चाँद को कभी हासिल नहीं कर सकूँगा।

उस वक़्त भी नहीं, जब तुम ख़ुद मेरी बाँहों में गिर जाती थीं, अपने-आपको मेरे हवाले कर देतीं। तब भी मैं समझता था कि तुम

ऐवाने ग़ज़ल की एक मुरस्सा नज़्म हो और ज़िन्दगी की तल्ख़-ओ-संगीन हक़ीक़तों को बर्दाश्त नहीं कर सकतीं। इसलिए तुम्हें धोखा नहीं दूँगा। उस वक़्त तक जब तक मैं इस क़ाबिल न हो जाऊँ कि तुम्हारे नर्मो-नाज़ुक बदन को ज़माने की बेरहमी से बचा सकूँ। मुझे उस रास्ते में बड़ी मुश्किलें मिलीं। हर तरफ़ बन्दूक़ें थीं और हर मोड़ पर ख़तरे, मगर इन ख़तरों में घिरने के बावजूद हम थोड़ी देर के लिए ठंडी छाँव ढूँढ़ ही लेते थे।

क़ैसर मुझे एक ऐसे अँधेरे ग़ार में मिली थी, जहाँ फाँसी के फंदे हमारी इन्तज़ार में थे। ऐसे में हम एक-दूसरे के हो गए। इसमें सिर्फ़ क़ैसर का त्याग था कि वह एक ऐसे मर्द को क़ुबूल कर बैठी जो उसे कोई ख़ुशी तो दरकिनार, अपनी ज़िन्दगी का यक़ीन भी नहीं दे सकता था। ऐसे में क्रान्ति हमारे दरम्यान आ गई। शायद वह हमारे संकल्प को चैलेंज करने आई थी।

तुम्हें यक़ीन नहीं आएगा कि क़ैसर, जो हमारी और तुम्हारी कहानी से पूरी तरह वाक़िफ़ थी, क्रान्ति को अपने हाथों से तुम्हें सौंप आई। वह कहती थी कि क्रान्ति बड़ी होगी तो चाँद ही उसे बता सकेगी कि उसके माँ-बाप कौन थे?

और आज मैं भी तुम्हें यही बात सुनाने के लिए ख़त लिख रहा हूँ क्योंकि कल क़ैसर को सिकन्दराबाद जेल में फाँसी दे दी गई है। मैं भी शायद अब ज़्यादा दिनों तक रूपोश न रह सकूँ।

जब क्रान्ति बड़ी हो जाए तो उसे ऐवाने ग़ज़ल की तारीख़ ज़रूर सुनाना क्योंकि वह क़ैसर की कहानी है। हैदराबाद की ड्योढ़ियों में पलनेवाली हर लौंडी की कहानी है। मैं कौन था, यह भी क्रान्ति को तुम ही बता सकती हो। अच्छा, तो तुम्हारे उन सब ख़ूबसूरत बच्चों को प्यार जो मेरे ख़यालों की तरह हसीन होंगे और तुम्हारे उस अहमक़ शौहर को सलाम जो इस ग़लतफ़हमी में होगा कि चाँद उसके पास है।

आख़िर में मैं तुम्हारे उस बेपनाह हुस्न को सलाम करता हूँ जिसने मुझे सारी दुनिया से मुहब्बत करना सिखा दिया।

तुम्हारा,
संजीवा

"अच्छा, तो यह वही हरामी छोकरी है—ज़हर की पुड़िया!" लँगड़ी फूपो उसे मारने लपकीं।

"इस लड़की को तो फ़ौरन घर से निकाल देना पड़ेगा, वरना जाने क्या आफ़त आ जाएगी!" राशिद ने घबराकर कहा।

"लेकिन यह मरी हुई चुहिया तो नहीं है कि उठाकर कूड़े में फेंक दें?" शाहीन ने इत्मीनान से अंडा खाते हुए कहा।

"और नहीं तो क्या?" रज़िया ने जलकर कहा।

"यह तो ताऊन का चूहा है। अल्लाह बचाए इस बदज़ात से!" रज़िया का बस चलता तो अभी उठाकर उस काली छोकरी को सड़क पर फेंक देती।

"मैं अभी पुलिस को फ़ोन करता हूँ कि एक लावारिस बच्ची यहाँ आ गई है। उसे ले जाएँ!" राशिद खाना छोड़कर उठ खड़ा हुआ।

शाहीन ने ग़ज़ल की तरफ़ देखा, जो क्रान्ति को दोनों हाथों में थामे थर-थर काँप रही थी जैसे क्रान्ति के साथ उसे भी सड़क पर फेंक दिये जाने का हुक्म मिला हो।

"लेकिन क्रान्ति कहीं नहीं जाएगी। वह यहीं रहेगी!" शाहीन बड़े इत्मीनान से खाना खाए गया।

"क्या?" राशिद ने सख़्त ग़ुस्से में कहा। "इस मामले से तुम्हारा क्या वास्ता है?"

"बस है!" शाहीन ने निहायत लापरवाही से कहा।

"और अगर किसी ने कह दिया कि हमारे यहाँ एक लड़की छुपाई गई है तो सारे ख़ानदान की नाक कट जाएगी। तुम्हारी डॉक्टरी-वॉक्टरी सब धरी रह जाएगी।"

"रह जाए। मज़दूरी करेंगे।" शाहीन लापरवाही से चाय बनाने लगा, "मगर क्रान्ति कहीं नहीं जाएगी। वह चाँद आपा की यादगार है।"

"अंकल हा हा...!" क्रान्ति ज़मीन पर बैठकर चींटियों को मारने लगी।

"...वह चाँद की यादगार है तो चाँद के बाप से कहो अपनी बेटी की निशानी यहाँ से ले जाएँ।" रज़िया ने अबकी बार ज़रा कड़ककर कहा क्योंकि वह जानती थी कि शाहीन से बहस में जीतना मुश्किल है।

"वाह, हम क्यों उन्हें देंगे? क्रान्ति को हम ख़ुद पालेंगे।"

राशिद ने रज़िया की तरफ़ देखा और फिर लँगड़ी फूपो की तरफ़। इतना बड़ा छह फुट का डॉक्टर बेटा सामने बैठा हो तो आदमी कैसा बेबस हो जाता

है! उसकी पढ़ाई पर राशिद ने पूरे पचास हज़ार ख़र्च किये थे, मगर वह कैसा निकम्मा निकला!

अक्ल और चालाकी तो उसे छूकर नहीं गई थी। भला कोई यूरोप-पलट डॉक्टर गाँव में जाने पर इसरार करेगा? मगर वह कर रहा था। उसे हिन्दुओं से डर नहीं लगता था और हिन्दुस्तान से बाहर जाने को तैयार नहीं था, हालाँकि राशिद चाहता था कि वह या तो यूरोप लौट जाए, वरना पाकिस्तान चला जाए। मगर वह हैदराबाद छोड़ने को तैयार नहीं हुआ। रज़िया चाहती थी कि शाहीन यूरोप से एक मेम ब्याह लाए ताकि वह फ़िरंगी पोते-पोतियों की दादी कहलाएँ, मगर वह हर बार यही जवाब देता कि अम्मी यूरोप की औरत हम हिन्दुस्तानियों के लिए ठीक नहीं है। इस तरह राशिद ने रुपया कमाने की जितनी तजवीज़ें रखीं, वह सबको रद्द करता गया। हैदराबाद में हार्ट स्पेशलिस्ट इस वक़्त एक-दो के सिवा और कोई न था। इसलिए राशिद ने सोचा था कि शाहीन मुलाज़मत के साथ ऐवाने ग़ज़ल के बाहरवाले हिस्से में अपना प्राइवेट क्लीनिक भी खोल ले, मगर शाहीन इस पर भी तैयार नहीं हुआ कि मैं एक ही वक़्त में इतने मरीज़ों पर ध्यान नहीं दे सकूँगा।

और आज वह फिर ज़िद कर रहा था कि क्रान्ति इसी घर में रहेगी। उधर ग़ज़ल जाने क्यों क्रान्ति की दीवानी थी, जैसे क्रान्ति उसकी बेटी हो। आज भी ग़ज़ल ने जल्दी से कहा, "मुमानी बेगम, मैं क्रान्ति को अपने कमरे में छुपाए रखूँगी। आप इत्मीनान रखिए।"

और वह सचमुच हर वक़्त अपने कमरे में क्रान्ति को बन्द रखने लगी, लेकिन अब क्रान्ति बड़ी शरीर हो चुकी थी। शाहीन के पिलाए हुए टॉनिकों ने उसे काफ़ी सेहतमन्द बना दिया था। इसलिए वह बन्द दरवाज़े के किवाड़ पीटकर चिल्लाती थी, "गज्जो आंटी! मुझे पेशाब आ रहा है। मुझे भूख लग रही है। जल्दी दरवाज़ा खोलिए!"

"चुप हरामज़ादी! अब चुप रहती है या तेरा गला घोंट दूँ!" लँगड़ी फूपो की डाँटें सुनकर वह और भी शोर मचाती :

"चुप हरामज़ादी बुड्ढी! अभी आकर तुझे लकड़ी से मारूँगी!"

एक दिन फ़ौज़िया ऐवाने ग़ज़ल आई तो उसके साथ उसकी एक ननद रेहाना भी आई। रेहाना पाकिस्तान में ब्याही थी, उजाला बेगम के ख़ानदान में उसने रज़िया, लँगड़ी फूपो और ग़ज़ल को वहाँ के हालात सुनाए। उजाला बेगम जितनी जायदाद यहाँ छोड़ गई थीं, उतनी ही पाकिस्तान गवर्नमेंट से हासिल कर ली थी

और पहले से ज़्यादा ठाठ-बाट में थीं। बी जानी टी.बी. से मर चुकी थीं। नसीर पाकिस्तान का बहुत मशहूर शायर बन गया था और बड़े ठाठ से रहता था। उसके दो बच्चे थे। अहमद हुसैन ने पाकिस्तान जाते ही दुनिया की तमाम रंगीनियों से तौबा कर ली थी और अब दाढ़ी रखकर जमाअत-ए-इस्लामी के मेम्बर बन गए थे, मगर तब्लीगी (धर्मप्रचार) जमाअत का काम करते थे। फिर रेहाना ने कहा, "एक बार नसीर भाई ने शर्त लगाई थी कि ग़ज़ल की शादी कभी नहीं होगी।"

"क्यों?" ग़ज़ल ने चौंककर पूछा।

"मैं क्या जानूँ!" रेहाना ने लापरवाही से कहा।

"ये शायर लोग ऐसे ही सिरफिरे होते हैं न, बस कोई बात दिल में सोच ली और उसके पीछे पड़ जाएँगे।"

"हाँ, ये शायर सिरफिरे होते हैं। वह भी बड़ा सिरफिरा था। जाने किस मजबूरी के तहत उसने शादी की होगी। लोग कहते हैं, उजाला बेगम बड़ी जल्लाद हैं, वह पहरों रोता रहा होगा, रातों को मुझे ख़्वाबों में ढूँढ़ता होगा। मेरी खोज ने उसे इतना बड़ा शायर बना दिया। वह सोचता होगा...मैं उसकी राह देख रही हूँ...देखे जाऊँगी...क्योंकि वह अँगूठी मेरे हाथ में है, जो उजाला बेगम की बहू के लिए थी...चाहे वह दस बच्चों का बाप बन जाए। मगर उसे यक़ीन है, वह सिर्फ़ मेरा ही है। मैं जो उसके लिए बनवास लिए बैठी हूँ। ज़िन्दगी का ज़हर घूँट-घूँट पी रही हूँ...।" सारी रात ग़ज़ल नसीर के ख़्वाब देखती रही।

मगर सुबह शेख़ू भाई ने उसे देखकर एक निहायत ही गन्दी क़िस्म का शे'र पढ़ा तो उसका जी चाहा कि अभी उसका निकाह शेख़ू भाई से हो जाए ताकि नसीर एक दिन आए तो वह भी उस ज़हर का मज़ा चखे।

दूसरे दिन शाहीन क्रान्ति के साथ गेंद खेल रहा था तो फाटक पर बहुत-से आदमियों का शोर होने लगा। चालीस-पचास आदमी मिलकर चिल्ला रहे थे। सभी घबराके भागे। मालूम हुआ, मुहल्ले के कुछ हिन्दू पुलिस को साथ लेकर आए हैं कि यहाँ एक हिन्दू लड़की मुसलमानों ने छुपा ली है। इन लोगों का लीडर मलेशम था।

"अल्लाह ख़ैर! ग़ज़ब हो गया! अब क्या होगा?" रज़िया थरथर काँप रही थी।

राशिद और शाहीन ने उन लोगों को बहुत समझाया कि क्रान्ति चाँद की लड़की है और संजीवा से उसका ब्याह हो गया था, मगर पुलिसवाले न माने और इन मामले में पूरी जाँच होने तक क्रान्ति को अपनी तहवील में रखने के लिए ले गए।

"ख़स कम, जहाँ पाक!" रज़िया ने इत्मीनान का साँस लिया।

छह साल की क्रान्ति बुरी तरह चिल्ला रही थी क्योंकि वह पुलिसवालों से बहुत डरती थी। उसे रोते देखकर ग़ज़ल भी रो रही थी।

"कमबख़्त थोड़ी देर में चुप हो जाएगी। अब इस सिलसिले में कुछ करने की ज़रूरत नहीं है।" लँगड़ी फूपो ने सबको जता दिया।

"तो क्या हम क्रान्ति को पुलिस के हवाले कर देंगे?" शाहीन सख़्त ख़फ़ा था।

रात-भर ग़ज़ल रोती रही। उसने खाना नहीं खाया।

सुबह शाहीन हॉस्पिटल जाने से पहले कार में पुलिस स्टेशन गया। मालूम हुआ, क्रान्ति हिन्दू धर्मशाला में बिठा दी गई है।

लँगड़ी फूपो ने सुना तो बड़ा इत्मीनान हुआ।

"अच्छा हुआ, हिन्दू बाप की बेटी हिन्दू धर्मशाला में पले। अब तुम नक्को रोओ। नईं तो लोगाँ समझेंगे कि तुमने ही क्रान्ति को जना है।"

उन्होंने ग़ज़ल को डाँटा।

एक महीना गुज़र गया। शाहीन इस क़िस्से को भूल चुका था कि एक बार जब सब सो चुके थे, ग़ज़ल उसके कमरे की खिड़की में खड़ी थी। "शाहीन भाई, मेरा एक काम करेंगे?"

"क्या काम है?" शाहीन ने ग़ौर किया कि ग़ज़ल शायद कई दिन से रो रही थी।

"एक बार मुझे किसी तरह क्रान्ति को दिखा दीजिए!"

दूसरे दिन शाहीन कई घंटों तक ग़ज़ल को कार में बिठाए मारा-मारा फिरता रहा। दो-चार पुलिस स्टेशन छान मारे। फिर किसी मिनिस्टर से बात हुई। आख़िर उस धर्मशाला का पता मिल गया।

क्रान्ति बच्चों की क़तार में रकाबी हाथ में लिये खड़ी चिल्ला रही थी, "जल्दी खाना दो, नहीं तो इस रकाबी से तुम्हारा सिर फोड़ दूँगी।"

शाहीन ने धर्मशाला के मैनेजर को अलग ले जाकर बात की। एक हज़ार रुपए उसकी मुट्ठी में दबाए और क्रान्ति को अपने साथ कार में बिठा लिया।

मगर अब क्रान्ति को घर ले जाना ठीक नहीं लग रहा था। इसलिए शाहीन उसे अपने क्लीनिक में ले गया और रात की ड्यूटीवाली नर्स को बुलवाया। "यह एक लावारिस बच्ची है, सिस्टर! यहीं रहेगी, तुम इसकी हिफ़ाज़त करोगी।"

"हम क्या करेंगे, डॉक्टर! यसू मसीह करेगा।"

सिस्टर समझ गई, यह लड़की उस ख़ूबसूरत नौउम्र डॉक्टर की कोई हिमाक़त है।

"नहीं शाहीन अंकल! मेरी रक्षा भगवान करेंगे। हरि ॐ...हरि ॐ तत्-सत!" नन्ही-सी क्रान्ति ने शाहीन से कहा।

शाहीन को सख़्त हैरानी हुई। सिर्फ़ एक महीने में धर्मशालावालों ने क्रान्ति को कैसा पक्का हिन्दू बना दिया था! रास्ते भर वह शाहीन और ग़ज़ल को पाप और पुण्य का फलसफ़ा समझाती रही। उसने भजन सुनाए और शाहीन को समझाया कि इस संसार की नींव भगवान ने रखी थी।

"बस, बस, ख़ामोश!" ग़ज़ल ने ग़ुस्से से कहा।

और फिर ग़ज़ल ने नर्स से कहा, "इस बच्ची को धर्मशालावालों ने बिलकुल हिन्दू बना दिया है। मेरी, तुम ज़रा इस बात का ख़याल रखना!"
"ग़ज़ल आंटी! आप मुझे भगवान कृष्ण की एक मूर्ति ला दीजिए। मैं उसे अपने कमरे में सजाऊँगी।"

"कल से मैं यहाँ आकर तुम्हें नमाज़ और क़ुरान शरीफ़ पढ़ाया करूँगी।" ग़ज़ल ने उसकी बात अनसुनी करके कहा।

दो-तीन दिन के बाद ग़ज़ल नमाज़ सिखाने की किताब और यसरन-उल-कुरान लेकर क्लीनिक गई तो मेरी क्रान्ति के सीने पर क्रॉस बनाकर उसे दुआ पढ़ना सिखा रही थी।

ग़ज़ल उसे पढ़ाने बैठी तो क्रान्ति सारे कमरे में पाँव पटकती फिरने लगी—"मैं अब कुछ नहीं पढ़ूँगी। कभी भगवान मुझे नाश कर देंगे। कभी यसू मसीह मुझे मुआफ़ नहीं करेंगे...ग़ज़ल आंटी! यह अल्लाह, भगवान और यसू मसीह—सब लोग बच्चों के पीछे क्यों पड़ जाते हैं?"

"चुप-चुप! अल्लाह के नाम से बेअदबी नहीं करते। ऐसी बात किये तो अल्लाह मियाँ तुम्हें दोज़ख़ में डाल देंगे।" ग़ज़ल को याद आया कि उसे बचपन में अम्माँ भी दोज़ख़ के अज़ाब (यातना) से डराया करती थीं।

"तो फिर मैं अल्लाह मियाँ की तारीफ़ करूँ, आंटी?"

'दहरियों (नास्तिकों) की औलाद!' ग़ज़ल ने सोचा।

यह लड़की कैसी ज़िद्दी हैं, कितनी सरकश है। बिलकुल अपनी माँ पर गई है, मगर सूरत देखो तो संजीवा याद आता। वही साँवली रंगत, सफ़ेद दाँत, बड़ी-बड़ी आँखें और सिर पर घुघरियाले बालों का झुंड। जाने उस आदमी में कैसा जादू था जो चाँद जैसी सुन्दरी को उसका दीवाना बना गया था! वह संजीवा का फेंका हुआ सिगरेट का टुकड़ा उठाकर अपने गालों से

लगातीं। उस रास्ते को सारा दिन तके जाती थीं, जिधर से शाम को संजीवा आनेवाला था।

इतने इन्तज़ार के बाद भी वह आता तो चाँद के नशे में चूर बदन और सोलह सिंगार को निगाह भर के देखने की भी फ़ुरसत न मिलती। उसे किसी-न-किसी ज़रूरी काम पर जाना होता। उसकी एक नज़र घड़ी पर होती और एक चाँद पर। वह यों जल्दी-जल्दी हँसकर चाँद से बातें करता जैसे कोई फ़र्ज़ पूरा कर रहा हो। फिर जब वह चाँद को उसके आशिकों के जमघटे में छोड़कर चला जाता था तो चाँद सारी दुनिया से मुँह मोड़कर अपनी बाँहों में मुँह छुपा लेती थी।

वह तेज़ी-तर्रारी, दो टूक बात करने की आदत क्रान्ति में भी आई थी। वह किसी भी बात के ऊपरी पहलू को बहुत कम देखती थी। हर बात की असलियत की खोज में रहती। शाहीन और ग़ज़ल से लगातार सवाल करके उसे मालूम हो चुका था कि वह ऐवाने ग़ज़ल में नहीं रह सकती। उसका कोई घर नहीं है, माँ-बाप नहीं हैं। इसलिए उसे चुपचाप मेरी सिस्टर की हर बात मान लेना चाहिए, मगर वह मेरी सिस्टर की कोई बात न मानती। रोज़ सुबह जब शाहीन क्लीनिक आता था तो मेरी निहायत मज़लूम सूरत बनाए क्रान्ति के जराइम की रिपोर्ट सुनाती, "इने हमको गाली दिया। हमारी बियर की बोतल तोड़ दिया। रात को खाना नहीं खाया। दवा फेंक दिया, अँधेरे में अकेला सड़क पर चला गया...।"

"अच्छा, आज मैं उसे डाँटूँगा।" मगर शाहीन जानता था कि क्रान्ति की रगों में दौड़नेवाला ख़ून डाँटें नहीं सुना करता।

बरसात शुरू हो चुकी थी।

हैदराबाद की बरसात, कि आज शाम को बारिश हुई तो कल भी उसी वक़्त होगी और परसों भी उसी वक़्त आ जाती।

शाहीन बाहर जाना चाहता था, मगर बार-बार आसमान को देखकर पलट आया और वरांडे में पड़ी हुई कुरसी पर बैठकर सुबह के पढ़े हुए अख़बार एक बार फिर पढ़ने बैठ गया।

"आदाब अर्ज़ करता हूँ, डॉक्टर साहब। मिज़ाज शरीफ़?" शेख़ू मियाँ ऊपर आए और झुककर निहायत जागीरदाराना अन्दाज़ में सलाम किया।

"ओहो, शेख़ू भाई! आज किधर आ निकले इतनी बारिश में?" शाहीन शेख़ू भाई को भूला नहीं था क्योंकि शेख़ू भाई घर के हर बच्चे को याद थे।

वह गुड़म्बा पीकर रात को आया करते थे। नौकरोंवाली कोठरी में रात को सोया करते और घर की कोई-न-कोई चीज़ लेकर फ़रार हो जाया करते थे। इसलिए एक अनकहे फ़रमान के मुताबिक़ उनका दाख़िला आँगनवाले दरवाज़े तक महदूद था। शेख़ू भाई भी अपने हदूद से वाक़िफ़ थे। इसलिए जब कभी भूख या पानी से मजबूर होकर उन्हें लँगड़ी फूपो को बुलाना होता तो वह दरवाज़े से ही चिल्लाते थे।

मगर आज शेख़ू भाई को वरांडे में आने की इजाज़त कैसे मिल गई? शाहीन को ताज्जुब था।

"और सुनाइए शेख़ू भाई, आपकी सियासी सरगर्मियों का क्या हाल है?"

"अजी क्या बताऊँ, डॉक्टर साहब! ख़ौम की ख़ातिर बड़ी मुसीबतें उठाना पड़ रही हैं। मुसलमानाँ बेचारे कितने बरबाद हो गए हैं। उन्हें बचाना अब हमारा काम है!" शेख़ू भाई शुरू हो गए, "देखो बाबा, अब तक दस ख़ानदानों को उनकी दौलत के साथ पाकिस्तान भिजवा दिया हूँ। सिर्फ़ नवाब अज़ीमुद्दीन ख़ाँ दस लाख रुपए अपने साथ ले गए हैं। इधर ग़रीब मुसलमानों की हिफ़ाज़त के लिए हमने कैम्प लगाए हैं। इंडियन गवर्नमेंट ने मुझे उसका गता (ठेका) दिया है। इस वास्ते शाहीन बाबा, आजकल अपन तो मज़े में हैं।"

"अरे हटाओ शेख़ू भाई, इन बातों को। कुछ और सुनाओ, आजकल गुड़म्बे का क्या भाव है?"

"हा-हा-हा!" शेख़ू भाई हँसने लगे। "डॉक्टर पाशा तो कभी एक रुपया भी नहीं देते कि शेख़ू भाई, आज हमारी तरफ़ से अपने मुँह का मज़ा बदल ले!"

"लेकिन मैं नहीं चाहता कि आप ख़ुदकुशी करें। गुड़म्बा तो आपके लिए ज़हर है!" शाहीन अचानक डॉक्टर बन बैठा।

"अजी, छोड़ो मियाँ। ज़हर तो जाने कहाँ-कहाँ है। आप ज़हर फैलने से कैसे रोकेंगे?" शेख़ भाई ने ग़ज़ल की तरफ़ इशारा करके कहा, "छोटे नवाब, आपकी ड्योढ़ी में ज़हर फैल गया है, उसका क्या इलाज करेंगे, डॉक्टर साहब?"

शाहीन ने नज़रें उठाई। ग़ज़ल अन्दर कमरे में दरवाज़े का सहारा लिए खड़ी थी—किसी सोच में डूबी हुई। शाहीन ने सोचा, इस ज़हर का ख़ौफ़ शेख़ू मियाँ पर भी छाया हुआ है। यह ज़हर जो ख़ुद शेख़ू मियाँ की ज़िन्दगी में फैल गया है, जो लँगड़ी फूपो की जवानी को राख कर गया, जो बीबी को उमरक़ैद की सज़ा दिला चुका है, चाँद को क़ब्र में सुला गया और आज ग़ज़ल बनकर ऐवाने ग़ज़ल में दाखिल हो चुका है। यह ज़हर कहाँ से आया? शाहीन के डॉक्टर ज़ेहन ने इस वजह को तलाश करना शुरू किया, जो ऐवाने ग़ज़ल

को हिला चुकी थी। कोई ऐसी बात होती रही जो इस ड्योढ़ी की औरतों को ज़िन्दगी से लगातार एलर्जी होती गई। दौलत-शाहीन ने जैसे ज़मीन की तहों में कुछ खोजते हुए सोचा—दौलत जो दकन के जागीरदारों के लिए अमृत भी थी और ज़हर भी। उन्होंने ज़िन्दगी भर इस अमृत को पिया और उसी के एक घूँट ने उनका काम तमाम कर दिया। ऐवाने ग़ज़ल के वासियों ने दौलत के पेड़ उगाए, दौलत के महल बनाए और दौलत के शामियाने अपनी क़ब्रों पर तान दिये। मगर ऐवाने ग़ज़ल के बड़े हॉल बैत-उल-ग़ज़ल में इन हज़रात के जो फ़ोटो लगे हुए थे उनमें वह दौलतमन्द नहीं थे सिर्फ़ शायर थे। शायरी, जिसने उन सबको ज़िन्दगी भर बेक़रार रखा। वह महबूबा की एक अदा पर अपनी ज़िन्दगी के दाँव लगाते रहे। उन्होंने हर महबूबा को यक़ीन दिलाया कि वह दिल के साथ जान भी उसकी नज्र कर रहे हैं और उसके लिए वफ़ा, यक़ीन और रिफ़ाक़त (साथ) के तोहफ़े ला रहे हैं। वह बेचारी खड़ी है, इन्तज़ार करती आँखों में हैरानियाँ समेटे!

आज ग़ज़ल के चेहरे पर कैसी मोहनी थी, दिल में बरछी की अनी बनकर चुभने वाली कशिश। जाने क्यों उस वक़्त शाहीन को ग़ज़ल कभी चाँद आपा मालूम होने लगी, कभी बीबी...कोई बात ज़रूर थी जो इधर देखकर दुनिया अँधेरी-अँधेरी-सी लगती है। जाने आज शाहीन की आँखों को कुछ हो गया था या फिर ख़ून का असर था जो शाहीन की रगों में दौड़ रहा था, वरना यूरोप में पाँच बरस गुज़ार के उसने भी औरत के हुस्न के सारे मज़े चखे थे। वह अपने दादा, लकड़दादा की तरह इतना तरसा हुआ न था कि हुस्न की एक झलक पर दीवान स्याह करने बैठ जाता, मगर आज उसे लगा कि ग़ज़ल में कोई बात ज़रूर है जो ज़हर की तरह मर्द के जिस्म में फैल जाती है। नसीर चचा ने बेचारी को बड़ा धोखा दिया—उन सब मर्दों ने उसे हरा दिया जिनके पीछे वह भागती रही।

बचपन में ग़ज़ल कैसी तेज़-तर्रार थी कि दुनिया-भर को चलानेवाला शाहीन भी उसके आगे मात खा जाता था। उसने शाहीन को रंगीन फ़ोटोवाली कहानियाँ चबाने का गुर सिखाया था, नाले उलाँघने का, खाने-पीने की चीज़ें चुराने का, अब्बा के सामने झूठ बोलने का। शाहीन के सामने बहुत पुराने दिन फैलने लगे जब ग़ज़ल नाश्ते की मेज़ पर जी भर के हड़ोसने के बाद नीचे गिरे हुए चावल उठा-उठाकर खाती थी। दाँत और मुँह धोए बग़ैर नाश्ते की मेज़ पर आ बैठती थी, बग़ैर चड्डी पहने खेलती और हर बात पर उसे हँसी आती थी। मगर अब तो वह हर वक़्त बस आँसू ही पोंछती नज़र

आती है। शाहीन की बचपन से आदत थी ग़ज़ल को छेड़ने और सताने और जलाने की, मगर अब वह जवाबी हमला करने के बजाय ठंडी साँस लेकर मुँह फेर लेती थी।

"आप नक्को घबराओ डॉक्टर साहब, यह ज़हर पीने को अब मैं तैयार हूँ।" शेख़ू भाई ने उसे यों सोच में गुम देखकर कहा, "चार चोट की मार दे तो एक दिन में सीधी हो जाएगी।"

"कौन?" शाहीन ने चौंककर पूछा।

"यही ग़ज़ाला बेगम। मैं भी जाने दो बोलके, कर ले रहा हूँ। क्या करूँ? राशिद नवाब के सिर का बोझ भी तो कम करना है न?"

"क्या आप कर रहे हैं ग़ज़ल से शादी?" शाहीन चौंक पड़ा।

"सच्ची बात को क्या है! मैं तो राज़ी नहीं हूँ मियाँ, मगर राशिद वह दिन बोले तो अब इनकार कैसे करना...आप ही बोलो?"

शेख़ू भाई चले गए तो वह सीधा अम्मी के पास पहुँचा।

"अम्मी, कुछ दिन के लिए फ़ौज़िया को बुला लीजिए। ग़ज़ल की ख़ामोशी से तो मेरा घर में रहने को दिल नहीं चाहता!"

"अब अपनी दुलहिन से जी बहलाना, बाबा।" लँगड़ी फूपो ने आँखें मटकाकर बड़े नाज़ से कहा। ज़िन्दगी में ऐसे मौक़े बहुत कम आते थे, जब लँगड़ी फूपो आँखें मटकाकर बड़े नाज़ से कुछ कहें। ज़िन्दगी में ऐसे मौक़े बहुत कम आते थे, जब लँगड़ी फूपो मुसकराने लगें। "ऐसी चाँद-सी दुलहिन ढूँढ़ रही हूँ कि उसकी सूरत तके जाना।"

"अरे तौबा! सिर्फ़ देखने के क़ाबिल दुलहिन होगी...? अरे भई अम्मी, आप कहीं मेरी दुलहिन का चुनाव लँगड़ी फूपो को मत सौंप देना। अगर सूरत ही देखना है तो मैं ग़ज़ल का एक स्टेचू बनवा लूँगा।" इस बात पर सब ही हँस पड़े, सिवाए ग़ज़ल के जो ज़्यादा संजीदा होकर सीने की मशीन पर झुकी अपने जहेज़ के कपड़े सी रही थी।

"और नहीं तो क्या, ग़ज़ल की बोलनेवाली कल तो बिगड़ चुकी है। अब तो वह अपने-आपको ख़ुद ही पत्थर का मुजस्समा बना रही है।"

मर्द इतने अहमक़ किसी वक़्त नहीं होते, जितने वह किसी ख़ूबसूरत लड़की को देखते वक़्त हो जाते हैं। अब ज़रा देखिए तो कि इतनी बारिश, तूफ़ान की पुरशोर दोपहर और शाहीन जैसा तजुर्बेकार डॉक्टर, जिसने औरत का हज़ार बार डिसैक्शन किया था, मगर फिर भी उसे ग़ज़ल में आज कोई चीज़ नज़र आ रही थी कि वह लगातार दो घंटे तक अपनी अम्मी से ग़ज़ल के टॉपिक

पर बातें करता रहा। वह भी इस तरह कि उसकी नज़रें सिर्फ़ ग़ज़ल पर थीं। मशीन चलाते हुए उसके ख़ूबसूरत हाथों पर, बन्द होंठों पर, उदास आँखों पर और उन उलझे-उलझे तेल से बेपरवाह बालों पर जिन्होंने उसके चेहरे की दिलकशी को और बढ़ा दिया था।

उस दिन बेचारे दिल के दर्द और ब्लडप्रेशर के मारे हुए मरीज़ घंटों क्लीनिक में बैठे कराहते रहे। सुबह का अख़बार यों ही पड़ा रहा और राशिद बार-बार घूम-घूमकर शाहीन को याद दिलाता रहा कि अब उठकर क्लीनिक जाओ, मरीज़ इन्तज़ार कर रहे होंगे। यूरोप जाने और डॉक्टर बनने के बावजूद उस लड़के को वक़्त की क़द्र करना नहीं आया। भला किसी इतने मशहूर डॉक्टर के पास इतना फ़िज़ूल वक़्त होगा कि वह महज़ गप्पबाज़ी में दो घंटे गुज़ार दे! रात को ग्यारह बजे जब मरीज़ों को निबटाकर शाहीन घर लौटा तो ग़ज़ल शेख़ू भाई का खाना मेज़ पर रखे जाग रही थी, क्योंकि लँगड़ी फूपो का हुक्म था कि जब तक शेख़ू आकर खाना न खा लें, ग़ज़ल को जागते रहना चाहिए।

"आजकल शेख़ू भाई की बड़ी आवभगत हो रही है। क्या जन्नत में बँगला रिज़र्व करवाने का इरादा कर लिया है?"

यह सुनते ही ग़ज़ल मेज़ पर झुककर रोने लगी। सब सो चुके थे। बारिश और सर्दी की वजह से लँगड़ी फूपो ने भी अपना कमरा बन्द कर लिया था। बाहर बारिश का शोर मचा हुआ था। इस वक़्त शेख़ू भाई किसी नाली में बेहोश पड़े होंगे। इसीलिए किसी को ख़बर न हुई, वरना ग़ज़ल का रोना और शाहीन का पहली बार उसे बाँहों में भरके समझाना, जाने क्या ग़ज़ब ढाता। रज़िया ने तो उसे दोपहर ही डाँट दिया था कि ग़ज़ल जैसी आवारा छोकरियों के मसलों पर उसे सोचने की ज़रूरत नहीं है।

"मुझे एक ज़हर का इंजेक्शन दे दो, शाहीन भाई! अगर तुमको मुझसे ज़रा भी हमदर्दी है तो अपने क्लीनिक से मेरे लिए थोड़ा-सा ज़हर ला दो।"

"मगर क्यों गज्जो...तुमने कोई क़ुसूर नहीं किया है। मुझे मालूम है कि तुम्हें और चाँद आपा को घरवालों ने मारा है।"

"नहीं, मुझे किसी ने नहीं मारा।" उसने शाहीन के हाथ अपने कन्धों से हटाकर कहा, "मैं ख़ुद मरना चाहती हूँ।"

"क्यों? दुनिया से डरती हो?" शाहीन के हाथ अब उसके आँसुओं से भीगे हुए गालों पर थे और उसने ग़ज़ल का चेहरा ऊपर उठा रखा था।

"अब दुनिया मेरा और क्या बिगाड़ेगी जो दुनिया से डरूँ? मैं सिर्फ़ शेख़ू भाई से डरती हूँ।" यह कहते-कहते उस पर ग़शी-सी छाने लगी।

शाहीन ने उसे अपने हाथों में उठाया, उसके बिस्तर पर लिटाकर इंजेक्शन दिया और कमरे का दरवाज़ा भेड़कर अपने कमरे में चला आया।

दूसरे दिन ऐवाने ग़ज़ल में बड़ा पुरशोर तूफ़ान आया।

शाहीन ने अपनी शख़्सीयत की तमाम अहमियत को समेटकर खाने की मेज़ पर ऐलान किया कि वह ग़ज़ल की शादी शेख़ू भाई से नहीं होने देगा।

"तुम अभी बच्चे हो! तुम घर के मामलात को क्या जानो? हम जो ठीक समझेंगे, वह करेंगे!" रज़िया शाहीन की माँ थी। बहुत बड़े बाप की बेटी और ऐवाने ग़ज़ल की मलिका।

"नहीं, आप ऐसा नहीं कर सकेंगी।"

रज़िया के हाथ से निवाला छूट गिरा। राशिद ने अपने आधे सफ़ेद और आधे स्याह बालों की लटें हटाकर शाहीन को बड़े ग़ौर से देखा और रोटी के हज़ारों टुकड़े कर फेंके। वह शाहीन का यह रूप पहली बार देख रहा था।

"अगर आपने शेख़ भाई की शादी ग़ज़ल से की तो मैं ग़ज़ल को ज़हर दे दूँगा।"

"और अगर तुम फिर इस मामले में बोले तो मैं ज़हर खा लूँगी।" रज़िया ने भी ग़ुस्से में गरजकर कहा। फिर सब चुप हो गए। गीली लकड़ियों में फूँकें मारती हुई ग़ज़ल आँखों से बहता पानी पोंछ-पोंछकर पराँठे सेकती रही। उसे ख़बर ही न हुई कि नाश्ते की मेज़ पर कैसा तूफ़ान आया था।

बात इतनी कड़वाहट इख़्तियार कर लेगी, इसका तो शाहीन को अन्दाज़ा न था क्योंकि उसने कभी अपने माँ-बाप से इस तरह बात नहीं की थी। बल्कि अम्मी के सामने झुकना और उनकी हर बात पर गरदन हिलाना उनके ख़ानदान की रिवायत थी। इसके बावजूद हज़ार बार इरादा करने के बावजूद वह अम्मी से माफ़ी माँगने नहीं गया।

रज़िया अपने कमरे में लेटी सिसकियाँ लेती रही। राशिद ने माँ-बेटे के दरम्यान एक लफ़्ज भी नहीं कहा। बेटे की ख़ुदसरी से उसे बड़ा सदमा पहुँचा था। इसके बावजूद उसने बीबी की तरफ़दारी नहीं की क्योंकि बेटा उसका भविष्य था और दूरअन्देशी राशिद के स्वभाव में दाख़िल थी।

उस दिन क्लीनिक ख़त्म करके शाहीन दोपहर के खाने पर घर नहीं आया। शाम को वह क्लब चला गया। रात को बारह बजे आया तो लँगड़ी फूपो के बेहद इसरार पर भी उसने खाना नहीं खाया।

बेटे के यह तेवर देखकर रज़िया ने ख़ुद ही हथियार डाल दिये। धीरे-धीरे शाहीन जैसे भूल ही गया कि उसने अम्मी से कोई गुस्ताख़ी की थी

और रज़िया उसी तरह हॉस्पिटल जाते वक़्त रोककर पूछती, "दोपहर में क्या पकवाऊँ?"

"झींगे की कढ़ी, माही, कलिया।" शाहीन जैसे पहले से सोचे बैठा था कि आज क्या खाना है।

ग़ज़ल घरवालों की इस ख़ामोशी से कुछ चौकन्नी-सी ज़रूर थी, मगर उसने अब सब बातों पर ग़ौर करना छोड़ दिया था। इसीलिए वह दिन-भर चूल्हे के पास घुसी रहती थी। वहाँ से उठी तो घर की सफ़ाई हो रही है। फ़र्श धो रही है। लँगड़ी फूपो के सिर में जूँएँ देख रही है। सरवर कभी अचानक देख लेता तो हरगिज़ यक़ीन न करता कि सैकड़ों दिलों को जीतनेवाली यह स्टेज की अप्सरा वही है जिसकी एक निगाह पर सरवर का दिल काँपने लगता था, जिसे वह दुनिया के हर दुख से बचाकर कल्पना की मलिका बना रहा था।

रज़िया ने घर का यह रंग-ढंग देखकर शाहीन के ब्याह की तै शुरू कर दी थी। हमरु, अतलस और कमख़्वाब के टुकड़े निकालकर उसने लँगड़ी फूपो को दिये कि ख़्वानपोश सीना शुरू कर दें। उस दिन के बाद से रज़िया ने ग़ज़ल से भी बड़े रूखेपन का बर्ताव शुरू कर दिया था। वह चार-चार बार बात पूछती तो एक बार जवाब मिलता।

मगर शाहीन बड़े मज़े में था। शाम को वह क्लीनिक से आता था तो उसकी जेब में कभी टॉफ़ियाँ होतीं, कभी चॉकलेट, कभी खट्टे बेर। सबकी नज़रें बचाकर वह इस लिफ़ाफ़े को ग़ज़ल की तरफ़ उछाल देता था। कभी शाहीन अपने कमरे में सो रहा होता तो जाने क्यों रज़िया को यों लगता जैसे अन्दर कोई और भी रहा हो। फिर उन्हें याद आता कि शाहीन ट्रांजिस्टर पर कोई ड्रामा सुन रहा होगा।

दोपहर को शाहीन खाने के लिए आया तो दालान में हर तरफ़ रंगीन कपड़े और गोटा-किनारी की झिलमिलाहट फैली हुई थी। रज़िया और लँगड़ी फूपो कपड़े सी रही थीं। ग़ज़ल स्याह मख़मल पर चमकियाँ टाँक रही थी।

शाहीन का मूड ठीक देखा तो लँगड़ी फूपो ने फ़ौरन मौक़े का फ़ायदा उठाकर कहना शुरू किया, "मेरे भाई को मना कर दिया। अब मैं भी देखती हूँ कि शाहीन मियाँ कैसा डॉक्टर-इंजीनियर लाते हैं ढूँढ़कर अपनी सती-सावित्री बहन के वास्ते! हम लोगाँ तो चुप, अल्लाह के वास्ते मैं हाँ कर दिये थे, वरना शेख़ू मियाँ तो ख़ुद कब तैयार थे जूठन खाने के वास्ते?

शाहीन ने उधर देखा। ग़ज़ल कपड़े पर चमकियाँ टाँक रही थी। फिर अपने आँसू टाँकने लगी। शाहीन ने लँगड़ी फूपो को कोई जवाब नहीं दिया

क्योंकि वह जानता था कि यह बात लँगड़ी फूपो ने नहीं कही, अम्मी ने उनसे कहलवाई है।

रात को वह क्लीनिक बन्द करके आया तो हस्बे-आदत सब सो चुके थे। सिर्फ़ ग़ज़ल के कमरे की लाइट खुली थी। शाहीन ने आहिस्ता से किवाड़ खोलकर अन्दर देखा। ग़ज़ल के हाथ में कोई अधसिला कपड़ा था, मगर वह आँखों में आँसू लिए सिसकियाँ ले रही थी। शाहीन ने आहिस्ता से दरवाज़ा बन्द कर दिया और ग़ज़ल के पास जा बैठा।

"तुमने अपने आँसुओं का ख़ज़ाना कहाँ छुपा रखा है, ग़ज़ल? पन्द्रह बरस से तुम्हें रोते देख रहा हूँ।"

ग़ज़ल कुछ न बोली। हाथ में थामी हुई सूई को अपनी उँगलियों में चुभो-चुभोकर ख़ून निकालती रही। फिर शाहीन को अपने पास बैठा देखकर चौंक पड़ी।

"शाहीन, मुझे शेख़ू भाई से शादी करने दो, वरना कुत्तों की जूठन कौन खाएगा? मैं कब तक मुमानी बेगम के सिर पर सवार रहूँगी?" मगर शाहीन ने कुछ न सुना। वह तो सिर्फ़ ग़ज़ल को देखे जा रहा था और सोच रहा था कि ऐवाने ग़ज़ल के वे सारे मकीन बेक़सूर थे जो औरत के हुस्न की आँच में पिघल-पिघलकर मोम बनते रहे, जिन्होंने इश्क़ के सिवा कोई दूसरा काम नहीं किया। फिर भी ऐवाने ग़ज़ल के लाइब्रेरी-रूम में रखी हुई पचहत्तर बयाजें मुकम्मल नहीं थीं। उनमें अभी बहुत कुछ कहने को रह गया है इस साँवले-से रंग के बारे में, सूजी-सूजी-सी आँखों के बारे में, छोटी-सी सुर्ख़ नाक और उड़े-उड़े बालों के बारे में। शाहीन को भी अपने दादा हज़रत की तरह शायरी करने को दिल मचल उठा। आज उसे मालूम हुआ कि ग़ज़ल में कोई ऐसा जादू होता है, जो वह शायरों की पसन्दीदा सिंफ़े-अदब (साहित्य की विधा) बन गई थी। हर दौर में शायरों ने उसे अपने सीने से लगाया...उस पर तबअ-आज़माई (लिखना) को ज़रूरी समझा और फिर शाहीन ने भी उन चन्द लम्हों में ग़ज़ल को बड़े लतीफ़ नाम दिये। बड़ी ख़ूबसूरत तश्बीहें (उपमाएँ)...जज़्बात को न जाने कितने समन्दर तैरना पड़े...राह के कितने पहाड़ लाँघे...तब वह हाँफता हुआ बोला, "ग़ज़ल, अगर मैं तुमसे शादी करना चाहूँ तो तुम राज़ी होगी?"

इस बार ग़ज़ल का हाथ इतनी ज़ोर से काँपा कि सूई हथेली में उतरती चली गई। उसने तड़पकर शाहीन को देखा—सिर से पाँव तक जैसे शाहीन ने बड़ी बेरहमी से उसे चरका दिया हो। उस पर खुले चाकू का वार किया हो और फिर वह काँपते हाथों से शाहीन को दूर ढकेलकर बोली, "नहीं, ऐसा

मत कहो।" उसने अपने कानों पर हाथ रख लिए तो हथेली में से टपकनेवाले ख़ून के क़तरे गालों पर गिरने लगे।

"मैं यह नाटक खेलते-खेलते तंग आ चुकी हूँ। अब मेरे और टुकड़े मत करो...चले जाओ, यहाँ से चले जाओ, शाहीन!"

शाहीन ने उसके हाथ पकड़ लिये और ग़ुस्से से कहा, "बस करो अपने हुस्न पर इतराना! मैं कोई बिलगरामी नहीं हूँ जिसके आगे तुम ड्रामे की रिहर्सल कर रही हो!" और फिर शाहीन ने उसके गालों पर लगा ख़ून पोंछ डाला।

उसने निगाह उठाई। शाहीन को देखा, देखती रही। उसके चेहरे पर कोई ख़ुशामद नहीं थी, कोई तलब नहीं थी। वह बहुत ही मग़रूर नज़र आ रहा था, हिम्मतवाला। जैसे अब ग़ज़ल ने इनकार किया तो उसकी पीठ पर दो लातें मारेगा।

"मैं नसीर की तरह मुहब्बत का ढोंग नहीं रचा रहा हूँ। मुझे तुमसे कोई मुहब्बत-वुहब्बत नहीं है। आगे की नहीं कह सकता!"

और वह बाहर चला गया।

यह शाहीन था! ग़ज़ल ने अपनी ख़ून-भरी हथेली को दबाकर सोचा। उसने तो कभी इस बात पर ग़ौर नहीं किया था कि शाहीन भी उसे एक औरत समझता है। वह तो शाहीन के वजूद को हमेशा नज़रअन्दाज़ करती रही। उसके लिए शाहीन एक अहमक़-मासूम लड़का था जिसे हर शरारत, हर बग़ावत सिखाना पड़ती थी। वह आज भी उतना ही छोटा था, उतना ही अहमक़। कुछ तो सोचता, वह इतना बड़ा डॉक्टर! ऐवाने ग़ज़ल का मालिक, राशिद का बेटा। बेवक़ूफ़! जब ही तो इतनी साफ़गोई से काम ले रहा है। "मुझे तुमसे मुहब्बत-वुहब्बत नहीं है। आगे की नहीं कह सकता!" तो आगे की बात मैं कहूँगी। अभी इसी वक़्त...वह उठकर शाहीन के कमरे की तरफ़ भागी।

बेचारी लँगड़ी फूपो बड़ी तन्मयता से जा-नमाज़ पर बैठी अपनी क़िस्मत का सूरज निकलने की दुआएँ माँगती रहीं। उन्हें ख़बर ही नहीं हुई कि वाहिद हुसैन का पोता, राशिद का बेटा भी इतना गया-गुज़रा था कि जूठे खाने पर मुँह मारता फिरे।

ख़ैर, सुबह हुई तो सब ग़ज़ल के क़हक़हों की आवाज़ पर जागे। वह आँगन में गुनगुनाती फिर रही थी। "जागो मोहन प्यारे, जागो...!"

सुबह बादाम का हरीरा बनाकर राशिद को देने के बजाय वह अपने गीले बाल खोले आईने के सामने जा बैठी और चाँद आपा के मेकअप का डिब्बा खोल लिया। क्रान्ति का भाँडा फूट गया था। इसलिए शाहीन अकसर उसे

हॉस्पिटल से घर ले आता था। आज भी क्रान्ति ग़ज़ल के क़दमों के पास बैठी पूछ रही थी, "आंटी! आज आप अपना मुँह रेड क्यों कर रही हैं?"

रज़िया ने उसके जहेज़ के लिए जो दो-चार जोड़े सिलवाए थे, उसमें से चौथीवाली हरी साड़ी निकालकर उसने पहन ली।

मगर रज़िया को अपनी परेशानियों में इतनी फ़ुरसत ही कहाँ थी कि ग़ज़ल के इस बदले हुए रूप पर ग़ौर करती!

सारे घर में ख़ामोशी-सी छाई रहती। शुरू गरमियों की तेज़ हवाएँ हर चीज़ को जैसे झँझोड़े डालती थीं। दरख़्तों से ज़र्द पत्ते गिरे जाते थे। सपोटे पक रहे थे और आम के बौर की तेज़ महक हर तरफ़ फैल रही थी।

यह बड़ा अफ़रा-तफ़री का दौर था।

आला हज़रत 'राजप्रमुख' बन चुके थे और के.एम. मुंशी ने इंडियन यूनियन के एजेंट बनकर तमाम इख़्तियारात अपने हाथ में ले लिए थे। अभी चन्द माह पहले गांधीजी का क़त्ल हो चुका था। इसलिए हर तरफ़ सख़्त दहशत और बेचैनी फैली हुई थी। इत्तिहाद-उल-मुसलिमीन के कुछ लीडर रातोरात फ़रार हो चुके थे। क़ासिम रिज़वी जेल में थे और लायक़ अली अपने घर में ही नज़रबन्द थे।

उस वक़्त राशिद और उसके साथियों ने कांग्रेस सरकार के सामने अपनी वफ़ादारी के हज़ारों सबूत पेश किये। इसके बावजूद जागीरें और मंसब ख़त्म हो रहे थे। घबराकर वे बगावत की सोचते...मगर कैसी बग़ावत?

हर तरफ़ सिसकियाँ और आँसू थे। हज़ारों लोग जिन्होंने गांधीजी के इशारे पर अपने ख़िताब और जागीरें वापस कर दी थीं, फाँसी के तख़्ते और जेल की सख़्तियाँ बर्दाश्त की थीं, उन्हें वक़्त से पहले पेंशनें दी जा रही थीं। बहुत-से छोटे-बड़े क्लर्कों, पुलिस अफ़सरों और अहम ओहदेदारों को ज़बरदस्ती उनके ओहदों से निकाल दिया गया। इस हमाहमी के आलम में हर शख़्स सोच रहा था कि आइंदा क्या होगा? ऐसे वक़्त राशिद चारों तरफ़ हाथ-पैर मार रहा था। कम्यूनिस्ट पार्टी पर पाबन्दी लग चुकी थी। इसलिए मख़दूम और उनके साथी अंडरग्राउंड थे।

इन हालात में शाहीन सोचता कि इनसान बचकर कहाँ जाएगा?

उसने राशिद की तमाम तजवीज़ें रद्द कर दी थीं। वह न तो पाकिस्तान जाएगा और न अमरीका जाकर दौलत कमाएगा। दौलत कमाने में उसे कोई दिलचस्पी नज़र नहीं आती थी क्योंकि उसके बाप और दादा ने जो दौलत कमाई थी, वह ऐवाने ग़ज़ल बनी उसे चारों तरफ़ से घेरे हुए थी और जब

हर तरफ़ ऐसे ही घेरे खिंचे हुए हों तो भागने की कोशिश क्यों करें? इसलिए शाहीन हैदराबाद में ही रहना चाहता था। तमाम सियासी और समाजी आन्दोलनों से अलग मेडिकल रिसर्च में वक़्त लगाना चाहता था। वह जब हाई स्कूल में पढ़ता था तो 'मख़दूम' की रोमानी नज़्में उसे बहुत अच्छी लगती थीं और वह अकसर साइंस की किताब रखकर गुनगुनाने लगता था :

रात भर दीदा-ए-नमनाक में लहराते रहे
साँस की तर्ह से आप आते रहे, जाते रहे

इस शे'र की उदास फ़िज़ा में वह ख़ुद भी अपने-आपको तनहा और उदास महसूस करता था।

फिर एक दिन एक मुक़ामी रिसाले में उसने 'मख़दूम' की नई नज़्म देखी जो जेल की सलाख़ों को तोड़कर सारे हैदराबाद में गूँज रही थी :

सोचता हूँ कि यह गंजे-गराँमाया-ए-उम्र
नज़्रे-ज़िन्दाँ हुआ
नज़्रे-आज़ादी-ए-ज़िन्दाने-वतन क्यों न हुआ?

'मख़दूम' की ऐसी नज़्मों की वजह से शाहीन जैसे तालीमयाफ़्ता नौजवान हालात से समझौता करने की बजाय चारों तरफ़ रास्ता तलाश कर रहे थे। कुछ-न-कुछ करना चाहते थे। मजबूरी और ज़रूरत ने बहुत-सी पुरानी रिवायतों को तोड़ दिया था। ड्योढ़ियों से परदा-लगी कारों और झटकों में निकलनेवाली लड़कियाँ अब बस-स्टैंड के क्यू में खड़ी नज़र आती थीं। हर घर की लड़की अब स्कूल जा रही थी। बन्द कमरों में क़ालीन पर तानपूरा सँभाले चुन्नू नवाब अब रेडियो स्टेशन से दादरा और ठुमरियाँ गाने लगे थे। ड्योढ़ियों का नीलाम हो रहा था। कारों और मकानों की क़ीमतें गिर गई थीं। दूल्हा नवाब के पोते रिक्शा चला रहे थे और मिसकीन अली शाह की पोती मुँह पर मेकअप चढ़ाए हर मर्द से इश्क़ का खेल खेलने को तैयार थी जो उसे पनाह देने का वायदा करता, जो उसके बाप की खोई हुई अलफ़लैला उसे वापस दिलाने का यक़ीन दिलाता था। इसीलिए शाहीन पैसा बटोरने की बजाय हॉस्पिटल में सर्विस कर रहा था और अब उसने अपना एक छोटा-सा क्लीनिक हैदरगोड़ा में खोल लिया जहाँ वह ग़रीब मरीज़ों का मुफ़्त में इलाज करता। उनके फलों के लिए पैसे अपनी जेब से दे देता। जब भी उसके सामने कोई ज़रूरतमन्द आ खड़ा होता था तो वह फ़ौरन अपनी जेब टटोलने लगता था, यों जैसे उसने ग़ज़ल

को शादी का ऑफ़र दे दिया। उसने तमाम यूरोप देखा था और वह सचमुच इतना अहमक़ नहीं था, जितना उसकी माँ या ग़ज़ल उसे समझती थीं।

मगर ग़ज़ल में अचानक उसे जाने क्या-क्या नज़र आया कि उसने कुछ न सोचा। ग़ज़ल उसका साथ देगी, उसके साथ हँस सकती है, रह सकती है—बस फिर मैं उसका माज़ी (अतीत) क्यों देखूँ? बेचारी ग़रीब लड़की जिसे बचपन से सिर्फ़ नफ़रत मिली। ऐसी लड़कियाँ हर ड्योढ़ी में मिलतीं। हर बँगले से निकल रही थीं। उन्हें अपने बेसहारा ख़ानदान को पालने के लिए बहुत-से बहाने तलाश करने पड़ते। स्टेज पर अदाकारी, ऑफ़िस में क्लर्की, स्कूल में टीचरी या फिर महफ़िलों में चमकनेवाली एक फैशनेबल औरत बनकर कभी वह राशिद की ज़िन्दगी का सामान मुहैया करतीं, कभी हुमायूँ की रोटी-कपड़े का बन्दोबस्त हो जाता था।

बेटे की इस ख़ुदसरी पर राशिद को बड़ा अफ़सोस हुआ था। इधर फ़ौज़िया की तरफ़ से भी राशिद को चैन नहीं मिला था क्योंकि फ़ौज़िया के दूल्हा का हर वक़्त यही पछतावा था कि उसने शादी करने में जल्दबाज़ी से काम लिया है, वरना उसे घोड़े-जोड़े के पचहत्तर हज़ार भी मिल सकते थे। अपने नुक़सान का ज़िक्र हर वक़्त वह फ़ौज़िया से करता रहता था।

इन हालात ने राशिद को वक़्त से पहले बूढ़ा बना दिया। वह हर तरफ़ की परेशानियों, अन्देशों और मुश्किलों को तनहा झेल रहा था। उसका बेटा अपने बाप की मुश्किलों को समझता था और हमेशा यही मशवरा देता कि रुपया कमाने की कोशिशों को अब छोड़ दीजिए। अकेला मैं आख़िर कितना खाऊँगा?

सब्र करते-करते राशिद को हृदयरोग की शिकायत हो गई थी।

चुनाँचे एक दिन ज़बरदस्ती शाहीन ने उसका चैकअप किया। जाने कितने टेस्ट लिए। फिर उसके हाथ पर पट्टी बाँधकर उसके दिल की धड़कन सुनी और बहुत परेशान होकर कहा, "डैडी, आपका ब्लडप्रेशर काफ़ी बढ़ा हुआ है, नमक छोड़ दीजिए।"

मगर राशिद को यक़ीन ही नहीं आ रहा था कि उसकी सारी परेशानियों का सबब नमक हो सकता है। रज़िया भी उन परेशानियों में घिरकर निढाल रहने लगी थी। इसके बावजूद उसने कई बार ग़ज़ल को ग़ौर से देखकर कहा कि यह नई साड़ी क्यों पहन ली? कभी वह शाहीन के साथ हँसी-मज़ाक़ करने पर उसे डाँट देती। वह जानती थी कि ग़ज़ल तो मुँह लगाई डोमनी है। शाहीन ने शेख़ू भाई से उसकी शादी रुकवा दी है इसलिए वह आजकल शाहीन पर

बड़ी मेहरबान है। अब तो पुलिस के किसी सिपाही से उसका ब्याह करना होगा ताकि सारी मस्ती निकल जाए।

लेकिन ग़ज़ल लँगड़ी फूपो को आजकल बड़े ग़ौर से देख रही थी क्योंकि उन्होंने ग़ज़ल के बदले हुए रवैए का कोई नोटिस नहीं लिया था, और दिन-भर शेख़ू भाई की कोठरी में घुसी जाने क्या खुसर-फ़सर किये जातीं। उन्होंने अपने जहेज़ के लिए रखी हुई सुर्ख़ नीली-पीली साड़ियाँ भी निकालकर पहन डालीं। दिन में कई-कई बार अपने खिचड़ी बाल खोले कि कंघी किये जाएँ। सुबह उठते ही सबसे पहले मामा को हुक्म दिया जाता कि शेख़ू भाई को एक हाफ़-फ्राई अंडा और एक प्याली दूध भेज दिया जाए।

ग़ज़ल ने इस फ़रमान को बड़े ग़ौर से सुना। अच्छा हुआ कि रज़िया ने लँगड़ी फूपो का हुक्म नहीं सुना था क्योंकि शेख़ू भाई को तो हमेशा नौकरोंवाला नाश्ता भेजा गया था।

एक बार लँगड़ी फूपो लक्स साबुन की टिकिया अपनी सूखी कलाइयों पर रगड़ रही थीं तो उन्होंने ग़ज़ल से कहा, "तुम लोगाँ रात-दिन मुँह पर सुर्ख़ी-पाउडर थोपते हो, मगर फिर भी सूरत पर ठीकरे बरसते हैं। हमें देखो, पचास के करीब पहुँच गए मगर सूरत पर कैसी रौनक़ है?"

शाहीन की आदत थी कि आते-जाते ग़ज़ल के सिर पर धौल मारता हुआ जाता। वह ग़ज़ल से इतना लम्बा था कि उसके सिर पर धौल मारने के लिए ग़ज़ल को स्टूल पर चढ़ना पड़ता था। इसीलिए वह एक दिन तिपाई पर चढ़कर शाहीन को पकड़ने को झुकी तो शाहीन ने उसकी कमर में हाथ डालकर एक हाथ से उठा लिया। राशिद और रज़िया कहीं बाहर गए हुए थे, मगर अन्दर कमरे में खड़-फड़ करनेवाली लँगड़ी फूपो ने इस मंज़र को देख लिया।

शाम को सब खाने की मेज़ पर बैठे तो लँगड़ी फूपो ने फ़लीता जलाया, "अच्छा हुआ, दुलहिन, आप हबीब जंग की पोती से शाहीन बाबा का रिश्ता तय कर आए, मगर सुना है, वह लोगाँ पुराने ख़याल के हैंगे।"

रज़िया और राशिद का ख़याल था कि शाहीन इस ख़बर से चौंक पड़ेगा कि उसकी मर्ज़ी के बग़ैर यह रिश्ता कैसे तय हो गया। मगर वह मछली के काँटे साफ़ करता रहा।

"यह भी अच्छी बात है। हम लोगाँ भी काँ के तरक़्क़ीपसन्द हैं!"

राशिद भी अब वाहिद हुसैन के अन्दाज़ में सोचने लगा था। उसके कहीं-कहीं से होते हुए सफ़ेद बाल, भारी-भरकम बदन और गरजदार आवाज़ पर ग़ज़ल को अकसर नाना हज़रत याद आ जाते थे।

"मगर तुम्हारे घर का उनसे मेल कैसे होगा, राशिद नवाब?" लँगड़ी फूपो इतनी जल्दी बात ख़त्म करने को तैयार न थीं। "वह लोगाँ अपने घर के चाल-चलन भी देखेंगे, मगर याँ तो हर वक़्त इधर-उधर की पोटियों से दिन-रात मज़ाख़-दिल्लगी चलती रहती है।"

ज़ाहिर है कि ग़ज़ल के सिवा कोई भी लड़की घर में ढूँढ़ो तो दवा के लिए भी न मिलती मगर शाहीन आज मछली के काँटों में इस बुरी तरह उलझ गया था कि उसने कुछ न सुना। उसके हाथ तो काँटों से बचाव में मसरूफ़ थे और निगाहें इस कोशिश में रहीं कि मेज़ के दूसरे सिरे पर बैठी हुई ग़ज़ल से चार न हों।

"तो कौन-सी लड़कियाँ-छोकरियाँ हमने रख छोड़ी हैं? बस ले-देकर एक ग़ज़ल ही तो है।" रज़िया ने पानी का घूँट लेकर कहा।

लँगड़ी फूपो ने मुँह बनाकर रज़िया को घूरा। यह रज़िया समझती तो थी अपने-आपको बड़ी चालाक, मगर कभी जो बात की तह तक पहुँचे!

"यह तो अल्लाह का शुक्र भेजो दुलहिन कि उन लोगों को अभी तक यह नहीं मालूम हुआ कि ग़ज़ल ऐवाने ग़ज़ल में रहती है, वरना आपके घर कौन रिश्ता करेगा?"

लँगड़ी फूपो की इस साफ़गोई पर शाहीन उछल पड़ा। रज़िया भी खिसियाकर उन्हें घूरने लगी और राशिद को पानी पीकर यह कहना पड़ा, "फूपो का दिमाग़ बिलकुल चल गया है। ग़ज़ल हमारी बहन की निशानी है। अगर वह लोगाँ इतने छिछोरे हैं तो हम ख़ुद इस रिश्ते से इनकार कर देंगे।"

मगर ग़ज़ल मामूँजान की बात सुनने से पहले उठ चुकी थी। लँगड़ी फूपो को उस दिन सब ही ने ख़ूब बुरा-भला कहा। इसलिए उन्होंने भी सारे घर से बाईकाट करके शेख़ू भाई की कोठरी में रिहाइश इख़्तियार कर ली। इसके बावजूद उन्हें यक़ीन था कि अब ग़ज़ल के क़हक़हे थम जाएँगे और वह शाहीन के साथ मज़ाक़ करने की हिम्मत नहीं करेगी!

लेकिन रात को जब वह इशा की नमाज़ के लिए वरांडे में आईं तो ग़ज़ल ख़ूब बनी-ठनी, ख़ुशबुओं में बसी आँगन में खड़ी थी और शाहीन सूट पहने वरांडे में खड़ा पानी पी रहा था।

वह सुतून का सहारा लिए, मुँह खोले इस मंज़र को देखती रहीं।

यहाँ तक कि वे दोनों एक-दूसरे से लिपटते-चिपटते बाहर की तरफ जाने लगे तो शाहीन ने लँगड़ी फूपो से कहा कि वह सेकेंड शो देखने जा रहा है। इसलिए गेट लॉक मत करना।

और फिर उन्होंने कार स्टार्ट होने की आवाज़ सुनी।

उस रात लँगड़ी फूपो ने इशा की नमाज़ न पढ़ी। न उन्हें सारी रात नींद आई क्योंकि इतनी वज़नी बात को चौकी से उठाकर रज़िया के कमरे तक ले जाने में हाँफती जा रही थीं।

क्रान्ति यहीं थी और शायद उसे बुख़ार आ गया था। इसलिए वह ख़ूब रोती-कराहती रही मगर लँगड़ी फूपो की जूती को गरज़ पड़ी थी कि उसके पास जातीं।

सुबह ग़ज़ल अपने हाथ से शाहीन को चाय पिला रही थी तो यह मंज़र लँगड़ी फूपो ने किवाड़ के सूराख़ से रज़िया को भी दिखाया।

फिर राशिद की नज़रें जाने कैसे शाहीन के कमरे की तरफ़ उठीं तो वह ग़ज़ल के दोनों हाथ पकड़े उसे चक्कर दे रहा था। वह अपने कमरे में आकर सिगरेट पी-पीकर सोचने लगा। फिर जब बिफरी हुई शेरनी की तरह रज़िया कमरे में आई तो उसने सिगरेट ऐश-ट्रे में बुझाकर कहा, "शाहीन की ससुराल के लोगाँ कब तक शादी करने का इरादा रखते हैं?"

लेकिन रज़िया पर तो जैसे किसी ने अँगारे उछाल दिये थे। तुनककर बोली, "बस, बस, रहने दो बेकार की बाताँ। मेरा मुँह नक्को खुलवाओ। यह सब आप ही का किया-धरा है।"

"ऐसी क्या बात है? शाहीन की शादी हो जाए तो..." राशिद ने रसान से कहना चाहा, मगर रज़िया बिजली की तरह पलटी, "चुप बैठो अब। मैं तो इस घर में आकर पछताई, गन्दगी का गढ़ा। मेरे को मालूम था कि मेरे बच्चे भी याँ नहीं बचेंगे। आपकी बहनाँ मर गए। कलमुँही बेटियों को मेरे हवाले कर गए।"

और उसी वक़्त शाहीन परदा उठाकर अन्दर आया। टाई की गिरह दुरुस्त करते हुए उसने कहा, "अम्मी! आप मेरे लिए दुलहिन मत ढूँढ़िए। मेरी दुलहिन घर में ही है।"

बज़ाहिर उसने यह बात अम्मी से कही थी, मगर असल में वह कह पापा से रहा था। फिर वह सीटी बजाता हुआ चला गया, लेकिन वे दोनों अपनी जगह से नहीं हिले जैसे शाहीन कोई मंत्र पढ़कर उन्हें पत्थर बना गया हो। बड़ी देर के बाद क्लॉक के घंटे जैसे किसी ख़तरे का ऐलान करने को बज उठे, तो राशिद चौंक पड़ा।

"उफ़्फ़ोह! क्या बज गया?" उसने अपने आसपास की दुनिया पहचानी। यह उसी का कमरा था। यहीं उन दोनों के पलंगों से लगा एक नन्हा-सा क्रेप पड़ा था जिस पर लिपटा हुआ शाहीन उठने की कोशिश करता था और उठ

न पाता। फिर राशिद झुककर अपनी दोनों उँगलियाँ थमा देता था ताकि वह उनके सहारे उठ सके। फिर वह उठा, हॉस्पिटल चला गया, जहाँ वह स्क्रीन पर लोगों के दिलों का हाल देखेगा। ज़ख़्मी दिलों पर मरहम रखेगा। वह शहर का सबसे मशहूर हार्ट स्पेशलिस्ट है, मगर उसने यह न सोचा कि उसके बाप के सीने में भी दिल है। वह ब्लडप्रेशर का मरीज़ है। उसके दिल पर कितना ज़बरदस्त वार किया था...और फिर बढ़ते हुए प्रेशर से चकराते हुए राशिद ने कहा, "रज़िया, गुज़रते हुए वक़्त को पीछे की तरफ़ मत ले जाओ। जो होता है, होने दो।"

उस रात ग़ज़ल को बिलकुल नींद न आई।

ऐसा तो अकसर हुआ कि लोगों ने उसको शादी का ऑफ़र दिया... बिलगरामी, सरवर, नसीर, और फिर आज शाहीन ने भी यही किया।

ये सब मर्द, जो उसके सामने एक दीया जलाकर अपनी दुनिया को रौशन करते रहे हैं, वह उनके लिए प्लास्टिक की गुड़िया थी। पालतू बिल्ली थी जिसे मूड हो तो प्यार करते हैं, जी न चाहे तो लात मारके भगा देते हैं।

आज शाहीन ने भी उससे शादी करने के लिए कहा तो उसे ताज्जुब न हुआ। फिर भी जाने क्यों उसे बचपन में कहीं देखी हुई दीवाली का एक मंज़र याद आया...सैकड़ों चिराग़ क़तारों में जलते हुए..."तुम, तुम मुझ ही से शादी क्यों कर रहे हो?" उसने घबराकर पूछा।

"इसलिए कि मैं नहीं चाहता, तुम ज़िन्दगी भर रोती रहो...।"

"हुँह!" दीवाली के दीयों की लम्बी क़तार बुझती चली गई। "तो तुम भी मुझ पर तरस खाकर शादी करना चाहते हो...मुझ पर रहम खाकर...।" मगर उसने यह बात शाहीन से नहीं कही।

"अच्छा, अगर मैं ज़िन्दगी-भर हँसने का वायदा कर लूँ तो?"

शाहीन ने पलटकर उसे ग़ौर से देखा, "कैसे हँसोगी?"

"जैसे अब रोती हूँ।" उसने फ़ौरन जवाब दिया।

"बस, बस, बहुत हो चुकी फ़िलासफ़ी!" वह जैसे अब किसी बहस में पड़ने को तैयार न था। "माबदौलत जो फ़ैसला कर चुके हैं, उस पर अटल रहेंगे।"

और उसने फ़ौरन अम्मी के कमरे में जाकर अपना इरादा ज़ाहिर कर दिया, जैसे ख़ुद भी देर करने से घबरा रहा हो।

शाहीन हॉस्पिटल चला गया तो कमरा अन्दर से बन्द करके ग़ज़ल ख़ूब रोई। उसने एक बार भी यह नहीं कहा कि मैं तुम्हारे बग़ैर ज़िन्दा नहीं रह

सकता। मैं किसी और औरत की कल्पना नहीं कर सकता। वह तो मुझ पर रहम खाकर शादी करेगा। बाद में पछताएगा। मुझसे नफ़रत करने लगेगा। शायद उसे भान, बिलगरामी और नसीर के क़िस्से पूरी तरह नहीं मालूम हैं। बाद में राशिद मामूँ और लँगड़ी फूपो उसे ये क़िस्से ख़ूब नमक-मिर्च लगाकर सुनाएँगे और वह दूर हटने लगेगा।

आख़िर यह कैसे होगा कि मैं नसीर की दी हुई अँगूठी उतार दूँ...फिर जलवे की रात शाहीन मेरी कौन-सी उँगली थामेगा? नवाब वाहिद हुसैन का पोता, अख़्तरुद्दौला का नवासा, राशिद हुसैन का बेटा, डॉक्टर शाहीन राशिद एम.बी.बी.एस., एम.आर.सी.पी.।

नहीं, नहीं, यह बहुत बड़ा है। वह तो मेरे सिर पर पहाड़ बनकर खड़ा हो जाएगा और मैं पिसकर रह जाऊँगी। ऐवाने ग़ज़ल का सारा बोझ मैं अपने सिर पर कैसे उठाऊँगी?

ऐवाने ग़ज़ल जो सिर्फ़ महबूबाओं, माशूक़ाओं के लिए है। यहाँ जो औरत बीबी बनकर आई, वह रज़िया की तरह हर तरफ़ से लुटती रही। मैं भी यहाँ शाहीन की महबूबाओं की नाज़-बरदारियाँ करूँगी!

रज़िया मुमानी मुझे दो दिन में मार-पीटकर निकाल देंगी, लँगड़ी फूपो मुझे ज़हर खिला देंगी, जूठे टुकड़े खानेवाली कुतिया, दो टके की आवारा छोकरी! नहीं, मैं शेख़ू भाई से शादी करूँगी, सुबह शेख़ू भाई से कहूँगी मुझे साथ लेकर कहीं भाग जाओ, मुझे कमाने के सारे गुर याद हैं...मैं तुम्हें हर तरह का सुख पहुँचाऊँगी।

वह करवटें बदलती रही। फिर जब मुअज़्ज़िन अज़ान दे रहा था तो उसने थककर सोचना छोड़ दिया।

"अल्लाह बहुत बड़ा है, अल्लाह बहुत बड़ा है!"

सुबह उसने बुख़ार में भुनती हुई क्रान्ति को उठाया तो सोच लिया कि वह क्रान्ति की हो जाएगी। क्रान्ति अब आठ बरस की हो चुकी थी। पाँचवीं क्लास में पढ़ती थी और अपने बारे में सब कुछ जान चुकी थी।

फिर उसने क्रान्ति को स्वेटर पहनाया और कमरे से बाहर निकली तो हुसैन बी ने पूछा, "ग़ज़ल बीबी! आज फूपो पाशा काँ गईं? मेरे को स्टोर खोलकर आटा भी अभी तक नहीं दिये!"

तब उसने झाँककर देखा। लँगड़ी फूपो अपने कमरे में नहीं थीं, जाने सुबह-ही-सुबह कहाँ गई हैं? ग़ज़ल को मारने का सामान करने...वह होतीं तो अभी शेख़ू भाई से निकाह की बात पक्की हो जाती।

"तुम कहाँ जा रही हो?" रज़िया ने बड़े गुस्से के लहजे में पूछा।

"क्रान्ति को क्लीनिक पहुँचाने जा रही हूँ।" ग़ज़ल ने सहमकर कहा। वह चाहती थी कि आज क्रान्ति यहाँ न रहे। जाने कैसे-कैसे तमाशे होनेवाले थे आज। क्लीनिक में मेरी उसे दवा दिलाकर बुखार उतार देगी!

"और लँगड़ी फूपो कहाँ हैं?" रज़िया ने बिलकुल पुलिसवालों के अन्दाज़ में शक-भरी आवाज़ में पूछा। रज़िया को अब यक़ीन हो चला था कि उसके ख़िलाफ़ चुपके-चुपके कोई हाँडी पक रही है। शाहीन और ग़ज़ल ने लँगड़ी फूपो को भी अपने साथ कर लिया है।

इसीलिए ज़िन्दगी में पहली बार लँगड़ी फूपो किसी को बताए बग़ैर कहीं चली गई थीं। अब ग़ज़ल भी क्रान्ति को लेकर कहीं भाग रही है।

"कोई ज़रूरत नहीं घर से बाहर क़दम निकालने की।" रज़िया ग़ुस्से से गरज़ीं, "क्रान्ति को बुख़ार है तो शाहीन को दिखाओ। शाहीन के पास तो तुम्हारे हर दुख की दवा मौजूद है।" फिर वह ख़ुद ही सिसकती हुई अन्दर चली गईं।

मुमानी बेगम की डाँटें नई न थीं कि उस पर कोई असर होता।

क्रान्ति को कम्बल ओढ़ाकर उसने अपने बिस्तर पर लिटा दिया तो मुमानी बेगम के कमरे से चीख़ें बुलंद होने लगीं।

ड्राइंग रूम में अख़बार पढ़ता हुआ राशिद, सोता हुआ शाहीन, ग़ज़ल, नौकर, मामा सभी दौड़ पड़े।

रज़िया खुली हुई सेफ़ पकड़े चिल्ला रही थी, "मैं लुट गई...मेरा सारा ज़ेवर...पैसा...मुझे किसी ने लूट लिया...तबाह कर दिया...।"

सब हैरान थे। राशिद ने सेफ़ को उलट-पुलटकर देखा। शाहीन ने पूरे कमरे की तलाशी ली। वाकई किसी ने रज़िया के सिरहाने से चाबी निकालकर सेफ़ खोली थी और उसमें से सिर्फ़ वे ज़ेवर निकाल लिए थे जो उस ख़ानदान की दौलत थे। रज़ियावाले ज़ेवरों को हाथ तक न लगाया था। ग़ज़ल डर के मारे बेहोश हुई जा रही थी क्योंकि बचपन से हर न किये गए गुनाह की सज़ा उसे मिलती रही थी। आज जाने कैसा क़हर नाज़िल होगा उस पर!

शाहीन पुलिस स्टेशन फ़ोन करने लगा तो राशिद ने आकर फ़ोन उसके हाथ से छीन लिया, "अहमक़, क्या लँगड़ी फूपो को जेल भिजवाएगा? पहले मालूम तो करने दो मामला क्या है?"

"लँगड़ी फूपो...?" शाहीन ने ताज्जुब से कहा।

"हाँ!...और क्या?"

शाम तक राशिद को मालूम हो गया कि लँगड़ी फूपो ने शेख़ भाई से निकाह कर लिया है। वह अपना सारा क़ीमती सामान रातोरात ले गईं। रज़िया के सेफ़ में से वह रुपया और ज़ेवर भी ले गईं, जो उनका हक़ था, लेकिन उस पर वाहिद हुसैन क़ब्ज़ा जमाए बैठे थे। लँगड़ी फूपो ने कहला भेजा था कि वह मुक़दमेबाज़ी के लिए तैयार हैं।

"मैं तो उसे पुलिस में दे दूँगी, उजाड़-सूरत, बेशरम बुड्ढी...इस बुढ़ापे में मुँह काला करते शरम भी न आई...।" रज़िया का चिल्लाते-चिल्लाते मुँह सुर्ख़ हो गया था।

"क्या पागल हुई हो?" राशिद ने उसे समझाया, "अगर मुक़दमा चलाया तो आधे ऐवाने ग़ज़ल से हाथ धोना पड़ेगा। जायदाद, रुपया-पैसा, हर चीज़ से आधा हिस्सा देना पड़ेगा।"

"अल्लाह तौबा! इस ख़ानदान की पोटियाँ...उजाड़-सूरताँ! बुढ़ापे में भी तो भरोसे के क़ाबिल नहीं। बाल सफ़ेद कर दिये, कमर तोड़ दी, मगर फिर भी बुड्ढी की मस्ती नहीं गई। जाने कब से उस पेवट बुड्ढे पर नज़रें रखे बैठी थी!"

रज़िया लगातार बड़बड़ाने लगी।

"चलो, एक दुश्मन तो राह से हटा...!" अन्दर आकर शाहीन ने बड़ी ख़ुशी के साथ ग़ज़ल से कहा।

और ग़ज़ल सचमुच रो पड़ी—शेख़ू भाई के छिन जाने पर। "शाहीन, और क्या होनेवाला है?" उसने पागलों की तरह पूछा।

"जी...आपको शिरकत की ज़हमत दी जानेवाली है कि मेरे फ़रज़ंद डॉक्टर शाहीन राशिद का अक़्द (ब्याह) आज शाम ग़ज़ाला सुलताना से तय पाया है। आपकी शिरकत बाइसे-मसर्रत...!"

और इस मुबारक शादी की रात ग़ज़ल बार-बार सोच रही थी कि लड़कियाँ कितना झूठ बोलती हैं। उस वक़्त के बारे में...मुझे तो शहनाई के सुरों में कोई नशा घुलता नहीं लग रहा है। न तो चाँद-तारे कहीं चटक रहे हैं और न मेरे दिल में कहीं कलियाँ लहक रही हैं। ऐवाने ग़ज़ल की सारी उदासी और मायूसी का अँधेरा मेरी तरफ़ बढ़ता चला आ रहा है।

घबराकर वह नसीरवाली हीरे की अँगूठी को बार-बार उतारती, और फिर पहन लेती। तब शाहीन उसके पास आया और उसकी ठोड़ी उठाकर बोला, "ग़ज़ल, अब डरना छोड़ दो, सोचना छोड़ दो। आज से वही होगा जो तुम चाहोगी!"

"नहीं, नहीं," वह चिल्लाकर रो पड़ी। "शाहीन, ख़ुदा के लिए मेरी इतनी इंसल्ट मत करो। मैं कुछ नहीं चाहती।"

मगर शाहीन अपनी बात पर क़ायम रहा। उसने ग़ज़ल को जूही के नर्मो-नाज़ुक फूलों की तरह छुआ। उसकी सूरत देखे गया। उसकी बातें सुनता रहा।

शादी के बाद वे लोग ऐवाने ग़ज़ल की ऊपरवाली मंज़िल पर रहने चले गए, मगर क्रान्ति को हॉस्पिटल से घर बुलवा लिया और वह नीचे एक कमरे में रहने लगी।

"मैं क्लीनिक जाऊँ? आज कौन-सी पिक्चर देखना है? आज तुम क्या खाओगी? ज़रा अम्मी से बात करने नीचे चला जाऊँ?" वह हर-हर बात ग़ज़ल से पूछकर करता।

मगर इतनी मुहब्बत ग़ज़ल कहाँ सेंतकर रखती? वह जो बचपन से जूतियाँ और थप्पड़ खाने की आदी रही थी, शाहीन के ख़ुलूस और मुहब्बत की मिठास से उबकाइयाँ लेने लगी। उसे यों लगता जैसे शाहीन उसका वह शौहर नहीं है जिसके साथ ज़िन्दगी-भर लड़ने और मिलने के उसने ख़्वाब देखे थे, जिसके ज़ुल्म सहकर आँसू बहाने और उसके पैर दबाने का अरमान वह दिल में छुपाए बैठी थी। शाहीन तो एक अजनबी था। एक ऐसा शख़्स जो इत्तफ़ाक़ से उसकी ज़िन्दगी में घुस आया था। एक अजनबी जो उसे बीबी नहीं, तवायफ़ समझता है, और उसके जिस्म की ख़्वाहिशों को समझना ही उसने अपना सबसे अहम काम समझ रखा है, जैसे ग़ज़ल को इतने मर्दों के पास सिर्फ़ जिस्म के मुतालबे ही ले गए थे।

इसलिए शाहीन जब उसे अपने पास खींचता तो ग़ज़ल उससे मीलों दूर हो जाती। इतनी दूर कि शाहीन को छूने के लिए उसके हाथ ही न पहुँचते। उसने ग़ज़ल के लिए नई कार ख़रीदी। बंजारा हिल्ज़ पर ज़मीन लेकर मकान बनवाना शुरू कर दिया। क्रान्ति को अपनी बेटी बनाकर पालने का वायदा किया और उसे कॉनवेंट में दाखिल करा दिया। शोख़, तेज़ और तर्रार क्रान्ति जितनी बड़ी होती जा रही थी, उसकी दुगनी रफ़्तार से उसकी अक्ल बढ़ रही थी। स्कूल की हर क्लास में उसकी फ़र्स्ट डिवीज़न आई मगर टीचर से बदज़बानी करने पर उसे सख़्त सजाएँ भी मिला करतीं। शाहीन उसके लिए बेहतरीन कपड़े ख़रीदता था। उसकी हर फ़रमाइश पूरी करता था। एक बार ग़ज़ल ने उसे टोका भी, "आख़िर हम क्रान्ति पर क्यों इतना रुपया जाया करें? उसे पढ़ा दिया, यही काफ़ी है।"

शाहीन ने कहा, "तो क्या हुआ। तुम बच्चे पैदा मत करना ताकि क्रान्ति मज़े में रहे और तुम भी बच्चों के झंझट से आज़ाद रहकर ख़ूब मज़े करो, ऐश करो।"

'ऐश...ऐश...आख़िर मैं कितना ऐश करूँगी?' बाज़ वक़्त ग़ज़ल सोचती, शाहीन तो सचमुच फ़रिश्ता है। वह मेरे आराम के लिए कैसे-कैसे प्लान बना रहा है, मगर बच्चे क्यों न हों? उसका तो जी चाहता था कि छह-सात बच्चे हो जाएँ और उनकी चीख़-पुकार में ग़ज़ल अपने-आपको भूल जाए। उसका दिमाग़ ख़ाली हो जाए। अपने ज़ेहन का यह बोझ वह किसी को न दे सकती थी, अपनी औलाद के सिवा!

शाहीन उसे बेतहाशा मुहब्बत दे-देकर पीछे हटता जा रहा था और क्रान्ति बेहद सरकश (अवज्ञाकारी) थी, बेइन्तहा ग़ैर-जज़्बाती। वह ग़ज़ल की मुहब्बत का मज़ाक़ उड़ाती थी। एक बार आठ बरस की क्रान्ति ने पूछा था, "ग़ज़ल आंटी! रज़िया आंटी कहती हैं कि अब जब आपके बच्चा हो जाएगा तो आप मुझसे मुहब्बत नहीं करेंगी!"

"तू मेरी चाँद है चाँद...भला मैं अपनी क्रान्ति से भी कभी मुहब्बत नहीं कर सकती, पगली?" उसने सचमुच क्रान्ति को सीने से लगाकर कहा था।

"मगर मुझे तो ताज्जुब होता है आंटी कि आपको और शाहीन अंकल को मुझे पालने से क्या फ़ायदा? मैं कोई आपकी बेटी थोड़ी हूँ?"

"बेवक़ूफ़...क्या हर बात किसी फ़ायदे के लिए की जाती है?"

"तो क्यों नहीं की जाती?" क्रान्ति ने भी चिल्लाकर जवाब दिया। "देखिए न आंटी, अब आपने मुझ पर इतने बहुत-से पैसे ख़र्च करके मुझे बड़ा कर दिया न, तो इसके बदले में मुझे भी आपसे मुहब्बत करना पड़ेगी न?"

ग़ज़ल किताब हाथ से रखकर क्रान्ति को देखने लगी, यह दस-बारह साल की बच्ची जो जानती थी कि दुनिया में उसका कोई नहीं है और जिन्होंने उसे जीना सिखाया है, वह उनकी ऋणी है। मेरे अल्लाह! क्रान्ति को पनाह कहाँ मिलेगी?

वह तो मुझसे भी ज़्यादा ज़हर पी रही है...क्या वह भी ज़िन्दगी-भर तनहाई की आग में जलेगी? लोग उस पर तरस खाएँगे या नफ़रत करेंगे? क़ैसर और संजीवा की यह नस्ल ऐवाने ग़ज़ल में क्या करने के लिए आई है?

ग़ज़ल को हर वक़्त गुमसुम देखकर शाहीन के दिल पर चोट-सी लगती। यह लड़की अब भी ख़ुश नहीं है। अब मैं और उसके लिए क्या करूँ?

शाहीन ने डॉक्टरी के अलावा फ्रायड को भी पढ़ा था और कार्ल मार्क्स को भी। वह अपने वक़्त के तमाम आन्दोलनों से मुतास्सिर था। उसने इनसान के जिस्म पर रिसर्च की थी और इनसान के ज़ेहन की पेचीदगियों पर भी ग़ौर किया था। सत्ताईस बरस में उसने दुनिया को खोलकर, उधेड़कर, पुरज़े-पुरज़े

करके भी देखा था और अपनी मुट्ठी में तड़पनेवाली तितली की तरह महसूस किया था। उसने अपने ख़ानदान और अपनी रिवायतों की कभी परवाह नहीं की। उसने अपने माँ-बाप के अहसासों को अपनी राह में कभी रुकावट नहीं माना क्योंकि वह ज़िन्दगी से मुहब्बत करता था। उसे अपनी ज़ात की आज़ादी बहुत अज़ीज़ थी। शायद इसीलिए उसने किसी औरत से अभी तक इश्क़ नहीं किया था। सिर्फ़ अपने जिस्मानी और ज़ेहनी तक़ाज़े ज़रूर पूरे किये थे। यही वजह थी कि ग़ज़ल उसकी ज़िन्दगी में पहली लड़की नहीं थी।

वह जानता था कि ग़ज़ल की ज़िन्दगी में भी वह पहला मर्द नहीं है लेकिन उसने औरत के जिस्म की पाक़ीज़गी को कभी अहमियत नहीं दी।

उसने तो मुहब्बत को भी कभी क़ाबिले-तवज्जो नहीं समझा। मुमकिन है, ग़ज़ल का मसला घर में यों न उठ खड़ा होता तो वह अभी दस-पाँच बरस तक मेडिकल कॉलेज की लड़कियों और नर्सों के साथ वक़्त गुज़ार देता। मुमकिन है, उसी लड़की से शादी पर राज़ी हो जाता जो अम्मी ने उसके लिए ढूँढ़ रखी थी। मगर यह ख़ुद उसकी मर्ज़ी पर था। वह अपने मसले पर, अपने मामले में, हर काम में आज़ाद रहना चाहता था। किसी की धौंस और दख़लअन्दाज़ी बर्दाश्त नहीं कर सकता था। वह उन लड़कियों को पल-भर में पहचान लेता था जो मर्द पर कई तरह से जाल फेंकती हैं—उसे हमेशा के लिए फाँसने को। अगर ग़ज़ल भी उस पर ध्यान देती, अगर अम्मी और लँगड़ी फूपो ग़ज़ल के मसले को इतनी अहमियत न देतीं तो शायद वह भी शेख़ू भाई की बजाए किसी और मर्द की तलाश में रवाना हो जाता जो ग़ज़ल का हाथ थाम सके।

मगर ग़ज़ल इसको नामुमकिन क्यों समझती थी कि वह ग़ज़ल से शादी कर सकता है? अम्मी यह क्यों समझती हैं कि एक बदनाम और बेसहारा लड़की उनकी बहू नहीं बन सकती? और उसने यह कर दिखाया।

फिर उसने ग़ज़ल को इस बात का भी यक़ीन दिलाना चाहा कि वह उसके साथ शौहर का हर फ़र्ज़ निभाएगा। इससे ज़्यादा और क्या हो सकता था?

मगर ग़ज़ल शायद अभी तक पुरानी यादों के घेरे से बाहर नहीं निकल सकी थी। जाहिल और नासमझ लड़की! वह शायद इस बात पर यक़ीन रखती थी कि नसीर की पहली मुहब्बत ही उसकी हक़दार है। इसलिए नसीर की दी हुई अँगूठी उसकी उँगली में पड़ी थी और वह शाहीन के साथ यों निभा रही थी जैसे उसकी बीबी न हो, उसकी नौकरानी हो। दो पैसे की छोकरी, जिसे किसी भी वक़्त दुत्कारा जा सकता है।

धीरे-धीरे शाहीन ने पिक्चर जाने का प्रोग्राम बनाना छोड़ दिया क्योंकि बाहर निकलते ही ग़ज़ल घबरा-घबराकर उन जाने-पहचाने चेहरों को ढूँढ़े जाती थी जो उन्हें साथ देख रहे होंगे। कहीं कोई मिल न जाए, कोई कुछ पूछ न बैठे।

झुँझलाकर शाहीन कहता, "आख़िर तुम क्यों चाहती हो कि इस दुनिया में तुम दूसरा जन्म लो ताकि लोग तुम्हें नहीं पहचानें? इधर-उधर देखना छोड़ दो, तुम सिर्फ़ मुझे देखा करो। मैंने तुम्हारे इसी ख़ौफ़ की वजह से लोगों से तुम्हें मिलाना छोड़ दिया है।"

और ग़ज़ल घबराकर सिर झुका लेती।

परदे पर डायरेक्टर जाने क्या झख मारता। दिलीप कुमार कैसी एक्टिंग करता। बस, यहाँ तो दोनों एक जगह बैठे अपने-अपने दिलों में जाने क्या-क्या ख़ौफ़, अन्देशे और शिकायतों की हाँडी पकाए जाते!

"चलो उठो। पिक्चर खत्म हो गई...।" वह खड़ा हो जाता।

ग़ज़ल चौंककर खड़ी हो जाती। कई बार ऐसा हुआ कि अपनी धुन में ग़ज़ल ने पिक्चर-हॉल से निकलते वक़्त शाहीन की बजाए किसी और मर्द के हाथ में हाथ थमा दिया, किसी और के क़दमों से क़दम मिलाकर चलने लगी। शाहीन ने पीछे मुड़कर देखा और कार की तरफ़ बढ़ गया। फिर चौंककर ग़ज़ल ने अपने आसपास देखा। नीली कार को पहचानकर वह समझ गई कि शाहीन ही उसके अन्दर बैठा होगा।

रात को क्लीनिक से आने के बाद अब वह ग़ज़ल से चोचले बघारने की बजाए अपने स्टडी रूम में अख़बार-रिसाले फैलाकर बैठ जाता। तब ग़ज़ल का कलेजा और फटता था।

देखा...आख़िर वह मुझसे बेज़ार हो ही गया! कब तक ज़बरदस्ती का ढोंग रचाएगा? वह मुझे कभी अपने दोस्तों से नहीं मिलाता। मैं कहीं बाहर जाऊँ तो बार-बार यही देखता रहता है कि मैं किसे देख रही हूँ। उसने मुझसे आज तक कभी गाने की फ़रमाइश नहीं की। कभी नसीर, बिलगरामी, भान और सरवर के बारे में नहीं पूछा।

धीरे-धीरे शाहीन की लोकप्रियता बढ़ती गई क्योंकि ग़ज़ल से मायूस होकर उसने अपने काम पर पूरा ध्यान देना शुरू कर दिया था। अभी तक यों भी हैदराबाद में अच्छे हार्ट स्पेशलिस्ट बहुत कम थे। इसलिए उसका सारा वक़्त अपने काम में गुज़रने लगा। सुबह आठ बजे से क्लीनिक शुरू हो जाता। दोपहर में खाने के वक़्त ग़ज़ल से कुछ हँसी-मज़ाक़ चलता। उसके बाद रात के ग्यारह बजे तक हॉस्पिटल की ड्यूटी। फिर मरीज़ों के घरों पर जाना।

और फिर रात आती—अन्देशे, मसलहतें, एहतियातें लिए हुए और ग़ज़ल को रुला-रुला देती।

शाहीन के इतनी एहतियात बरतने पर एक दिन ग़ज़ल झुंझला गई, "शाहीन! अब हमारी शादी को पाँच बरस हो गए। मैंने बहुत ऐश कर लिए। अब मुझे अपना बच्चा चाहिए। मैं कब तक अकेली रहूँ?"

"मैं जो हूँ तुम्हारे लिए...बेवक़ूफ़! बच्चे होंगे तो और परेशान हो जाओगी। देख लो, क्रान्ति अपने माँ-बाप पर कैसी नुक्ताचीनी करती है तो तुम यूँ ही लोगों के ख़ौफ़ से सहमी रहती हो।"

शाहीन की बात सुनकर वह चुप हो गई।

"तुम ठीक कहते हो!"

मैं कौन थी...क्या थी, मैं इस बात को भूल चुकी हूँ मगर शाहीन नहीं भूला। उसके बच्चे भी नहीं भूलेंगे। इसीलिए वह अपने बच्चों की माँ मुझे बनाना नहीं चाहता। वह बदनाम लड़की जिससे शादी करने को कोई तैयार नहीं था मगर शाहीन ने उसकी ख़ातिर यह त्याग किया। इतनी बड़ी क़ुर्बानी दी! वह चाहता तो शादी के दो-चार महीने बाद मुझसे खेलकर मुझे रुख़सत दे देता, मगर इस फ़र्ज़ को निभाए जा रहा था।

इसीलिए वह फ़ौज़िया के बच्चों को कन्धे पर उठाए-उठाए फिरता है। बच्चों के खिलौने और कलैंडर ख़रीदकर लाता है। पन्द्रह बरस की क्रान्ति से बच्चों की तरह बातें करता है, मगर मेरी कोख से कोंपल उगाकर ऐवाने ग़ज़ल के बाग़ की ख़ूबसूरती बिगाड़ना नहीं चाहता।

"अब क्या सोचना शुरू कर दिया?" उसने ग़ज़ल का सिर हिलाकर पूछा और फिर संजीदगी से कहा, "ग़ज़ल, मुझे अफ़सोस है कि मैं तुम्हें ख़ुश नहीं रख सका। मैं वह मर्द नहीं था तुमने जिसके ख़्वाब देखे थे। बाज़ वक़्त मुझे ऐसा लगता है, जैसे तुमने मेरी ख़्वाहिश पर अपने-आपको क़ुर्बान कर दिया है। मगर यक़ीन मानो, मैं तुम्हारे किसी रास्ते पर नहीं खड़ा हूँ। तुम जहाँ चाहे, जा सकती हो। जो चाहो कर सकती हो।"

"मैं जानती हूँ...।" ग़ज़ल ने बड़ी बेबसी के साथ चिल्लाकर कहा, "मगर ख़ुदा के लिए अपनी ज़बान से यह मत कहो कि इस घर से चली जाओ।" और फिर वह चुप हो गई। वह जानती थी कि उसने ग़लती की है। वह मुझे अब हर जगह भेजने को तैयार है। हर लम्हा छोड़ने को राज़ी है। वह मेरी राह से हटता जा रहा है, मगर मैं कहाँ जाऊँ?

वह दोनों हाथों में मुँह छुपाकर रोने लगी।

"बस, अब शुरू हो गया रोना?" शाहीन ने बुरा मानकर कहा, "तुमसे तो बात करना मुश्किल हो गया है। कुछ मुझे भी तो बताओ कि आख़िर मैं क्या करूँ? साली ज़िन्दगी तो एक मुसीबत हो गई है।"

वह मिनी बार खोलकर शराब की बोतल निकालने लगा।

सुबह नाश्ते की मेज़ पर वे दोनों मुँह सुजाए बैठे थे कि क्रान्ति अपनी रिपोर्ट लेकर आई। उसका मैट्रिक का रिज़ल्ट आया था। वह फ़र्स्ट डिवीज़न से पास हुई थी।

"अंकल, अब आप मुझे साइकिल ज़रूर दिलाइए। आपने प्रॉमिज़ किया था।"

"लड़कियाँ साइकिल नहीं चलातीं। तुमने किसी लड़की को साइकिल चलाते हुए देखा है?" ग़ज़ल ने उसे समझाया।

"न चलाएँ। मैं चलाऊँगी तो मेरा कोई क्या कर लेगा?"

अभी से इतनी ख़ुदसरी? कभी मेरी बात नहीं मानती! ग़ज़ल ने मदद के लिए शाहीन को देखा।

"यह ऐवाने ग़ज़ल की रिवायत है।" और फिर शाहीन ने क्रान्ति से कहा, "हम ला देंगे तुम्हें साइकिल!"

"और लावारिस लड़कियों पर रहम खाने की रिवायत आप क़ायम कर रहे हैं!" ग़ज़ल ने तुनककर पूछा।

"रहम? मैं किसी पर रहम कर सकता हूँ?" शाहीन ने सिगरेट जलाकर माचिस की तीली बुझाई। "मैं तो ज़ालिम, बेरहम डॉक्टर हूँ। दिल चीर-चीरकर फेंकने वाला, इनसान के टुकड़े-टुकड़े कर देने वाला। मैं क्या जानूँ, रहम क्या होता है, जज़्बात क्या होते हैं, मुहब्बत कैसी होती है?"

"साफ़ कहो न कि तुम्हें मुझसे कुछ नहीं मिला, न मुहब्बत, न क़द्र, न इनसाफ़!" ग़ज़ल ग़ुस्से के मारे चिल्लाने लगी, "एक रंडी से ब्याह करके तुम्हें और क्या मिलेगा? तुम किस चीज़ की आस लगाए बैठे थे? तुमने मुझे मुहब्बत, दौलत और अपनी पनाह की भीख दी मगर मेरे पास कुछ नहीं था। मैंने तुमसे पहले ही कह दिया था कि बाद में पछताओगे!"

"मगर आपको पछताने की क्या ज़रूरत है, अंकल? अगर आंटी आपको सूट नहीं करतीं तो आप डाइवोर्स क्यों नहीं ले लेते?" क्रान्ति ने शाहीन के कन्धे पर हाथ रखकर अचानक कहा।

उसकी बात सुनकर ग़ज़ल और शाहीन अचानक चुप हो गए, क्योंकि वे दोनों भूल चुके थे कि क्रान्ति अब पन्द्रह साल की हो चुकी थी और उसने

बहुत-सी किताबें, नाविल, कहानियाँ पढ़ डाली थीं। वह दिन-रात किताबों में खोई रहती थी। इसके बावजूद उसकी स्कूल की रिपोर्ट बुरी नहीं आई। उसके बहुत कम दोस्त थे। वह हर जगह तनहा-तनहा, अकेली-अकेली फिरती। छुट्टियों में पढ़ते-पढ़ते थक जाती थी तो अकेली कहीं घूमने निकल जाती। रंगो-ब्रुश लिए पेंटिंग करती। खिड़की खोले घंटों बाज़ार का नज़ारा किये जाती।

ग़ज़ल ने चाहा कि क्रान्ति उससे दोस्ती बढ़ा ले। वह भी तो अकेली थी। कोई तो होता जो उसकी बात सुने, जिससे वह अपने दिल का हाल कहे। नीचे रहनेवाली रज़िया और राशिद ने तो उससे बिलकुल ताल्लुक़ ही ख़त्म कर लिया था। उसे नीचे उतरने का हुक्म नहीं था—शाहीन को अपना बना लेने के जुर्म में। कई बार ग़ज़ल ने सोचा, रज़िया से जाकर कहे कि शाहीन उसका नहीं है। उसने रज़िया से कुछ भी नहीं छीना है। इसलिए उसने क्रान्ति से दिल बहलाना चाहा क्योंकि ग़ज़ल क्रान्ति को बहुत छोटा समझती थी—बिलकुल नादान बच्ची, मगर आज उसे मालूम हुआ कि वह ग़ज़ल और शाहीन के नाज़ुक रिश्ते पर भी ग़ौर कर चुकी है।

अब ग़ज़ल कहाँ जाती? ऐवाने ग़ज़ल ने उसे अभी तक शाहीन की रखैल से ज़्यादा अहमियत नहीं दी थी। न कभी राशिद ने दुलहिन कहकर पुकारा था, न रज़िया ने उसे माँ बनने की दुआएँ दीं। रज़िया ने उसे कोई ख़ानदानी ज़ेवर तक न पहनाया था। उसकी उँगली में सिर्फ़ वही अँगूठी थी जो नसीर के ख़ानदान की बहू को पहननी चाहिए थी। उस अँगूठी के बारे में भी कभी शाहीन ने नहीं पूछा कि यह किसने दी थी? कई बार ग़ज़ल के दिल में आया कि अब जबकि वह मिसेज़ शाहीन बन चुकी है, यह अँगूठी उसकी उँगली में क्यों है? उसने अँगूठी उतारकर सिंगार-मेज पर डाल दी तो उसका दिल डूबने लगा। वह बेज़ार-सी हो गई जैसे उसका दम निकल रहा हो। मैंने नसीर से कहा था कि मेरी जान अब इस अँगूठी में है। उसने नसीर के बग़ैर जीना सीख लिया मगर अँगूठी के बग़ैर वह चन्द मिनट भी नहीं रह सकती थी। एक बार क्रान्ति ने उसे अँगूठी से खेलते देख लिया।

"यह आपके इंगेजमेंट को अँगूठी है न, आंटी?"

"हाँ! इस अँगूठी में मेरी जान है!" जाने कैसे इतने जज़्बाती लहजे में उसने क्रान्ति से यह बात कही, हालाँकि उस दिन के बाद वह क्रान्ति से बात करते वक़्त मोहतात रहती थी।

"आपकी जान...? वह कैसे आंटी?"

"सुनो क्रान्ति!" उसने फ़ौरन बात बदलकर कहा, "मैं मर जाऊँ न! तब भी तुम इस अँगूठी को मेरे हाथ से मत निकलने देना।"

"मैं समझ गई। यह अँगूठी आपके रोमांस की यादगार है, मगर आपको यह क्यों धोखा है आंटी, कि आपकी जान अँगूठी में आ सकती है?" क्रान्ति उसकी जहालत पर हँसने लगी।

"तुम क्या जानो इन बातों को? जब बड़ी हो जाओगी तो पता चलेगा।"

"तो क्या आंटी, आप मुझे छोटा समझती हैं? सोलह साल की लड़की, ओह! मैं इतनी बड़ी हूँ न, आंटी। अब तो मैंने सेक्स पर भी किताबें पढ़ी हैं।"

"सेक्स पर?" ग़ज़ल चौंक पड़ी।

"हाँ आंटी!" उसने अपनी बात की धुन में ग़ज़ल का ताज्जुब बिलकुल नज़रअन्दाज़ कर दिया, "आंटी! आपने कैसी मुहब्बत की, फिर शाहीन अंकल से शादी भी कर ली और अब रो-रोकर उन्हीं के साथ रहना चाहती हैं? मेरी समझ में नहीं आता आपका केस!"

क्रान्ति बड़े इतमीनान से ग़ज़ल के पलंग पर लेटी कलाबाज़ियाँ खा रही थी और हँस-हँसकर बातें कर रही थी। उसके कटे हुए घने बाल सारे चेहरे। पर बिखर रहे थे, और छोटी-सी स्कर्ट के नीचे उसकी स्याह सेहतमन्द रानें नज़र आ रही थीं।

"तो इसीलिए तुमने अभी तक किसी से मुहब्बत नहीं की?" ग़ज़ल ने बड़ी मुश्किल से हँसी-मज़ाक़ का मूड बरक़रार रखा। वह बहुत दिन से चाहती थी कि क्रान्ति से खुलकर बातें करे और उसकी कहीं शादी हो जाए तो इस झंझट से नजात मिले।

"मैं मुहब्बत कैसे करूँ आंटी? कॉलेज में भी बहुत-सी लड़कियाँ यही पूछती हैं।" वह तकिया सीने के नीचे रखकर औंधी लेट गई, "किसी एक ही लड़के के बारे में कितना ही सोचूँ, मगर फिर ख़याल भटक जाते हैं।" वह बड़ी मासूमियत से कह रही थी।

"अच्छा आंटी...एक बात बताऊँ?" वह उठकर बैठ गई। "एक लड़का सआदत तो मुझसे मुहब्बत कर भी चुका है।"

"अच्छा?" ग़ज़ल सँभलकर बैठ गई।

"क्या-क्या हुआ? मुझे पूरी बात सुनाओ...!"

मगर क्रान्ति फिर लेट गई जैसे कोई बहुत अहम बात न हुई हो।

फिर वह दोनों हाथों का तकिया बनाकर चित लेट गई और छत की तरफ़ देखकर बोली, "मेरा क्लास-फैलो एक लड़का है सआदत। वह अकसर मेरे

पीछे-पीछे घूमता था, आंटी। हर बात में मेरी ताईद करता। मेरे लिए कैडबरी चॉकलेट और च्यूँगम लाता था। मेरे नोट्स भी तैयार करके दिये थे। वह हमारी क्लास का बड़ा पढ़ाकू लड़का है तो एक दिन कॉलेज जाते वक़्त बस में उसने मुझसे कहा कि वह मुझे बहुत चाहता है। बस, हर वक़्त मेरा ही ख़याल है उसे। तो आंटी, मैं फ़ौरन समझ गई उसकी बात।" और फिर क्रान्ति बैठ गई, "मगर आंटी, सच्ची बात कहने पर आप ख़फ़ा तो नहीं होंगी?"

"नहीं! तुम पूरी बात सुनाओ।" ग़ज़ल जानती थी कि यह उन लोगों की औलाद है जिन्होंने सच की लड़ाई में जान दी थी।

"तो आंटी, एक दिन जब सआदत ने मुझसे कहा कि आज रात टेंक बन्द पर मिलेंगे तो मैं वहाँ चली गई। फिर मैंने उससे कहा कि अब यह बताओ, किसी होटल में कमरा लोगे या अपने घर मुझे ले चलोगे क्योंकि आपके डर से मैं उसे यहाँ तो नहीं ला सकती थी न!"

उसने अपने बालों की लटें झटककर बड़ी शोख़ी से ग़ज़ल को देखा जो उसकी बातें मुँह खोले सुन रही थी।

"तो मेरी बात सुनकर वह घबराने लगा। फिर कहने लगा कि क्रान्ति, यह बताओ कि हम हमेशा के लिए एक-दूसरे के हो सकते हैं या नहीं? फिर वही जहालत की बातें, सच्ची आंटी! मुझे ग़ुस्सा आने लगा। मैंने कहा, इससे कोई फ़र्क़ नहीं पड़ता। मैं तुमसे सिर्फ़ इसी वक़्त की बात कर रही हूँ। तुम मुझे पसन्द हो इसलिए मैं तुम्हारे साथ चलूँगी। मगर आंटी, वह तो बस, एक ही बात पर अड़ा हुआ था कि पहले यह बताओ, मुझसे शादी करोगी या नहीं?"

"फिर क्या हुआ?" ग़ज़ल ने लरजकर पूछा।

"बस, मेरा मूड ख़राब हो गया...!" वह ज़ोर-ज़ोर से अपना पैर हिलाने लगी।

"मैं क्यों करती उसके साथ शादी? शादी के बाद ज़िन्दगी-भर मुझे उसकी बात माननी पड़ती और वह मुझ पर अहसान रखता। आप ही सोचिए न आंटी कि कोई भी मियाँ-बीबी पूरी आज़ादी के साथ कहाँ रहते हैं और मैं तो ऐसा कभी नहीं करूँगी कि दिल चाहने पर भी अपने शौहर को धोखा दिये जाऊँ!"

"तो आंटी, मेरी बातें सुनकर वह फ़ौरन भागा कि फिर कभी आऊँगा।"

"हा-हा-हा...!" वह तकिये में मुँह छुपाकर ख़ूब हँसी।

"आंटी! ये जो हमारे कॉलेज के लड़के हैं न! सब-के-सब अपने पेरेंट्स से बहुत डरते हैं। जब तक उनकी मम्मी की पसन्द न हो, वे किसी से लव नहीं कर सकते। सब बड़े बुज़दिल हैं।"

"तुम कौन हो?" ग़ज़ल ने उसे ग़ौर से देखकर पूछा।

"मैं? मैं तो बस क्रान्ति हूँ आंटी! आपको मालूम है, मेरी मम्मी और डैडी ने क्या-क्या ग़लतियाँ की थीं। हमारे लेक्चरार गोपाल रेड्डी ने मुझे सब बताया है। वह बड़े जीनियस स्कॉलर हैं। आपसे और अंकल से मिलाने के लिए मैं उन्हें घर लाऊँगी। आंटी! गोपाल रेड्डी ने मुझे बताया है कि मुझे कल क्या करना है, किधर जाना है।"

क्रान्ति बातें करते-करते थक गई। बड़ी देर तक छत को घूरती रही, जाने क्या सोचे गई!

फिर अचानक उठ बैठी और पलंग से नीचे कूदकर बोली, "अब चलें, हम भी अपना हक़ छीनने!"

मगर ग़ज़ल ने कोई जवाब नहीं दिया।

वह चुपचाप बैठी फ़िज़ा में घूर रही थी और उसके दोनों गाल आँसुओं से भीग रहे थे।

ऐवाने ग़ज़ल का वह सजा-बना बाग़ अब उजाड़ पड़ा था। सारी ड्योढ़ी में सन्नाटा गूँजता रहता। सूखे पत्ते आँसुओं की तरह दिन-भर गिरा करते। फिर कभी शाहीन के हुक्म से करीम धोबी को बुलाया जाता जो सारे पत्ते समेट ले जाता था।

आम और सीताफल, चीकू और नारंगियाँ ख़ुद ही पक-पककर गिरती थीं, मगर उन्हें उठाने के लिए कोई बच्चा नहीं दौड़ता था। बाग़ के तमाम पौधे डिसिप्लिन और क़वायद को भूलकर काँटेदार झाड़ियों में मिल गए थे। क्यारियाँ टूट गई थीं और गुलाब की क्यारियों को काटकर माली ने वहाँ मकई के भुट्टे बो दिये थे।

अन्दर भी सारे कमरे बन्द पड़े थे। रज़िया शाम ही से वरांडे की लाइट खोल देती या उसके कमरे का बल्ब जलता था। ग्यारह बजे राशिद वापस आता तो वे दोनों वहीं चौकी पर बैठकर खाना खाते। बिस्मिल्लाह बी जल्दी-जल्दी बरतन समेटती और सो जाती थी।

ऐवाने ग़ज़ल का सबसे बड़ा हॉल अलबत्ता अभी तक आबाद था क्योंकि राशिद वहीं बैठता था। उसने अब ठेकेदारी छोड़ दी थी और कांग्रेस में शामिल हो गया था और पहला इलेक्शन हुआ तो कांग्रेस के टिकट पर वह भी खड़ा हुआ।

चन्द दिनों बाद रज़िया ने क्रान्ति को भी ऊपर भेज दिया था। ऊपरवाले हिस्से में भी बहुत कम शोर मचता। कॉलेज से आने के बाद कुछ देर क्रान्ति

की चीख़ो-पुकार, हँसी-मज़ाक़ गूँजता था। उसके बाद वह कोई किताब लेकर अपने कमरे में लेट जाती थी।

नीचे ग़ज़ल और क्रान्ति की आवाज़ भी न पहुँचती थी।

बाहर लॉन में फुदकनेवाली रंगीन चिड़िया अब भी दालान के सामने क्रियापात के दरख़्त पर आकर बैठती थी और चारों तरफ़ घूम-घूमकर दुम हिला-हिलाकर हर शख़्स का अंग्रेज़ी में अहवाल पूछती...शूँ...शूँ...वू...। यह सीटी बजानेवाली नन्ही-सी चिड़िया हैरान थी कि इस घर पर ऐसा सन्नाटा क्यों छा गया है? वाहिद हुसैन कहाँ गए जिन्होंने इस चिड़िया को मुख़ातिब करके अपनी हर नई ग़ज़ल सुनाई थी? लँगड़ी फूपो कहाँ हैं जिन्हें अपनी आवाज़ के आगे इस चिड़िया की आवाज़ न भायी?

"भाग उजाड़-सूरत याँ से...जब देखो, पुकारा करती है...!"

वह नन्हे-नन्हे बच्चे कहाँ गए जो सूप का जाल बनाकर उसे पकड़ने की कोशिश करते थे? तुनकमिज़ाज बशीर जिसने एक बार उसे पत्थर खींच मारा था। रहमदिल बतूल जो उसे हमेशा रोटी के टुकड़े डाला करती थी। शोख़-ओ-चंचल चाँद जो उसकी आवाज़ से आवाज़ मिलाकर ख़ुद भी सीटी बजाने लगती थी। रोती-सूरत ग़ज़ल जिसे कभी उसकी सीटी भी न हँसा सकी...। इधर फ़ौज़िया भी महीनों मायके न आती।

अपने इकलौते भाई की इस हिमाक़त पर उसे भी माँ के साथ बेहद ग़ुस्सा आया था। अफ़सोस भी हुआ क्योंकि भाई के ब्याह में घोड़े-जोड़े पर लड़ाई लड़ने और महीनों घर में धूम मचाने के अरमान दिल ही में घुटकर रह गए थे। इसके बावजूद वह ग़ज़ल से नफ़रत न कर सकी क्योंकि ग़ज़ल उसकी हमउम्र सहेली भी थी। उसके बचपन की साथी थी और शायद उसकी एक वजह यह भी थी कि क़िस्मत ने फ़ौज़िया को कुछ न दिया था। शौहर की मुहब्बत से मायूस होकर उसने अपने बच्चों में पनाह ली थी तो इकट्ठे सात बच्चे पैदा कर डाले। उनमें से सबसे छोटे बच्चे को रज़िया पालती थी कि फ़ौज़िया का बोझ कम हो। फिर जब उस छोटे से छोटा आ जाता तो बड़ा माँ-बाप के पास भेज दिया जाता था। फ़ौज़िया का डॉक्टर शौहर अब तीन बीबियों का रखवाला था। हर बीबी के पाँच-सात बच्चे थे। इसलिए वह बीबियों से घबराकर घर की मामाओं और हॉस्पिटल की नर्सों में पनाह लेता था। फ़ौज़िया की वह बेपनाह ख़ूबसूरती और तुनकमिज़ाजी जाने कहाँ चली गई थी? वह सूखकर काँटा हो गई थी। हर बार बच्चे की पैदाइश पर सब डर जाते थे कि अबकी बार न बचेगी, मगर उसका डॉक्टर शौहर दो-चार बोतलें ख़ून चढ़ाकर उसे फिर ज़िन्दगी के

मैदान में घसीट लाता ताकि अगले साल वह एक और बच्चा पैदा कर सके। अब उसकी सास को समधियाने के ख़ूब सेवा न करने पर कोई एतिराज़ न था मगर फ़ौज़िया ख़ुद ही घर से बाहर न निकलती। सबसे बड़ी बीबी होने की वजह से शौहर के सारे कामों और मसलों की वही ज़िम्मेदार थी। फिर सौकनों के झगड़ों से निबटना, उनकी औलादों की ज़रूरतें पूरी करना!

इसके बावजूद मायके आती थी तो उसका सारा वक़्त ऊपर ग़ज़ल के साथ गुज़रता था। वह ग़ज़ल की हमउम्र थी मगर अब उससे दस बरस बड़ी लगती। कहीं-कहीं से बाल सफ़ेद हो रहे थे। बदन सूखकर बेरौनक़ हो गया था। इख़्तलाज ख़ून की कमी और कमज़ोरी के मारे उसके चेहरे की रौनक़ ग़ायब हो चुकी थी।

फ़ौज़िया ग़ज़ल की क़िस्मत पर रश्क करती थी। कैसी ख़ुशक़िस्मत निकली यह लड़की! बचपन से मनमाने ऐश किये। मर्दों के साथ ख़ूब गुलछर्रे उड़ाए और फिर शाहीन जैसे तालीमयाफ़्ता, ख़ूबसूरत, ख़ानदानी लड़के पर छापा मारा। लीजिए, सबको इधर-उधर ढकेलकर पूरे ऐवाने ग़ज़ल की मलिका बन बैठी!

दोनों की ज़िन्दगी कैसी पुरसुकून थी! फ़ौज़िया ने कभी भाई-भावज को लड़ते न देखा। न एक-दूसरे की कोई शिकायतें करते सुना। सोने में सुहागा, बच्चे भी न हुए जो फ़ौज़िया के लिए अल्लाह का सबसे बड़ा क़हर थे। ग़ज़ल को देखो, कैसे मज़े में है। पच्चीस की हो चुकी है मगर सोलह साल की लड़कियों वाली सेहत है। तरह-तरह के फैशन! क़िस्म-क़िस्म का मेकअप... शौहर क्यों इधर-उधर भटकेगा? देखो, कैसा बीबी का पल्लू थामे फिरता है! फ़ौज़िया ने भाई के बारे में कोई ख़बर कभी न सुनी कि उसने किसी मामा को कभी अँधेरे-उजाले पकड़ा हो।

इसके बावजूद वह ऊपर आती तो सूना-सूना ऐवाने ग़ज़ल देखकर उसे दहशत होती थी। अब इस घर में कौन से बच्चे खेलेंगे!

इकलौते शाहीन के यहाँ भी कोंपलें न फूटीं तो क्या ऐवाने ग़ज़ल का तारीख़ी बाग़ उजड़ जाएगा?

फ़ौज़िया के माँ-बाप न चाहें मगर फ़ौज़िया तो हर नमाज़ के बाद भाई का चिराग़ रौशन होने की दुआएँ माँगती थी। भाभी को हकीमों-डॉक्टरों के पास जाने का मशवरा देती। उसे ताज्जुब था कि यह कैसी औरत है जिसे बच्चे की आरज़ू ही नहीं है! अकेली घर में पड़ी रहती है। फ़ौज़िया के छोटे बच्चे को ऊपर बुलाकर उसके साथ खेलती है मगर अपना बच्चा नहीं चाहती। आख़िर एक दिन फ़ौज़िया ने कह दिया :

"मेरी समझ में नहीं आता ग़ज़ल कि तुम अपना इलाज क्यों नहीं करवातीं?"

"इसलिए कि मैं बीमार नहीं हूँ।" ग़ज़ल ने आहिस्ता से कहा।

"तो फिर...?" फ़ौज़िया को सख़्त हैरानी हुई।

"सुनो फ़ौज़िया!" ग़ज़ल ने आहिस्ता-आहिस्ता कहना शुरू किया। "तुम इस बात को याद क्यों नहीं रखती कि मैं एक रंडी हूँ। दस मर्दों की ठुकराई हुई और शाहीन नवाब वाहिद हुसैन का पोता, अख़्तरुद्दौला का नवासा है। क्या तुम चाहती हो कि ऐवाने ग़ज़ल की रगों में दौड़नेवाला ख़ून नापाक हो जाए? तुमने तरस खाकर मुझे अपने घर में पनाह दी है फ़ौज़िया। मगर इस नेकी के बदले मैं तुम्हें शर्मसार करना नहीं चाहती। अब तुम अपने भाई की एक शादी और करो...किसी शरीफ़ज़ादी से ताकि तुम्हारे नजीबुत्तरफ़ैन (माँ-बाप दोनों की ओर से कुलीन) ख़ून की शराफ़त बाक़ी रहे...।" वह सिसक-सिसककर रोने लगी। फ़ौज़िया के कन्धे पर उसका सिर था और वह दोनों हाथों से फ़ौज़िया को थामे हुए थी। फ़ौज़िया चुप थी। ग़ज़ल समझ रही थी कि अब वह ग़ज़ल को सीने से लगाकर समझाएगी...अपने भाई से जवाबतलब करेगी, मगर फ़ौज़िया ने ग़ज़ल का सिर अपने कन्धे से हटाया और आहिस्ता-आहिस्ता नीचे उतर गई।

रात से राशिद की तबीयत ख़राब थी। उसे हलका-सा हार्ट-अटैक हुआ था क्योंकि वह इलेक्शन हार गया था। पचास हज़ार रुपए और मिनिस्टरी की आस, गवर्नमेंट का एतिमाद, इनसान कितनी शिकस्तों को दिल पर सह सकता है!

आज ग़ज़ल और क्रान्ति के नीचे आने पर किसी ने एतिराज़ नहीं किया था। रज़िया को अपनी परेशानी में नाराज़ होने का होश ही कहाँ था!

सब राशिद के कमरे में जमा थे। रात के नौ बज रहे थे। सर्दी बढ़ चुकी थी, मगर फ़ौज़िया के बच्चों का हंगामा जारी था। आज शाहीन भी क्लीनिक बन्द करके जल्दी आ गया था और दवाओं की बजाय अच्छी-अच्छी ख़बरों के डोज़ डैडी को पिलाए जा रहा था।

राशिद भी अब कल से बेहतर था। उसे ग़ज़ल और क्रान्ति का नीचे आना अच्छा लग रहा था। घर की खोई हुई चहल-पहल अच्छी लग रही थी। वह जानता था कि शाहीन ये सारी बातें उसे ख़ुश करने के लिए कर रहा है, मगर फिर भी शाहीन का उसके सिरहाने बैठकर क़हक़हे लगाना उसे बहुत अच्छा लग रहा था।

फिर दरवाज़े का परदा हटा और शेख़ू भाई अन्दर आए।

चूड़ीदार पाजामा, ट्वीड की शेरवानी, तुर्की टोपी, हजामत की हुई, उजले-उजले से। उनके पीछे लँगड़ाती हुई लँगड़ी फूपो खड़ी थीं मगर उनकी शक्ल इतनी बदल चुकी थी कि पहली नज़र में किसी ने न पहचाना। उन्होंने अपने बाल स्याह कर लिए थे, कानों में करनफूल झुमके, गले में सतलड़ा और चन्दनहार और कालीपोत का लच्छा। गुलाबी कतान की चमकती हुई साड़ी और हाथों में जगमगाता हुआ सच्चे मोतियों का जोड़ा!

कमरे में सभी उनसे छोटे बैठे थे मगर उन्होंने सबको झुक-झुककर सलाम किये। आख़िर में रज़िया से जाकर लिपट गईं और रोने लगीं।

मगर रज़िया का ग़ुस्से के मारे बुरा हाल था। उसने लँगड़ी फूपो को हटाकर तेज़ लहजे में कहा, "आप लोगाँ यहाँ क्यों आए हैं? किसकी इजाज़त से?"

"हिश्त! चुप बैठो, रज़िया!" राशिद ने ग़ुस्से से कहा। "बात करने दो। आते ही लड़ना शुरू कर दिया।"

"मेरे को मालूम है राशिद मियाँ कि दुलहिन मुझसे लड़ेंगी। मुझे गालियाँ, कोसने देंगी क्योंकि मैं अपना हक़ ले गई थी।" क्रान्ति सबसे अलग एक किताब खोले कुरसी पर बैठी थी, मगर लँगड़ी फूपो की बात सुनने के लिए किताब फेंककर तमाशा देखने के लिए आ खड़ी हुई।

"मगर हवस छोड़ दो, दुलहिन पाशा!" लँगड़ी फूपो कह रही थीं। "तुम्हारे, सुसर मेरे को छत से नीचे फेंककर अपनी क़ब्र में क्या समेटकर ले गए कि तुम ले जाओगी। देख लो, कुत्तों की छोड़ी हुई जूठन तुम खा रही हो। अब तो ख़ुदा के क़हर से डरो, बीबी!"

"चुप बैठ, बेशरम बुड्ढी।" रज़िया ने ग़ुस्से से कहा। "बेशरम कहीं की...सफ़ेद चीड़े को कालक लगाकर अपना तमाशा बनाया है और अब आई है मेरे को नसीहत करने!"

ग़ज़ल पीछे हटकर चुपचाप शेख़ू भाई को देख रही थी जो ग़ुस्से में थरथर काँप रहे थे। शाहीन बड़े ग़ौर से अपनी माँ और लँगड़ी फूपो की बातें सुन रहा था, लेकिन क्रान्ति का हँसी के मारे बुरा हाल था। वह इस लड़ाई को यों इंज्वाय कर रही थी जैसे कोई मज़ाहिया ड्रामा देख रही हो।

"तो फिर क्या करती! वाहिद भाई ने मुझे छत से नीचे फेंककर मेरी टाँगें तोड़ दीं कि मैं इस घर से कहीं न जा सकूँ। अरे! मैं तुम लोगों की रग-रग से वाक़िफ़ हूँ। तुम सब एक थैली के चट्टे-बट्टे हो। कभी मुझे नीचे फेंक देते हो, कभी चाँद को आग में झोंकते हो!"

"तुम्हारी शायरी की ऐसी-तैसी! इस ऐवाने ग़ज़ल पर मिट्टी डालो, जहाँ औरत को लूट-ख़सूटकर छोड़ देते हैं।"

गौहर फूपो चिल्लाते-चिल्लाते बेदम-सी होकर एक तरफ़ को झुक गईं तो शेख़ू भाई ने उन्हें अपने हाथों पर सँभाला।

"बस करो, गौहर बेगम! आप यहाँ लड़ने को नहीं आई थीं!"

और फिर शेख़ू भाई ने एक-एक कर लँगड़ी फूपो के बदन पर से ज़ेवर उतारकर राशिद की तरफ़ फेंकना शुरू किये, "यह लो राशिद मियाँ, इस ज़ेवर को फिर अपनी सेफ़ में बन्द कर लो। गौहर बेगम बावली हैं। मैंने उनको मना किया था कि मेरे को ज़ेवर नहीं चाहिए। एक गौहर बहुत है।"

राशिद ने सोने के कड़े को हाथ में थामकर हैरानी से देखा और ख़ुशी के मारे काँपने लगा। फिर चालीस तोले का वज़नी हार धम से राशिद के सीने पर पड़ा और उसने हार समेत दोनों हाथों से अपना दिल थाम लिया।

सब ख़ामोश थे। शाहीन, ग़ज़ल, फ़ौज़िया, रज़िया और क्रान्ति। जैसे किसी पिक्चर का क्लाइमैक्स सीन आ गया हो। जहाँ एक विलेन किसी फ़रिश्ता-सिफ़त इनसान का रूप धर ले और एक-एक रुपए के लिए सबके सामने घिघियानेवाले शेख़ भाई का रूप धारण करके हज़ारों रुपए के ज़ेवर राशिद के मुँह पर मारना शुरू कर दे।

सचमुच की ज़िन्दगी में तो कभी ऐसा नहीं हुआ है। यह तो किसी थर्ड क्लास हिन्दुस्तानी फ़िल्म का एक बोर सीन था। क्रान्ति को उलझन-सी होने लगी।

"यह भी उतार लो...!" लँगड़ी फूपो ने अँगूठियोंवाला मेहँदी लगा हाथ रज़िया की तरफ़ बढ़ा दिया।

"रहने दो...मुझे अब नहीं चाहिए ज़ेवर।" जाने किस दिल से रज़िया ने महज़ दिखावे के लिए सबको सुनाया।

"जाओ, सब ज़ेवर ले जाओ शेख़ू भाई, और उसका गुड़म्बा पी डालो।"

"गुड़म्बा पीने के लिए मैंने एक कारख़ाने में नौकरी कर ली है दुलहिन पाशा, आपकी मेहरबानी का शुक्रिया!" शेख़ू भाई ने हाथ जोड़कर हस्बे-आदत निहायत इंकिसारी से कहा।

"गौहर बेगम को दुलहिन बनने का अरमान था। बोल के उनूँ यह ज़ेवराँ लेकर गए थे।"

"तो अब कौन-सा दुलहिनापा ख़त्म हो गया है इनका?" रज़िया ने जलकर कहा।

"बड़े अरमानों-भरी सोलह बरस की क्वाँरी हैं न! अभी दो बरस और घूँघट निकालकर बैठा रहने दो। तौबा तौबा! अल्लाह मियाँ!" रज़िया ने ज़ोर-ज़ोर से मुँह पर थप्पड़ मारे।

"ऐवाने ग़ज़ल की पोटियाँ-छोकरियाँ, अल्लाह की पनाह! उजाड़-सूरताँ! मोरी के कीड़े हैं, चाहे उन्हें क़ब्र में सुला दो, फिर भी इन पर एतिबार नहीं करना!" रज़िया ग़ुस्से में यों टहल रही थी, जैसे जलते तेल में पूरी काँप रही हो।

इस सारे झगड़े के दौरान राशिद बिलकुल चुप रहा। चन्दनहार उसके सीने पर रखा था। क्रान्ति रज़िया और शेख़ू भाई के डायलॉग्स पर खूब कहकहे लगा रही थी और बारी-बारी सबकी सूरतें ग़ौर से देखती जाती थी। फिर कुछ देर बाद क्रान्ति कुछ झिझकती हुई आगे बढ़ी। उसने पलंग पर पड़ा हुआ करनफूल उठाकर राशिद के ऊपर रखते हुए कहा :

"राशिद अंकल की डैड-बाडी पर मैं सबसे पहले सोने का फूल रखूँगी।"

यह सुनकर सब उछल पड़े। शाहीन तड़पकर उठा और उस एक लम्हे के दौरान जब वह कुरसी से उठकर राशिद की तरफ़ झुक रहा था, तो उसने अन्दाज़ा लगा लिया कि उसके बाप को नजात मिल चुकी है।

राशिद की तीसरी बरसी के दिन ग़ज़ल पेश-दालान में चाँदनी का फ़र्श करवा रही थी कि कोई नौकर उसके हाथ में एक ख़त दे गया। यह ख़त ग़ज़ल के ही नाम था।

> आज मैं उस ग़ज़ल से मुख़ातिब हूँ जिसने मुझे पाकिस्तान का सबसे मक़बूल शायर बना दिया है, मगर मेरी शायरी फीकी पड़ती जा रही है क्योंकि तुम्हारी यादों के नक्श धुँधलाने लगे हैं। इसलिए मैं नई ज़िन्दगी लेने के लिए तुम्हारे पास आ रहा हूँ। मेरे साथ मेरी बीबी भी होंगी।
>
> नसीर

जिसे अब किसी का भी होने का अन्देशा नहीं है।

ग़ज़ल ने ख़त तह करके लिफ़ाफ़े में रखा और ढलती शाम की सारी उदासी, बरसीवाले घर का ग़मनाक सन्नाटा उसके चारों ओर छा गया। क़ालीन का कोना हाथ में थामे वह हर चीज़ भूल गई—सब बातें, यों लगा जैसे इन दस बरसों में वह सिर्फ़ आँगन में बढ़ता हुआ अँधेरा ही देखे जा रही है।

उसे इन्तज़ार था—किसी भी आहट का, किसी के हलके-हलके तरन्नुम का, मेरी शायरी, मेरी जाने-ग़ज़ल, ईमाने-ग़ज़ल, मेरी ग़ज़ल...!

अब वह कितना मायूस होगा मिसेज़ शाहीन से मिलकर? मैं उसका इन्तज़ार क्यों करती? मैंने उसके मुँह पर थूक दिया है। मैं उससे अजनबियों की तरह मिलूँगी, उसके शायराना मूड को तबाह कर दूँगी, उसकी शायरी का रुख़ बदल दूँगी...।

नसीर को जलाने के लिए वह अचानक शाहीन पर ज़्यादा मेहरबान हो गई। अपना रंग-रूप तो बकौल फ़ौज़िया के यों ही उसने सेंतकर रखा था किसी के इन्तज़ार में। मेकअप की तह और बढ़ा दी। वे सब साड़ियाँ इकट्ठी कीं जो उस पर अच्छी लगती थीं। शाहीन के साथ शाम को वह आबिद शॉप गई। बहुत से नये क़िस्म के ब्लाउज़ सिलवाए जिनमें बदन का हर हिस्सा नुमायाँ हो सके। वह अपनी भूली-बिसरी हँसी को ढूँढ़-ढूँढ़कर इकट्ठा करने लगी।

नसीर की बीबी, बीबियों का बहुत ही फ़िजूल-सा मॉडल थी—गोरी गोल-मटोल। दो बच्चों के बाद फूलकर कुप्पा हो गई थी। बेढंगेपन से सिले हुए कपड़े पहने। फूहड़पन का मेकअप। ज़रूरी और ग़ैरजरूरी ज़ेवरों से लदी। शौहर की छोटी-छोटी कमज़ोरियों पर नाक-भौंह चढ़ानेवाली। ज़रा-ज़रा-सी बात पर नसीर को उसकी ख़ुशामद करनी पड़ती।

नसीर ग़ज़ल से यों मिला जैसे वह ग़ज़ल के जानलेवा बदन, मदहोशकुन आँखों और सब कुछ भुला देनेवाले चेहरे से वाक़िफ़ ही न हो। यह बात ग़ज़ल को भी पसन्द आई। उसे डर था कि नसीर कहीं अपनी बीबी के सामने उसकी इज़्ज़त का भरम न तोड़ दे।

रज़िया ने नसीर की ख़ूब आवभगत की। सारे घर में चहल-पहल मच गई। फ़ौज़िया भी अपने बच्चों समेत नसीर भाई से मिलने आई। दूर चले गए तो क्या हुआ? आख़िर ख़ून की मुहब्बत कभी-न-कभी तो उसे खींच ही लाई। शाहीन ने बड़े भाई की तरह उसका स्वागत किया। वही लड़कपन की बेतकल्लुफ़ी और बेसाख़्तगी वापस आ गई जो नसीर के पहली बार हैदराबाद आने पर उन दोनों के दरम्यान पैदा हुई थी।

नसीर ने उसकी डॉक्टरी के धंधे पर व्यंग्य-कटाक्ष किये और उसने नसीर के भारी-भरकम बदन को देखकर पाकिस्तान में शायरों की क़द्रदानी पर जुमले कसे। ज़रा देर बाद ही वे दोनों ग़ज़ल और नफ़ीस की हरकतों पर दबी-दबी सरगोशियों के साथ मुसकरा रहे थे। शाहीन को जैसे बिलकुल याद ही न रहा था कि नसीर पहली बार हैदराबाद आया था तो उसने ग़ज़ल के ख़तरे से

उसे आगाह किया था। इसके बावजूद औरंगाबाद जाते वक़्त वह राह में लुट जानेवाले मुसाफ़िर की तरह सिसकियाँ लेकर शाहीन से कह रहा था, "शाहीन, मैं मर जाऊँगा। यार, सिर्फ़ तुमसे उम्मीद है कि मेरा साथ दोगे। क़सम ख़ुदा की, वरना मैं ज़हर खा लूँगा। तुम फिर कभी मेरी सूरत न देख सकोगे...।"

और अब आने के बाद नसीर ने शाहीन को यों शादी की मुबारकबाद दी थी, जैसे वह शाहीन की दुलहिन से वाक़िफ़ ही न हो। उसने ग़ज़ल भाभी, ग़ज़ल भाभी की रट लगा ली थी।

इतने भारी झूठ के पत्थर उन्होंने कैसे अपने सीने पर रख लिए हैं? ग़ज़ल बड़े ताज्जुब से कभी नसीर को देखती, कभी शाहीन को, और शाहीन नसीर के सामने ग़ज़ल के साथ नये-नवेले दूल्हाओं की तरह चोंचले बघारता। दम भर के लिए उससे दूर हटकर न बैठता था। घबराहट के मारे ग़ज़ल को इख़्तिलाज-सा होने लगा था। यों लगता, जैसे वे सब मुँह पर मेकअप थोपे, स्वाँग भरे कोई ड्रामा खेल रहे हैं। अभी परदा गिर जाएगा। तब एक और तमाशा शुरू होगा।

नसीर इंडिया तफ़रीह करने के लिए आया था। दिल के सोए हुए जज़्बे को जगाने, और वह क्रान्ति को देखकर जाग उठा। हाय, क्या जवानी है! उसे जोश याद आए और फिर उनके वह मुआशके जो उन्होंने दक्कन की काली औरतों से किये थे। वह शाहीन की पसन्द की दाद देने लगा कि कैसी चिड़िया पाल रखी थी! चलो, ऐवाने ग़ज़ल में अब एक नये माशूक़ की आमद थी और वह चाहता था कि अबकी बार फिर यहाँ कोई एक और रंगीन कहानी छोड़ जाए। यही वजह थी कि उसने ग़ज़ल पर कोई ख़ास ध्यान नहीं दिया और शाहीन के साथ हो लिया कि उस तर माल में साझेदार बन सके। मगर उसे यों महसूस हुआ जैसे शाहीन उस नौख़ेज़ हसीना के मामले में किसी और की शिरकत बर्दाश्त नहीं करता, या फिर कोई और बात थी कि उसकी क़यामतख़ेज जवानी को शाहीन नज़रअन्दाज़ किये हुए था।

"यार, तुमने यह चिड़िया तो ख़ूब पाली है।" एक दिन नसीर सब्र खो बैठा। शाहीन ने नसीर को घूरकर देखा। क्रान्ति को उसने दिल के किसी ख़ाने में बेटी का-सा रिश्ता तो नहीं दिया था, फिर भी वह क्रान्ति की जवानी पर कभी निगाह नहीं डाल सका। शायद इसलिए कि उसने चार-पाँच बरस की क्रान्ति को अपनी गोद में उठाया था। उसने क्रान्ति को खिलौने लाकर दिये थे और उसे अपने बिस्तर पर थपक-थपककर सुलाया था। लैला का कुत्ता! रज़िया ने हमेशा क्रान्ति को लैला का कुत्ता कहा था। इसलिए नसीर की बात उसे अच्छी नहीं लगी और रात को उसने ज़िन्दगी में पहली बार क्रान्ति को डाँटा।

"घर में मेहमान आए हुए हैं, हर वक़्त मिनीस्कर्ट और बैलबाटम मत पहना करो।"

क्रान्ति सहम गई, क्योंकि अंकल ने कभी उसके लिबास पर एतिराज़ नहीं किया था। और शायद यह पहली डाँट थी जो उसने सुनी, मगर वह जवाब देने के बजाय चुप हो गई क्योंकि उस वक़्त उसे शाहीन से एक अहम बात कहनी थी।

"और आज तुम घर पर क्यों हो? कॉलेज नहीं गईं?" शाहीन ने फिर पलटकर पूछा। वह चाहता था कि जब तक नसीर यहाँ रहे, क्रान्ति कम-से-कम वक़्त घर में आए। वैसे भी वह घर में कम रहती थी और उसका सारा वक़्त गोपाल रेड्डी के साथ गुज़रता था जो नक्सलाइट तहरीक में हिस्सा लेने की वजह से कॉलेज से निकाला गया तो उसी के साथ क्रान्ति को भी मुलाज़मत से अलग कर दिया गया था।

"अंकल वह...वह गोपाल रेड्डी...!" क्रान्ति कहते हुए हिचकिचा रही थी।

"अब गोपाल रेड्डी का साथ छोड़ दो। एक बार मुलाज़मत खो चुकी हो। फिर कहीं यह नौकरी भी न चली जाए।" शाहीन ने सँभल-सँभलकर कहा, क्योंकि वह जानता था कि क्रान्ति नसीहतें सुननेवालों में से नहीं थी।

क्रान्ति ने बाल पीछे की तरफ झटककर आहिस्ता से कहा, "वही तो हुआ है...।"

"फिर नौकरी छूट गई...?" शाहीन ने ताज्जुब से पूछा और फिर अपने कमरे की तरफ़ चला गया। कहीं जाए वह, मेरी बला से। अलमारी से बोतल निकालकर उसने मेज़ पर रखते हुए सोचा!

कई दिन बाद नफ़ीस और नसीर से हँसी-मज़ाक़ करके ग़ज़ल ऊपर आई तो रात के बारह बजे थे। शाहीन किसी मरीज़ को देखने गया था और क्रान्ति के कमरे में अभी तक लाइट जल रही थी। पढ़ रही होगी, उसने सोचा, यह लड़की जाने किस तरफ़ जा रही है? कहाँ मारी-मारी फिरती है, कुछ नहीं बताती। बिलकुल लड़कों के अन्दाज़ में जर्सी और बैलबाटम पहने। सिगरेट पीती है। उसने लड़कियोंवाली कोई बात नहीं सीखी थी—न मेकअप करना, न अच्छे कपड़े पहनना, न पिक्चर देखना...उसे कोई शौक़ नहीं था।

अपने कमरे की तरफ़ जाते-जाते ग़ज़ल ठिठक गई।

सफ़ेद क़मीज़ और नीला पैंट पहने क्रान्ति सिगरेट सुलगा रही थी। उसके झंडूले बाल सारे चेहरे पर बिखरे हुए थे और सारा कमरा जाने कैसे सामान से भरा पड़ा था!

वह कहाँ जा रही है?

"यह सामान कैसा है?" ग़ज़ल ने अन्दर आकर इधर-उधर देखा। स्याह कपड़े से बँधी हुई राइफलें थीं। कारतूसों की पेटियाँ और बन्द डिब्बे...ग़ज़ल को देखकर क्रान्ति घबरा गई और सिगरेट फेंककर उससे लिपट गई।

"आंटी, आप अभी तक जाग रही हैं...मैं ज़रा आज गोपाल रेड्डी के साथ जा रही हूँ। अभी हमारे साथी आते ही होंगे। आप मत घबराइए। मैं अब यहाँ नहीं आया करूँगी, आपको नहीं सताऊँगी!"

ग़ज़ल ने कोई जवाब नहीं दिया। बस चुपचाप खड़ी रही।

"तुम कहाँ जा रही हो, क्या करने...?" बड़ी देर बाद ग़ज़ल अपनी आवाज़ पर क़ाबू पा सकी।

"मैं लड़ने जा रही हूँ...।" क्रान्ति ने सिगरेट की ख़ाली डिबिया को ठोकर मारकर कहा और सामने की डिबियों पर एक चादर लाकर डाल दी।

"आज आपने न्यूज़ पढ़ी, आंटी? वारंगल में सात आदमियों को फाँसी दे दी गई है...क्या आदमी का ख़ून इतना सस्ता है, आंटी?" वह कमरे में इधर-उधर घूमकर कुछ चीज़ें अपनी जेबों में भर रही थी, "...क्या अपने लिए हक़, राहत और इनसाफ़ माँगने की सज़ा कभी ख़त्म न होगी?"

"मगर यह तो बड़ा ख़तरनाक रास्ता होता है, क्रान्ति!" ग़ज़ल ने बड़े दुख से कहा। उसे क़ैसर और संजीवा का अंजाम याद आ रहा था।

"लूटमार, क़त्ल और डाकाज़नी फैलाने के अलावा भी कोई रास्ता हो सकता है...क्या तुमने इस पर कभी ग़ौर किया है?" ग़ज़ल अब थककर पलंग पर बैठ गई।

"मेरे डैडी ने कहा था," क्रान्ति ने सिगरेट सुलगाते हुए कहा, "इनसाफ़ की भीख़ माँगी तो उन्हें फाँसी का फंदा मिला था।"

"अब तुम्हें क्या मिलेगा?" ग़ज़ल ने जलकर पूछा।

(बागियों की औलाद! आख़िर गई न अपने ख़ून पर!)

"सुकून!" उसने आँखें बन्द करके छत की तरफ़ मुँह उठाया।

अजनबी लोगों के लिए ग़ज़ल के दिल में हमेशा मुहब्बत के सोते फूट पड़ते थे। उसे जो चीज़ पसन्द आ जाती, उसकी तमाम बुराइयाँ ख़ुद-ब-ख़ुद नज़रों के सामने से हट जाती थीं। इसलिए नसीर की बीबी नफ़ीस भी उसकी इनायतों से बच न सकी। ग़ज़ल जब नसीर की-सी आँखोंवाली, उसकी-सी मुस्कराहटवाली, नसीर की छोटी बच्ची को प्यार करती थी तो उसमें फ्रॉयड के ख़ुश होने की

कोई बात न थी क्योंकि खुलूस पर मरना उसकी पुरानी आदत थी। एक हफ़्ते में उसने नफ़ीस के साथ दोस्ती के बेशुमार मरहले तय कर डाले।

बच्चों को मारने-पीटने और शौहर से लड़ने के बाद वक़्त बचे तो नफ़ीस काफ़ी ख़ुशमिज़ाज थी। एक बार नसीर और शाहीन सेकेंड शो देखने चले गए। बच्चों को सुलाकर नफ़ीस ऊपर चली आई। फिर नफ़ीस और ग़ज़ल एक ही पलंग पर लेटकर गप्पें हाँकने लगीं। वे सारी दिलचस्प बातें, राज़ और सास-ननदों की ज़्यादतियाँ, और शौहर के रोमांस के क़िस्से जो सिर्फ़ दो जिगरी सहेलियाँ ही आपस में करती हैं।

नफ़ीस ने पहले तो आम औरतों की तरह उजाला बेगम के ज़ुल्मो-सितम की दास्तान सुनाई। फिर अपने ख़ानदान और अपनी सूरत-शक्ल की तारीफ़ें करती रही और आख़िर में नसीर की तरफ़ आई, "यह तुम्हारे नसीर भाई भी बड़े वो हैं...।" वह नाज़ से इठलाई।

"मुझसे कहते थे कि शादी करूँगा तो तुमसे, वरना सारी ज़िन्दगी क्वाँरा रहूँगा। उनकी शायरी में हर जगह मेरा ही ज़िक्र है।"

ग़ज़ल यह सुनकर चौंक पड़ी।

"उनसे शादी के वक़्त मुझे बड़ा डर लगता था कि शायरों पर बहुत-सी लड़कियाँ मरती हैं न! पाकिस्तान के शायर तो चींटियों-भरे कबाब हैं। जाने कितनी महबूबाएँ उनकी जान को लिपटी रहती हैं।"

"हाँ, तो फिर...और क्या कहते थे तुमसे नसीर?" ग़ज़ल ने खोए हुए लहजे में पूछा।

"उन्होंने मुझसे क़सम खाकर कहा था कि तुम ही वह पहली और आख़िरी लड़की हो, जिसे मैं चाहता हूँ।"

ग़ज़ल ने मुसकराना चाहा। फिर हारके ज़ोर-ज़ोर से पाँव हिलाने लगी।

नफ़ीस अपनी धुन में कहे जा रही थी।

"अलबत्ता एक बार उन्होंने इक़रार किया था कि एक लड़की उन्हें बेहद चाहती थी।"

"अच्छा?" ग़ज़ल यों उछल पड़ी जैसे अचानक नफ़ीस ने उस पर चाकू से वार किया हो।

"हाँ!...बड़े रंगीन मिज़ाज हैं यह तुम्हारे नसीर भाई। मुझे मालूम है कि वह लड़की इंडिया में थी। इसलिए तो मैं ज़िद करके उनके साथ आई हूँ। मुझे जलाने के लिए कहते हैं, वह आज भी मेरी राह में आँखें बिछाए होगी!"

"हुँह...सब बकवास है!" ग़ज़ल ने ग़ुस्से में अपने होंठ काटे।

"और नहीं तो क्या?" नफ़ीस ने इत्मीनान से कहा, "कहते हैं, एक ख़ूबसूरत लड़की मुझ पर बुरी तरह मरती थी मगर वह ऐसी लड़की थी जिससे सिर्फ़ प्यार किया जाता है।"

ग़ज़ल पर जाने कैसी थकन सवार हुई कि वह आँखें बन्द करके लेट गई, सिर्फ़ महबूबा...नसीर की महबूबा...बिलगरामी की महबूबा...भान की महबूबा...शाहीन की महबूबा...सरवर की महबूबा...जाने-ग़ज़ल...शायर-गर... ऐवाने-ग़ज़ल की माशूक़ा...!

फिर नफ़ीस ने अपने सीने पर पल्लू डालकर बड़े ठस्से से बीबीपन की अहमियत जताई, "अब तो मैंने ख़ूब कसकर बाँध रखा है। कहो तो सूई के धागे में से निकल जाएँगे मेरी ख़ातिर...।"

ग़ज़ल जाने कैसे वहाँ से उठी और यों अपने कमरे में आई जैसे मौत का ख़याल आता है।

जी तो चाह रहा था कि दीवार से अपना सिर दे मारे। बिस्तर पर गिरकर वह हाथ-पाँव पटकने लगी। दिल में जाने क्या चीज़ टूट-फूटकर बिखर रही थी। शायद इसी को हार्ट-अटैक कहते हैं, दिल का दौरा। दिल पर एक ज़ोरदार चोट लगती है। एक गहरा ज़ख़्म पड़ जाता है लेकिन मेरे दिल पर भी कोई जगह ज़ख़्म के लिए बाक़ी है? दाँत किचकिचाकर उसने साड़ी खोल फेंकी। किसी को मार डालने, तबाह कर डालने के लिए उसके हाथ बेक़रार थे। उसने करवट बदली तो सामने ड्रेसिंग टेबल का आईना था। उफ़्फ़ोह, उसका चेहरा लाल-भभूका हो रहा था। बाल चुड़ैलों की तरह बिखरे हुए थे। आख थू...उसने आईने के ऊपर थूक दिया। शायरों की माशूक़ा ग़ज़ल...जाने-जानाँ...!।

फिर शाहीन का मेडिकल बक्स खोलकर उसने आईयोडीन की एक शीशी निकाली और बड़े इतमीनान से सोच-सोचकर पैड पर लिखने लगी :

'मैं अपनी मौत की ख़ुद ज़िम्मेदार हूँ।'

अभी उसने ज़हर की शीशी खोली भी न थी कि दिल में नाक़ाबिले बर्दाश्त दर्द होने लगा।

तो आज वह दिन आ गया?

उसने चारों तरफ़ नज़र डाली।

उस घर के उसने कैसे-कैसे ख़्वाब सजाए थे...अलमारी में कितनी चीज़ें इकट्ठी की थीं—रंगीन साड़ियाँ, तरह-तरह के जूते, मूठे-मोतियों के ज़ेवर। इन चीज़ों की ख़ातिर उसे घंटों चेहरे पर मेकअप करना पड़ा था। शराब की

बदबू में नहाए हुए मर्दों के प्यार, गंजे बुड्ढों का छिछोरापन, नौजवान मर्दों की बेक़रारी, कैसे-कैसे ज़हर पिए थे। इन अलमारियों में फ़िल्मी गानों से भरी हुई कॉपियाँ थीं। अख़बारों की कटिंग जिसमें उसकी अदाकारी की तारीफ़ की गई थी। छोटे-बड़े कप और शील्ड और फिर उसका एलबम।

एलबम के नाम पर उसका दिल ठहर गया।

यह एलबम उसकी ज़िन्दगी का आईना था। यहाँ जाने-पहचाने चेहरों का हुजूम था। वह उठी और एलबम निकालकर खोल दिया। यह सब वे थे जो उस पर जान निसार करने को तैयार थे मगर इज़्ज़त निसार न कर सके। उन्होंने उसे अपनी महबूबा बनाया ताकि अपनी जवानी को रंगीन बनाएँ और फिर उन औरतों से शादी की जो सिर्फ़ बीबियाँ होती हैं। माचिस उठाकर उसने एलबम को जलाना शुरू किया!

मरने से पहले इन सब सूरतों को आग लगा देना चाहिए।

तमाम फ़ोटो बड़ी जल्दी जल गए। लेकिन रबड़ की चमड़ेवाली जिल्द बड़ी देर में जली। राख बटोरकर वह फेंकने लगी तो राख में दबा एक अधजला फ़ोटो निकला। यह सरवर की आँख थी जो अभी तक उसे टकटकी बाँधे देख रही थी। यह फ़ोटो सरवर की ऑफ़र के साथ उसे दिया गया था और ग़ज़ल उसे सारे घर में नचाती फिरी थी

"इन हज़रत को मुलाहज़ा कीजिए। शायरी करते हैं और मुझसे शादी करना चाहते हैं।"

मैंने कहा, "जाओ, शायर! क्यों अपना शायराना मूड तबाह करना चाहते हो? मुझे अभी कई ड्रामों में एक्टिंग करना है...शादी की फ़ुरसत किसे है?" आज सरवर का पूरा चेहरा जल गया है मगर यह आँख बाक़ी है। मेरी तरफ़ देखे जा रही है।

खिड़की के पास जाकर उसने फ़ोटो का वह टुकड़ा नीचे छोड़ दिया। बड़ी देर तक वह ख़ला में हाथ-पाँव मारता रहा और फिर किसी पत्थर से जा टकराया। उसके दिल में ठंडक-सी पड़ गई—चलो, किसी को तो उसने भी ठिकाने लगाया!

अन्दर आई, पैड सामने रखा था :

'मैं अपनी मौत की ख़ुद ज़िम्मेदार हूँ।'

क्यों? मैं क्यों होने लगी अपनी मौत की ज़िम्मेदार? मेरी मौत का ज़िम्मेदार उर्दू का हर शायर है। ऐवाने ग़ज़ल के वे सारे वासी हैं जो सुनहरी फ्रेमों में बन्द पड़े हॉल के अन्दर चुपचाप बैठे हैं—किसी नये माशूक़ के इन्तज़ार में।

इश्क़ की किसी ताज़ा वारदात के मारे हुए जो लड़ने भी जाते तो माशूक़ों की डोलियाँ साथ-साथ चलती थीं। अपने से दूर, अपनी मसरूफ़ियतों और दिलचस्पियों से दूर, जहाँ की सिसकियों और आहों की आवाज़ें उन्हें कभी सुनाई न देती थीं।

अगर नसीर को अपनी मौत की ज़िम्मेदार ठहराऊँ तो उसकी कितनी बदनामी होगी? नफ़ीस तो फौरन रूठकर मायके चली जाए और वह नसीर की सूरतवाली नन्ही-सी बच्ची माँ के बग़ैर रो-रोकर मर जाएगी और नसीर दोनों हाथों में मुँह छुपाकर बैठ जाएगा। सारे पाकिस्तान में उसके दुश्मन उसका नाम उछालेंगे! उसकी शोहरत ख़ाक में मिल जाएगी। नसीर के इस वहशतनाक तसव्वुर को उसने अपने सामने से हटा दिया।

फिर क्या लिखूँ...किसे क़ातिल ठहराऊँ?

"ग़ज़ल?"

उसने पलटकर देखा!

एक ही नज़र में उसने नसीर के चेहरे पर बरसते हुए सवाल को पढ़ लिया। दस बरस से तरसा हुआ उसका बदन, बेक़रार हाथ, बेचैन आँखें। जाने कितनी कोशिश के बाद नफ़ीस और शाहीन से बचकर वह यहाँ आया था। अचानक ग़ज़ल का सोया हुआ बदन सुपुर्दगी के बेपनाह जज़्बों से सरशार हो उठा। वह पेट्रोल का ड्रम बन गई और नन्ही-सी चिंगारी उसे छूने आगे बढ़ रही थी। आज पूरे दस बरस के बाद नसीर उसके सामने खड़ा था तो वह कच्ची क्वाँरियों की तरह काँप रही थी। उस वक़्त वह अपनी मौत भूल चुकी थी। उसे नफ़ीस और शाहीन भी याद नहीं रहे थे। नसीर उसके और क़रीब आ गया—इतने कि वह उससे बेइख़्तियार लिपट गई।

मगर नसीर ने अपनी कमर में से उसके हाथ निकालकर थाम लिये।

"ग़ज़ल, यह अँगूठी मुझे दे दो। अम्माँजान कहती थीं कि वह अँगूठी नफ़ीस को पहननी चाहिए। मैं तुम्हें और बहुत-से प्रेजेंट्स दे जाऊँगा...और हाँ भई...एक दिन हम पर भी कुछ इनायत करो। मगर इस तरह कि शाहीन को ख़बर न होने पाए। क़सम ख़ुदा की, तुम्हारी याद तो मेरी जान का रोग बन गई है, मैंने तुम्हारे तसव्वुर में जाने कितनी ग़ज़लें...।"

वह मुँह खोले नसीर को देख रही थी। उसकी सुनने और समझने की ताक़त ख़त्म हो चुकी थी। वह हरकत भी न कर सकी। उसके ऊपर उठे हुए हाथ जो किसी को पकड़ना चाहते थे यों ही उठे रहे और नसीर ने आहिस्ता से अँगूठी उतार ली।

"मैं तुम्हें कैसे बताऊँ कि मेरी जान तुम्हारे फ़िराक़ में...?"

वह ग़ज़ल के खुले हुए होंठों पर झुक गया!

"तुम आज भी मेरी शायरी की जान हो लेकिन मैं चाहता हूँ कि दुनिया को हमारी इस दीवानगी का कोई सबूत न मिलने पाए।"

वह न जाने ग़ज़ल को कब तक प्यार करता रहा और कब बाहर चला गया।

ग़ज़ल ने चौंककर अपनी ख़ाली उँगली को टटोला और उस छत की तरह धम से गिर पड़ी जिसके सुतून किसी ने नीचे से गिरा दिये हों।

ऐवाने ग़ज़ल के उस सबसे बड़े और ख़ूबसूरत हॉल बैत-उल-ग़ज़ल में ग़ज़ल की नहाई-धोई, बनी-सँवरी लाश रखी थी। उस वक़्त भी उसके चेहरे पर वही अज़ली मासूमियत थी जिसकी वजह से उसने बहुत-से मर्दों को बेवक़ूफ़ बनाया था। यों लगता था जैसे आज अपने सारे आँसू ख़त्म करके वह चुपके-चुपके मुसकरा रही हो।

क्रियापात तले कुरसी डाले दोनों हाथों में सिर थामे शाहीन बिलकुल अपने दादा के अन्दाज़ में बैठा था। सारे घर में लोग भरे हुए थे। और जब अंग्रेज़ी में बातें करनेवाली चिड़िया उस हादसे की तफ़सील पूछने के लिए शाहीन के पास आई तो उसने सिर उठाकर उस चिड़िया को देखा—"मैं क्या जानूँ, वह क्यों मर गई? शायरों के मज़ामीन में माशूक़ की मौत नहीं आई। वह न तो किसी को चाहता है, न किसी से पैमाने-वफ़ा बाँधता है...!"

फिर स्याह बुर्के में लिपटी हुई क्रान्ति एक हफ्ते के बाद आई तो ग़ज़ल आंटी की मौत ने उसे तड़पा दिया। रोते-रोते वह चुप हो गई। उसने कफ़न हटाकर ग़ज़ल की उँगली टटोली और शाहीन के पास जाकर आहिस्ता से बोली, "अंकल! वह अँगूठी क्या हुई जो आंटी के हाथ में थी?"

शाहीन ने क्रान्ति की इस फ़िज़ूल बात का कोई जवाब नहीं दिया।

"आंटी की मौत की वजह मैं जानती हूँ...।"

वह अबकी बार नसीर से मुख़ातिब हुई जो क्रान्ति को बड़ी तरसी हुई भूखी नज़रों से घूर रहा था।

"नसीर अंकल! आंटी इसलिए मर गई कि उनकी अँगूठी खो गई। उन्होंने मुझसे कहा था, मरने के बाद भी अँगूठी को मत उतारना। इसमें मेरी जान है।"

"अच्छा। कैसी अँगूठी थी वह?" नफ़ीस ने ताज्जुब से कहा।

और नसीर जल्दी से वहाँ से हट गया और बाहर जाकर शेख़ू भाई से पूछने लगा कि क़ब्र तैयार होने की इत्तिला आई या नहीं?

ग़ज़ल ऐवाने ग़ज़ल से रुख़सत होने लगी तो किसी की आँख में आँसू न थे। रज़िया, फ़ौज़िया, नफ़ीस और नसीर सब सिर झुकाए खड़े थे। क्रान्ति वहाँ से ग़ायब थी। आख़िरी दीदार के लिए लोगों ने ग़ज़ल का चेहरा खोला तो शाहीन को कुछ नज़र न आया, उसकी आँखों में ग़ज़ल के नक्श धुँधले होने लगे। वह आहिस्ता-आहिस्ता ग़ायब होने लगी...जैसे सिनेमा के परदे पर किसी हीरोइन का क्लोज़अप फ़ेड-आउट हो जाए!

आज नसीर पाकिस्तान जा रहा था।

कल ग़ज़ल का चालीसवाँ हो गया था और नसीर ने खत्मे-क़ुरान के बाद अल्लाह मियाँ से दुआ माँगी थी ग़ज़ल के गुनाह माफ़ करने की, उस पर दोज़ख़ का अज़ाब कम करने की।

फिर वह ऐवाने ग़ज़ल के सबसे बड़े हॉल में गया और वहाँ के मकीनों की बयाज़ें देखने लगा ताकि चन्द अच्छी ग़ज़लें चुनकर पाकिस्तान के मुशायरों के लिए कुछ मसाला ले जाए।

वाहिद हुसैन के दादा की बयाज़ पर रेंगती हुई दीमक झटक ही रहा था कि अचानक चारों तरफ़ उजाला फैल गया। फ्रेमों में से निकल-निकलकर तमाम सोए हुए शायर बेचैनी से देखने लगे और दीमक-लगी बयाज़ें खुलने लगीं कि एक और माशूक़ का सरापा लिख लें।

नसीर बड़े इश्तियाक़ से उस महबूब को देखने लगा जिसकी मशाले-रुख़सार से शाम गुलज़ार हुई जा रही थी।

"आदाब-अर्ज़ करता हूँ, क्रान्ति देवी! आइए, यहाँ बैठिए!"

उसने कुरसी से उठकर झुकते हुए उसे कुरसी पेश की।

क्रान्ति ने अपने बग़ैर तेलवाले बालों के झुंड को पीछे झटका और सिगरेट मुँह से निकालकर बोली, "शुक्रिया। मुझे फ़ुरसत नहीं है।" और फिर पुरानी किताबोंवाली अलमारी खोलकर कुछ नई किताबों के बन्द पैकेट एक अटैची में रखने लगी!

"अच्छा, आपको भी शायरी का शौक़ है?"

वह क्रान्ति के पास खड़ा हुआ तो उसने मुड़कर बड़ी नागवारी के साथ उसे देखा और सिगरेट का कश लेकर बोली, "जी नहीं, ये दूसरी किताबें हैं। मैंने हिफ़ाज़त के लिए यहाँ रख दी थीं।"

"लेकिन आज हम आपको नहीं जाने देंगे। ऐसी भी क्या बेरुख़ी?"

उसने क्रान्ति का हाथ पकड़ लिया क्योंकि नसीर जानता था कि आज की लड़कियाँ इश्क़ का यही अन्दाज़ पसन्द करती हैं—बेबाकी, जल्दबाज़ी और ज़बरदस्ती...!

क्रान्ति ने अपना हाथ छुड़ाया नहीं। वह नसीर की सूरत पर बरसते हुए सवाल को समझ गई और अपनी पैंट की जेब में दूसरा हाथ डालकर बोली, "लेकिन आपको मुझसे दूर बैठना पड़ेगा, नसीर साहब! क्योंकि मेरी जेब में टाइम-बम है। कहीं ऐसा न हो, मैं आपके पास आऊँ तो आप ऐवाने ग़ज़ल समेत मिट जाएँ!"

क्रान्ति हँसने लगी।

इतनी ज़ोर से कि अलमारियों में चैन से सोनेवाली छिपकलियाँ बेचैन होकर झाँकने लगीं।

यह ग़ज़ल का नया मज़मून है, नसीर ने सोचा...।

और आहिस्ता-आहिस्ता वह ऐवाने ग़ज़ल के फाटक से बाहर निकल गया। क्रियापात पर बैठी हुई चिड़िया की सीटी उसे अभी तक सुनाई दे रही थी—शूँ...शूँ...शूँ...शूँ...शू...वू...!"